司法学研究丛书

主编：崔永东

本书出版受到"上海市教育委员会科研创新计划"项目资助

问道司法

WENDAO SIFA

崔永东 / 著

人民出版社

责任编辑：江小夏

封面设计：胡欣欣

图书在版编目(CIP)数据

问道司法/崔永东 著. —北京：人民出版社，2020.10

（司法学研究丛书）

ISBN 978－7－01－022164－9

Ⅰ.①问…　Ⅱ.①崔…　Ⅲ.①司法制度-体制改革-研究-中国

Ⅳ.①D926.04

中国版本图书馆 CIP 数据核字(2020)第 090024 号

问 道 司 法
WENDAO SIFA

崔永东　著

人民出版社 出版发行

（100706　北京市东城区隆福寺街 99 号）

天津文林印务有限公司印刷　新华书店经销

2020 年 10 月第 1 版　2020 年 10 月北京第 1 次印刷

开本：710 毫米×1000 毫米 1/16　印张：21.75

字数：250 千字

ISBN 978－7－01－022164－9　定价：66.00 元

邮购地址 100706　北京市东城区隆福寺街 99 号

人民东方图书销售中心　电话 (010)65250042　65289539

司法学研究丛书编委会名单

主　　编：崔永东

顾　　问：

副　主　编：葛天博　李振勇　江晨

编辑部主任：吴玥　李凯

编辑部副主任：丁继华　甘芬　高佳运

编辑部成员：

目　　录

序

所谓"问道司法",旨在探寻司法之道,或司法之理,亦即司法之规律。司法之规律,乃司法之本质特征的体现,独立性、中立性、被动性、公正性云云,正是对司法本质特征的揭示。司法改革应当遵循司法规律,日益成为众人之共识,违反司法规律的改革必然流于失败一途,已成为不争的事实。

中国之司法,向有广、狭二义,狭义之说专指司法机关的司法活动,而广义之说则泛指一切化解纠纷的活动。又有"国家司法"与"社会司法"对应之说,前者指国家司法机关的司法活动,后者指社会组织或个人适用社会规则化解纠纷的活动。"国家司法"亦被称为"小司法",而所谓"大司法"则包括"国家司法"与"社会司法"两方面的内容。

本书所谓"司法",采广义之说,认为司法不仅仅指司法机关的司法活动,还包括警务活动、监察活动以及多元化纠纷化解活动等。国家司法权除审判权、检察权外,还包括公安侦查权等,而所谓多元化纠纷解决机制以及监察委的调查权、行政裁决权、行政复议权等则带有"准司法权"的性质,应归属于"社会司法权"一类。

基于上述认识,本书将警务改革也纳入司法改革的范畴加以探索,并对警务智库与警务改革之间的关系有所探讨,认为警务智库应当对警务改革甚至整个司法改革发挥引领和支撑作用。

司法改革是一个持续性的过程,司法改革永远在路上。探索司法改革的历程,总结司法改革的经验教训,对指导当下的司法改革、瞻望未来的司法改革具有积极意义。2018年是改革开放四十年,回溯中国法治建设和司法改革的历史更是具有特殊的意义。

　　司法改革的实践也呼唤着司法学的兴起,作为一门具有重大理论意义和现实意义的新兴学科,理应对中国司法改革起到有力的支撑和引领作用。因此,本书对司法改革范式与司法学之关系也进行了探讨,基于司法学立场就司法改革的路径、方法和方向提出了拙见。

　　研究司法问题需要具备广阔的视野,特别要注意借鉴域外司法的经验,诸如恢复性司法、辩诉交易和多元化纠纷解决机制等,均可为当下中国司法改革提供有益的参考。本书从中西比较、古今结合的视角对此有所探究。

　　司法道德也是司法队伍建设的一个重要方面,司法队伍建设是近期我国司法改革的基础,因此可以说,司法道德建设是现代中国司法文明建设的基础性工程,值得学界进一步深入探讨。

　　"问道"司法,只是司法研究的第一步,随之而来的应该是将司法之道应用于广阔的司法领域,并引领司法改革的理论和实践。

　　是为序。

崔 永 东
2018 年 11 月于上海松江广富林

第一章 "社会司法"的理论
反思与制度重建

一、"社会司法"的理论及其背景

在西方，"社会司法"的理论由法律社会学派代表人物之一埃利希所首倡，这一概念也是在其代表作《法律社会学基本原理》(1913年出版)中被首次使用。该书区分了"国家司法"与"社会司法"，认为前者体现国家意志及国家的司法权，后者则体现社会意志及社会的"司法权"——这是一种"准司法权"。他认为，社会法院、仲裁法院、荣誉法院、调解法庭、工会法院、信托法院等都属于"社会司法"组织①，它们"都是由社会自己建立和维持的法院，它们的裁决主要以非法律规范为基础，它们开展了富有成效的、日益增加的活动，而且，在某种程度上，这些法庭有其自主决定的强制手段，这些强制手段比国家裁决机构的强制手段更有效"②。

上述引文中提到的"非法律规范"实际上就是社会规则，亦即埃利希所谓"活法"。他宣称："法律社会学从探明活法开始。"又称活法"构成了人类社会法律秩序的基础"③。基于上述，可知所谓"社会司法"，就是社会组织依据

---

① ［奥］尤根・埃利希：《法律社会学基本原理》，叶名怡等译，中国社会科学出版社2011年版，第89页。

② ［奥］尤根・埃利希：《法律社会学基本原理》，叶名怡等译，中国社会科学出版社2011年版，第96页。

③ ［奥］尤根・埃利希：《法律社会学基本原理》，叶名怡等译，中国社会科学出版社2011年版，第375页。

"活法"所进行的化解纠纷的活动,包括调解、仲裁及各种形式的处罚(如谴责、除名、辞职等多种形式)等。

法律社会学(或称"社会法学")诞生于19世纪末20世纪初,此时"西方国家工业化进程的完成,带来一系列的社会关系的变化,这是社会法学产生的社会背景"①。另外,伴随着垄断资本主义的出现,西方意识形态领域也发生了价值观转向,从过去的"个人本位"逐渐转为"社会本位",法律社会学的兴起也顺应了这一趋势。人们开始关注法律的社会基础、社会价值及法律对社会利益的维护等,同时也意识到在国家司法权之外,社会司法在调整社会秩序方面也发挥着举足轻重的作用。这正是支撑法律社会学在现代社会影响日增的思想基础。

按照国内通说,"真正现代意义上的社会法学,则形成于本世纪初,五十年代与六十年代得到迅速发展。……这一时期由于社会生活日益复杂化,需要用法律调整的对象越来越多,出现了前所未有的新领域、新情况和新问题,因而导致了传统法学体系的必然分化,而且这种分化,不囿于法学本身的范围,迫切需要与其他学科结合起来,综合研究它们之间的相互联系、相互制约的课题。社会法学既是顺应科学发展的这种趋势而产生的"②。这是从学科本身的发展趋势来揭示法律社会学产生的背景,而学科的发展也必然存在着深刻的社会背景,新问题、新情况及新领域的出现呼唤着法律社会学的出场。

西方的法律社会学理论早在20世纪前半叶就影响了中国,中国法律史学家瞿同祖先生在20世纪40年代出版的巨著《中国法律与中国社会》中就自觉运用社会学的立场和方法来研究中国古代的法律问题,取得了国内外学界公认的杰出成就。他指出:"法律是社会产物,是社会制度之一,是社会规范之一。它与风俗习惯有密切的关系,它维护现存的制度和道德、伦理等价值观念,它反映某一时期、某一社会的社会结构,法律与社会的关系极为密切。"③此处提出的"法律是社会产物"确属卓见,但只是强调法律对维护社会规则及社会价值观是不够的,事实上社会规则及社会价值观往往对法律起着重要的

① 饶鑫贤等主编:《北京大学法学百科全书:中国法律思想史　中国法制史　外国法律思想史　外国法制史》,北京大学出版社2000年版,第702页。
② 《最新社科知识手册》,湖北人民出版社1987年版,第231页。
③ 瞿同祖:《中国法律与中国社会》,中华书局1981年版,第1页。

支撑和补充作用。

20世纪80年代后,中国知识界深受西方社会学思潮的影响,西方法律社会学的理论也在中国法学界深度传播,尤其是对埃利希、庞德等人的著作更是多有研究,其基本观点深入人心。在此背景下,人们对"法治"、"法律"、"司法"、"社会"等传统概念有了新的认识。有的学者指出:"司法的核心部分是比较确定的,它是指以法院、法官为主体的对各种案件的审判活动。司法的外围则不那么确定,甚至是不确定的。这部分内容可以划分为两个基本类型:其一是基本功能、运行机制和构成要素与法院相类似的'准司法'活动,主要包括行政裁判、仲裁和调解;其二是围绕审判和准司法而开展的或者以此为最终目的而出现的参与、执行、管理、服务、教育和宣传等'涉诉'性活动。"①这是对"司法"进行了广义理解,即广义的司法不但包括国家司法,还包括社会司法,后者即所谓"准司法",主要指调解、仲裁之类的活动。

20世纪90年代,苏力教授也是基于法律社会学的立场,对中国的"法治"建设进行了评论,出版了《法治及其本土资源》等论著。他批评了按照西方的标准来理解"法治"和"法律"的观点,指出这种观点"倾向于将法律仅仅理解为国家的正式法典、法律组织机构和司法人员,而必然忽略了对这种制度的有效运作起决定作用的那种非正式的规则"②。这里所说的"非正式的规则",类似于埃利希所谓"非法律规范",或者说是"活法"。

苏力又说:"中国有久远的、相对独立的发展史,并演化了自己的法律制度,尽管这些法律制度依据西方标准看来未必是'法律的',从今天中国的社会变迁来看,也已经不很完善,甚至过时了,但它毕竟在中国人的生活中起过、并在一定程度上仍然起着作用。它就是人们生活的一部分,保证着他们的预期的确立和实现,使他们的生活获得意义。这是不可能仅仅以一套书本上的、外来的理念化的法条所能替代的。除非得到某种功能上的替代品,中国人也不会放弃这些习惯、惯例,而除了立法或移植的法律能与传统习惯惯例之间有某种兼容,这些法律就无法在功能上逐步替代传统的习惯和惯例。"③这里所说的"习惯"、"惯例"都属于非法律规范——活法,作为长久传承的社会规则,

① 杨一平:《司法正义论》,法律出版社1999年版,第25—26页。
② 苏力:《法治及其本土资源》,中国政法大学出版社1996年版,第35页。
③ 苏力:《法治及其本土资源》,中国政法大学出版社1996年版,第35页。

其深深契合于人的文化心理结构之中,被人们所认同和遵循。如果人们之间发生了矛盾和纠纷,社会组织可以依据这些社会规则来处理纠纷,往往能达到"化纠纷于无形"的目标,这就是社会司法追求的目标。

值得注意的是,一些对普适性"现代法治"非常推崇的学者也对"社会司法"的理论表达了一定的认同。如有的学者就提出了"司法权的部分社会化"的主张,指出"作为国家权力的司法权逐渐向社会化发展,部分司法权成为社会权力,如民间的调解与仲裁,就是由社会组织行使的一种准司法权力。……这些都是社会化的准司法制度。从长远看,这种依托社会权力的司法社会化,是马克思所讲的国家消亡过程中的一种历史趋势。"①

这里提出的"司法社会化"、"司法权的部分社会化"等观点,正是对"社会司法"的一种表述。并且,该学者还将社会司法视为一种发展的趋势,是一种可贵的预见,目前的情况印证了此点。近两年来,中央提出了提高社会治理能力的要求,而社会治理能力的提升应当建立在尊重社会自治的基础上,社会司法是社会自治的题中之义。

二、"社会司法"是对司法问题的社会回应

法律社会学的兴起也孕育了法律多元主义的理论,"多元"的"法律"(主要是社会规则)也意味着社会组织的准司法活动有着更多的依据,换言之,为社会司法提供了更大的空间。法律多元主义是与法律一元主义(国家主义)相对应的一个概念,这一概念是社会意义而非法律意义上的,法律多元与社会多元是相伴而生的,因此,应当从社会学视角来研究法律多元问题。

"在任何具体的社会中,所谓社会制度都不仅仅是国家的正式制定的法律,而是由多元的法律构成的,这些多元的法律总是同时混缠于社会微观的同一运行过程中。仅仅由于这些民间法是一些非正式的,我们觉察不到的制度或惯例,因此它们对人们行为的影响,对社会正式制度的支持、补充或抵制往

---

① 郭道晖:《法的时代挑战》,湖南人民出版社 2003 年版,第 420 页。

往被置若罔闻,它们对人们的影响看来非常自然。"①

上引苏力教授的话语揭示了多元法律观对社会规则的关注,他还提到了"民间法"这一概念,实际上是对社会规则的另一种表述,这种"非正式"的惯例以"日用而不知"的方式规范着人们的行为,对维系社会秩序发挥着举足轻重的作用。而"社会司法"正是以此为基点进入了法律人的视野,它的存在及活动乃是基于社会对司法问题的回应,或者说是社会权力对国家垄断司法权行为的一种"抵抗式"反应,当然,事实证明,社会权力对"司法"的介入恰恰对国家司法权的运行起了一种"补白"作用,从而收到"并行不悖"的功效,即国家司法与社会司法共同对稳定社会秩序发挥着"相辅相成"的作用。

日本著名学者千叶正士在其所著《法律多元》一书中,基于日本法律文化传统的视角对"法律多元"现象进行了深入考察。他说:法律多元这一概念"有效地抨击了人们具有的正统法学常识,因为它意味着否认人们深信不疑的、国家法作为法的唯一性或者说否认西方法在世界各民族中的普适性。简而言之,人们发现正统法学所信奉的西方类型的国家法,其普适性并不总是真实的,而和其他法律体系比,其相对性倒是确信无疑的"②。他认为,学界对国家法与非国家法贴上了名目繁多的标签,如根据所谓的权威渊源或管辖范围,称非国家法为"非官方法"、"人民的法"、"地方性法"、"部落法"等;根据所谓文化起源,又称为"习惯法"、"传统法"、"固有法"、"民间法"、"初民法"、"本地法"等。与此相对,正统法学中的"法"即国家法又被称为"官方法"、"国法"、"西方法"、"移植法"、"继受法"、"强加的法"等。千叶正士认为,上述国家法与非国家法的并存构成了"法律多元"的基础,而且正统法学假定前者优越于后者。

应该指出,正统法学的上述观点体现了近代以来西方文化霸权的自大和傲慢心理,也反映了其对非西方民族法律传统的一种歧视态度。其实,西方各国法制史上都存在国家法与非国家法并存的现象,它们之间互相补充、相辅相成,共同发挥着作用。这一现象在世界各民族历史上都不例外。承认"法律多元"也就意味着肯定"司法多元",后者既指司法组织(国家组织如法院、社

---

① 苏力:《法治及其本土资源》,中国政法大学出版社1996年版,第52页。
② 〔日〕千叶正士:《法律多元》,中国政法大学出版社1997年版,第2页。

会组织如宗族)的多元,也指司法依据的多元——包括国家司法之依据的多元和社会司法之依据的多元两个方面。"司法多元"体现了社会力量对国家司法的介入,如调解等社会司法的手段被引入国家司法的诉讼程序之中——被称为"司法调解",再如,部分社会规则被国家司法吸收成为法院审判的"准据";同时也体现了社会组织在化解社会纠纷方面发挥着巨大的作用,成为一种不逊于法院并展示化解纠纷"正能量"的准司法组织(如人民调解组织,行政调解组织以及过去中国的宗族组织、行会组织等),这就意味着司法主体的多元化,既有国家司法的主体如法院,也有社会司法的主体如各种调解组织,此时的"司法"已经成了广义概念,它突破了国家意志和国家权力对司法的垄断,而在一定程度上体现了社会意志和社会权力对司法的介入。这都反映了社会力量对"司法"或化解纠纷活动的一种积极回应,实际上是体现了社会司法对国家司法的一种"抗衡"和"补缺"作用。

如果我们将目光投向我国历史的深处,就会发现国家司法与社会司法的相辅相成恰恰是儒家的一大传统。儒家的"礼治"主要是社会自治,即以"礼"(广义的道德规则和社会规则)为指导的社会自我治理。"礼治的基本原则是'亲亲,尊尊,长长,男女有别'。即以血缘关系的亲属确定尊卑贵贱的等级,以家族伦理规范人们的言行。"①所谓"皇权不下县"的说法,是指中国封建社会时期,国家司法权并不介入县级政权之下基层社会的治理,基层社会的治理是一种基于"礼"即社会规则的自我管理,其手段是通过宗族组织、行会组织、村落组织等依据礼的规则进行管理,对违反社会规则的行为进行包括调解、适度惩罚等在内的"准司法"活动,以求得社会秩序的稳定。

"社会规则"乃因"社会共识"而生成,所谓"共识",实际上深深植根于民族的文化传统、价值观念和行为模式,是经历千百年的"锤炼"而形成的。儒家的"礼"就属于此类"共识",它成为一个民族的"文化符号"甚至是"文化基因",对人们的行为具有引导和规范作用。

"共识"理论来源于西方。"社会共识意指社会成员共同认可的观念和认识,是大多数人同意或愿意接受的价值选择和遵循的社会规范。社会共识是社会成员共同创造的,是历史的存留和现实的发展,它积淀在文化和社会的价

---

① 武树臣主编:《中国传统法律文化辞典》,北京大学出版社 1999 年版,第 24 页。

值观和信念当中,表现在各类制度设计、器物制造以及人们的习俗和行为偏好里,又通过一代一代人的社会文化活动来传承。"①

按照百度百科的说法:"社会共识,也称社会合意,即社会成员对社会事物及其相互关系的大体一致或接近的看法。社会要作为一个统一的整体存在下去,需要该社会成员对社会有一种'共识',即对存在的事物、重要的事物、正确与错误、真善美与假恶丑的事物等等要有一致或接近的认识,只有在这个基础上,人们的判断和行动才会有共同的基础,社会生活才能实现协调。"

根据以上的标准,我们可以说,中国传统的"礼"就是一种社会共识,或称社会合意,它代表了一个民族共同的价值观念。美国著名法学家昂格尔就曾明确地说,"礼"是一种"关于价值和观念的牢固的共识"。他指出:"'礼'并不是人们制定的,它是社会活生生的、自发形成的秩序,是一种人虽有能力破坏却无力创造的秩序。因此,人们碰到的并不是明确规则的目录,而是模范行为的或多或少的隐蔽模式。"②作为一个域外法学家,昂格尔对礼的上述认识是精准的。礼代表了一种自发形成的秩序,它是中华民族的习惯、惯例即社会规则的反映,在此亦可用埃利希所谓"活法"来指称。中国传统的社会司法如宗族司法、村社司法或行会司法等,正是根据"礼"的规则加以裁断,这种"以礼司法"的模式,体现了"社会共识"对社会司法的决定性影响。

应该指出,中国传统的"礼"既包括作为全社会基本共识的"礼",也包括作为地方性、区域性社会共识的"俗礼"。如果说前者属于"大传统"的话,那么后者就属于"小传统"了。俗礼"被视为'大传统'中礼的对应物,既是历代统治者提倡和推行教化的某种产物,又是乡民在长期生活实践中的创造物。'俗礼'因此而保存一种复杂特征:面貌上具有十足的地方特性,精神上却不乏与古礼相通之处"③。将礼视为"大传统"与"小传统"的混合物,是有见地的。

在中国传统社会里,习惯法作为一种"俗礼",其权威和效力并非由国家授权而取得。"因为无论是宗族还是行会,都是在国家法律之外产生出来,它

---

① 杨宜音:《作为社会共识表达方式的社会心态》,《光明日报》2014年4月2日。

② [美]昂格尔:《现代社会中的法律》,吴玉章等译,中国政法大学出版社1994年版,第85页。

③ 梁治平:《清代习惯法:社会与国家》,中国政法大学出版社1996年版,第181页。

们所行使的裁判权,乃是其自己的创造,而非出自某种更高权威的授权。这种局面的形成,很大程度上是因为国家没有、不能也无意提供一套民间日常生活所需的规则、机构和组织,在保证赋役的征收和维护地方安靖之外,国家绝少干预民间的生活秩序。结果是,各种民间组织和团体,在政府之外独立地发展起来,它们形成自己的组织,追求自己的目标,制定自己的规章,以自己的方式约束和管理自己。"①

作为一种地方性共识的"俗礼"或习惯法,代表了一种民间的生活秩序,民间组织以自己的方式来管理自己,包括以民间规则为依据进行的化解纠纷的活动,而国家权力往往对此采取"克制"态度,不去干预民间社会的生活秩序以及各种化解纠纷的活动——除重大刑事犯罪之外,这种活动正是我们所说的"社会司法"活动。应该指出,"不去干预"并不意味着不能干预,从中国传统的调解类型——民间调解、官府调解和官批民调看,第三种"官批民调"(针对某些类型的诉讼案件,官府有权批准宗族等组织进行调解以解决纠纷)显然是对民间组织的一种"影响"或"干预"。宗族或行会行使的解决纠纷的权力,学者往往直接称其为"裁判权",似乎有混同于国家司法权之嫌,我认为还是称其为"社会司法权"较为妥当。

有论者认为,中国古代社会存在着一个多元的解决纠纷的社会调节系统,该系统的多元化首先表现为解决纠纷的主体多元化,其次表现为解决途径的多元化。这种纠纷解决机制虽然存在漠视程序、妨碍诉讼制度发育及妨碍法律统一的问题,并在一定程度上分割或侵蚀国家的司法权,但是如果溯求法治的根本价值目的就可发现,国家诉讼制度存在的根本目的并不在于其本身职能的扩大和完善,而在于对社会纠纷的完满解决。这一目的可以通过多元途径来达到,诉讼不过是其中的一条途径而已②。上述见解对我们把握国家司法与社会司法之间的关系提供了一个参照。

在中国古代社会,司法审判包括"国家审判和社会审判两类,形成了多元司法的特点。中国古代社会的官府和官员以'无讼'为治理有方,因此也鼓励和默许一定的社会权威处理纠纷。除了国家以外,中国社会存在着多种社会

---

① 梁治平:《清代习惯法:社会与国家》,中国政法大学出版社 1996 年版,第 28 页。

② 马聪:《浅析我国社会纠纷解决机制的历史》,载何勤华主编:《多元的法律文化》,法律出版社 2007 年版,第 638—639 页。

权威;除了国家法律以外,中国社会存在着丰富的社会规范。在中国社会,这些社会权威和社会规范具有特定的作用空间,发挥着一定的社会功能,并通过各自的方式处理争端、解决纠纷。中国古代的汉族地区的社会审判主要包括宗族审判、村落审判、行会审判、秘密社会审判等纠纷解决方式"①。这里提到的"社会审判"实际上就是我们所说的"社会司法",进行社会审判的是"社会权威",如宗族组织、村落组织、行会组织等,社会审判的依据是"丰富的社会规范"。

这就揭示了中国古代社会司法的主体、依据及特点等。在那个时代,国家权力到县级政权为止,县级以下的广袤乡村,国家以自治形式进行管理。令人惊异的是,在"自治"模式下,乡村社会并未失去和平秩序,很少出现无政府状态的混乱局面,这应当归功于乡村社会的自治组织。由于中国社会的特殊性,封建国家的体制性力量从未真正深入乡村,乡村社会的真正的支配系统是"家族系统",中国的社会体制来源于对这一系统的确认②。

从中国古代的"社会司法"情况看,主要是宗族司法、行会司法及村落司法等。宗族司法是指族长、房长对违反宗族习惯法的行为进行"审判"和处罚的活动。处罚的形式主要是训斥、罚站罚跪、责打、罚款、开除族籍、扭送官府等。

行会司法是指行会组织依据行会习惯法处理成员之间矛盾纠纷的准司法活动。行会是工商业者为防止恶性竞争、保护同行利益、以业权为基础、以习惯法为凭借而组织起来的一种社会团体。一般又分为商业行会和手工业行会。行会有审理、执行机构,也有罚则。行会有审理权、处理权,此类权力并非由国家授权,而是"凭借行会全体人员的结合力量和超越于个人之上的强制力量,行会对其成员的处理、审理权往往是绝对的"③。可见,行会组织对纠纷的处理权也是一种"社会司法权"。

村落司法是村落组织依据村落习惯法对违反习惯法的行为进行"审判"和处罚的活动。村落即农村社区,是一个特定的社会关系网络,"在中国古代社会的汉族地区有着十分重要的作用,村落组织担负着极为重要的职能,执行

---

① 高其才:《多元司法》,法律出版社 2009 年版,第 34 页。
② 王沪宁:《当代中国村落家族文化》,人民出版社 1991 年版,第 15 页。
③ 王雪梅:《从清代行会到民国同业公会行规的变化》,《历史教学》2007 年第 5 期。

习惯法、处理各种民间纠纷、处罚违反习惯法的各种行为,便是其中的重要方面。……根据村落习惯法的议定、适用范围的不同,中国古代社会汉族地区的村落习惯法有不同的执行和审理机构,主要有两类:村落或联合村落议定的习惯法由村落机构负责执行和审理机构,而由村落部分成员组织议定的某些单一性习惯法,则设有其专门执行机构和人员负责之"①。

村落组织有自己的审理和执行机构,类似于国家的司法机关,不过司法的主体并非由国家授权,而是村落组织的负责人乡老、里正、保长等,其行使的是一种社会性的"准司法权",审理的依据是村落习惯法。古代儒家士大夫的政治理想是"治国平天下","天下"代表社会,它高于国家,"平天下"的关键在于通过教化的力量实现"人文化成"并助推社会自治,而社会自治的主体则是宗族组织、村落组织及行会组织等,它们具有很高的社会权威,并凭借这种权威行使一种社会性"司法"权力(主要是调解权),以化解纠纷、稳定基层社会秩序。

三、"国家司法"对"社会司法"挑战的回应

"国家司法"体现的是国家权威、国家权力、国家利益及国家意志,"社会司法"则体现的是社会权威、社会权力、社会利益及社会意志。社会司法在稳定社会秩序方面发挥着举足轻重的作用,其"势能"也构成了对国家司法的挑战。为了回应这一挑战,国家司法主动进行了某种调整,例如,将一些社会司法的方法如调解之类纳入其司法体系(称之为"官府调解"或"司法调解"),将一些社会规则纳入其立法体系之中。通过此类调整,国家司法融入了大量的社会司法的要素,甚至使国家司法体现了某种"混合"的样态,此种现象或可称为"国家司法的社会化"。

从清代的情况看,作为社会规则的习惯法,经常为国家法所吸纳。"就社会与国家关系而言,习惯法具有一种看似矛盾的双重性。一方面,它是民间的自发秩序,是在'国家'以外生长起来的制度。另一方面,它又以这样那样的

---

① 高其才:《多元司法》,法律出版社 2009 年版,第 52 页。

方式与国家法发生联系,且广泛为官府认可和依赖,而在其规范直接为官府文告和判决吸纳的场合,习惯法与国家法之间的界线更变得模糊不清。"①

习惯法进入国家法的途径,一是通过国家立法进入,一是向国家司法渗透,后者主要是指官府(法院)的判决依据习惯法。中国古代社会,能够进入司法程序和定案依据的习惯法即所谓"情理",情理包含了道德规则、风俗民情、社会惯例等内容。"情理法结合"才是中国传统司法的根本特征,此处的"法"指国家法,换言之,中国传统司法是在习惯法与国家法之间寻求一种平衡。我认为,这是传统司法基于社会司法的挑战而作出的积极回应,在司法依据上大胆容纳了社会规则即习惯法的内容,如此才导致"习惯法与国家法之间的界线更变得模糊不清"了。

应当指出的是,习惯法作为"活法",是一种"非正式的规则",它对国家法的渗透或国家法对其吸纳并未破坏国家法的权威,反而促成了国家法的实施。也就是说,习惯法并未侵蚀国家法,相反却支撑、支持了国家法,两者的关系实质上是一种相辅相成的关系。如有的观点"倾向于将法律仅仅理解为国家的正式法典、法律组织机构和司法人员,而必然忽略了对这种制度的有效运作起决定作用的那种非正式的规则。任何法律和政令的贯彻,如果没有习惯法的支持,就必然需要用更大的国家强制力。而且即使如此,也未必能够贯彻下去"②。其实,在司法方面也是如此,司法审判中对习惯法的适度采纳,会产生较好的社会效果,更有助于服判息讼,这一点也为我国当代西部少数民族地区的司法实践所证实。

实际上,上述观点并非我国学者独创,类似的学说早为西方法律社会学派所发轫。如号称西方法律社会学经典著作的《法律社会学基本原理》一书就宣称:"法律发展的重心不在立法、不在法学、也不在司法判决,而在社会本身。"③这是将社会当成国家法律发展的原动力,社会规则是国家法律的源头。如其所言:"过去法律相当多一部分并非由国家制定,即使在今天,法律也在

---

① 梁治平:《清代习惯法:社会与国家》,中国政法大学出版社1996年版,第27页。
② 苏力:《法治及其本土资源》,中国政法大学出版社1996年版,第35页。
③ [奥]尤根·埃利希:《法律社会学基本原理》,叶名怡等译,中国社会科学出版社2011年版,第1页。

很大程度上得自于其他源头。"①后一句话所称"其他源头"是指社会源头,正是社会规则构成了国家法律的"源头活水"。

社会规则就是"活法",即"活着的法律",它是支配社会生活的法律。埃利希宣称:"法律社会学必须从探明活法开始!"他又说:"活法的科学意义并不限于对法院所适用的裁判规范的影响或对制定法内容的影响。活法的知识有独立的价值,此点存在于如下事实:它构成了人类社会法律秩序的基础。"②由此可见,"活法"不仅对立法有深刻的影响,也对司法有深刻的影响——可以成为"法院所适用的裁判规范",同时活法的知识还有独立的价值——构成人类社会法律秩序的基础。

埃利希认为,国家司法中融入了大量的社会司法的要素,如国家司法在裁判中对社会规则的援用就可证明:"如果我们考虑到法院据以作出裁判之规范的内在内容——这是唯一合宜的思考方式——我们将会确信非法律规范即使在国家的法院里也发挥着重大作用。"③这里的"非法律规范"即指社会规则,它可以作为国家法院的裁判规范,这正是国家司法容纳社会司法内容的学理证明。

拙著《司法改革与司法公正》一书也曾指出埃利希的上述司法观是一种"准司法"观念,在国家司法层面上,"法官也要善于从社会生活中提炼出裁判规范,此种裁判规范也属于'非法律规范',这就意味着法官是在援用'活法'进行裁判,此与纯粹的国家司法有所区别。纯粹的国家司法要求法官必须严格依据国法裁判,而当法官依据活法裁判的时候,这种国家司法已经不那么纯粹了,或者可称其为'半国家司法'更为合适,但笔者认为将其划入'准司法'的范畴也不为过。"④"准司法"的存在正说明了国家司法对社会司法要素的吸收和借鉴,是国家司法对社会司法挑战的一种回应。

我国现代国家司法也吸收了社会司法的某些要素,如我国一些法院进行

---

① [奥]尤根·埃利希:《法律社会学基本原理》,叶名怡等译,中国社会科学出版社 2011 年版,第 8 页。

② [奥]尤根·埃利希:《法律社会学基本原理》,叶名怡等译,中国社会科学出版社 2011 年版,第 374—375 页。

③ [奥]尤根·埃利希:《法律社会学基本原理》,叶名怡等译,中国社会科学出版社 2011 年版,第 94 页。

④ 崔永东:《司法改革与司法公正》,上海人民出版社 2016 年版,第 86 页。

"司法能动"的探索,注意运用社会习惯规则(公序良俗)来处理民事案件,取得了良好的社会效果;再如,司法调解(法院调解),将社会组织的调解活动纳入了国家司法程序之中。"法院调解使我国民事审判工作的优良传统和成功经验,民事诉讼把法院调解用法律条文固定下来,并将自愿、合法进行调解确定为一项基本原则。民事诉讼法作如此规定,反映了其中国特色。"①《民事诉讼法》第9条规定:"人民法院宣理民事案件,应当根据自愿和合法的原则进行调解;调解不成的,应当及时判决。"这是以诉讼立法的形式将社会司法的处理方式纳入其中,反映了现代国家司法对社会司法要素兼收并蓄的态度。

即使在我国澳门地区,也很注重司法调解在处理纠纷中的作用。"根据澳门法律,检察院和法院均属于司法机关,且依法享有对特定范围内的案件进行调解的权力。"②澳门的法院调解主要分为两个阶段:一是诉讼开始阶段的强制试行调解,二是诉讼过程中的调解。澳门《民事诉讼法典》第428条规定:"案件之试行调解系在法官主持下进行,且旨在获得以衡平之解决方法。"另外,澳门《劳动诉讼法典》也规定了法院对劳动案件可试行调解。这说明,继受了葡萄牙法律的澳门司法也对社会司法的一些处理方法进行了借鉴和吸收。

其实,中国传统的"官府调解"(相当于今日的司法调解)也是借鉴民间调解而为的,另外,国家司法层面中对"情理"的适用,也反映了国家司法对社会司法的一种回应和借鉴。当我们再将目光投向西方法律传统时,同样可以发现国家司法"社会化"的现象。以英国衡平法为例(15世纪开始出现衡平法院),衡平法院或衡平法庭为追求个案中的公平和正义,对那些在普通法法院未能得到救济的当事人实施二次救济,其裁断依据是一些道德规则(社会规则),如"平等即衡平"、"衡平法依良心行事"、"请求衡平救济者须自身清白"、"衡平法力求完全公平而非部分公平"、"衡平重意思而轻形式"等。上述道德规则也是社会规则的一部分,衡平法将其吸收并上升为裁判依据,反映了衡平司法的社会化。

有学者将英国的衡平司法与中国传统司法进行了比较,认为中国古代也

---

① 陈桂明主编:《民事诉讼法与仲裁法学》,法律出版社2000年版,第7页。

② 赵琳琳:《澳门司法制度新论》,社会科学文献出版社2015年版,第334页。

存在"衡平司法"现象。"对于户婚、田土、钱债等州县自理的案件,对于本身都属于无甚大碍的'细故',并且国家也没有完备化的成文法律对这些案件中所涉社会关系进行调整,所以司法官对于这类案件就有了极大的自由裁量权,衡平司法的作用发挥的余地也非常之大。对于这类在今天看来多属于民事纠纷的案件,司法官通常依照凝结着儒家伦理精神和民间日常生活常识和经验的'情理'判断案件,'法'则被司法官按照'情理'来解释或者变通适用。甚至被弃置不顾,这与'法'本身的要求并不相悖。"①笔者认为,所谓"衡平司法"正是国家司法社会化的表现,是国家司法对社会司法的一种主动回应。

四、观察与思考:当前"社会司法"的问题与出路

当前我国的"社会司法"现象是一种"自发式"、"非体系化"的存在,既未受到理论界的足够重视,亦未受到决策部门与司法实务部门的充分重视。因此而展现出来的问题是:(1)社会司法缺乏清晰的理论体系;(2)社会司法缺乏有力的学术支撑;(3)社会司法的实践探索是碎片化的,缺乏体系性;(4)社会司法并未上升到"国策"或国家法治战略的高度;(5)社会司法的制度不健全;(6)社会司法与国家司法缺乏必要的衔接。

改革开放以来,中国的法治建设走的是一条"立法中心主义"的路子,理论界与决策部门普遍认为只要通过立法途径构建完善的社会主义法律体系,"法治国家"自然就可以实现。这是一种基于"法律浪漫主义"的认识,对立法之于法治的作用进行了过度的解读。实践证明,在社会主义法律体系基本形成多年后的今天,"法治中国"仍然有很长的路要走。这就需要我们在法律价值观上进行必要的"位移",即从"立法中心主义"转为"司法中心主义",因为司法是"法治中国"从梦想变为现实的中间环节也是关键环节。这里的司法,不仅指国家司法,也包括社会司法,两种"司法"模式的相辅相成,才能共同助推中国的法治进程。

但是,我们的理论界一向囿于国家司法中心主义,不重视社会司法问题及

---

① 顾元:《衡平司法与中国传统法律秩序》,中国政法大学出版社2006年版,第389页。

其与国家司法的关系问题,认为"司法"是在国家权力主导下的化解纠纷、适用法律的活动,舍此无他。这种对"司法"的过分偏狭的理解,导致理论界对"社会司法"进行理论探索的不足甚或排斥。因此,有关社会司法的理论在中国大陆明显欠缺,更谈不上结合中国国情的成体系的理论。这种理论上的"先天不足",制约了其在制度和实践中的影响和作用,制度体系的欠缺与实践机制的不成熟就成了自然而然的事情。

近两年来中央提出的"创新社会治理体制"的号召为理论界重视社会司法问题的研究提供了一个契机。党的十八届三中全会的决定指出:"正确处理政府和社会关系,加快实施政社分开,推进社会组织明确权责、依法自治、发挥作用。适合由社会组织提供的公共服务和解决的事项,交由社会组织承担。"①这种"激发社会组织活力"的举措,旨在"维护最广大人民根本利益,最大限度增加和谐因素,增强社会发展活力,提高社会治理水平"②。要实现上述目标,解决"社会司法"问题是其中的一个重要环节,而社会司法的主体——社会组织的活力问题更是亟待解决。与中国古代社会相比,现代中国民间社会的宗族组织、乡绅集团等要不荡然无存,要不形同虚设,根本没有什么活力,因其丧失了"社会司法权"如调解权、训诫权、惩戒权及政治权、经济权等,在化解社会纠纷方面难以发挥作用。因此,增加社会组织活力须首先解决上述问题,才有可能为社会司法调整基层社会关系找到一条出路。或许,最近中央提出的在广大农村地区构建新型"乡贤文化"是一个不错的选择,它可以继承借鉴我国传统中"乡绅"集团维护乡村秩序的经验,为"社会司法"在乡村社会的重建寻觅一条新路。

理论界有必要对此作出反应,时代的挑战需要理论家敢于直面现实,将目光"下移",将研究的重心"下沉",关注基层社会的治理问题,关注基层社会组织的自治问题,并因此而关注社会司法问题。值得注意的是,最近几年来兴起的新兴学科"司法学"已经展现了对该问题的高度关注。司法学的学科聚焦点不仅仅是国家权力层面的司法活动,还聚焦社会层面的"准司法"活动。正如拙著《司法学论纲》一书所说:"'司法'是一个广义概念,司法权不仅仅是一

---

① 《中共中央关于全面深化改革若干重大问题的决定》,人民出版社 2013 年版,第 50 页。
② 《中共中央关于全面深化改革若干重大问题的决定》,人民出版社 2013 年版,第 49 页。

种国家权力,同时还是一种社会权力;不仅有'国家司法',还有'社会司法'或'准司法'。"①中外历史与现实表明,制度建设与实践演进均需要理论引导和学理支撑,而司法学学科的兴起无疑可担负起这样的使命。随着社会司法问题被纳入司法学的研究视野,司法学必将为社会司法的实践探索与制度重建提供一个强有力的学术支撑点,这是我们共同期待的。相信在不太久远的未来,社会司法的制度体系将得以重建并逐步完善,社会司法的实践也将变成一种系统化的理性行为,社会司法与国家司法得到很好的衔接,两者之间相辅相成、互相补充的关系得以实现,国家司法与社会司法并重的模式最终将上升为国家法治战略,成为具有中国特色的法治发展模式。这种具有中国特色的法治话语体系就是中国法学界对世界法学的创新性贡献,也是对世界法治模式的一种创新性贡献。

有的学者考察了中国传统社会中国家秩序与民间秩序并存的格局,认为前者是一种由国家法律规定的"正式秩序",后者是一种由社会规则制约的"非正式秩序"。"民间社会又存在着一个非正式的秩序,它以民众长期共同生活中形成的情理、习惯、风俗、乡约以及经验等为规范性基础,主要不是来自于人为的规定或者强制,而是长期约定俗成和礼尚往来的成果。在民间秩序里,人与人之间的关系是一种具体的相互信任的关系。总之,中国传统社会中存在着这两种法律秩序,分别由精英知识和地方性知识所维系,并在很大程度上是相分离的。"②

两种秩序是并行不悖的,传统的中国社会在这种"互不妨碍"的状态下得以稳定,和谐常态在这种二元结构的秩序中得以实现。"在中国传统的乡村常态社会,由于家户基础,乡村权威主要源自社会内部的家族权威。因为,乡村不过是由扩大了的家族所构成。由行政机关和政府官员构成的显形国家权力并没有进入乡村社会。"③但问题是,现代中国的体制性力量已经在乡村社会长驱直入,从而彻底改变了数千年传承不变的乡村秩序格局。"进入二十世纪,中国乡村权威和秩序发生结构性的变革,国家力量对于乡村社会的渗透

---

① 崔永东:《司法学论纲》,人民出版社 2014 年版,第 2 页。
② 顾元:《衡平司法与中国传统法律秩序》,中国政法大学出版社 2006 年版,第 391—392 页。
③ 顾元:《衡平司法与中国传统法律秩序》,中国政法大学出版社 2006 年版,第 396 页。

日益深入,国家权威日益强大。其主要标志就是由行政机构和政府官员构成的显形国家力量直接进入乡村社会。乡村社会的整合愈来愈依靠外部国家力量,乡村内生性权威力量迅速弱化,建构性权威的力量迅速突出。"①国家体制性力量的下沉,虽然为乡村社会输入了现代性要素,但其重建乡村秩序的努力并不成功,而且这种由政府主导的秩序重建也需要付出高昂的社会成本、经济成本和政治成本,可谓"弊多而功小",值得人们反思。

反思中国现代历史,在国家与社会的关系问题上,充满着国家权力与乡村社会的矛盾和冲突,国家法律与民间规则、国家司法与社会司法之间的难以融合体现了乡村社会对体制性力量的抗争。问题是:这种抗争是否就意味着落后对先进的抵抗、保守对现代的抑制?是否就意味着"非正式规则"完全没有正面价值?是否就意味着基层社会组织的"准司法"活动完全没有积极意义?那种传统与现代二元对立的模式、法治即国法之治的论调就一定是完全合理的吗?要回答上述问题,需要我们首先具备法律社会学的视野,对"法律"和"司法"作广义的界定,并对民间规则与社会司法抱持同情的理解,则会认可民间自治的积极作用和民间规则的正面价值,则会承认社会权威与社会司法的合理性。而所谓现代的规则、体制性的规则、体制性力量介入的司法活动,也并不必然是合理的,在维系乡村秩序方面甚至是无用的或者起着相反的作用。笔者认为,在此视野下的乡村秩序重建才能符合乡村的实际,才能取得积极的效果。关键在于,体现精英知识的国家权力应当"放下身段",对体现地方性知识的民间权力要表示出足够的尊重,要从"不是现代的就是落后的"思维定式中超越出来,肯定乡土社会的自生权威、自生规则与自生秩序的合理性,使其按照自身的逻辑加以演进。

我们应当树立一种多元的法律观,它基于对"法"这一概念的广义理解:"凡是为维护社会秩序、进行社会管理而依据某种权威或社会组织,具有一定强制性并得到普遍遵守的法律规范,均属于法的范畴,包括成文法和不成文法,制定法和习惯法。"②"法律多元"是一个非常复杂的概念,它与文化多元、价值多元有密切的关系。法律多元与"法律一元"是相对的概念,前者指法律

①　顾元:《衡平司法与中国传统法律秩序》,中国政法大学出版社 2006 年版,第 397 页。

②　程延军等:《从习惯法的角度看我国的法律多元》,载何勤华主编:《多元的法律文化》,法律出版社 2007 年版,第 185 页。

存在着多个中心,后者指法律只有一个中心。"法律多元意味着法律应该有多种中心,多个层次,在一定的条件下存在着两个或两个以上可供人们适用的法律规范,而不能仅仅只有一个法律规范。这对长期以来形成的国家法律中心主义提出了质疑与挑战。"①这就是说,国家制定法并不能调整人们的全部社会生活,一个国家会存在多种法律形式,各种法律形式彼此独立,仅靠国家制定法是不够的,还要靠其他法律形式来调整人们的社会生活。而且,各种法律形式之间不存在谁为主谁为次、谁服从谁的问题,其地位是平等的。

法律多元主义的逻辑演进必然是司法多元主义,即司法的主体、司法的依据、司法的形式及司法的价值也是多元的。论者解释了中国社会的"多元司法"现象:"司法的理念、价值是多方面的,司法的功能、作用是广泛的,解决纠纷的主体是多元的,纠纷解决的方式是多元的,解决纠纷的依据是多样的,司法的效果是全方位的。中国社会的多元司法既包括了社会司法,也包括了国家司法。中国社会的多元司法适应了中国社会经济、政治、文化、历史的状况,符合中国人的客观需要和真理,是中国传统的产物。"②

应该指出,所谓"多元司法",实质上包括国家司法、社会司法两大方面,而后者又包括宗族司法、村落司法、行会司法等形式。学界所说的"民间司法"、"乡土司法"等在内涵上基本等同于社会司法。乡土司法的主体一般为乡土社会的杰出人士,或称"乡贤",他们是乡土习惯法的传承人,有学者将此类人士称为"乡土法杰"。"乡村社会有着自身固有的社会规范,其社会秩序维持在相当程度上依赖有公心有能力的杰出人士。这些人数量不多,作用却巨大,他们的品德、才学、能力为乡人所推崇和敬重,我们称这些人为乡土法杰。""乡土法杰通过自身的行为维持和生发基层社区的内生性秩序,保障民众的正常生产、生活。相比由国家法律等外部力量推动的社会秩序,乡土法杰所形塑的乡村秩序建立在基层固有的生活逻辑之上,因而更具有持久性和稳定性,对乡村社会影响更为直接和深远。乡土法杰解决各类纠纷,协调村民的行为,恢复社会秩序。"③乡土司法的依据主要是当地习惯法,乡土司法化解纠

---

① 肖光辉:《法律多元与法律多元主义问题探析》,载何勤华主编:《多元的法律文化》,法律出版社 2007 年版,第 67 页。

② 高其才:《多元司法》,法律出版社 2009 年版,第 3 页。

③ 高其才等:《乡土法杰研究》,中国政法大学出版社 2015 年版,第 3—6 页。

纷的方式主要是调解,它是一种追求实效、注重社会效果与当事人可接受性的纠纷解决类型,对稳定乡土社会秩序、传承本地习惯法等发挥着重要作用。

在国外,社会司法被称为"替代性纠纷解决机制"或称"多元化纠纷解决机制",它是在 20 世纪逐渐发展起来的各种诉讼外化解纠纷方式的总称,具有非诉讼性、当事人的自主选择性以及纠纷解决的功能性等特点。"它意味着国家司法权在纠纷解决领域垄断地位的被突破,但并不意味着诉讼与司法裁判的被取代。作为与诉讼并行的一种制度化纠纷解决方式,它以当事人的自主选择与合意为基础。……从功能上讲,替代性纠纷解决方式可以有效地对诉讼和司法补偏救弊,并在现代社会中承担纠纷解决、保障当事人自治、促进社会对话和修补社会关系等多方面的作用。"①

替代性纠纷解决机制主要包括调解、仲裁、谈判等。仲裁是指双方当事人根据共同约定,将争议交第三方依法居中裁判,以确定双方权利义务的解纷机制。谈判是一种双方或多方为解决纠纷而采取的一种协商和对话机制,它实际上是一种解决纠纷的手段,可在其他纠纷解决方式中使用,而且纠纷主体之外的力量一般也不会介入,即使介入也只是起辅助作用,而非以权威调解者或仲裁者的身份出现。因此,谈判在各种替代性纠纷解决方式中具有最高的自治性。调解是替代性纠纷解决方式中最主要的方式,它是指中立的第三方在纠纷当事人之间进行调停和疏导,帮助交换意见,提出纠纷解决的意见,促成当事人之间化解纠纷的合意。目前我国的调解类型主要是法院调解、行政调解和民间调解三种,"社会司法"意义上的调解是民间调解。

在美国等西方国家,自 20 世纪中叶以来,出现了"诉讼爆炸"的趋势,"讼累"日益增加。为了解决上述问题,便强调用调解方式来解决民事纠纷。"在西方国家随着诉讼的数量的激增,由于诉讼消耗时间、精力和金钱,人们越来越多地选择法院之外的解决纠纷的方式。……美国从 20 世纪 60 年代起建立邻里司法中心,从地方社区选拔调解员,他们多为退休人员和无业者,这些调解者接受调解和解决冲突研究所的培训。案件由来自地方法院、警察或其他行政机构的有关人员或个人带到邻里调解中心。美国有些地方主要由有关人员把案件带给邻里司法中心,一些其他的州、地方由个人把案件交给邻里司法

---

① 胡平仁等:《法律社会学》,湖南人民出版社 2006 年版,第 278 页。

中心解决。"①上述的"邻里司法中心"或"邻里调解中心",显然是一种社会组织,它独立于法院之外,运用调解手段解决纠纷。此类调解属于民间调解,可见,美国也颇为重视社会司法活动。在欧洲的挪威,1797年就将全国划分为若干调解区,各区设调解委员会,负责调解本辖区内的民事案件。

美国还有一种调解活动属于"司法调解"或"法院调解"。对民事案件的审理一般采用简易程序,"从审理的方式看,民事案件大多采取调解的方式,而刑事案件则采取认罪请求或控辩交易等形式。……美国95%以上的民事合同案件是通过调解,90%以上的刑事案件是通过控辩交易得到解决的。"②可见,美国的法院调解在解决纠纷方面发挥了巨大作用。

在中国,法院调解的作用正越来越被人们所认识:"对于中国当下的司法体系而言,法院调解成为一个尚未被充分开掘的'富矿',特别是考虑到它在20世纪70年代的中国所体现过的超凡的纠纷解决能力。在这个意义上,法院调解能够给很多纠纷当事人提供一个法律的、官方的救济,这些人如果通过诉讼途径,很有可能被法院拒绝或什么也得不到。……法院调解回应了一部分紧迫的社会司法需求,解决了一部分社会冲突,用一种不同于诉讼的官方路径解决了人们的纠纷。"③客观地讲,法院调解也存在一定的副作用,如对个人权利有所损害,导致上诉审的消失等,但是我们仍可以说其利大于弊,只要加以合理的规制,如限制某些不适于调解的案件的类型等,就可以发挥调解在司法过程中的积极作用。

如前所言,法院调解反映了国家司法对社会司法要素的吸收和借鉴。在价值取向上,法院的上述做法体现了对法律效果与社会效果相统一的追求,其实,法院裁判追求"社会效果",这本身就是对社会司法之价值目标的一种吸纳。不仅如此,法院在进行司法审判过程中,法官还会根据具体情况而考虑适用民间规则或民事习惯加以裁判,这一做法与我国当前相关法律的规定并不相悖。我国的《宪法》《刑法》《民法通则》《民事诉讼法》《物权法》《继承法》《收养法》《民族区域自治法》等均规定了民事习惯法的法律地位,民事习惯法

---

① 朱景文:《比较法总论》,中国人民大学出版社2008年版,第208页。
② 朱景文:《比较法总论》,中国人民大学出版社2008年版,第207页。
③ 熊浩:《法院调解、难办案件与纠纷解决的基层运作》,载《诉讼法学·司法制度》2016年第5期。

的司法运用具有充分的法律依据。

我国《物权法》第 85 条规定:"法律、法规对处理相邻关系有规定的,依照其规定;法律、法规没有规定的,可以按照当地习惯。"《合同法》第 92 条规定:"合同的权力义务终止后,当事人应当遵循诚实信用原则,根据交易习惯履行通知、协助、保密等义务。"《民法通则》第 151 条规定:"民族自治地方的人民代表大会可以根据本法规定的原则,结合当地民族的特点,制定变通的或者补充的单行条例或者规定。"

上述规定反映了国家立法对民间社会规则的吸纳,而法官在"法无明文"且不违反公序良俗的情况下,在案件审判中发挥"司法能动"的作用,妥当适用民间习惯规则处理案件,显然有利于裁判结果的可接受性以及社会效果的实现。"在民事审判中,法官既不能无视民事习惯的客观存在,也不能简单地照搬民事习惯法,而应当在不违反现行法律规定的前提下适当参考、运用良善的民事习惯法,以有利于被社会接受、公众信服为目的,妥当裁量、合理解决民事纠纷,实现法律效果与社会效果的统一。"①上述做法体现了国家司法对社会司法的一种积极回应,通过在司法依据上对习惯规则的吸收来追求司法的社会效果,这正是有待于我们进一步思考的地方。

经过以上的分析、阐释与论证,下面我们应该将话题引向"社会司法"的制度重建问题上来了。作为一和非官方、非国家权力的民间司法制度,其建构也必有其理论基础。愚以为这一理论基础是法律社会学、司法多元主义以及社会自治与社会共识理论,法律社会学对"活法"的揭示以及对"社会司法"的关注,司法多元主义对司法价值、司法主体、司法依据的多元化探索,"社会共识"理论对族群共识与民间习惯规则关联度的考察等,都为社会司法的制度建构提供了学理支撑。而"社会自治"的理论同样可以成为社会司法制度重建的支撑,社会自治的含义是指社会组织通过自主、自律等手段实现自我管理、自我发展与自我完善,通过"准司法"手段化解纠纷便是其中应有之义。

法律社会学的理论则直接为社会司法的理论提供了知识素材和精神动力。"法社会学研究的一个出发点,即不能将诉讼看作处理和解决纠纷的唯一手段,借助社会力量发展多种形式的社会冲突解决方法也是一条必由之路。

---

① 高其才:《多元司法》,法律出版社 2009 年版,第 342 页。

事实上,作为一种本土资源,非诉讼方式与正式司法制度配套运行,已在中国土壤上扎根成长,对于社会失范行为形成一定的内在控制。这意味着,除正式诉讼制度之外,社会性纠纷解决方式已日益凸显其重要性。"①结合西方法律社会学的"活法"理论及"非法律规范"理论,可知作为非诉讼方式的社会司法理论在中外司法文明中有着深厚的土壤,它是社会司法制度赖以重建的前提。

之所以重建社会司法的制度体系,是因为我们在改革开放以来的数十年内,受"法律浪漫主义"引导,信奉"立法中心主义",不顾中国国情,一味移植西方法律,结果导致法律体系虽成但法治并未真正实现的可悲结局,足以令人深思。我们对国家权力主导法治、主导司法深以为然,对社会权力介入纠纷的解决不屑一顾,轻视社会自治组织的培育,轻视甚至打压社会组织的"准司法"活动,导致社会力量难以生成、社会组织萎靡不振、社会司法无所作为,并最终导致社会治理能力的严重蜕化,乡村社会一盘散沙,地痞无赖横行乡里,乡村精英纷纷离乡背井,外出谋生,乡村秩序、乡村文化基本"荒漠化",任其发展,必将动摇"国本"!因此,现在的乡土社会已经到了亟须秩序重建的时候了。

秩序重建当以制度重建为前提。在国家权力主导的"司法裁决中心模式"下,国家司法成了解决纠纷的唯一途径,"这种由国家强制力保证的秩序,与社会缺乏一种内在的亲和力,在纠纷解决过程中往往无法促成人们之间的相互合作的氛围,离人们偏好的、有效的秩序赔礼相当的差距"②。因此,社会司法制度的重建需要我们建立起自由理性、宽容妥协、沟通理解以及合作信任的机制,发挥多元社会力量的作用,形成司法机关、政府部门与社会组织的协商对话机制,要确立并完善诉调对接机制,要完善社会组织的自我管理机制,形成一个以平衡国家权力与社会权力为价值取向,以对话、协商、合作为运行模式,以国家、社会、公民之间的互动互惠为行为准则的社会司法制度体系,从而促成社会治理能力的提升与社会治理体系的完善。

---

① 汤唯:《司法社会学的原理与方法》,法律出版社 2015 年版,第 192—193 页。
② 转引自陈光中等:《中国司法制度的基础理论问题研究》,经济科学出版社 2010 年版,第532 页。

五、结　语

　　"社会司法"是一种由社会组织根据社会规则进行的化解纠纷的活动,它对基层社会秩序的稳定起着至关重要的作用。社会司法的存在,打破了国家对司法的垄断,弥补了国家权力在调整基层社会秩序方面的缺陷。社会司法体现的是一种社会意志、社会权力和社会利益,而国家司法体现的是一种国家意志、国家权力和国家利益。

　　"司法"有广狭二义,狭义的司法指国家司法,即法院适用法律处理案件的活动;广义的司法除国家司法外,还包括社会司法。广义的司法概念符合国际上对"司法"界定的趋势,并与司法多元主义的理论相契合。

　　社会司法实质上是社会对司法问题的一种回应,它代表了社会权力对国家垄断司法权的一种抗争,但这种抗争并不是要取代国家司法权,而是为自身争得一席之地,使其在国家司法权"鞭长莫及"的范围内发挥自身优势,息讼止争,从而在稳定基层社会秩序方面"拾遗补缺",发挥"正能量"。

　　面对社会司法的挑战,国家司法也作出了积极回应,其表现主要在于主动吸收和借鉴社会司法的要素,如将社会司法的处理方式——调解纳入其诉讼程序,成为所谓的"司法调解";又如,将社会司法的依据——习惯惯例即社会规则纳入审判过程并成为法院裁判的"准据";如此等等。上述举措体现了"国家司法的社会化",也可以说是国家司法权力的部分社会化。

　　从国外的情况看,社会司法的理论基础是由法律社会学(特别是司法社会学)、法律多元主义、社会自治理论与社会共识理论等构成的复杂的知识体系,而目前我国有关社会司法的理论非常薄弱,缺乏系统的学理体系。但是,近几年来在我国兴起的新学科"司法学"可以对构建并完善社会司法的理论体系发挥重要作用,司法学不但研究国家司法层面的问题,也研究社会司法层面的问题,特别是其注重吸收借鉴西方的司法社会学理论、司法多元主义理论、社会自治理论及社会共识理论等,尝试构建具有中国特色的社会司法理论体系,为中国社会司法制度体系的构建提供有力的理论支撑和学科支撑。

　　社会司法制度体系的重建需要以问题为导向、以解决实际问题为依归。我们要寻觅并确立一种社会共识,构建并完善社会自治的体制机制,发挥多元社会力量的作用,形成理性、宽容、沟通、理解、合作的文化氛围,实现国家组织与社会组织、国家司法与社会司法的对话、对接,进而实现双方的相辅相成、合作共赢。

　　在中央发出提高社会治理能力这一号召的背景下,我们要完善社会司法的体制机制,逐步形成一个以平衡国家权力与社会权力为价值取向,以对话、协商、合作为运行模式,以国家、社会、公民之间的互动互惠为行为准则的社会司法制度体系,从而促成社会治理能力的提升与社会治理体系的完善。

第二章　社会司法：理念阐释与制度进路

"社会司法"是一种由社会组织根据社会规则（包括道德规则）进行化解纠纷的"准司法"活动。它与"国家司法"有很大的不同，后者的依据是国家制定法，并且按照法定程序由国家专门机关运行。社会司法活动是指以社会制裁力为后盾的调解、仲裁之类的行为。应该说，国家司法体现了国家权力和国家意志，而社会司法则体现了社会权力与社会意志。

一、"社会司法"的理论阐释

西方法律社会学派的代表人物埃利希通过研究法律史，得出了如下结论："最初立法和司法都超出了国家的范围和领域。司法并不起源于国家，它在国家存在之前就已产生。"①从法院的起源看，埃利希指出"法院并不是作为国家的机构而产生，而是作为社会的机构而产生"，后来虽然出现了国家的法院，但仍存在着社会的"法院"，他甚至认为"法院从没有彻底转变为国家的机构"。它区分了"国家司法"与"社会司法"，并认为其间的差异表现在刑事诉讼管辖权和民事诉讼管辖权的区分上。他还认为，诸如荣誉法院、纪律法院、仲裁法庭、社团法院、调解法庭等均属于执行"社会司法职能"的组织②，而此

---

① ［奥］尤根·埃利希：《法律社会学基本原理》，叶名怡等译，中国社会科学出版社 2011 年版，第 102 页。

② ［奥］尤根·埃利希：《法律社会学基本原理》，叶名怡等译，中国社会科学出版社 2011 年版，第 88—89 页。

处的"社会司法",正是根据社会规则化解社会纠纷的"准司法"活动。

他说道:"至于那些非属国家司法机构的法庭,人们不再主张,此类法庭必须以法律命题为基础来裁判案件。国家的行政法院、警察机关、纪律法院、人民代表机构的首脑必须经常基于道德、伦理习俗、荣誉、礼仪、言行得体、礼节等规范作出裁判。这更久适用于非国家的法庭、各种各样的仲裁法庭、社会法院、荣誉法院、卡特尔法庭、信托法院、工会法院和会所法院。……以上所有的这些法庭都是由社会自己建立和维持的法院,它们的裁决主要以非法律规范为基础,它们开展了富有成效的、日益增加的活动,而且,在某种程度上,这些法庭有其自主决定的强制手段,这些强制手段比国家裁决机构的强制手段更有效。"①

此段话是埃利希对社会司法(准司法)现象的概括性描绘,社会司法的场所在一种不太严格的意义上也被称为"法院"或"法庭"(笔者认为它们其实是一些化解纠纷的社会组织),但它是社会自己建立的法院,裁决的依据是所谓"非法律规范",即各种社会规则。根据埃利希另外的表述,社会司法的方式包括调解、仲裁、处罚之类,其中处罚的方式也包括多种,如荣誉法庭会勒令违反荣誉规则的官员辞职,纪律法院会因为一名官员损害官僚队伍的名誉而谴责他,会所法院会将没有支付赌债的成员除名,卡特尔法庭会向一个存在不当竞争行为的企业发布联合抵制令,等等。

另外,所谓的"社会法院"甚至还应当包括"家庭法院"、"村庄法院"等,他还欣喜地宣称"发现了氏族首领的司法权、家族首领的司法权和村庄里年长者的司法权"②。严格地说,此类"司法权"只能被称为"社会司法权",正是这种准司法权的正常运行,才促成了一种稳定的基层社会秩序。

法律社会学在西方是一门"显学",影响很大,其代表人物即奥地利著名法学家尤根·埃利希。他提出了著名的"活法"论,"活法"即社会规则。其所著《法律社会学基本原理》一书指出:"法律发展的重心不在立法、不在法学、

---

① [奥]尤根·埃利希:《法律社会学基本原理》,叶名怡等译,中国社会科学出版社2011年版,第96页。
② [奥]尤根·埃利希:《法律社会学基本原理》,叶名怡等译,中国社会科学出版社2011年版,第102页。

也不在司法判决，而在社会本身。"①这是将社会当成法律发展的原动力。此亦可与其所言"过去法律相当多一部分并非由国家制定，即使在今天，法律也在很大程度上得自于其他源头"②相印证。

埃利希甚至主张：法官可以"主要依据习惯做出裁判"③。这里的"习惯"，按埃利希的解释即"非国家法"，或谓"活法"，实际上也就是社会规则。那么，法官依习惯进行裁判，也就是根据社会规则进行裁判。

这用埃利希的话说就是："社会——如果那个时代人们会使用这个术语——不是凭借法律规则来维持它的平衡，而是依靠其联合体的内部秩序来维持它的平衡。"④这里所谓"联合体的内部秩序"，实际上就是靠"活法"及依其进行的"社会司法"活动所形成的秩序，埃利希认为这种内部秩序适应了社会的内在需求，因而有一种长期稳定的平衡。

埃利希宣称："法律社会学必须从探明活法开始。""活法的科学意义并不限于对法院所适用的裁判规范的影响或对制定法内容的影响。活法的知识有独立的价值，此点存在于如下事实：它构成了人类社会法律秩序的基础。"⑤

"活法"是那些化解纠纷的社会组织的"裁判"依据，这种化解纠纷的活动也就是我们所说的"社会司法"。根据埃利希的描述，"活法"的内容多种多样，但习惯法是其中的一个重要方面。他称"习惯法首先是行为规则，并继而成为裁判规范"，其论证逻辑是："习惯法作为行为规则，直接产生于整个民族或各种阶层的法律意识当中，整个民族或不同的单个阶层按照习惯法来调整他们的行为，这样，习惯法成了伦理习惯。以这种形式，它可被法学家所认知，

---

① Eugen Ehrlich, *Fundamentles of the Sociology of Law*, select from *The Great Legal Philosophers*, University of Pennsylvania Press 1958, p.437.

② ［奥］尤根·埃利希：《法律社会学基本原理》，叶名怡等译，中国社会科学出版社 2011年版，第 8 页。

③ ［奥］尤根·埃利希：《法律社会学基本原理》，叶名怡等译，中国社会科学出版社 2011年版，第 8 页。

④ ［奥］尤根·埃利希：《法律社会学基本原理》，叶名怡等译，中国社会科学出版社 2011年版，第 6 页。

⑤ ［奥］尤根·埃利希：《法律社会学基本原理》，叶名怡等译，中国社会科学出版社 2011年版，第 374—375 页。

特别被法官所认知；此后，法学家，特别是法官从中推导出裁判规范。"①

埃利希进一步指出："基本的社会机构、各种各样的法律联合体，特别是婚姻、家庭、宗族、社区、行会、支配和占有关系、继承以及法律行为，它们要么是整个独立于国家，要么是很大程度上独立于国家。因此法律发展的重心从无法追忆的远古时代起就不是存在于国家的行为中，而是内在于社会本身，因而现在必须在后者中探寻。"②

根据以上的引述和论述可以看到，法律社会学将法律发展的重心放在社会而不是国家，是符合历史实际的。"活法"不但在调整社会秩序方面发挥着远远超过"国法"（国家制定法）的作用，而且其本身又成为国法的基础，对国家立法产生潜移默化乃至直接的影响。从司法的角度看，大量的独立于国家司法机构之外的"准司法组织"即社会组织——各种由社会建立的仲裁法庭、社区法院、工会法院、荣誉法院、会所法院、村庄法院及家族法院等——也发挥着重要的化解纠纷的功能，此种功能甚至远超国家司法，其依据的"非法律规范"即所谓"活法"，亦即社会规则，这种司法活动是典型意义上的"社会司法"。

二、"社会司法"的制度进路

根据以上对"社会司法"的理解——社会解纷组织根据社会规则解决纠纷，我们认为中国古代社会同样存在"社会司法"现象，甚至可以说它在中国古代司法文明中占有非常重要的地位。

中国古代在国家司法机构之外，还有很多的"准司法组织"（社会组织）负责解决大量的民事纠纷和轻微的刑事纠纷。这些准司法组织包括宗族组织、行会组织、帮会组织、村落组织等。

宗族是以共同血缘为纽带的"聚族而居"的组织，体现了古代汉族的宗法

---

① ［奥］尤根·埃利希：《法律社会学基本原理》，叶名怡等译，中国社会科学出版社 2011 年版，第 338—339 页。

② ［奥］尤根·埃利希：《法律社会学基本原理》，叶名怡等译，中国社会科学出版社 2011 年版，第 295 页。

性特点。宗族有宗族法规，基本内容为汉族习惯法，宗族的"社会司法权"以习惯法为依据。清代张海珊说："凡族必有长，而又择齿、德之优者为之副，凡劝导风化，以及户婚田土争竞之事，其长副先听之，而事之大者方许之官。"①凡属民事争讼之事，族长有处断之权。

族长对本族拥有管理、教育和惩戒的权力，有的宗族还设有专门监督、审理机构及人员。如浙江萧山《管氏宗谱》卷四规定："立通纠二人，以宗一族之是非，必选刚方正直、遇事能干者为之。凡族人有过，通纠举鸣于家长。"这里的"通纠"就是协助族长行使惩戒权的专门人员。族长的惩戒权就是"准司法权"，这也是得到封建国家认可的。

正如有学者指出的，中国古代的国家政权默许或公开承认宗族的司法权，特别是明中叶以后的宗族逐渐控制了乡村司法审判权，宗族实际上具备了初级裁判权和一般惩罚权。由族长主持的审判是解决纠纷的必经程序，族人不经宗族，不许径自向官府投诉，宗族司法实际上已经成为司法审判的第一审级②。

宗族司法一般没有固定的程序和模式，但也有宗族在这方面做了规定。如安徽合肥《邢氏宗谱》即规定："凡族中有事，必具禀于户长，户长协同宗正批示：某日讯审。原被告及词证先至祠伺候。至日原告设公案笔砚，户长同宗正上座，各房长左右座。两告对质毕，静听户长宗正剖决，或罚或打，各宜凛遵，违者公究。"

宗族司法的场所一般为祠堂。"处理、审理大多在祠堂进行，以体现宗族习惯法的威严。祠堂是宗族最主要的集体表征。祠堂既是祭祖的圣地，又是宗族聚会和讨论宗族事宜的集合场所，还是宗族执行族规家法的公共场所。"③

宗族司法的依据是通行于本地区的习惯法（一般以宗族法规的形式体现出来），宗族司法的方式即处罚方式一般为：训斥、罚站罚跪、罚款、责打、出族（开除族籍）、鸣官（将嫌犯扭送官府治罪）等。

中国古代第一家族曲阜孔氏家族，如果族内成员发生纠纷，一般先经衍圣

①　（清）张海珊：《聚民论》，载《清朝经世文编》卷五八。
②　陈柯云：《明清徽州宗族对乡村统治的加强》，《中国史研究》1995 年第 3 期。
③　高其才：《多元司法》，法律出版社 2009 年版，第 43 页。

公、孔府衙门的处理后再移送基层司法机关处理。孔氏宗族有权受理本族的民事案件和轻微的刑事案件,在审理前一般要先进行调解,调解协议达成后立即生效。调解不成的则进入审理程序。在审理时,允许双方互相辩论,并让证人出庭作证,或提出书面证言,同时也很重视物证的运用。审理后作出的判决当即生效,应责应罚,都立即执行。如果当事人不服判决,可诉诸国法,但孔氏宗族总是避免诉讼入官。据考证,孔氏家族的处罚方式名目繁多,如训斥、赔礼、记过、停胙、革胙、罚谷、罚银、罚修节孝祠、笞责、罚跪、不准入谱、不准葬入孔林、开除或免职、鸣官、拘押、枷号示众等①。

中国古代基层社会的"社会司法"除宗族司法外,尚有"村落司法"。著名社会学家费孝通指出:"中国乡土社区的单位是村落。"②另有学者指出:"村落作为一种生活制度和社会关系网络,在中国古代社会的汉族地区有着十分重要的作用,村落组织担负着极为重要的职能,执行习惯法、处理各种民间纠纷、处罚违反习惯法的各种行为,便是其中的重要方面。"③

元代的立社令规定:"若有不务本业,游手好闲,不遵父母兄长教令,凶徒恶党之人先从社长叮咛教训,如是不改,籍记姓名,候提点官到日,对社众审问是实,于门首大字粉壁书写不务本业、游惰、凶恶等名称。如本人知耻改过,从社长保明申官,毁去粉壁。如终是不改,但遇本社合著夫役,替民应当,候悔过自新,方许除籍。"④这说明,对于村落成员违反村落习惯法的行为,村落组织享有调处权(调解处分权)。"村落司法"属于"准司法",其司法方式除调处外,尚有批评教育、罚款赔偿、殴打责罚、开除村籍、禀官究治等方式。

应当指出,中国古代基层社会的"社会司法"追求的基本目标是"和为贵",这是儒家观念影响民众生活的又一例证。既然强调和为贵,故调处成为化解纠纷的最主要途径。正如有学者所言:"中国古代社会汉族地区村落纠纷的解决以'和'为目标,审判程序灵活,处罚方式多样,对维持村落秩序、实现社会公正具有积极意义。"⑤

---

① 胡旭晟主编:《狱与讼:中国传统法律文化研究》,中国人民大学大学出版社,第661—663页。
② 费孝通:《乡土中国》,生活·读书·新知三联书店1985年版,第4页。
③ 高其才:《多元司法》,法律出版社2009年版,第52页。
④ 《通制条格》卷十六。
⑤ 高其才:《多元司法》,法律出版社2009年版,第63页。

中国古代民间社会还有"行会司法"，也属于"社会司法"的一种。行会又称行帮，是商人或手工业者为排斥竞争、保护同业立业，以业权为基础，以习惯法为保障而组织起来的一种社会团体，一般分为手工业行会、商业行会两种。行会具有审理权、处分权，还设立了执行机构、审理机构，并制定了行规——行会习惯法。"行规明确禁止在没有元送会馆法庭进行裁决的情况下，擅自告官"。"除了说服讲理、劝告批评外，对违反习惯法的行为，行会一般规定根据情节轻重、态度、社会影响等而给予罚款、罚酒、罚请戏、开除行籍、肉刑、禀官处纠等各种处罚。"①

中国古代的"社会司法"，其主要方式就是调处（调解），调处的形式有官府调处、官批民调及民间调处三种。官府调处是在行政长官主持下对民事案件或轻微刑事案件的调解，是诉讼内的调解。考虑到古代行政兼领司法的传统，故可说官府调解类似于今日的司法调解。官批民调是指官府在审理案件过程中，如认为情节轻微，不值得传讯，或认为事涉亲族关系，不便公开传讯，便批令亲族邻里等加以调解，并将调解结果报告官府。民间调处的主体是乡绅、里正、族长等人，属于诉讼外调解。其形式多样，因各地风俗民情而多变。上述调解方式均属于"社会司法"的内容，即使所谓官府调处（司法调解）也是如此，因其吸收了民间调解的形式，依据的均是民间习惯法，其区别仅仅在于官府调解一般要由当事人"具结"达成调解协议，此调解协议被赋予了官府强制力。

"社会司法"在西方又被称为"替代性纠纷解决方式"（Alternative Dispute Resolution，简称 ADR），或称为"多元化纠纷解决机制"、"非诉讼纠纷解决机制"。该机制是根源于各国历史传统，并在 20 世纪逐步发展起来的各种诉讼外纠纷解决方式的总称，通常具有非诉讼性（替代性）、当事人的自主选择性和纠纷解决的功能性等属性。ADR 的兴起导因于社会利益冲突、社会主体关系及文化价值观念的多元化、社会主体对纠纷解决方式需求的多样性②。

1998 年美国的《ADR 法》对 ADR 方式所做的定义是：替代性纠纷解决方法包括任何主审法官宣判以外的程序和方法，在这种程序中，通过早期中立评

---

①　高其才：《多元司法》，法律出版社 2009 年版，第 67—68 页。

②　范愉：《非诉讼纠纷解决机制研究》，中国人民大学出版社 2000 年版，第 28 页。

估、调解、小型审判和仲裁的方式解决纠纷,中立第三方在争议中参与协助解决纠纷。

ADR 机制实际上是一种"社会司法",它体现了社会意志和社会权力。与其对应的应该是"国家司法",它体现的是国家意志和国家权力。从西方的经验来看,社会司法与国家司法两种司法权可以并行不悖,两者可以互补,但并不存在谁取代谁的问题。

这一机制在司法领域的崛起,意味着国家司法权在纠纷解决领域的垄断地位被突破了,"但并不意味着诉讼与司法裁判的被取代。作为与诉讼并行的一种制度化纠纷解决方式,它以当事人的自助选择与合意为基础。也就是说,ADR 的存在和运作,是以法院和诉讼程序的存在以及当事人的诉讼权利和处分权为前提的,当事人可以在法院的审理、裁判和各种非诉讼方式之间进行自主性与合意性选择。从功能上讲,替代性纠纷解决方式可以有效地对诉讼和司法补弊救偏,并在现代社会中承担纠纷解决、保障当事人自治、促进社会对话和修补社会关系等多方面的作用。"[1]

1925 年,美国出台了《联邦仲裁规则》,对非诉讼纠纷解决机制在法律层面上加以确认。此前,美国对非诉讼纠纷解决机制并不热心,甚至持排斥态度。但因为"诉讼爆炸"导致的法院不堪重负,而扩大法院规模影响法官素质和法院权威,并过多消耗司法资源,因此美国官方开始重视非诉讼纠纷解决方式了。对当事人个人来说,进入司法程序意味着付出高昂的诉讼费用,还意味着因为程序的拖沓导致恢复正义的迟延,故选择非诉讼纠纷解决机制乃明智之举。

在《联邦仲裁规则》出台后,美国国会及政府不断通过一些法令政令推广 ADR 机制的运用,甚至要求法院强制运用 ADR 机制。1993 年,国会通过了在所有联邦区法院实行强制性附设仲裁的法案。1998 年,克林顿总统签署了《ADR 法》,并授权联邦法院制定具体规则。其后,美国各州法院纷纷结合本州具体情况制定了 ADR 规则,据统计全美大约有 1200 个法院采用了这一规则来处理纠纷。

ADR 机制走红美国,是因其具有诉讼形式所不可替代的优势:(1)它具有

---

① 胡平仁:《法律社会学》,湖南人民出版社 2006 年版,第 278 页。

较强的灵活性。它充分尊重当事人的意志,允许当事人自主选择更有效的解纷机制。(2)它使纠纷的解决成本大大降低。(3)它强调当事人的合意,主张纠纷双方在妥协的基础上达成一致,有利于双方今后保持合作关系。(4)它一般是在不公开状态下进行的,有助于保护个人隐私和商业秘密①。

非诉讼纠纷解决机制虽然存在及时、有效、灵活、成本低等优势,但其合意性、自主性特点又会导致其协议约束力低等劣势,当事人一方反悔就可进入诉讼程序,使合意达成的协议"前功尽弃"。为了克服此种弊端,在美国又出现了一种融合诉讼与非诉讼解纷机制的司法 ADR 机制,它又被称为法院附设 ADR(Court Annexed ADR),是一种以法院为主持机构的但与诉讼程序不同的纠纷解决程序。

司法 ADR 机制具有如下的特点:(1)诉讼与非诉讼纠纷解决机制互相融合。美国法院将调解、仲裁等非诉讼解纷机制与诉讼方式相结合,增强了法院对案件的宏观调控能力。法院明确要求当事人在寻求进入诉讼程序之前,必须尝试 ADR 机制中的一种或多种方式,并将其作为一个提起诉讼的必要条件。(2)调解制度的灵活运用。(3)ADR 的服务质量较高②。

在美国,除调解外,尚有仲裁、谈判等方式。仲裁是一种根据双方当事人共同约定,将争议交由第三者依法居中裁判,以确定双方权利义务的纠纷解决方式。仲裁具有自愿性、民间性、秘密性和效率性等特点,因而备受推崇。据说古罗马时期就已经出现了仲裁活动。1887 年,英国出台了人类历史上最早的仲裁法。1958 年,国际性的《承认及执行外国仲裁裁决公约》在纽约诞生,迄今已有近百个国家宣布加入。

所谓谈判(Negotiation)也是西方国家常用的一种纠纷解决方式。"由于谈判不仅符合 ADR 的非诉讼性(替代性)、当事人的自主选择性和纠纷解决的功能性等三个属性,而且在当代的纠纷解决过程当中,其被当事人和律师作为一种基本技术而频繁使用,因而更多的学者一般都把它列为最基本的纠纷解决方式之一。谈判是一种旨在相互说服的交流或对话过程,其实质是一种双方或多方之间的协商和交易活动。"③

---

① 张彩凤主编:《比较司法制度》,中国人民公安大学出版社 2007 年版,第 157 页。
② 张彩凤主编:《比较司法制度》,中国人民公安大学出版社 2007 年版,第 157 页。
③ 胡平仁:《法律社会学》,湖南人民出版社 2006 年版,第 284 页。

谈判与仲裁、调解之间存在区别,一是谈判的主体既可以是双方,也可以是多方,这取决于卷入纠纷的主体的数量;二是谈判通常不企求纠纷外力量的介入,即使有外部力量的介入也非以调解者或仲裁者自居,而是只起协助作用,因此谈判具有高度的自治性。20世纪80年代以来,美国司法界在非诉讼方式、法庭诉讼与律师参与之间找到一个契合点即"法律谈判"。在法律谈判过程中,律师代表当事人参加谈判,运用其法律知识和诉讼经验,对法庭诉讼的各种可能后果进行全面评估后,借助律师技能和谈判技巧进行庭外博弈,通过沟通、协商、妥协等手段,达到当事人双方的和解。可见,此种方式基本上也属于一种"社会司法"活动。

三、"社会司法"的现实探索

目前,我国在"治国理政"方面既重视"国家治理",也重视"社会治理";既强调提高"国家治理能力",也强调提高"社会治理能力"。如果说"国家司法"是提高国家治理能力的关键,那么"社会司法"当然是提高社会治理能力的关键。因此,这就为"社会司法"的研究及相关理念的实践化铺平了道路。

例如,我们现在对调解工作似乎有了异乎寻常的关注,一些地方法院热衷于"完善调解机制"或"构建诉调对接机制",一些地方政府也注意构建所谓"大调解格局"(司法调解、人民调解、行政调解的结合)。2015年,最高人民法院还在四川专门召开了一次全国性的多元化纠纷解决机制的法院系统工作会议,会上孟建柱、周强等领导都发表了重要讲话,强调了构建多元化纠纷解决机制的极端重要性。这透露出了一个重要信号,法院系统今后将在"准司法"机制的构建和运作方面大有作为。

但也有一些不同的声音对构建包括调解机制在内的多元解纷机制表示了质疑,认为其会"妨碍法治"、"影响法治权威"等。其实,这种声音多年来一直回荡,似乎一提重视法治就不能搞非诉讼纠纷解决机制或多元化纠纷解决机制。如有的学者就说道:"我们给予调解的种种希望能否实现令人怀疑。而作为社会观念的调解与司法外的调解,则更是传统法观念与法心理的堡垒。另就调解的本质属性而言,其弹性太大,'自由度'过高,与作为'准则'的法律在本质上相悖,其适用范围应受限制。判决与调解应是原则性与灵活性的关系。主张'调解为主'是一种失误,而以调解结案率作为衡量法官水平的重要尺度更是失误! 任何事物均有其历史的阶段性,任何社会都基于特定的历史条件而进行选择。20 世纪以来西方社会热衷于调解是由于它们存在着完全不同于当今中国的社会背景。因此,我们认为:当历史进入 20 世纪之后,中国社会的首要任务应是高扬法的权威,树立民众对法的信仰;过分地强调调解,不利于法律制度的完善,不利于社会观念(尤其是法观念)的转变,从根本上讲,不利于现代法治的健康发展。"①

上述担忧虽然不算多余,但也过于悲观。其基本思路是有问题的,即将法治、司法与"社会司法"(如调解等)完全对立起来了,忽视了其间存在着互相补充、相得益彰的关系。众所周知,中国古代社会存在着"皇权不下县"的传统,即体制性力量及国家司法权并不介入基层社会的管理,基层社会靠宗族、村落、行会等组织实行"自治",这一治理模式保证了基层社会秩序的基本稳定,无论上层社会和国家政权有何变动,其动荡余波很难撼动基层社会秩序。应该说,这是一种成功的社会治理经验。基层社会组织靠调解、处罚等"准司法权"化解了大量的民事纠纷和轻微的刑事纠纷,为国家节约了大量的司法资源,也降低了国家治理的成本。

20 世纪以来,以美国为首的西方国家正是借鉴了这种"东方经验",建立了其 ADR 机制,该机制将 95% 的纠纷在其进入诉讼程序之前就化解了,这不能不说是一个司法领域的巨大成功。我们怎能说"调解为主"的主张是一种过分的观念呢? 其实,从美国的经验看,调解与诉讼是并行的,调解不成仍可诉讼;调解也不会影响法院权威,相反,大量的普通纠纷被庭前调解程序分流,使法院可以集中精力办理一些重要案件,自然可以提高办案的质量和效率,因而也就有利于树立法院的权威。我们应该反省我们对待改革、对待做事情的一些态度,这种态度就是过于急躁和缺乏耐心,一种改革、一种事情才刚刚开始或者尚未到位,一些人往往就因其存在的一些不完善之处而对整个改革、整个事情失去耐心,横加指责,甚至全盘推翻,导致有关的事业半途而废。

---

① 胡旭晟主编:《狱与讼:中国传统诉讼文化研究》,中国人民大学出版社 2012 年版,第 899 页。

其实,改革也好,做任何事情也好,都是一个不断完善的过程,不可能一点问题都没有,应当从大局着眼,绝不能过于"性急"。调解制度也好、多元解纷机制也好,要在现代中国发展壮大需要不断完善,而且改革中的问题只能靠进一步改革来完善,世界上没有十全十美的事情,我们不能因其局部的问题而否定其整体。我相信,包括调解制度在内的多元解纷机制会有一个光明的未来,它不仅不会成为侵蚀法治的力量,而且有助于树立国家司法的权威,并在中国现代司法文明中占有重要的地位。

那么,如何才能完善当前我国的调解机制呢?笔者认为,可考虑采取如下措施:

(1)实现人民调解与司法调解的对接。人民调解又称民间调解,它是指在人民调解委员会的主持下,根据国家法律法规、政策制度和社会道德、风俗习惯对纠纷当事人说服劝解,促使双方互谅互让、平等协商,自愿达成协议,从而消除纷争的一种群众自治活动。而司法调解是法院调解,是诉讼调解,包括民事诉讼调解、行政诉讼调解和刑事诉讼调解。其中行政诉讼调解主要是行政赔偿方面的调解,刑事诉讼调解主要是有关刑事自诉的调解和附带民事诉讼的调解,民事诉讼调解则是贯穿于人民法院受理的全部民事案件的始终。应注意人民调解与司法调解的对接问题,如法院在立案接待时,可将一些未经人民调解组织调解、案情简单、争议不大的民事纠纷,在征得当事人同意后,暂缓立案,先由相关人民调解委员会进行调解,调解成功的,就出具调解协议书;调解不成,再由人民法院审查立案。在案件进入诉讼程序后,对有可能通过人民调解解决的,法院征得当事人同意后,可以出具委托人民调解书,将案件委托给人民调解组织进行调解。经调解达成协议的,可向人民法院撤诉,由人民调解委员会制作调解协议书,也可以将协议书提交人民法院确认;达不成协议则由人民法院依法审判。

(2)实现行政调解与司法调解的对接。行政调解是行政机关依照法律规定,在其行使行政管理的职权范围内,以自愿为原则,在分清责任、明辨是非的基础上,对特定的民事纠纷和轻微的刑事案件进行的调解。它包括公安、民政、劳动、商业、邮政、计量、医疗卫生、环境保护、自然资源和公共交通等行政管理领域。行政调解具有相当的权威性和公信力,由于其以政府部门为依托,较易为纠纷当事人信服,所以由政府出面调解的纠纷往往能顺利解决。但是行政调解也有不足之处，因其属于行政行为，达成的调解协议或作出的处理决定不具有法律效力，其法律效力需要由法院加以确认。这就为行政调解与司法调解的对接提供了可能，法院可以对行政调解协议进行审查，如果合法则加以确认。

（3）应加强行政诉讼"协调"工作，完善相关机制，为行政诉讼调解的制度化提供实践经验。在行政诉讼中引入调解，是满足诉讼中多种利益诉求的一个重要方式，它有助于平衡各方利益，并进而有助于社会和谐。"调解"的目的是"合意"的生成，合意性是一切纠纷解决的本质属性，合意是矛盾双方和解的前提，而"合意"又是平等协商的产物，如果参与诉讼的双方地位不平等，则无合意可言。因此，目前一些法院对行政诉讼协调机制（实为"调解"）的探索将为我国行政诉讼制度的改革提供有益的借鉴①。

需要指出的是，在目前我国的基本体制下，构建基层社会的"社会司法"机制也存在许多障碍，如大部分的宗族组织在 1949 年后基本上都被破坏，少数地区的宗族组织虽保留，但其活动仅限于婚丧嫁娶之类，其功能、作用及地位等与古代中国或近代中国的相关方面都已大相径庭了。古代中国的宗族组织不仅有经济权（财权），也有政治权（如推举基层行政官员等），更有"准司法权"，这种准司法权包括调解权、教训权及一般的惩戒权等，族长、房长等正是靠上述权力对族众进行了有效的"治理"。而目前的宗族组织已经基本上丧失了上述权力，仅仅剩下一点调解权，而此种调解权因为缺乏宗族整体权力的支撑也失去权威性。因此，重建宗族组织、赋予宗族组织更多的权力也被一些学界人士所呼吁，这种呼吁的合理之处在于：健全且有权威的宗族组织是稳定基层社会秩序的有力保障。

"社会司法"依据的是民族习惯或当地惯例，这些习惯或惯例有着久远的历史传承，与一个民族或一地群众的文化心理结构有着深深的契合。这就决定了中国的法治建设不能将其作为自己的对立物或排斥物，而是应当有一种宽容或吸纳的态度。"除了立法或移植的法律能与传统习惯惯例之间有某种兼容，这些法律就无法在功能上逐步替代传统的习惯和惯例。无论立法者或法学家如何精心设计，无论理论上一个移植的法律是如何之好，都可能因为其

---

① 崔永东：《司法学原理》，人民出版社 2011 年版，第 180—182 页。

是外生生物而不能被接受。""在中国的法治追求中,也许最重要的并不是复制西方法律制度,而是重视中国社会中的那些起作用的,也许并不起眼的习惯、惯例,注重经过人们反复博弈而证明有效有用的法律制度。否则的话,正式的法律就会被规避、无效,而且可能会给社会秩序和文化带来灾难性的破坏。"①

郭道晖先生提出了"司法权的部分社会化"的观点:"这主要是指作为国家权力的司法权逐渐向社会化发展,部分司法权成为社会权力(所谓社会权力是指社会主体——公民特别是社会团体、非政府组织所拥有的物质和精神的社会资源对社会和国家的支配力),如民间的调解与仲裁,就是由社会组织行使的一种准司法权力。苏联还曾有过人民的道德法庭。在西方还有私人开业的侦探乃至监狱。在瑞典,根据其1979年通过的市场管理法,设立了'消费者司法专员'、'市场法庭'。中国民间的人民调解制度对于化解民间纠纷,减轻司法机关的负担,起了很大的作用。这些都是社会化的准司法制度。从长远看,这种依托社会权力的司法社会化,是马克思所讲的国家消亡过程中的一种历史趋势。毛泽东也讲过,一万年以后还有法庭,那大概也是行使一种社会化的司法权力。……中国古代封建社会中,地方宗族势力也拥有按族规家法审处其家族成员的习俗,也是社会性的准司法行为,但这是封建专制统治势力在地方上的延伸,是维系封建秩序的社会权力,是压迫人民的,早已推翻。不过在现今中国农村中又有所复活,是应予取缔的。"②

郭先生提出的"司法权的部分社会化"、"社会化的司法权力"及"社会化的准司法制度"等观点颇为新颖,并强调"依托社会权力的司法社会化"是一种历史的趋势,更是高瞻远瞩之论。但他对地方宗族组织之"社会性的准司法行为"的复活进行了否定性评价,并主张应予取缔,则有欠公允。事实上,正如前文所述,宗族组织的社会司法行为对维持基层社会的秩序发挥了积极作用。

自20世纪50年代以来,在国际社会中一度流行的"司法裁决中心主义"受到了强力挑战,人们认识到,那种由国家司法权全面介入社会纷争的解纷模

① 朱苏力:《法治及其本土资源》,中国政法大学出版社1996年版,第37页。
② 郭道晖:《法的时代挑战》,湖南人民出版社2003年版,第419—420页。

式在实践中产生了种种弊端,甚至给社会的和谐稳定带来了消极影响。这种由国家强制力保证的秩序,与社会之间缺乏一种内在的亲和力,在纠纷解决过程中往往难以促成人们之间的合作氛围,与和谐的社会秩序相去甚远。相比而言,社会司法在解纷过程中的高效性与灵活性,弥补了司法裁判的"功能失效"①。

四、结 语

综上所述,所谓"社会司法",是与国家司法相对应的一种司法活动。"国家司法"的依据是国家制定法,"社会司法"的依据是社会规则(民间规则,即法律社会学所谓"活法")。社会司法强调根据社会规则或民间规则进行"司法活动",这种司法活动是指以社会制裁力为后盾的调解、仲裁之类的行为。应该说,国家司法体现了国家权力和国家意志,而"社会司法"则体现了社会权力与社会意志。

西方的法律社会学将法律发展的重心放在社会而不是国家,是符合历史实际的。"活法"不但在调整社会秩序方面发挥着远远超过"国法"(国家制定法)的作用,而且其本身又成为国法的基础,对国家立法产生潜移默化乃至直接的影响。从司法的角度看,大量的独立于国家司法机构之外的"社会司法组织"即社会组织——各种由社会建立的仲裁法庭、社区法院、工会法院、荣誉法院、会所法院、村庄法院及家族法院等——也发挥着重要的化解纠纷的功能,此种功能甚至远超国家司法,其依据的"非法律规范"即所谓"活法",亦即社会规则,这种司法活动是典型意义上的"社会司法"。

中国古代的"社会司法",其主要方式就是调处(调解),调处的形式有官府调处、官批民调及民间调处三种。官府调处是在行政长官主持下对民事案件或轻微刑事案件的调解,是诉讼内的调解。考虑到古代行政兼领司法的传统,故可说官府调解类似于今日的司法调解。官批民调是指官府在审理案件

---

① 陈光中等:《中国司法制度的基础理论问题研究》,经济科学出版社 2010 年版,第532 页。

过程中,如认为情节轻微,不值得传讯,或认为事涉亲族关系,不便公开传讯,便批令亲族邻里等加以调解,并将调解结果报告官府。民间调处的主体是乡绅、里正、族长等人,属于诉讼外调解。其形式多样,因各地风俗民情而多变。上述调解方式均属于"准司法"的内容,即使所谓官府调处(司法调解)也是如此,因其吸收了民间调解的形式,依据的均是民间习惯法,其区别仅仅在于官府调解一般要由当事人"具结"达成调解协议,此调解协议被赋予了官府强制力。

"社会司法"在西方又被称为"替代性纠纷解决方式",或称为"多元化纠纷解决机制"、"非诉讼纠纷解决机制"。该机制是根源于各国历史传统,并在20世纪逐步发展起来的各种诉讼外纠纷解决方式的总称,通常具有非诉讼性(替代性)、当事人的自主选择性和纠纷解决的功能性等属性。ADR的兴起导因于社会利益冲突、社会主体关系及文化价值观念的多元化、社会主体对纠纷解决方式需求的多样性。

第三章　在国家司法改革战略层面促进
社会司法与社会治理的建议[*]

"司法"有广狭二义,狭义的司法指国家司法,即国家司法机器适用法律处理案件的活动;广义的司法除国家司法外,还包括社会司法。所谓"社会司法",是指社会组织或个体根据社会规则化解纠纷、维护稳定的活动。社会司法与国家司法在主体、适用领域、解纷基准、解纷方法、制度功能等方面各有千秋,不宜混同。长期以来,用"准司法"或"类司法"来定义社会司法成为一种流行偏见,严重制约了我国社会司法的发展。

社会司法是一种独立的司法类型,具有国家司法所不可替代的积极功能,理应与国家司法受到同样的重视。社会司法在我国渊源深厚,有着很高的群众基础和政治基础。当前,与国家司法相比,社会司法居于边缘地位,发展水平和能力远远滞后于时代需求。我国社会主义司法体系的发展完善,需要形成国家司法与社会司法相辅相成、良性互动的格局。建议在国家战略层面肯定社会司法的重要价值与意义,以顶层设计和地方探索有机结合的方式,通过有力举措尽快扭转我国社会司法滞后的局面。

一、社会司法在理论与实践两方面
均滞后于时代需求

在我国漫长的历史中,社会司法长期居于司法体系的核心地位。在"皇

---

* 本章系由崔永东与党东升合撰。

权不下县"的治理传统下,宗族、行会、村落组织以及乡贤等依据"礼"的规则进行包括调解、适度惩罚等在内的社会司法活动,使矛盾纠纷得以有效化解,社会关系得到及时修复,基层秩序保持长期稳定。这种简约、节省的治理模式,折射出中华文明的古典司法智慧。

近现代以来,在巨大的社会变迁过程中,传统的宗族组织、行会组织、村落组织、乡贤等社会司法力量逐渐衰败,以"礼"为核心的社会规则也在革命过程中遭到破坏。改革开放以来,虽然传统文化的精华部分得到一定程度的恢复,社会司法也迎来新的发展的契机,但是,伴随着工业化、城市化战略的推进,尤其是数以亿计的人口流动,导致社会司法的发展始终处于低水平层次,严重制约了其化解纠纷、维护稳定的能力。与古代社会相比,现代中国民间社会的宗族组织、乡绅集团等要不荡然无存,要不形同虚设,根本没有什么活力,因其丧失了"社会司法权"如调解权、训诫权、惩戒权及政治权、经济权等,在化解纠纷、维护稳定方面难以发挥作用。

当前我国的"社会司法"总体而言是一种自发式、非体系化的存在,既未受到理论界的足够重视,亦未受到决策部门与实务部门的充分重视。由此而展现出来的问题是:

■ 社会司法缺乏清晰的理论体系;

■ 社会司法缺乏有力的学术支撑;

■ 社会司法的实践探索是碎片化的,缺乏体系性;

■ 社会司法的制度不健全;

■ 社会司法的组织力量涣散,有的形同虚设;

■ 社会司法的社会认知度、认同度和参与意愿不高;

■ 社会司法与国家司法的衔接机制不完善;

■ 社会司法化解纠纷、维护稳定的能力不强。

二、社会司法发展滞后的原因分析

第一,"立法中心主义"的法治建设模式制约了社会司法的成长。改革开放以来,我国的法治建设长期以来走的是一条"立法中心主义"的路子。理论界和决策部门普遍认为,通过"移植"或"自我创制"的方式建立起完善的社会主义法律体系,是建设社会主义法治国家的首要任务和核心工作。在"立法中心主义"的法治建设模式下,国家司法都处于相对边缘化的地位,更何况社会司法。

第二,快速社会变迁阻碍社会司法力量的发育和成长。社会司法离不开"社会共识"、"社会规则"、"民间权威人士"等基本要素,这些要素都是熟人社会的产物,需要相对稳固的社会环境。当前,我国的城市化发展正在轰轰烈烈进行,社会变迁加剧,情理、习惯、风俗、乡规民约、地方经验、权威人士等缺乏自发形成和发展的适当条件。新建立的一些新型社会司法组织由于多种原因难以摆脱对党委政府的高度依赖,也缺乏社会认知度、权威和信任。

第三,根本原因在于,我国的社会司法建设尚未上升到"国策"或国家法治战略与司法改革战略的高度。我国的法治建设属于党政推动型法治建设模式,党和政府在法治发展上发挥着决定性作用。改革开放以来,尤其是党的十八大提出法治中国战略以来,国家司法体系建设已经上升到国家法治战略的核心地位,相反,社会司法建设虽然也逐渐引起党和政府的重视,但是并未形成与国家司法相鼎立的态势。由于缺乏中央层面的战略定位,社会司法建设也无法引起理论界和地方党政的高度重视。目前,各地虽然在"大调解"、"多元纠纷化解"等名目下开展了社会司法建设,但是广泛存在重视不够、投入不足、避实就轻、相关举措缺乏系统性和科学性等问题。

三、加快社会司法体系建设的战略意义

第一,从"立法中心主义"同"司法中心主义"转变的必然要求。随着社会主义法律体系的基本形成,我国下一阶段法治建设的重心将逐步转向"司法中心主义"。这种演变趋势符合法治发展的一般规律。当法治建设迈向"司法中心主义"的时候,不应该对司法再做狭隘的理解,即认为司法只包括国家司法,其他司法类型都属于"准司法"或"类司法";相反,应该在广义层面来认识司法,建立起国家司法和社会司法相辅相成的社会主义司法体系,形成双轮驱动之势。

第二,克服"国家司法中心主义"的种种弊端。"国家司法中心主义"尤其是"法院中心主义"是西方社会的产物。在我国改革发展过程中,一味地奉行"国家司法中心主义"会造成很多负面后果。首先,国家司法资源总是有限的,在我国这样一个超大型国家,奉行"国家司法中心主义"势必会严重制约国家对社会矛盾冲突的控制能力和回应能力;其次,国家司法机器受制于法律制度的刚性约束,在应对转型期非常规矛盾纠纷时能力有限;再次,按照"法院中心主义"的基本原理和逻辑,国家司法发展到一定程度,有可能会给现行体制造成冲击,深化社会司法建设,也是对国家司法的一个必要制约。

第三,有助于形成国家司法与社会司法并重的社会主义司法体系。社会主义国家重视社会司法建设是题中之义。充分挖掘和借鉴传统社会司法经验和智慧、形成新时期社会司法模式,是弘扬中华文明的重要途径。我国不宜简单复制域外的"国家司法中心主义"模式,而应形成国家司法和社会司法并重的社会主义司法模式和司法体系。当前,在国家司法已经取得重大发展背景下,尤其需要加快社会司法建设,形成国家司法与社会司法均衡发展的态势。

四、把社会司法上升为国家战略的 若干路径和举措

第一,党中央、中央政法委、中央综治委等在正式文件中确认"社会司法"的概念和地位,以此来整合目前碎片化存在的"准司法"和"类司法"实践与制度,适时出台关于社会司法体系建设的规范性文件。

第二,全国人大常委会、国务院及其下属部委、最高人民法院、最高人民检察院等根据各自职能领域,针对社会司法问题进行专题调研和研讨,探索社会司法制度化、体系化的具体路径,制定出台有关社会司法的规范性文件。

第三,明确司法部为社会司法的日常管理机构,逐渐形成以调解(人民调解、民间调解)和仲裁为核心的社会司法组织体系和制度体系。

第四,鼓励有条件的地方积极开展社会司法体系建设的实践和制度探索,积极扶持和培育各类社会司法组织,吸纳优秀人才投身社会司法事业。

第五,加大对社会司法的理论研究,营造支持、鼓励社会司法研究的良好

学术环境。鼓励智库机构加大对社会司法体系建设的理论与对策研究,以服务决策。

第六,加大对社会司法制度、实践、典型人物事迹的宣传力度,表彰先进,营造良好的舆论氛围。

第七,安排专门财政经费鼓励社会组织或个体从事社会司法活动;引导社会资金更多地支持社会司法的发展完善。

第八,改革和完善有关社会组织的相关制度,鼓励各类社会组织从事社会司法活动。

第九,进一步探索社会司法和国家司法的协同联动机制,增强应对复杂矛盾纠纷的能力,有效维护政治社会秩序稳定。

第十,在大力推进社会司法建设的过程中,牢牢把握执政党对社会司法组织的领导权。

五、地方试点的可行性和主要举措

通过地方试点的方式推进社会司法体系建设是可行的。理由是:

第一,社会司法体系建设的试点工作不是要从零起步,而是要整合已经大量累积的"准司法"和"类司法"资源,使之体系化和科学化。

第二,当前中央虽然尚未接纳"社会司法"概念,但是,针对基层治理尤其是基层矛盾纠纷化解,中央已经出台大量政策,例如"大调解"、"多元纠纷化解"等,这些政策内容许多都属于社会司法范畴,因此可以说,开展社会司法体系建设的地方试点工作是有政策依据的。

第三,当前国家司法方面的改革轰轰烈烈,国家司法人员(法官、检察官、律师等)的职业化建设问题引起各方重视,但是,对于大量从事社会司法的人员的职业发展问题,理论界、决策层和实务界却甚少关注。这些社会司法人员同样有着热切的职业发展需求,他们为基层秩序所做出的辛苦付出也渴望得到社会的认同,他们的发展梦也是"中国梦"的重要组成部分。推动社会司法体系建设既能回应他们的职业发展需求,也能够有效提升这支队伍的职业荣誉感和战斗力。

　　基于为中央决策提供参考样本的目标,地方试点工作应当是全面的,应囊括社会司法体系建设的方方面面,因此需要进行扎实的前期调研工作,以做出周全细致的安排。这里仅就地方试点需要实施的一些重要举措提出建议:

　　第一,地方试点工作应着力为各类社会组织参与社会司法工作提供便利条件,鼓励更多的社会组织从事社会司法工作。

　　第二,地方试点工作需要妥善解决社会司法工作的经费保障问题。各地应根据自身条件探索多元化的经费来源,并使其常态化和制度化,从而给社会司法从业者提供稳定的职业预期,吸引优秀人才加入社会司法队伍。

　　第三,地方试点工作应着力解决社会司法职业的职业声誉和荣誉问题,使社会司法从业者认同自身职业,感受到职业荣耀。

　　第四,地方试点工作在使各类社会司法资源体系化的基础上,应进一步探索各类资源之间的协同联动机制,以及与国家司法之间的协同联动机制,以提高应对复杂纠纷的能力。

　　第五,地方试点工作应注重对社会司法从业者进行常态化的法律知识和社会主义法治精神的教育工作,提高从业者运用法治思维和法治方式化解纠纷的能力,更好地实现维稳与维权相统一。

　　第六,地方试点工作应注重发掘典型事迹和人物,宣传和表彰先进,形成良好的舆论氛围。

　　第七,地方试点工作应注重与政法智库、科研机构等展开密切合作,及时总结经验教训,注重对经验进行理论提升,以便中央决策参考。

　　第八,地方试点工作应牢牢把握执政党对社会司法组织的领导权,坚持社会主义司法属性。

第四章　涉侨纠纷多元化解机制探析

一、多元化纠纷解决机制的概念、性质和意义

多元化纠纷解决机制(或纠纷多元化解机制),也称非诉讼纠纷解决机制或替代性纠纷解决机制,英文为 Alternative Dispute Resolution,起源于美国,是各种非诉讼纠纷解决方式的统称。其特点在于替代性、选择性和当事人的自主性。"它是各种不违背法律强制性规定的,由纠纷双方当事人自主选择并控制的,替代诉讼程序解决主要是民事纠纷的方式方法的总称。"①"非诉讼纠纷解决方式的方法多种多样,但总的来说,大致有如下特点:一是替代性,是对司法审判的替代;二是选择性,其解决程序依据当事人自主合意和选择而启动;三是合意性,其解决过程主要是通过促成当事人妥协与和解来解决纠纷;四是保密性,纠纷解决过程的参与人一般不得透露关于纠纷的各种信息,而且纠纷的处理过程也一般不公开进行。"②

美国学者弗莱彻指出:"虽然从表面看,替代性纠纷解决办法是一个有序的体系,但事实上它是一组供当事人任意选择用来避免对抗性诉讼的办法。"③美国《ADR 法》对 ADR 的定义是:替代性纠纷解决方法包括任何法官审判以外的程序和方法,在这种程序中,通过诸如早期中立评估、调解、小型审判和仲裁等方式,中立第三方在讼争中参与协调解决纠纷。

① 侯怀霞等:《纠纷解决及其多元化法律问题研究》,法律出版社 2015 年版,第 100 页。
② 侯怀霞等:《纠纷解决及其多元化法律问题研究》,法律出版社 2015 年版,第 101 页。
③ 宋冰:《程序、正义与现代化》,中国政法大学出版社 1998 年版,第 420 页。

　　国内学者也把"非司法性"当成多元化纠纷解决机制的基本特点之一："ADR 具有非司法性或者非正式性,帮助解决纠纷的第三者的身份不是职业法官,而是律师、退休法官或者专业人员;解决纠纷的依据可能是实体法以外的社会道德和习惯,具有较大的弹性和交易空间;ADR 的程序并不严格,体现了很大的灵活性和自由度;通过 ADR 获得的结果,一般不具有强制执行力(仲裁裁决除外),如果当事人对结果不满意,就可以行使诉讼权利。"①

　　其实,"非司法"之"司法"是指国家司法而言,但这种由第三方居中主导的解决纠纷的活动又带有"准司法"的性质,或谓"社会司法",即社会组织或者个人利用社会规则进行的化解纠纷的活动。"社会司法"这一概念最早由西方法律社会学派提出,其含义是指社会组织根据"活法"(社会规则)来进行的解决纠纷的活动,它与"国家司法"的概念是相对的。国家司法是指国家司法机关适用国家制定法来解决纠纷的活动。由此可见,多元化纠纷解决机制的"非司法性"确实是一个重要特点,另外,合意性、选择性、替代性等也是其特点。

　　非司法、非诉讼的纠纷解决方式古已有之,是中国源远流长的一大传统。古代中国人秉持儒家"和为贵"的价值理念,注重通过"调处"(调解)的方式来化解纠纷,达到社会和谐。宋代以来的调解主要有三种类型,一是官府调解(类似于今日的司法调解),二是民间调解(靠宗族组织、村落组织和行会组织进行调解),三是官批民调(对特殊类型的案件由官府批转给民间调解组织加以解决)。这种非司法的纠纷解决方式在整合民间社会秩序方面发挥了极大作用,从古代中国到近代中国,我们可以看到这样一副图景:无论上层社会如何动荡,政权如何更迭,下层社会秩序基本稳定,社会结构仍维系原状。时至今日,我们从"枫桥经验"中也能寻觅到它的影子。

　　根据《人民日报》的记载,在 1963 年的社会主义教育运动中,枫桥干部群众总结汇报了依靠群众加强专政的经验:"在对敌斗争中,对于一小撮阶级敌人,凡是应该捕的、必须捕的,要坚决捕起来;可捕可不捕的一律不捕;要发展群众开展说理斗争,制服敌人,就地监督、改造,矛盾不上交。这个经验得到伟

---

①　尚洪立主编:《司法改革前沿问题研究》,人民法院出版社 2011 年版,第 108 页。

大领袖和导师毛主席的肯定和赞扬。"①后来,人们将枫桥经验的基本内容概括为:"小事不出村,大事不出镇,矛盾不上交,就地化解矛盾。"

化解矛盾的主要途径是调解,如在枫桥乡村设立社区警务室,警务室配有专门的调解委员会,调解员不但有警察,还包括人大代表、政协委员、德高望重的老人和口碑好的企业家等。'双方当事人可选择一致认可的调解委员,'用以主持公道'。调解成功的关键,在于调解人员的公正和威望,而调解的依据有二:一是法,二是乡村社会认可的理。"②这里的"理"正是一种传统的社会规则,类似于西方法律社会学派的"活法",而调解就是运用活法进行的化解纠纷的活动,即所谓"社会司法"。可以说,社会司法这种非诉讼的纠纷解决方式,是枫桥经验的主要特色和基本内容。

多元化纠纷解决机制体现了对个人权利的尊重、对社会自治的推崇,带有明显的人道精神。正如有学者所论:"多元化纠纷解决机制的基础在于对当事人意思自治的尊重和保障,而意思自治本身内含着个人本位、权利至上的价值取向,或者说意思自治的存在和发展有赖于以个人本位和权利本位为制度的价值取向的法治社会。"③

另有学者指出:"多元化纠纷解决机制的建立及其实施,就是通过赋予纠纷当事人纠纷解决方式的选择权,保障了当事人作为主体的自由……此外,这也是对其人格尊严的尊重。所以,只要不损害他人,就应当存在不同的纠纷解决方式,并真正给予当事人各种纠纷解决方式的选择权。从纠纷解决的结果来看,给予纠纷当事人以解决方式的选择权,不仅对于纠纷的解决本身有好处,而且这种选择权作为一种程序性权利,本身就是对纠纷主体人格的尊重。"④上述话语均强调了对当事人的自治、自主、自由以及个人权利的尊重,凸显了人道精神,揭示了多元化纠纷解决机制的人道取向。

2014年,党的十八届四中全会通过的《关于全面推进依法治国若干重大问题的决定》指出:"健全社会矛盾纠纷预防化解机制,完善调解、仲裁、行政裁决、行政复议、诉讼等有机衔接、相互协调的多元化纠纷解决机制。加强行

① 《高举毛主席树立的枫桥红旗,依靠群众加强专政》,《人民日报》1977年12月21日。
② 《"枫桥经验":岁月洗礼,魅力依然》,《浙江日报》2009年9月24日。
③ 季金华:《意思自治原则的成长与法治社会》,《南京师大学报》2000年第1期。
④ 侯怀霞等:《纠纷解决及其多元化法律问题研究》,法律出版社2015年版,第70—71页。

业性、专业性人民调解组织建设,完善人民调解、行政调解、司法调解联动工作体系。"①这是中央决策层对多元化纠纷解决机制的全面肯定,并且将其放到依法治国的战略层面来看待了。近年来,最高人民法院也很重视多元化纠纷解决机制的推广,已经有了一些成功的举措。2016 年,最高人民法院出台了《关于进一步深化人民法院多元化纠纷解决机制改革意见》。2018 年 3 月,在第 13 届全国人民代表大会上,最高人民法院院长周强所做的工作报告指出:"坚持和发展'枫桥经验',完善矛盾纠纷多元化解机制,为人民群众提供线上与线下结合、诉讼与调解对接的司法服务。"相信未来多元化纠纷解决机制在司法领域和社会治理领域将发挥更大的作用。

多元化纠纷解决机制不仅具有人道性,还具有正义性。有论者对此发表了如下看法:"法律虽然是最具正当性的标准,但是在调解过程中,道德、常识、社会普遍的规范意识以及习惯和惯例也可能成为解决纠纷的标准,从而得到符合实际情况的解决。这种符合实际情况的解决符合实质正义的要求。"②

多元化纠纷解决机制作为一种非诉讼的解决纠纷的形式,不仅在西方社会备受推崇,而且也是中国的一大悠久的传统,它深深植根于我们民族文化的土壤之中,契合于我们民族的文化心理结构,无论是在古代还是在当代社会中,无论是"调处"还是"枫桥经验",都对维护社会秩序、促进人际关系的和谐发挥了重要作用,其自治性、自主性、合意性、选择性和正义性洋溢其中,体现了一种制度设计的"温情"和社会治理的"柔性",凸显了一种人道价值取向,因而也就具有了超越时空的价值和意义。它不仅在本土对化解民间纠纷发挥了重要作用,而且在异域也被发扬光大,对解决涉侨纠纷也显示了非凡的意义,在一定程度上推动了中国社会治理经验的国际化。

二、涉侨纠纷多元化解机制的探索与导向

2018 年初,最高人民法院与中华全国归国华侨联合会联合发布了《关于

---

① 《中共中央关于全面推进依法治国若干重大问题的决定》,人民出版社 2014 年版,第 29 页。

② 尚洪立主编:《司法改革前沿问题研究》,人民法院出版社 2011 年版,第 114 页。

在部分地区开展涉侨纠纷多元化解试点工作的意见》,这是最高人民法院公布的首个关于涉侨纠纷多元化解机制的规范性文件,对今后的司法工作具有重要指导意义。该文件强调了试点工作的意义:"开展涉侨纠纷多元化解试点工作,对于维护归侨侨眷合法权益和海外侨胞正当权益,保障'一带一路'建设、参与国际规则制定、提升纠纷解决国际话语权具有重要意义,有利于推动完善中国特色多元化纠纷解决体系。"

该文件还提出了健全调解组织的要求:"各级侨联组织应当广泛吸纳归侨侨眷和各类专业人员加入人民调解组织。有条件的地区可以探索建立具有民办非企业单位性质的涉侨纠纷调解中心。依托现有调解组织、法院特邀调解组织和诉调对接中心等,吸收归侨侨眷和各类专业人员担任调解员。涉侨调解组织可以在婚姻家庭、相邻关系、小额债务、劳动争议、物权争议、工程承包、投资、金融、知识产权、国际贸易等领域提供调解服务。涉侨调解组织应当注重完善调解保密制度,总结推广成功调解经验,培养专业调解人才,积极开展与域外调解组织的交流。"

该文件还要求涉侨调解组织加强横向合作:"各级侨联及涉侨调解组织要与人民调解组织、商事调解组织、行业调解组织、仲裁机构、公证机构等建立和完善工作对接机制,与高等院校、科研机构加强合作,在人员培训、业务拓展、工作协同等方面发挥各自优势、互相提供支持,服务创新驱动发展战略、乡村振兴战略、区域协调发展战略、'一带一路'建设等国家重大发展战略。"

该文件还就提升科技应用提出要求:"各级侨联组织应当积极应用移动互联网、人工智能等现代科技,便利归侨侨眷和海外侨胞参与纠纷解决。各级侨联及涉侨调解组织要积极开发和应用信息化系统,建立纠纷在线解决平台,鼓励和引导当事人、调解员在线解决纠纷,积极探索与人民法院相关信息系统建立关联,依法推动调解过程中形成的有关证据、争议焦点、调解理由、无争议事实等材料与诉讼程序有序衔接,切实减轻当事人诉累,公正高效解决纠纷。"

在涉侨纠纷多元化解机制的司法保障方面,该文件也提出要求:"试点地区人民法院要加强与侨联组织的沟通协调,引导当事人优先选择非诉讼方式解决涉侨纠纷,鼓励当事人即时履行调解协议。人民法院要完善涉侨案件诉调对接机制,积极吸纳涉侨调解组织和调解员加入人民法院特邀调解组织和特邀调解员名册。对于当事人起诉到人民法院适宜调解的涉侨纠纷或案件，人民法院可以通过委派或者委托调解，由涉侨调解组织和调解员先行调解。经人民法院委派或者涉侨调解组织调解达成协议，当事人申请司法确认的，人民法院应当依法确认调解协议效力。"

上述文件具有重要的导向作用，它不仅在国际上展示了中国的法治形象和社会治理的水平，而且彰显了法治领域的中国经验和中国智慧，提高了中国在全球治理中的话语权。它不仅凸显了国家对海外侨胞的责任与关爱，也体现了国家对海外侨胞合法利益的维护与保障。它使中国本土的社会治理方式延伸到域外，通过多元化解纠纷机制助推华侨自治，彰显了华侨自主选择、自律自正的力量，体现了祖国对侨胞人格尊严的尊重与正当权益的维护。"功夫在国内，影响在国际。"涉侨纠纷多元解决机制的逐步完善，将不断提高中国的国际竞争软实力，为在国际上讲好法治、德治与自治领域的"中国故事"打下良好的基础，为中国社会治理经验的国际化、为构建人类命运共同体、为推进"一带一路"建设不断书写华丽的篇章。

各地法院在涉侨纠纷领域也进行了有益的探索，如浙江省青田县法院与县侨联、侨办、司法局等共同搭建了综合性涉侨法律服务平台，建立了司法资源互通共享的机制。同时还设立"在线矛盾纠纷多元化解平台"，实现在线化解涉侨纠纷，以减轻当事人讼累。河南省永春县人民法院与县侨联还出台了《关于建立涉侨维权工作下，衔接互动机制的实施意见》，并搭建涉侨维权平台，构建涉侨纠纷诉调对接工作机制，形成了侨联诉前调解为主、诉讼调解为辅、法院侨联共同调解的纠纷化解机制。该法院还与侨联成立了法律顾问委员会，聘请侨联工作者、海外侨胞同乡会成员为特邀调解员参与涉侨纠纷调解。浙江省温州市瓯海区人民法院设立了"在线矛盾纠纷化解平台"，涉侨纠纷的双方当事人经过人脸识别和身份确认后，与法院特邀调解员进行三方"面对面"的视频调解，效果很好。2018年5月，江苏省高级人民法院与省侨联联合下发《关于侨联组织和特邀调解员协助调解涉侨民商事纠纷案件的意见》，在全省范围内建立了涉侨民商事纠纷案件诉调对接工作机制，强化诉前调解，在尊重当事人意愿的前提下，由特邀调解员在立案前开展调解工作。上述做法均收到了预期的成效，得到了当事人及其家属的认可和广大侨胞的高度评价。

三、文成县人民法院的创新实践及其启示

在涉侨纠纷多元化解机制的建设与运行方面,浙江省文成县人民法院的探索尤其值得注意。2017 年 5 月 24 日,华东政法大学中国法治战略研究中心邀请文成县人民法院院长朱鹏鸣作了主题为"涉侨多元纠纷解决机制"的讲座("华政智库名家讲坛"系列),系统介绍了该法院近些年来致力于构建涉侨多元纠纷解决机制的各种举措。

朱鹏鸣院长先是简要介绍了文成县历史。文成处于独特的地理位置和文化传统,该县旅居海外的华侨人数众多,是浙江省著名的侨乡,华侨遍及意大利、德国、法国、西班牙等国。全县侨眷约 17 万人,占总人口一半以上。朱鹏鸣院长指出,上述状况使该县民事纠纷多有涉外因素,也为案件的审理和执行带来了诸多难题。主要表现为:一是涉诉华侨参与诉讼的时间长、成本高,造成华侨在纠纷发生时选择打官司的比例不高,华侨"打官司难"成为关系该县稳定团结的重要问题;二是自 2006 年起,该县法院受理的涉侨案件逐步增多,而审理涉侨案件的程序繁杂、审理期限长、判决执行效果不理想,涉侨案件审理成为制约该院审判工作开展的软肋;三是部分华侨未经正规渠道旅居海外,当地使领馆难以掌握其行踪,造成送达和执行工作无法开展。

针对上述情况,朱鹏鸣院长介绍了该县利用多元纠纷解决机制解决涉侨纠纷的经验。他指出,文成县人民法院借助海外华侨自发形成的纠纷调解机制,建立了向海外延伸的多元纠纷解决机制,主要措施有:一是在海外商会成立调解委员会,调解委员会接受该县法院委托后,针对涉及该县海外华侨的案件开展调解;二是在国外华侨聚居地设立特邀海外调解员,海外调解员由具有较高声望或专业法律知识的该县华侨担任,现有海外调解员 4 人,联络员 15人,形成了以意大利米兰、罗马为中心,覆盖意大利主要城市的海外纠纷解决网络。海外调解员负责协助网上立案,指导当事人通过网络系统提交诉讼材料,见证诉讼授权委托,协助送达,协助远程海外开庭,协调当事人自愿履行判决等。

朱鹏鸣院长认为,海外纠纷调解机制的建立对该县涉侨案件审理难题的

解决起到了立竿见影的效果。海外纠纷调解机制首先是解决了该院的送达难题,使该院避免了国际司法协助渠道的繁杂程序,送达时间由 8 个月减少到 2 天,基本解决了使领馆未掌握当事人行踪而难以送达的问题,公告送达数量大幅下降;见证授权委托、网络立案和开庭指导等活动的开展极大减轻了当事人的负担;通过调解员说服当事人履行判决也极大提高了判决的履行率。该纠纷解决机制自形成起,协助文成县人民法院调解涉侨纠纷 280 余起,自行调解纠纷 500 余起,协助送达 400 余次,帮助文成县人民法院在尊重他国主权的前提下将其纠纷解决的触角延伸至该县华侨的聚居地,有效解决了涉侨纠纷的诉讼难、审理难问题。在已有成效的基础上,浙江省文成县人民法院拟进一步推进海外多元纠纷调解机制建设,主要做法是将多元纠纷调解机制的覆盖范围从民事纠纷调解向商事纠纷调解延伸,从调解向其他诉讼活动延伸。

朱鹏鸣院长表示,该院做法获得了国内外的广泛关注,该县县委借鉴县法院经验,决定设立"海外事务中心",负责处理婚姻、护照等行政事务以及涉侨纠纷调解等,并将海外事务中心的建立作为该县 2018 年深化改革重点项目推进。最高人民法院、浙江省高级人民法院以及中国侨联等机构多次对该项改革进行调研,最高人民法院院长周强专门做出批示,新华日报等海内外报纸也予以专门报道。当然,海外纠纷调解机制的运行还存在诸多问题,如该机制的覆盖范围小,德国、法国等国有该县华侨聚居的主要城市尚未设立联络点,海外纠纷调解机制的运行建立在华侨对国家与家乡的认同上,难以形成持续有效的人才队伍补充机制,执法权的缺失使执行难问题未得到根本解决。针对以上问题,朱鹏鸣院长提出,该院一方面要进一步完善海外纠纷调解服务体系,加大从侨领中选任调解员的力度,吸纳归国华侨担任国内调解组织调解员以实现国内外调解组织的对接,同时积极探讨网络手段送达等工作方式;另一方面要进一步强化与华东政法大学尤其是华东政法大学司法学研究院等专业院校和研究力量的对接,积极寻求将多元纠纷解决机制延伸至海外的理论支撑,吸纳新兴力量参与到海外多元纠纷解决机制的建构实践中(以上有关文成经验的更详细内容参见"中国法治战略研究中心"网站)。

如前所述,多元纠纷解决机制是"社会司法"的一项重要内容,也是当前我国司法工作的重点之一。"社会司法"虽然不属于"国家司法",但其与国家司法有密切联系,国家司法应当引导、指导、支持社会司法,使社会司法在良性轨道上运行,并反过来支撑国家司法。双方的关系是相反相成、相互辅助、相互支撑的关系,双方齐头并进,方能提高国家治理能力和社会治理能力。社会司法实践的推进,离不开社会力量参与纠纷解决的过程,在涉侨领域,离不开华侨的积极参与。而文成县人民法院将其纠纷解决机制向海外延伸,这是多元纠纷解决机制建设的创新之举,有利于司法便民理念的落实,反映了当地社会治理水平达到了相当的高度,也为社会司法理论研究提供了鲜活的样本,具有典范和标杆意义。

四、结　语

涉侨纠纷多元化解机制是我国侨界和司法界面临的一项新的事业,它利用民间力量和侨界资源,发挥中华文化中基于"和为贵"理念而形成的"调解"传统的优势,寻觅"情、理、法"的最佳结合点,力争通过最少的社会成本来化解涉侨纠纷,实现人际关系的和谐。它将中国基于悠久传统而形成的多元纠纷化解机制成功延伸到海外,辐射到异域文化圈,不仅彰显了中华文化的魅力,凸显了中国人注重和谐的宽容精神,提升了中国的软实力,更反映了中国国家治理能力与社会治理能力的提升、法治文明的进步,向世界宣示了中国法治文明的人道性。它将配合国家"一带一路"建设、优良营商环境建设、构建人类命运共同体以及司法为民等战略,通过讲好法治领域的"中国故事",彰显法治领域的"中国经验"和"中国智慧",提升在国际法治领域的中国话语权,塑造中国现代法治的良好形象。

当然,目前这一机制还不太成熟,还存在种种不足,如经费支持不足、调解员队伍专业化能力不足、科学技术支撑不足、律师参与不足、司法保障不足、宣传引导不足、协同配套不足、立法跟进不足以及党政机关重视不足等。相信今后随着党和政府对此问题的日益重视,上述问题会逐步得到解决。一种健全的涉侨纠纷多元化解机制,在处理涉侨纠纷方面将发挥极大的"正能量",不仅有利于侨胞的和谐团结,而且会成为国家社会治理战略的鲜活样本和有力支撑;它展示了中国治理模式的"柔性"和"温情",体现了中国法治文明的人道精神。

第五章 从检察权的权力属性看
司法责任制度的构建[*]

一、问题的提出

(一) 权责统一的检察责任

《关于司法体制改革试点若干问题的框架意见》将司法责任制作为改革试点的重点内容。决策层以顶层设计方式启动的司法改革,意味着权能、资源和责任将在司法改革的主题层面重新分配。① 司法是现代国家进行社会管理的基本途径,在现代国家治理中担负着重要职能,司法责任制度的完善直接关系着国家治理能力的提升。落实司法责任制是本轮司法改革的关键,是"牛鼻子"。检察机关履行着重要的司法职能,检察责任制度的构建与完善,是司法责任制度改革过程中亟须面对的问题。

现代国家权力理论强调权责统一的原则,主张国家所行使的公共权力应承担相应的责任。② 根据"权力即责任"的基本原则与理念,有权力就意味着有责任。权力与责任如同一对形影相随的双胞胎。权力是实现责任的手段与工具,没有权力,责任就无法落实。③ 当权力的边界不明晰时,责任追究将无

---

* 本章由崔永东与李振勇合著。

① 王亚新、李谦:《解读司法改革——走向权能、资源与责任之新的均衡》,《清华法学》2014 年第 5 期。

② Glaeser, W. S. (2012). Der freiheitliche Staat des Grundgesetzes: eine Einführung. Mohr Siebeck, S.131.

③ 傅思明:《中国司法审查制度》,中国民主法制出版社 2002 版,第 409 页。

从谈起。有观点认为,权力与责任之间有着相辅相成、相生相伴的天然联系,"简而言之,权力是责任的根源所在,同时也是基于接近人类的本能和内在情感——责任的道德准则下的约束特征而产生的。在这个基础上,人类的本能意志因运用权力而受到约束。"①权力是实现责任的手段与工具,而责任是对权力的限制和约束,权力越大,随之而生的责任也越大。

司法责任制的核心是"权责统一",只有完善司法责任的运行机制,司法权才有可能"免于利益、偏见或其他影响司法过程或效果的妨碍"。② 还有学者认为,"责任是权力的孪生物,是权力的当然结果和必要补充。凡权力行使的地方,就有责任",提倡以"规定责任的范围,制定奖惩的标准",从而规范权力的运行机制。③ 司法责任制度的完善则须在充分尊重司法的客观规律的前提下,通过完善司法责任机制,明确司法活动中司法人员的权力与责任。

权力越大意味着所需承担的责任越大,改变现有责任制度则意味着对权力结构的变更。其变更的依据则是根据权力属性来进行。从权力属性上来看,司法权属于中央事权,而行政权则属于地方事权,两者有着明确的权力分工。为了优化权力分配,实现静态的权限划分和动态的权能配置之间的均衡,有必要先对检察权本身的属性进行梳理。因权力类型和属性的不同,其对应的责任后果也大为不同。既然权力属性的不同会导致不同的责任后果,那么对检察权的性质和权力类型进行梳理和分类则有其必要性。

(二) 比较视野中的检察权属性

检察权的权力属性因受各国政体和权力结构划分的影响,有着结构性的差异。各国的检察权力的属性,与各国的司法制度结构和模式有着重要的联系,更与各国宪法体制中的权力分配模式紧密相关。

1.法律监督权说。依照国家的权能设置和划分来看,我国检察机关应当属于法律监督机关。其职能在于监督公安机关的侦查活动和人民法院的审判

---

① Seeger,S.A.(2010).Verantwortung:Tradition und Dekonstruktion(Vol.482).Königshausen & Neumann,S.123.

② Burbank,Stephen B."The Architecture of Judicial Independence",*S.Cal.L.Rev.* 72(1998):315.

③ 陈传明、周小虎:《管理学原理》,清华大学出版社 2003 年版,第 26 页。

活动。检察机关的监督职能决定了检察权的监督权属性。若是依照西方的分权理论来看待检察权,其既有行政权的属性,又兼具司法权的特征。这种法律监督区别于一般意义上的司法权和行政权,是我国国家权力分类中的一种独立的权利。① 检察权既有行政权的属性,也有司法权的属性,两种属性的结合构成了法律监督权的特性。

我国主流的观点认为检察权属于司法权,检察机关属于司法机关,但近年来一种新的说法逐渐流行,即认为检察权既非司法权,亦非行政权,而是法律监督权。这一说法来源于苏联对检察机关的定位及关于检察权性质的理论。苏联缔造者列宁就曾指出,检察机关的"唯一职权和必须做的事情只有一件:监督整个共和国对法律有真正一致的了解,不管任何地方的差别,不受任何地方的影响"②。这就是说,社会主义国家为了实现法律的统一,必须设立专门的法律监督机关,即检察机关,它与行政机关、审判机关分离,独立地行使检察权。

1999 年修订的《俄罗斯联邦检察院组织法》仍然受到上述理论的影响,如其第 1 条第 1 款规定:"俄罗斯联邦检察院是联邦统一集中的机关体系。它以俄罗斯联邦的名义在联邦的领域内对遵守联邦宪法和执行联邦现行法律实施监督。"该条第 2 款规定:"为了维护法律的尊严和统一实施,加强法治,保护公民的人权和自由,依法维护社会和国家的利益,俄罗斯联邦检察院行使下列职权……"我国因受苏联的影响,《宪法》及《人民检察院组织法》也规定了人民检察院是国家的法律监督机关,依法独立行使检察权。换言之,在我国,检察权也可被视为法律监督权。

2. 准司法权说。有学者认为,"检察权的性质,是指检察权在一国国家权力结构中所处的地位和在国家权力划分中的归属,是决定其在国家管理活动中所起作用的根本属性。从世界各国看,一些国家检察权的性质是独立的,具有自己独立的属性;另一些国家的检察权依附于其他国家权力,不具有自己的独立性。"③

英美法系国家上述做法具有深厚的理论基础,具体说是来源于三权分立

---

① 邓思清:《检察权研究》,北京大学出版社 2007 年版,第 28 页。
② 《列宁全集》第 33 卷,人民出版社 1958 年版,第 326 页。
③ 邓思清:《检察权研究》,北京大学出版社 2007 年版,第 23 页。

与制衡的理论。虽然狭义上的司法仅限于法院的审判活动,司法裁决具有终局性,而法院的审判活动具有中立性。美国自独立后,检察机关的主要作用在于服务行政机关,可归属为行政机构,其各项权力具有行政权的属性。[1] 英国的检察机关属于行政机关,尽管其独立设置——在中央为总检察署,在地方也分设检察署。检察官不是司法官,其社会地位低于法官。美国的检察系统并不存在一个上下层次分明、结构严密而且独立的体系,联邦和州由检察长领导的机构并非专司检察的机关,而实际上是行政机关,它隶属于政府。联邦总检察长与联邦司法部部长是一身二任,是联邦政府的首席法律顾问,拥有广泛的行政权力。

　　美国自18世纪末起,"准司法豁免'(Quasi-Judicial Immunity)的责任豁免机制已经在普通法侵权行为中得到适用。法官享有的司法豁免(Judicial Immunity)的适用逐渐扩大到检察官、法庭书记员、假释裁决委员会以及监狱官员。[2] 由于权责之间的结构对应关系,美国法的司法权可视为一种"准司法权"。"准司法"的概念不仅在英美法系国家得到采纳,在大陆法系国家更是有其广泛的适用。在法国,检察机关并未形成独立的系统,它由派驻各级法院的检察官所组成。检察机关属于司法部领导,司法部长统领全国检察官员。因此,检察官员的权力也就带有了行政性。在法国,检察官与法官都经过专业训练,待遇相同,穿同样的制服,肩负同样的责任,同样享受某些特权与保障。检察官被称为"站着的法官",而法官则被称为"坐着的法官",他们都要服从《法官章程》的约束。由此可见,法国检察官在地位上具有较强的独立性,其行使的职权也带有一定的司法性,故法国检察权可被视为一种介于行政权与司法权之间的"准司法权"。

　　德国检察机构的设置和权力配置由《法院组织法》加以规定,从而体现了检察权的司法属性。检察机构附设于各法院,联邦检察机构附设于联邦法院,由一名总检察长和若干副检察长组成,受联邦司法部部长领导。州检察机构附设于州的各级法院,由一名或数名检察官组成,并受州司法部部长领导。德国的检察官采用独任检察官办案制度,其既有收集对嫌疑人不利证据的义务,

---

　　① 邓思清:《检察权研究》,北京大学出版社2007年版,第25页。

　　② Sorensen, Paul T. "Quasi-Judicial Immunity: Its Scope and Limitations in Section 1983 Actions", *Duke Law Journal* 1976.1(1976): 95–124.

也有收集对嫌疑人有利证据的义务,德国的检察机关设有专门的委员会对检察官的违规行为进行监督。① 德国检察机关实行"检察一体"原则,下级检察机关受上级检察机关领导。因此,其检察权又带有一定的行政性。这种双重属性,决定了德国检察机关既非司法机关,亦非行政机关,而是一种介于两者之间的"准司法机关"。因此,其检察权也被视为"准司法权"。

我国学界在讨论检察权的性质时也有持"准司法权"之说者。"看一项权力是否属于司法权,应当依据司法权的属性,符合司法权属性的,为司法权;不符合司法权属性的,为非司法权;具有一定的司法权属性但同时又有与司法权完全不同的其他属性的权力,可以称为'准司法'权。准司法权一般是对于行政机关掌握的具有司法性质的权力而言的。在世界范围内,检察权具有准司法的性质为多数国家所承认,检察机关一般被定位为行政机关,同时承认检察机关具有不同于一般行政机关的特殊性。"②该学者将我国的检察权也定性为"准司法权",显然是受到了域外"准司法"理论的影响。虽然"准司法权"的定义和内容都非常清晰,但在这里依然存在一个前置的问题,那就是如何对司法权属性进行判断,其判断标准应当如何。为了明确这个问题,将"司法责任"和"司法权"置于其诞生和发展的历史语境中,可能有助于我们解读司法权和司法责任之间的关系。

二、检察人员司法责任制体系的构建

(一)检察责任的历史演进与当代形态

无论检察责任是否属于"纯粹"的司法责任,其由来都与司法责任的发展密切关联。一般而言,从检察责任的责任形式来看,检察责任存在着多种责任形式和义务的竞合。从各国检察责任的比较来看,各国检察官的责任模式均为多重责任模式的集合。如美国的检察官受到其作为文官的一般性义务、作为律师的职业义务以及作为检察官的特殊义务三层义务的共同约束,其中检

---

① Vgl.Kühne,Hans-Heiner.Strafprozessrecht:eine systematische Darstellung des deutschen und europäischen Strafverfahrensrechts.CF Müller GmbH,2010.S.93-106.

② 张建伟:《论检察》,中国检察出版社 2014 年版,第 46 页。

察官的特殊义务在三层义务中最为严苛。① 从司法责任内部的比较来看,我国法官的责任模式可分为结果责任模式、程序责任模式和职业伦理责任模式。② 而我国检察官的责任模式与法官的责任模式同属司法责任的模式。检察责任的模式则是司法责任模式长期发展和完善的结果。

1.司法责任制度的早期形式与发展。一般而言,司法责任的相关规定亦有其历史渊源。现代检察制度源于西方,倘若将包含检察责任在内的司法责任放置在西方历史语境中,能有助于我们理解检察责任。若是将检察责任定义为纯粹的司法责任,那么检察责任的适用情形将变得极其有限,这在司法责任的历史发展中已经得到了很好的验证。

罗马法在其发展过程中,司法官员的责任逐渐地从过错责任扩大到无过失责任,非故意逐渐地不能成为司法官员的免责事由。在古罗马的早期时代,司法官员承担责任的情形较为罕见,仅在几种特定的情况下对司法过程中的明显失误承担责任。而随着罗马法的发展,产生了被称为"*iudex qui litem suam facit*"的司法责任的追究模式,乌尔比安将其解释为:"法官因恶意的企图而做出不公正的裁决则应当赔偿纠纷标的价值作为惩罚,这种恶意(*dolo malo*)企图可以是因友谊、憎恶或者司法腐败而引起的偏见。"③乌尔比安认为司法官的这种行为是"欺诈判决"(*fraudam sentientiam*),因"欺诈判决"所造成的损害,法官应当承担损害责任。④ 共和国早期的罗马法中,对司法责任的适用,尽管明确区分了司法裁判行为的故意和过失,但对司法责任的适用条件仍然极其严苛。因司法责任的难以追究,有损司法过程的公正,对个别法官的徇私枉法行为难以追究。但随着司法责任的适用逐渐扩大,法官在司法裁判过程中因惧怕承担责任

---

① "检察官的特殊责任"参见《美国律师协会模范律师职业行为规则》中第3.8条,其中规定了检察官较之一般律师更为严苛的诚信义务、保密义务。See American Bar Association.Commission on Evaluation of Professional Standards.Model Rules of Professional Conduct:Second Discussion Draft.The Association,1980。

② 陈瑞华:《法官责任的三种模式》,《法学研究》2015年第4期。

③ See Monahan,Marie Adornetto."The Problem of 'The Judge Who Makes the Case His Own':Notions of Judicial Immunity and Judicial Liability in Ancient Rome",*Cath.UL Rev.*49(1999):429。

④ 在盖尤斯(Gaius)的论述中,法官责任的基于"准侵权"(quasi-delict)而非"契约"(contract),法官所犯过错尽管可能并非故意,但是仍然要对他的"准侵权"(quasi-delict)行为承担责任。See Monahan,Marie Adornetto."The Problem of 'The Judge Who Makes the Case His Own':Notions of Judicial Immunity and Judicial Liability in Ancient Rome",*Cath.UL Rev.*49(1999):429。

而难以保持中立立场和司法独立。如此一来,对法官的追责又不得不回归有限的司法责任制度,但随之而来的是责任制度的细化和完善。例如,司法责任的实现形式不再强调惩戒司法官,而是逐渐转变为强调对当事人的补偿。

在早期的英国法中,司法豁免制度伴随着有限的司法责任制度出现,在10世纪到11世纪的盎格鲁——撒克逊法中,对判决不满的当事人可以采用以特定的令状的方式对判决结果进行申诉①,这种申诉在当事人所属的领主的法庭进行。颇具戏剧性的是,这种申诉的成败不在于法律本身,其结果由双方派出的代表的决斗比武结果所决定。被申诉的法庭一方一旦在比武中失利,不仅判决会被撤销,且作出判决的法官将面临罚款。这样的申诉方式不仅费时费力,而且对法官而言是一种威胁,阻碍了法官的中立性和独立性。后来这种以比武决定的模式逐渐转变为双方协商的方式,但申诉对法官的压力仍然存在。对于中央政府而言,申诉人的领主法庭有权纠正地方法院的判决的情况,打乱了原有的"管辖——上诉"机制,并非其所乐见的情形。这不但意味着冗长而复杂的申诉过程,也意味着纠正判决的罚金被地方领主所截留。英美法中的法官司法豁免——即法官的有限司法责任制度正是在这样的前提下所产生的。②

在现代英美法中,罗马法中有限司法责任和当事人补偿原则得到了继承和发展,1871年联邦最高法院通过 Bradley v.Fisher③ 一案确定了美国的司法豁免制度。司法豁免制度的确定直接导致了从各州到联邦的所有法官不论司法裁判中存在何种错误或是造成了何种严重后果,其都不会因司法行为承担民事责任。美国联邦最高法院认为此举在于最大限度地保护司法独立,司法豁免的制度设计的初衷并非为了保护司法官员个人,而是为了使法官保持公正而不至陷入承担个人责任的顾虑之中,从而尽最大可能地保障司法独立。④

---

① 这种申诉程序被称为"判决遗忘"(forsaking the doom),后发展为"对错判的申诉"(the complaint of"false judgment"),均为对中古时期英格兰对法官责任追究的发起模式。Block,J.Randolph."Stump v.Sparkman and the History of Judicial Immunity",*Duke Law Journal* 1980.5(1980):881。

② See Block,J.Randolph."Stump v.Sparkman and the History of Judicial Immunity",Duke Law Journal 1980.5(1980):879-925.

③ See Bradley,80 U.S.(13 Wall.)at 350-51.

④ See Pierson,386 U.S.at 554;Bradley,80 U.S.(13 Wall.)at 349;Randall,74 U.S.(7 Wall.)at 536.

而值得注意的是,Bradley v.Fisher 一案所确立的司法豁免,仅仅针对的是司法行为,而对非司法行为并不能适用司法豁免。

美国的司法豁免仅指有限的责任豁免,有限的豁免并不意味着责任的免除,同时表明其有着"有限的"责任。这样的司法豁免制度的确立,实际上是对罗马法中有限司法责任原则的继承。司法豁免制度在本质仍是一种有限的司法责任制度,这种有限的司法责任制度正是后来美国检察官责任制度重要基础。正因为 Bradley v.Fisher 确立了司法豁免,此后法官享有的司法豁免的适用范围逐渐扩大到了准司法领域,检察官的"准司法行为"由此被纳入了"准司法豁免"适用范围。在这样的前提下,美国检察官的责任与法官的责任类似,是一种有限的司法责任制。[①] 对这种有限司法责任的责任认定而言,区分司法官员在司法活动中的司法行为、准司法行为和非司法行为是其关键。

2.我国司法责任的传统和发展。司法责任的相关制度在我国同样是由来已久。早在春秋时期,司法官员就要对司法审判中的过错承担责任,晋文公麾下的司法官员李离因错杀无辜而承担"失刑则死"的法律责任。[②] 唐律中设有"出入人罪"[③]的条款,对司法官员在审判活动中的过错行为进行问责。其后的宋、元、明、清时期的法律制度对司法官员的行为亦存在着严格的约束。明律中有"原告人事毕不放回"[④]、"鞫狱停囚待对"[⑤]等条款。而在清律中亦有如"故禁故勘平人"[⑥]的规定。这显示出中国古代的司法责任制度较罗马法与

---

① 　Sorensen,P.T.(1976)."Quasi-Judicial Immunity:Its Scope and Limitations in Section 1983 Actions",*Duke Law Journal*,1976(1),95-124.

② 　《史记·循吏列传》。

③ 　"出入人罪"的规定为:"即断罪,失于入者,各减三等;失于出者,各减五等。"(《唐律·断狱》)

④ 　《大明律》规定:"凡告词讼,对部得实,被告已招服罪,原告别无待对事理,随即放回。若无故稽留三日不放者,笞二十,每三日加一等,罪止笞四十"。(《大明律·刑律·断狱》)

⑤ 　《大明律》规定:"凡鞫狱官推问罪囚,有起内人伴,见在他处官司停囚待对者,虽职分不相统摄,皆听直行勾取。文书到后,限三日内发遣。违限不发者,一日笞二十。每一日加一等。罪止杖六十。仍行移本管上司,问罪督发。若起内应合对问,同伴罪囚已在他处州县事发见闻者,听轻囚就重囚,少囚从多囚。若囚数相等者,以后发之囚,送先发官司并问。若两县相去三百里之外者,各从事发处归断。违者,笞五十。若违法将重囚移就轻囚,多囚移就少囚者,当处官司随即收问,仍申达所管上司,究问所属违法移囚之罪若囚到不受者,一日笞二十。每一日加一等。罪止杖六十。"(《大明律·刑律·断狱》)

⑥ 　《大清例律》规定:"凡官吏,怀挟私九,故禁平人者,杖八十,因而致死者,绞。"(《大清律例·刑律·断狱》)

盎格鲁—撒克逊法中的司法官员责任更为严苛,中国传统法对司法官员亦未设立所谓有限司法责任制度。

由于现代检察制度的引入始于清末,与之相应的检察责任制度始见于清末修律。随着修律中《法院编制法》的出台,检察官的责任和职权范围才得以确立,《法院编制法》对检察官的职权规定为"有废弛职务及侵越者应加警告使之谨慎"和"有行止不检者应加警告使之悛改",在责任规定方面则将法官和检察官责任一视同仁,如其中第一百六十条规定:"审判衙门及检察厅各员如有前条情节经各该监督官屡戒不悛或情节较重者应即照惩戒法办理",《法院编制法》在对检察官和裁判官的责任制度的设置上一视同仁,并未作出区分。可见最初的检察责任在诞生之时与当时的法官司法责任在属性上就并无二致。

鉴于我国检察责任制度建设具有鲜明的"政法传统"特征,我国当前检察责任制度的许多特点可追根溯源至中国共产党对检察制度的早期探索。在土地革命战争时期,伴随着中华苏维埃共和国临时中央政府的诞生,中央苏区根据新民主主义革命时期的理论,借鉴苏联的法制建设经验,成立了中央工农检察人民委员部。当时的中央苏区以列宁法律监督理论为指导,明确了检察官的职权范围。列宁的法律监督论中对检察长和检察官的权责范围做出了明确的划分,"检察长的责任是使任何地方政权的任何决定都与法律不发生抵触,检察长必须仅仅从这一观点出发,对一切非法的决定提出抗议,但是他无权停止决定的执行。而只能设法使得整个共和国对法制有绝对一致的了解。"①

检察责任的理论和实践随着革命运动的发展,在抗日战争和解放战争中得到了进一步的发展,对责任的制定上更为细化。以东北地区为例,1949 年 8 月的《关东地区司法工作人员奖惩条例》较详细规定了对司法人员的惩戒方式、惩戒权限以及申诉方式,其中也明确了司法人员承担责任的事由:"凡违反下列情节之一者得执行惩戒:贪污、舞弊、受贿情节。违法失职者。不执行上级决定,对工作敷衍。生活简化、行为不检者。滥用职权,加害于人,或徇私舞弊者。见他人有违犯纪律行为(贪污受贿等)不劝导不报告,或企图通同作弊者",在以上的几种情形中,虽然条例并未将其中的司法行为和非司法行为

① 《列宁全集》第 33 卷,人民出版社 1958 年版,第 326 页。

进行严格区分,也未将责任的类型和性质进行细分,但条例明确了司法责任的承担方式、承担责任的事由以及责任人员的申诉方式,仍然不失为对检察责任制度的有益探索。1949 年新中国成立前夕,中国人民政治协商会议第一次会议通过的《中央人民政府组织法》第 28 条规定:"最高人民检察署对政府机关、公务人员和全国国民之严格遵守法律,负有最高的检察责任",可见这里所说的检察责任是基于监察权性质产生的责任。

改革开放后颁布的《检察官法》明确了检察官的责任,其中规定了惩戒检察官的 13 种情形和相应的责任后果。在随后的具体措施中,进一步明确了检察人员的司法责任。如 1998 年的《人民检察院错案责任追究条例(试行)》明确检察官在"办理案件中故意或重大过失造成认定事实或适用法律有错误的案件,或者在办理案件中违反法定诉讼程序而造成处理错误的案件"中的责任追究方式。在条例中明确区分了检察人员的责任和检察委员会的责任,其中一方面规定对检察官个人的责任:"检察官违反法定程序造成案件错误处理的,由直接责任人员承担责任",另一方面又规定了检察委员会的集体责任:"检察委员会讨论决定的案件有错误的,由检察委员会集体承担责任",对下级检察院向上级检察院请示的案件,规定由作出批复、决定的上级检察院有关人员承担责任。

2004 年的《检察人员纪律处分条例》明确了检察纪律的适用范围和条件,强调检察人员"非因法定事由、非经法定程序,不受纪律处分",并明确了检察纪律处分的种类和适用,将需要纪律处分的行为分为了"违反政治纪律的行为"、"违反组织、人事纪律的行为"、"违反办案纪律的行为"、"贪污贿赂行为"、"违反廉洁从检规定的行为"、"违反财政纪律的行为"、"失职、渎职行为"、"违反警械警具和车辆管理规定的行为"、"严重违反社会主义道德的行为"、"妨碍社会管理秩序的行为"十种行为类型,并且在附则中规定追究领导责任适用《检察机关党风廉政建设责任制实施办法》。《检察人员纪律处分条例》虽然对不同性质行为导致的责任后果进行了区分,但是并未因此区分相应的责任类型。

我国检察责任制度的发展,由于长期以来都未将有限的司法责任制度纳入制度设计之中,因而无须根据行为的性质来判断司法责任的性质,更不存在划分司法行为、准司法行为和非司法行为的必要性。区分检察责任的责任主体类型才是我国检察责任的制度建构中的关键。而在现行的制度框架下,检察责任的承担主体只有检察官和检察委员会两大类别。这就导致了检察责任的追责主要有三种形态,即认定责任究竟是检察委员会的责任,还是检察官个人的责任,抑或检察官个人与检察委员会均有责任。检察官责任追究的这三种主要形态,体现的是检察工作中的"检察一体"与"检察独立"之间的博弈。

(二)"检察一体"与"检察独立"

要确保依法独立公正行使检察权,把握检察一体化和检察官独立之间的关系成为当前检察责任制度构建中的难点。充分把握和平衡检察一体化与检察官独立之间的关系,是构建检察责任的理论前提。对"检察一体"和"检察独立"之间关系进行梳理,具有相当的必要性。有学者曾指出:"依法独立是检察机关行使检察权的基本原则,检察一体是检察机关的领导工作原则。"[①]对"检察独立"和"检察一体"之间的关系,有必要从实践和理论的各个维度进行综合分析。

1. 实践中的"检察一体"与"检察独立"。从国内的制度实践来看。新中国成立初期,关于检察院的职权分工就已经明确:"人民监察委员会是属于行政部门的监察机关,其职责是监察政府机关及公务人员违反失职事件。人民监察委员会的职权,只限于行政处分,没有审判和检察之权;凡遇必须法律制裁的案件,就应送交检察机关办理而检察机关在检察案件过程中,认为案件当事人应行政处分,也应该把该案件送交监察机关处理。检察机关的主要职权是检察一切违法事件,代表国家向法院提起公诉。人民法院为审判机关,审判一切刑、民事案件。因此,两者之间的关系是极密切的。但在领导关系上,同时又受上级人民法院及司法机关的领导。"[②]

不仅如此,关于"检察一体"和"检察独立"的制度化,早在新中国成立初期就被纳入了顶层设计之中,如1954年宪法草案就明确了检察官的"检察一体"和"检察独立",其第76条明确规定:"检察机关独立行使职权,不受地方

---

① 蒋德海:《宪法的法治本质研究》,人民出版社2014年版,第272—273页。
② 《人民法院、人民检察署、人民监察委员会的分工和关系问题》,《人民日报》1951年3月30日。

政权机关的干涉。地方各级检察长受上级检察长的领导,并一律在最高人民检察院的统一领导下,进行工作。"①改革开放后,1999 年的《最高人民检察院关于加强检察委员会工作的通知》和 2003 年的《最高人民检察院检察委员会议事规则》将检察委员会的职能工作制度化、程序化,进一步加强了检察机关内部的"检察一体化"。2003 年的《最高人民检察院关于加强案件管理的规定》明确了下级检察机关的案件报告义务,强调上级检察院对下级检察院的领导,具有鲜明的"检察一体化"特征。

从国际上的制度实践看,检察官独立与法官独立具有不同的内涵,法官独立是一种不受任何指令约束的独立,此可谓"绝对的独立",而检察官独立则是"相对的独立",即是一种受有限指令约束的独立。《国际法曹协会司法独立最低标准》第 1 条规定:"法官应享有身份之独立及实质之独立。身份独立指法官职位之条件及任期之适当保障,以确保法官不受行政干涉。实质独立指法官执行其司法职务时,除受法律及其良知之约束外,不受任何干涉。"《司法独立世界宣言》第 2 条规定:"法官在作成判决之过程中,应独立于其同僚及监督者,任何司法之体系或任何不同阶层之组织,均无权干涉法官自由地宣示其判决。"

以上是有关法官独立的规定,但从国际上有关检察官的规范性文件中可见,检察官独立是相对的。如 1999 年国际检察官联合会通过的《关于检察官的职业责任标准和基本义务与权利》第 2 条规定:"在承认检察官自由裁量权的国家里,检察自由裁量权应当独立地行使,不受政治干涉。如果检察机关以外的机关享有对检察官下达一般的或具体的指令权,那么,这种指令应当是透明的,与法律机构一致的,并需符合既定的保障检察独立现实与理念的准则。检察机关以外的任何机关指令启动诉讼程序或终止合法启动的诉讼程序的权利均应当按照类似的方式行使。"上述规定肯定检察权独立的同时,又肯定了检察机关以外的机关也可以对检察官下达指令权,只要这种指令权是透明的。仅此一点就足以证明,检察权的独立是相对的。

2."检察一体"与"检察独立"的理论分析。霍姆斯法官认为法律的生命不在于逻辑,而在于经验。从理论上来看,虽然"检察一体"与我国检察机关

---

①　闵钐编:《中国检察史资料选编》,中国检察出版社 2008 年版,第 881—882 页。

的现行工作制度紧密联系,且其效用已为多年以来的检察实践所检验,但检察工作中的"检察一体"应当是充分尊重现行法律框架的"检察一体",即在宪法和法律框架之内的"检察一体"。我国宪法中明确规定了检察独立的原则。从长期的司法实践经验来看,"检察一体"既属于我国的"政法传统",也属于我国的刑事政策。在检察工作中,既要尊重宪法和法律框架下的"检察独立",也要维护长久以来的"检察一体"的组织结构。检察权的权力性质由宪法所确定,"检察独立"和"检察一体"的来源均为宪法所确定。有学者指出:"中国检察权不是国外兼具行政和司法的检察权,而是宪法明确规定的法律监督权,是一种宪法明确规定独立于行政机关的与审判权对应的司法权。而司法的本质的特点就是独立"①,这样看来,"检察独立"与"检察一体"均为我国检察权的重要属性。

我国学者认为,虽然国际上对检察机关的性质存在着不同的看法,如有司法机关说、行政机关说、"双重机关"说(混合了行政机关与司法机关的职能)等,但第三种说法正逐渐成为共识。"检察机关具有双重性质,是行政权与司法权的交叉或结合,因为检察职能介于审判与行政之间或者法官与警察之间,当其进行侦查时,是一种行政职能,当其决定起诉与否时,是一种司法职能。因此,检察机关是行政机关与司法机关之间的桥梁。实际上,第三种观点被许多国家所认同。既然检察机关有行政性,就必须在一定程度上体现'上命下从';既然检察机关有司法性,就必须在一定程度上体现司法独立。""综观各国检察制度,检察一体制是指检察系统内上下级检察院之间的领导关系,检察院内检察长与检察官之间的领导关系,以及检察机构作为统一的整体执行检察职能。"②

检察一体化模式并不是对检察官独立的否定,毋宁说是在上命下从与检察官独立之间寻求一个平衡点。国外的检察一体化模式,"有一个共同的目标,那就是协调检察一体与检察官独立之间的关系。虽然我们难以概括出协调关系的一般方法或原则,但是,从以下几个方面可以看出某些比较接近的倾向。在宪政结构上,除了检察机关单设并独立于立法、行政和司法之外,一般

---

① 蒋德海:《宪法的法治本质研究》,人民出版社 2014 年版,第 272—273 页。
② 谢鹏程:《论检察》,中国检察出版社 2014 年版,第 236—237 页。

将检察机关隶属于行政机关,同时将各检察院附设于法院系统内,甚至各级检察院的名称也是不同级别法院的名称连在一起的,如法国的最高法院检察院、上诉法院检察院、大审法庭检察院、军事法庭检察院等。……各级检察院内的检察官都有一定的独立性,但是都要在一定程度上向本院检察长负责。在上级监管下级的方式上,除了少数实行高度集中统一体制的国家外,一般主要是通过审查、劝告、指导等方法行使监管权力,检察官保留一定的拒绝指令的权力。"①

　　所谓"检察官保留一定的拒绝指令的权力"正是强调了检察官的独立性,但对此点,仍存争议,一些人认为法律规定了检察院作为整体依法独立行使检察权,并未规定检察官个人依法独立行使检察权,故检察官独立于法无据。如某学者所说:宪法有关人民检察院依法独立行使检察权的规定,"是一种集体独立,或称官署独立,而非个人独立即官员独立"②。另有学者认为这是对宪法的一种误读,是将宪法基本原则与检察院工作制度混淆了。如《检察官法》第3条规定了"检察官必须忠实执行宪法和法律",如果将宪法规定的依法独立行使检察权的主体仅限于检察院,那么检察官如何忠实地执行宪法和法律?检察官要忠实地执行宪法和法律,却又不能依法独立行使检察权,检察官对法律的"忠实"又如何体现呢?"集体依法独立的概念本身是有缺陷的。集体不是行为主体,也不可能行使检察权。集体的权力总是由个人行使的,可以是集体的法人代表检察长,也可以是集体的一员检察官。检察长和检察官在依法独立行使检察权上的区别是各自所承担的责任不同,但都是检察院依法独立的组成部分或要素。而检察院的依法独立也是通过检察长和检察官体现出来的。强调检察院集体独立而否认检察长和检察官个人独立,不仅否定了集体独立,也否认了依法独立本身。"③

　　上述言论颇有见地。"集体依法独立"只能靠"个人依法独立"来体现、实现,没有个人独立就没有集体独立,没有检察官的独立就没有检察院的独立。《检察官法》第2条规定:"检察官是依法行使国家检察权的检察人员,包括最高人民检察院、地方各级人民检察院和军事检察院等专门人民检察院的检察

① 谢鹏程:《论检察》,中国检察出版社2014年版,第238页。
② 龙宗智:《论依法独立行使检察权》,《中国刑事法杂志》2002年第1期。
③ 蒋德海:《宪法的法治本质研究》,人民出版社2014年版,第255页。

长、副检察长、检察委员会委员和检察员。"很明显,依法独立行使检察权的主体是检察官,由此也可反推《宪法》第 131 条关于"人民检察院依照法律规定独立行使检察权"的规定,其所谓"人民检察院"无疑应当包括各级检察官在内。这是因为,人民检察院不可能单独行使检察权,它本身不可能成为任何权力行使的主体,行使权力的主体只能是人,即检察官。人民检察院的依法独立只能通过检察官的活动表现出来,行使检察权的主体只能是检察官而非检察院。

从国际上看,尽管多数国家的检察机构均具有行政性与司法性双重属性,但也都强调维护检察官的独立性。2007 年,美国参议院通过了"维护美国检察官独立法案",旨在维护检察官的独立性。遵循"检察一体化"原则的日本,也将检察官视为"独立的官厅"。《日本检察讲义》一书指出:"检察官是独任制机关,本身具有独立的性质。这对保障检察权的行使及绝对公正、不受其他势力操纵,以及检察官的职务行为必须产生确定的效力,都是必不可少的。"[1]而德国、法国、意大利等国家的法律也肯定了检察官的独立性,并且赋予了检察官在一定条件下的"积极抗命权"。

3. 综合视角下的"检察一体"与"检察独立"。一般而言,主张"检察一体"的"检察一体主义",主要有两层含义:(1)对外是指检察独立,即检察机关依法独立行使检察权,不受法定机关及程序以外的势力的干预;(2)对内是指检察业务一体化,即检察机关上命下从,同时包括横向以外的协调与配合,整个检察系统成为一个有机整体统一行使检察权[2]。国外许多国家在检察体制的设计上采用"检察一体主义",甚至将检察权视为行政权,但其并未否定检察官的独立办案权,只是如何划定检察一体与检察官独立的界线还存在种种争议。

我国也是奉行"检察一体主义"的国家,虽然《检察官法》第 9 条规定了"检察官依法履行检察职责不受行政机关、社会团体和个人的干涉",即肯定了检察官行使职权的独立性,但"由于种种原因,我国检察机关讲检察一体多,讲依法独立少;讲上命下从多,讲依法独立少";"必须看到,我国由于长期

---

① [日]法务省刑事局编:《日本检察讲义》,杨磊等译,中国检察出版社 1990 年版,第 18 页。

② 陈文兴:《检察一体化制度设计中的两个难题》,《中国司法》2008 年第 11 期。

行政主导司法的习惯，检察机关的整个业务动作带有强烈的检察一体性，导致了检察院内部检察事务与检察行政事务决策权的统一集中，在检察事务的处理上体现出过多的行政色彩，不仅湮灭了检察活动本身的司法性，也使宪法规定的检察机关依法独立流于形式"①。

应该说，上述见解确实不乏深刻之处，但笔者认为不能简单地将检察权与司法权画等号，也不能完全否定检察权的行政属性。简言之，中国检察权实质上是一种带有行政色彩的司法权，只不过这一行政色彩在过去被不适当地强化了，因此，今日的检察改革应当注重"去行政化"，逐步淡化检察权的行政色彩。但有一点需要说明，完全根除检察权中的行政属性似乎是不可能的。

正如学者所言："没有检察官独立的检察一体制是一种纯粹的行政体制，没有检察一体的检察官独立是一种纯粹的司法体制，都不符合检察工作的特点和要求。但是，在制度安排上如何协调检察一体与检察官独立之间的关系，在两个极端之间确定适当的平衡点，则是由政治、社会和文化等因素所综合决定的。""在检察院内部，按照检察一体与检察官独立相结合的原则，进一步明确界定检察长、上级检察官对检察官的领导、指导和监督关系。（1）要确立检察长、上级检察官对下级检察官的领导权（主要是指令权和监督权）。（2）要对检察长、上级检察官的领导作必要的限制：必须以书面形式下达指令以及检察官有权拒绝执行违法指令。（3）要确立检察官之间的配合与协作关系。检察官独立即检察官依法独立行使检察权，是现代司法的一般原则，符合司法规律，有利于保证司法公正。我们要建立的检察一体制不应是排斥或否定检察官独立的单纯的一体化机制，而是既要有利于发挥检察官独立办案的作用，保证高效和公正地行使检察权，又有利于检察职能的统一有效履行的检察一体制。因此，我们应当在确立检察长、上级检察官对下级检察官享有指令权和监督权的同时，确立检察官不仅是一种职务或官名，而是一种机关，有权代表所属检察院履行检察职能，并对超越法定职责范围的指令有权拒绝执行。检察机关包括检察院和检察官，而不仅仅是检察院。"②

应该说，将"检察机关"视为一个包括检察院和检察官在内的广义概念，

①　蒋德海：《宪法的法治本质研究》，人民出版社 2014 年版，第 273—274 页。
②　谢鹏程：《论检察》，中国检察出版社 2014 年版，第 240—242 页。

似乎并无逻辑上的问题,因为检察官履行职权的行为就是代表检察机关,并不是代表其个人,日本就称检察官为"独立的官厅"。如果这种说法可以成立,那么主流观点所认为的中国的司法独立仅仅是法院、检察院的整体独立而非法官、检察官的个人独立就成了一个伪命题。具体到检察系统来说,检察官独立与法官独立存在着一定的区别,检察官独立是在检察一体化的大框架下的独立,因此只能是一种相对的独立。这一认识是构建科学合理的检察人员司法责任制体系的前提。

三、检察责任的制度探索

党的十八届四中全会公布的《中共中央关于全面推进依法治国若干重大问题的决定》中强调:"推行政府权力清单制度,坚决消除权力设租寻租空间",并指出:"各级政府及其工作部门依据权力清单,向社会全面公开政府职能、法律依据、实施主体、职责权限、管理流程、监督方式等事项"。自该决定以"权力清单"明确各部门的权责界限后。为明确检察机关的权责边界,上海、吉林、广东、广西、云南等 22 个省级检察机关先后出台"权力清单"制度,上述省份"权力清单"制度的确立是我国在检察责任领域的制度创新。

(一) 权力清单制度的特点

虽然检察独立是一种建立在检察一体化的框架内的独立,但在框架内留给检察独立的空间仍然需要以制度化的方式确定下来。自英国《自由大宪章》开以法律约束权力的先河后,对权力的限制和制约就变成了法治的核心所在。检察权的权力运行机制,以"把权力关进制度的笼子里"为其目标,这就需要检察机关在现行的法律框架内进行权责分配,积极地在制度管理模式上进行创新和尝试。

1.权力清单制度是符合司法规律的制度创新。我国刑诉法专家陈光中曾指出,司法具有其特殊规律,司法改革在宏观上须遵循其独特客观规律。[1] 一

---

[1]　陈光中、龙宗智:《关于深化司法改革若干问题的思考》,《中国法学》2013 年第 4 期。

方面,司法改革需要理论支撑和学术支持,就当前的理论界和实务界而言,尊重司法运行中的客观规律已经成为共识。另一方面,自改革开放以来,"实践是检验真理的唯一标准"观念业已确立,司法改革终究要接受实践的检验。从司法规律的由来和发展来看,其本身就是建立在人类历史数千年司法活动上的经验总结。深化司法改革须以遵循司法规律为其出发点,司法规律是由司法特性所决定的对司法活动和司法建设客观要求的法则,而遵循司法规律是司法改革成败与否的关键。

司法的独特性在个案中体现为,司法人员对个案的处理必须亲历其境,在司法人员直接对证据和事实进行审查的基础上将感性认识升华为理性认识,从而形成对案件事实的内心确信。"权力清单"在充分尊重司法规律、严格遵守法律的前提下制定,将司法改革面临的"合法性"和"合理性"、尊重司法规律和严格遵守法律高度地辩证统一起来,不仅是对法治精神的贯彻,也是司法规律的内在要求。以吉林省检察机关出台的《吉林省检察机关司法办案责权清单(试行)》为例,清单中明确提出"对事实、证据的调查认定等注重亲历性的工作全部放权"和"依法授权"等内容,便是符合司法规律的要求。依法授权不仅强调了权力的法定性和合法性,还强调了遵循司法规律和结合检察工作实践。

2. 权力清单制度是在制度框架内的制度创新。权力清单制度的制度创新涉及了所谓制度设计的"合法性问题"[1],特别是司法改革中的具体措施的"合法性问题"。从目前公布的权力清单条文来看,各地的"权力清单"均明确了其效力范围和制定依据符合当前的规范体系,普遍强调权力的法定性(gesetzlich)[2],即依法授权的原则。不仅符合原有的法律规范体系,在原有的规范体系之外,权力清单制度的"合法性"还直接来源于顶层设计。顶层设计是本次司法改革的起点,目前的司法改革由决策层从顶层设计的层面启动,以

---

① 合法性(Rechtmäßigkeit)在一般语境中是一个具有多种维度和意义的复合概念(mehrdeutiges und mehrdimensionales Konzepts)。根据学者对合法性的定义,其有三层维度,第一,合法性是使国家与个人的行为在宪法和法律上关联的秩序;第二,合法性是作为具有共识基础的强制性秩序;第三,合法性秩序中的服从具备有序性和义务性的特点。Vgl. Kaina, Viktoria, and Andrea Römmele. "Politische Soziologie." Ein Studienbuch(2009), S.53.

② See Hamilton, Peter, ed. Max Weber, Critical Assessments 2.Vol.2.Taylor & Francis, 1991, pp. 229-230.

《决定》和《意见》等一系列政策性文件为指导,同时在现行的法官法和三大诉讼法等法律以及宪法框架内进行,是"自上而下"、符合顶层设计要求的改革。司法责任制度改革既保持与顶层设计的一致性,又以充分尊重现行的法律框架为其前提。

对于检察机关而言,权力清单制度在纵向上有助于实现权力的逐级下放,扩大地方自主权,使地方各级行政权力的分配趋于合理;在横向上有助于实现权力的有效协调,解决行政机关内部互相推诿和权力重叠、权力交叉的问题,促进部门之间的互相协作。对于公众而言,权力清单制度的功能在于方便公众自身了解行政权力运行过程,获取政府信息,并加强公众依据权力清单对检察机关进行有针对性的监督。目前各地的权力清单在一定程度上结合了检察工作中累计的经验。在权力清单的制定中,检察机关往往以自身的经验为基础,以司法理论为导向,使权力清单的制定尽量地符合司法规律的要求。

(二) 问题与挑战

就当前的司法改革而言,虽然其根源和推动模式均源自顶层设计,但其推行和实施仍不能脱离现有的宪法和法律框架,且当充分尊重司法规律。权力清单应是检察机关的实践经验和检察理论相结合的产物,但由于权责清单的制定需要结合宏观审度和微观把握,各地检察机关在制定权责清单时难免出现个别条款的疏漏。各地司法机关的权力清单中权责划分的法定依据一般较为笼统,而权力清单中对各类权责的表述又过于简略,以致权力清单的部分条款在实践中难以操作。

当前权力清单的制定和出台均是通过各级司法机关自身来实施的,而这种做法缺乏外部的制约和监督,在程序上和制定主体上有失公允。而且在目前大部分司法机关制定的权力清单中,普遍缺少相应的责任机制和监督机制。各地的权力清单中不仅对司法权力的类型的划分不统一,对违反权力清单的相应责任的规定也不同。一般而言,规则制定中不仅要注意制定程序是否合规,还应当注重权力的监督和制约。各地司法机关的权力清单往往缺乏责任机制,一旦出现司法机关或者司法人员违反权力清单的情形,应当如何追究其责任,如果其存在着违法行为,当然直接适用法律的相关规定,但如果此类情形仅仅是违背权力清单的规定,而权力清单本身又并无追责机制和规定,那么权力清单制度将形同虚设。

　　各地出台的权力清单在意图上符合顶层设计的要求,在内容上不能逾越法官法和三大诉讼法的相关规定,而在形式上更趋近司法机关的内部文件,有学者认为,《中共中央关于全面推进依法治国若干重大问题的决定》所设想的权力清单的意义在于从内部约束行政机关。① 而检察机关的检察权作为"准司法权",虽然具备司法权的部分属性,但其本身兼具部分的行政权的属性。且就本次司法改革的目标而言,其三要任务之一便是去行政化,但司法机关内部的去行政化并非能够一蹴而就,而是一个长期的过程。这样一来,在现行法律框架内进行包括权力清单制度在内的检察责任制度建设显得尤为必要。

　　司法改革与司法管理机制的"去行政化"不应被认为是对司法管理权的简单否定,也不应否认司法管理权的行政属性。目前的司法地方化是司法行政化的表现形式,司法地方化产生的缘由恰恰是司法行政化在地方的体现。"去行政化"强调的是对目前的过于强势的司法管理权进行限制和弱化,理顺司法权与司法管理权的关系,寻求司法权与司法管理权之间的平衡。② 例如,科学合理地运用证据规则规制司法权力,规范目前事实认定的环节和司法过程,以防止法官在审判中对自由裁量权的滥用,并以裁判原则来指导法院员额制度改革,依据证据裁判原则减少间接审理的法官数量,促成法院内部资源的优化配置,避免法院内部的行政化。除此之外,权力清单制度还有如下可改进之处:

　　1. 权力清单应当具备统一而规范的形式。虽然目前的权力清单制度在全国各级司法机关广泛实施,但权力清单目前仅具有内部文件性质,而非以法律的形式确立效力,司法改革应当是一种"制度"层面的改革,并非作为制度建设依据的"法律"的改革,司法改革之行绕开变"法"而着力改"制度"无异于缘木求鱼,通过制度规则的方式推进司法改革将流于表面。司法改革本身亦是如此,司法改革的推进,应当以选择"法律"而不是"制度"为突破口,统合现有的司法资源,从法律规范的层面推进司法改革。此外,权力清单制度在制度化后,权力清单的执行则有了强制性保障,如若在司法运行中存在违反清单的

<hr/>

① 关保英:《权力清单的行政法价值研究》,《郑州大学学报(哲学社会科学版)》2014年第6期。
② 崔永东:《司法改革与司法管理机制的"去行政化"》,《政法论丛》2014年第6期。

情形,应当追究其法律责任。

2.权力清单的内容不应当超出现行法律框架。需要注意的是,权力清单在制定上往往缺乏合适的主体和程序,在内容上又普遍缺乏相应法律后果。权力清单在形式和内容上不具备法律的特征,因此权力清单并非法律而是司法机关的内部文件。因为权力清单制度目前还未能以法律的形式得以确立,所以通过权力清单的模式明确权责的做法,在某种意义上并不具备"合法性"。司法机关在确立权力清单的内容和范围时应保持相当程度的自律性,但仅依靠司法机关的自律是不够的,如果不能建立起相应的外部监督机制,恐怕有违背现代法治精神之嫌。对权力清单制度的未来发展而言,以制度化的方式,由特定的主体,通过法定程序将司法机关的权责范围以法律的方式确定下来,或许才是问题的解决之道。具体到现行的法律框架体系来看,应从两个方面解决此问题,一方面在国家层面以法律或者行政法规形式对权力清单制度进行明确规定,另一方面在地方层面以地方性法规形式对权力清单制度的内容予以制度化。

四、结　语

检察权既有司法权的属性,同时也有行政权的属性;以前者言之,检察权的行使要符合司法规律,即独立行使;以后者言之,检察权要符合行政规律,即上命下从。这就涉及司法责任制的落实问题。显然,当检察官行使的是带有司法权特性的检察权的时候,他才需要承担司法责任;当他行使的是带有行政权特性的检察权的时候,则无须承担责任或者只承担部分责任,向其发布指令者应当承担全部或者主要责任。

中国检察权实质上是一种带有行政色彩的司法权,只不过这一行政色彩在过去被不适当地强化了,因此,今日的检察改革应当注重"去行政化",逐步淡化检察权的行政色彩。但有一点需要说明,完全根除检察权中的行政属性似乎是不可能的。检察官独立与法官独立存在着一定的区别,检察官独立是在检察一体化的大框架下的独立,因此只能是一种相对的独立。这一认识是构建科学合理的检察人员司法责任制体系的前提。

第六章　检察人员司法责任制体系的构建及其与检察权属性之间的关系

一、中国检察权的属性

"检察权的性质,是指检察权在一国国家权力结构中所处的地位和在国家权力划分中的归属,是决定其在国家管理活动中所起作用的根本属性。从世界各国看,一些国家检察权的性质是独立的,具有自己独立的属性;另一些国家的检察权依附于其他国家权力,不具有自己的独立性。"[1]

检察权的属性受一国之政本所制约,在一些国家,检察权被当成国家行政权的一种;另外一些国家又将其视为一种司法权;还有一些国家将其视为一种"准司法权",介于行政权与司法权之间;又有一些国家将其当成法律监督权。将检察权归属于行政权的做法,主要是英美法系国家。

英国的检察机关属于行政机关,尽管其独立设置——在中央为总检察署,在地方也分设检察署。检察官不是司法官,其社会地位低于法官。美国的检察系统并不存在一个上下层次分明、结构严密而且独立的体系,联邦和州由检察长领导的机构并非专司检察的机关,而实际上是行政机关,它隶属于政府。联邦总检察长与联邦司法部部长是一身二任,是联邦政府的首席法律顾问,拥有广泛的行政权力。

英美法系国家上述做法具有深厚的理论基础,具体说是来源于三权分立

---

[1]　邓思清:《检察权研究》,北京大学出版社 2007 年版,第 23 页。

与制衡的理论。"司法应具有中立性和终局性,司法活动就是法院的审判活动,其他一切活动都不属于司法活动。因而检察机关的诉讼活动就不具有司法性。同时检察机关所行使的权力显然又不是立法权,这样检察机关所行使的权力就只能属于行政权范畴。其次,从检察职能产生看,英国总检察长是由国王律师发展而来的,美国总检察长是在美国独立之后,总统急需高级法律顾问协助其解决涉及法律问题的事件的情况下,由总统任命的。可见,检察职能在这些国家来源于国王(或政府)的法律顾问,其主要作用是为行政机关服务的,因而检察机关的各项权力就必然具有行政权的属性。再次,将检察机关归属于行政机构系统,或者将其与司法行政机构合二为一,这也决定了检察机关的权力具有行政性。"①

在大陆法系国家,检察权既不被当成一种行政权,也不被当成一种司法权,而被当成一种介于行政权与司法权之间的一种权力,即"准司法权"。在法国,检察机关并未形成独立的系统,它由派驻各级法院的检察官所组成。检察机关属于司法部领导,司法部长统领全国检察官员。因此,检察官员的权力也就带有了行政性。在法国,检察官与法官都经过专业训练,待遇相同,穿同样的制服,肩负同样的责任,同样享受某些特权与保障。因此,检察官被称为"站着的法官",而法官则被称为"坐着的法官",他们都要服从《法官章程》的约束。由此可见,法国检察官在地位上具有较强的独立性,其行使的职权也带有一定的司法性,故法国检察权可被视为一种介于行政权与司法权之间的"准司法权"。

德国检察机构的设置和权力配置由《法院组织法》加以规定,从而体现了检察权的司法属性。检察机构附设于各法院,联邦检察机构附设于联邦法院,由一名总检察长和若干副检察长组成,受联邦司法部部长领导。州检察机构附设于州的各级法院,由一名或数名检察官组成,并受州司法部部长领导。德国检察机关实行"检察一体"原则,下级检察机关受上级检察机关领导。因此,其检察权又带有一定的行政性。这种双重属性,决定了德国检察机关既非司法机关,亦非行政机关,而是一种介于两者之间的"准司法机关"。因此,其检察权也被视为"准司法权"。

---

① 邓思清:《检察权研究》,北京大学出版社 2007 年版,第 25 页。

　　我国学界在讨论检察权的性质时也有持"准司法权"之说者。"看一项权力是否属于司法权,应当依据司法权的属性,符合司法权属性的,为司法权;不符合司法权属性的,为非司法权;具有一定的司法权属性但同时又有与司法权完全不同的其他属性的权力,可以称为'准司法'权。准司法权一般是对于行政机关掌握的具有司法性质的权力而言的。检察权具有准司法的性质,几乎为各国所公认。从世界范围看,绝大多数国家将检察机关定位为行政机关,同时承认检察机关具有不同于一般行政机关的特殊性。"①该学者将我国的检察权也定性为"准司法权",显然是受到了西方大陆法系国家关于检察权定性理论的影响。

　　其实在我国,官方和学界主流的观点认为检察权属于司法权,检察机关属于司法机关,但近来一种新的说法逐渐流行,即认为检察权既非司法权,亦非行政权,而是法律监督权。这一说法来源于苏联对检察机关的定位及关于检察权性质的理论。苏联缔造者列宁就曾指出,检察机关的"唯一职权和必须做的事情只有一件:监督整个共和国对法律有真正一致的了解,不管任何地方的差别,不受任何地方的影响"②。这就是说,社会主义国家为了实现法律的统一,必须设立专门的法律监督机关,即检察机关,它与行政机关、审判机关分离,独立行使检察权。

　　1999 年修订的《俄罗斯联邦检察院组织法》仍然受到上述理论的影响,如其第 1 条第 1 款规定:"俄罗斯联邦检察院是联邦统一集中的机关体系。它以俄罗斯联邦的名义在联邦的领域内对遵守联邦宪法和执行联邦现行法律实施监督。"该条第 2 款规定:"为了维护法律的尊严和统一实施,加强法治,保护公民的人权和自由,依法维护社会和国家的利益,俄罗斯联邦检察院行使下列职权……"我国因受苏联的影响,《宪法》及《人民检察院组织法》也规定了人民检察院是国家的法律监督机关,依法独立行使检察权。换言之,在我国,检察权也可被视为法律监督权。

　　有学者指出:"法律监督权之性质是我国检察机关一切权力的根本性质。具体来说,我国检察权的法律监督性质主要体现在以下几个方面:首先,在我

---

　　① 　张建伟:《论检察》,中国检察出版社 2014 年版,第 46 页。
　　② 　《列宁全集》第 33 卷,人民出版社 1958 年版,第 326 页。

国政权组织形式中,我国实行人民代表大会制度,在该制度下,设立四个机关,即行政机关、审判机关、法律监督机关和军事机关,分别行使国家的行政权、审判权、法律监督权和军事权。检察机关作为法律监督机关,其所行使的一切权力职能属于法律监督权。其次,在我国检察职能方面,我国检察机关既监督公安机关的执法活动(立案监督、侦查监督等),又监督法院的审判活动(刑事、民事、行政)以及各种裁判、决定的执行活动。检察机关的这些监督职能必然决定了检察权的法律监督属性。最后,在我国检察权的特性上,如果以西方‘三权分立’理论来分析我国的检察权,则可得出,我国的检察权既具有行政权的属性,也具有司法权的特征。我国检察权的这种行政性和司法性的有机结合,就构成了法律监督权所特有的属性,使它既不同于行政权,又不同于司法权,而成为我国国家权力分类中的一种独立的权力。"①简而言之,检察权既有行政权的属性,也有司法权的属性,两种属性的结合构成了法律监督权的特性。应该说这与检察权是"准司法权"的说法并无根本不同。

笔者也认为,检察权既有司法权的属性,也有行政权的属性;以前者言之,检察权的行使要符合司法规律,即独立行使;以后者言之,检察权要符合行政规律,即上命下从。这就涉及司法责任制的落实问题。显然,当检察官行使的是带有司法权特性的检察权的时候,他才需要承担司法责任;当他行使的是带有行政权特性的检察权的时候,则无须承担责任或者只承担部分责任,向其发布指令者应当承担全部或者主要责任。

从国际上的制度实践看,检察官独立与法官独立具有不同的内涵。法官独立是一种不受任何指令约束的独立,此可谓"绝对的独立",而检察官独立则是"相对的独立",即一种受有限指令约束的独立。《国际法曹协会司法独立最低标准》第 1 条规定:"法官应享有身份之独立及实质之独立。身份独立指法官职位之条件及任期之适当保障,以确保法官不受行政干涉。实质独立指法官执行其司法职务时,除受法律及其良知之约束外,不受任何干涉。"《司法独立世界宣言》第 2 条规定:"法官在作成判决之过程中,应独立于其同僚及监督者,任何司法之体系或任何不同阶层之组织,均无权干涉法官自由地宣示其判决。"以上是有关法官独立的规定,但从国际上有关检察官的规范性文

---

① 邓思清:《检察权研究》,北京大学出版社 2007 年版,第 28 页。

件中可见,检察官独立是相对的。如 1999 年国际检察官联合会通过的《关于检察官的职业责任标准和基本义务与权利》第 2 条规定:"在承认检察官自由裁量权的国家里,检察自由裁量权应当独立地行使,不受政治干涉。如果检察机关以外的机关享有对检察官下达一般的或具体的指令权,那么,这种指令应当是透明的,与法律机构一致的,并需符合既定的保障检察独立现实与理念的准则。检察机关以外的任何机关指令启动诉讼程序或终止合法启动的诉讼程序的权利均应当按照类似的方式行使。"上述规定肯定检察权独立的同时,又肯定了检察机关以外的机关也可以对检察官下达指令权,只要这种指令权是透明的。仅此一点就足以证明,检察权的独立是相对的。

我国学者认为,虽然国际上对检察机关的性质存在着不同的看法,如有司法机关说、行政机关说、"双重机关"说(混合了行政机关与司法机关的职能)等,但第三种说法正逐渐成为共识。"检察机关具有双重性质,是行政权与司法权的交叉或结合,因为检察职能介于审判与行政之间或者法官与警察之间,当其进行侦查时,是一种行政职能,当其决定起诉与否时,是一种司法职能。因此,检察机关是行政机关与司法机关之间的桥梁。实际上,第三种观点被许多国家所认同。既然检察机关有行政性,就必须在一定程度上体现'上命下从';既然检察机关有司法性,就必须在一定程度上体现司法独立。""综观各国检察制度,检察一体制是指检察系统内上下级检察院之间的领导关系,检察院内检察长与检察官之间的领导关系,以及检察机构作为统一的整体执行检察职能。"①

检察一体化模式并不是对检察官独立的否定,毋宁说是在上命下从与检察官独立之间寻求一个平衡点。国外的检察一体化模式,"有一个共同的目标,那就是协调检察一体与检察官独立之间的关系。虽然我们难以概括出协调关系的一般方法或原则,但是,从以下几个方面可以看出某些比较接近的倾向。在宪政结构上,除了检察机关单设并独立于立法、行政和司法之外,一般将检察机关隶属于行政机关,同时将各检察院附设于法院系统内,甚至各级检察院的名称也是不同级别法院的名称连在一起的,如法国的最高法院检察院、上诉法院检察院、大审法庭检察院、军事法庭检察院等。……各级检察院内的

---

① 谢鹏程:《论检察》,中国检察出版社 2014 年版,第 236—237 页。

检察官都有一定的独立性,但是都要在一定程度上向本院检察长负责。在上级监管下级的方式上,除了少数实行高度集中统一体制的国家外,一般主要是通过审查、劝告、指导等方法行使监管权力,检察官保留一定的拒绝指令的权力"①。

所谓"检察官保留一定的拒绝指令的权力"正是强调了检察官的独立性,但对此点,学界及官方专家仍存争议,一些人认为法律规定了检察院作为整体依法独立行使检察权,并未规定检察官个人依法独立行使检察权,故检察官独立于法无据。如某学者说:宪法有关人民检察院依法独立行使检察权的规定,"是一种集体独立,或称官署独立,而非个人独立即官员独立"②。另有学者认为这是对宪法的一种误读,是将宪法基本原则与检察院工作制度搞混淆了。如《检察官法》第 3 条规定了"检察官必须忠实执行宪法和法律",如果将宪法规定的依法独立行使检察权的主体仅仅限于检察院,那么检察官如何忠实地执行宪法和法律? 检察官要忠实地执行宪法和法律,却又不能依法独立行使检察权,检察官对法律的"忠实"又如何体现呢? "集体依法独立的概念本身是有缺陷的。集体不是行为主体,也不可能行使检察权。集体的权力总是由个人行使的,可以是集体的法人代表检察长,也可以是集体的一员检察官。检察长和检察官在依法独立行使检察权上的区别是各自所承担的责任不同,但都是检察院依法独立的组成部分或要素。而检察院的依法独立也是通过检察长和检察官体现出来的。强调检察院集体独立而否认检察长和检察官个人独立,不仅否定了集体独立,也否认了依法独立本身。"③

上述言论颇有见地。"集体依法独立"只能靠"个人依法独立"来体现、实现,没有个人独立就没有集体独立,没有检察官的独立就没有检察院的独立。《检察官法》第 2 条规定:"检察官是依法行使国家检察权的检察人员,包括最高人民检察院、地方各级人民检察院和军事检察院等专门人民检察院的检察长、副检察长、检察委员会委员和检察员。"很明显,依法独立行使检察权的主体是检察官,由此也可反推宪法第 131 条关于"人民检察院依照法律规定独立行使检察权"的规定,其所谓"人民检察院"无疑应当包括各级检察官在内。

---

① 谢鹏程:《论检察》,中国检察出版社 2014 年版,第 238 页。
② 龙宗智:《论依法独立行使检察权》,《中国刑事法杂志》2002 年第 1 期。
③ 蒋德海:《宪法的法治本质研究》,人民出版社 2014 年版,第 255 页。

这是因为，人民检察院不可能单独行使检察权，它本身不可能成为任何权力行使的主体，行使权力的主体只能是人，即检察官。人民检察院的依法独立只能通过检察官的活动表现出来，行使检察权的主体只能是检察官而非检察院。

从国际上看，尽管多数国家的检察机构均具有行政性与司法性双重属性，但也都强调维护检察官的独立性。2007 年，美国参议院通过了"维护美国检察官独立法案"，旨在维护检察官的独立性。遵循"检察一体化"原则的日本，也将检察官视为"独立的官厅"。《日本检察讲义》一书指出："检察官是独任制机关，本身具有独立的性质。这对保障检察权的行使及绝对公正、不受其他势力操纵，以及检察官的职务行为必须产生确定的效力，都是必不可少的。"①而德国、法国、意大利等国家的法律也肯定了检察官的独立性，并且赋予了检察官在一定条件下的"积极抗命权"。

根据学界的观点，主张"检察一体"的"检察一体主义"，主要有两层含义：（1）对外是指检察独立，即检察机关依法独立行使检察权，不受法定机关及程序以外的势力的干预；（2）对内是指检察业务一体化，即检察机关上命下从，同时包括横向以外的协调与配合，整个检察系统成为一个有机整体统一行使检察权②。国外许多国家在检察体制的设计上采用"检察一体主义"，甚至将检察权视为行政权，但其并未否定检察官的独立办案权，只是如何划定检察一体与检察官独立的界线还存在种种争议。

我国也是奉行"检察一体主义"的国家，虽然《检察官法》第 9 条规定了检察官"检察官依法履行检察职责不受行政机关、社会团体和个人的干涉"，即肯定了检察官行使职权的独立性，但"由于种种原因，我国检察机关讲检察一体多，讲依法独立少；讲上命下从多，讲依法独立少"；"必须看到，我国由于长期行政主导司法的习惯，检察机关的整个业务动作带有强烈的检察一体性，导致了检察院内部检察事务与检察行政事务决策权的统一集中，在检察事务的处理上体现出过多的行政色彩，不仅湮灭了检察活动本身的司法性，也使宪法规定的检察机关依法独立流于形式"③。

---

① ［日］法务省刑事局编：《日本检察讲义》，杨磊等译，中国检察出版社 1990 年版，第 18 页。
② 陈文兴：《检察一体化制度设计中的两个难题》，《中国司法》2008 年第 11 期。
③ 蒋德海：《宪法的法治本质研究》，人民出版社 2014 年版，第 273—274 页。

学者进一步指出:"依法独立是检察机关行使检察权的基本原则,检察一体是检察机关的领导工作原则。领导工作原则要有利于依法独立原则的实施。检察院组织法可以就检察机关的内部工作关系作出检察一体的规定,但必须有利于宪法的依法独立原则。宪法是最高法,具有最高的法律效力。检察一体是我国刑事政策,应当与宪法的依法独立原则相一致";"特别是,中国检察权不是国外兼具行政和司法的检察权,而是宪法明确规定的法律监督权,是一种宪法明确规定独立于行政机关的与审判权对应的司法权。而司法最本质的特点就是独立。因此,我国检察机关司法体制改革的根本问题,不是检察一体之下的集体依法独立问题,而是如何实现行政传统与司法权分离,是作为司法权的检察权如何贯彻宪法原则依法独立的问题"。①

应该说,上述见解确实不乏深刻之处,但不能简单地将检察权与司法权画等号,也不能完全否定检察权的行政属性。简言之,中国检察权实质上是一种带有行政色彩的司法权,只不过这一行政色彩在过去被不适当地强化了,因此,今日的检察改革应当注重"去行政化",逐步淡化检察权的行政色彩。但有一点需要说明,完全根除检察权中的行政属性似乎是不可能的。

正如学者所言:"没有检察官独立的检察一体制是一种纯粹的行政体制,没有检察一体的检察官独立是一种纯粹的司法体制,都不符合检察工作的特点和要求。但是,在制度安排上如何协调检察一体与检察官独立之间的关系,在两个极端之间确定适当的平衡点,则是由政治、社会和文化等因素所综合决定的。""在检察院内部,按照检察一体与检察官独立相结合的原则,进一步明确界定检察长、上级检察官对检察官的领导、指导和监督关系。(1)要确立检察长、上级检察官对下级检察官的领导权(主要是指令权和监督权)。(2)要对检察长、上级检察官的领导作必要的限制:必须以书面形式下达指令以及检察官有权拒绝执行违法指令。(3)要确立检察官之间的配合与协作关系。检察官独立即检察官依法独立行使检察权,是现代司法的一般原则,符合司法规律,有利于保证司法公正。我们要建立的检察一体制不应是排斥或否定检察官独立的单纯的一体化机制,而是既要有利于发挥检察官独立办案的作用,保证高效和公正地行使检察权,又有利于检察职能的统一有效履行的检察一体

---

① 蒋德海:《宪法的法治本质研究》,人民出版社 2014 年版,第 272—273 页。

制。因此,我们应当在确立检察长、上级检察官对下级检察官享有指令权和监督权的同时,确立检察官不仅是一种职务或官名,而是一种机关,有权代表所属检察院履行检察职能,并对超越法定职责范围的指令有权拒绝执行。检察机关包括检察院和检察官,而不仅仅是检察院。"①

应该说,将"检察机关"视为一个包括检察院和检察官在内的广义概念,似乎并无逻辑上的问题,因为检察官履行职权的行为就是代表检察机关,并不是代表其个人,日本就称检察官为"独立的官厅"。如果这种说法可以成立,那么主流观点所认为的中国的司法独立仅仅是法院、检察院的整体独立而非法官、检察官的个人独立就成了一个伪命题。具体到检察系统来说,检察官独立与法官独立有一定的区别,检察官独立是在检察一体化的大框架下的独立,因此只能是一种相对的独立。这一认识是构建科学合理的检察人员司法责任制体系的前提。

二、检察人员司法责任制体系的构建

落实司法责任制是本轮司法改革的关键,是"牛鼻子",而落实司法责任制的前提是去行政化。这一点已为吉林省检察系统的改革经验所揭示和证明。近几年来,吉林省检察系统为落实中央司法改革的试点工作,在检察改革工作中进行了大胆创新,出台了一系列改革举措,取得了重大成效,受到了孟建柱、曹建明等中央领导的肯定,为下一步检察改革提供了可复制可推广的经验。

综观吉林省检察改革的经验,主要在于其"四位一体"的综合改革模式。"早在中央部署司法改革试点任务之前,吉林省人民检察院就根据党的十八届三中全会精神,在长春市九台区等基层检察院自行部署开展了司法改革先行试点,探索形成了统筹推进检察人员分类管理、落实办案责任制、加强内外部监督制约、整合内设机构'四位一体'的综合改革模式。'四位一体'改革模式的最大特点,是充分考虑各项重大改革措施的内在联系,

---

① 谢鹏程:《论检察》,中国检察出版社 2014 年版,第 240—242 页。

一体推进人员、责任、监督、机构等改革措施,而不是渐次推进,哪个容易先改哪个。这样做的最大好处,是能够使各项重大改革措施相辅相成,共同发挥作用。"①

在构建司法责任制体系方面,吉林省检察系统的创新性探索可圈可点。值得注意的是,其以正确的理念为引导,提出了"去行政化,开辟司法者责任之基"的理论,将去行政化作为落实司法责任制的根基。在此方面,吉林省人民检察院编写的总结其改革经验的《司法改革正当时》一书进行了系统论证。该书指出:"司法体制改革的一个基本目标就是按照司法的属性和规律来优化司法权的配置、完善司法权的运行模式。长期以来,受我国司法机关脱胎于行政机关的历史传统影响,受外部行政化管理体制的制约,我国司法机关自上而下的管理行政化色彩十分浓厚,以办案为中心的司法权的配置、司法权的组织形式和司法权的运行程序等行政化倾向十分严重。这是导致我国司法机关公信力低、权威性差的一个内在原因。"②

由上述可知,行政化色彩浓厚,成了我国各司法机关的共性,也导致司法权配置失衡、司法责任不明等一系列问题的出现,严重影响到权责统一的司法权配置格局及其运行模式。检察机关也不例外,上述问题同样严重。"目前,检察官管理及案件办理过于行政化,同样违背检察活动亲历性、判断性、一定裁判性的司法特征,也会导致'决定者不审查,审查者不决定'的现象,同样会导致司法责任不清、司法效率不高。"③

检察活动也有亲历性、判断性的特点,在一定程度上也需要将审查权与决定权结合起来,而这需要去行政化。去行政化是建立司法责任制的关键。因为,要想充分保证办案质量,最大限度地实现司法公正,必须让承办案件的法官、检察官成为案件审理的责任主体,保障法官、检察官能够依法独立地办理和裁判案件。只有承办案件的法官、检察官成为案件办理的责任主体,让他们对案件处理结果承担责任,才能从根本上扩大人民的合法权益,让人民群众在每一个司法案件中都感受到公平正义。④

---

① 吉林省人民检察院:《司法改革正当时》,吉林人民出版社 2015 年版,第 3 页。
② 吉林省人民检察院:《司法改革正当时》,吉林人民出版社 2015 年版,第 34—35 页。
③ 吉林省人民检察院:《司法改革正当时》,吉林人民出版社 2015 年版,第 35 页。
④ 胡夏冰:《法官办案责任制的理论逻辑》,《人民法院报》2014 年 5 月 22 日。

吉林省人民检察院在《司法改革正当时》一书中基于责任与权力统一的视角对司法责任制这一概念加以界定,体现了一定的理论创新性。该书指出:"司法责任是指司法权力主体对其权力运作行为负责。完善司法责任制重点在于体现权力与责任相统一的原则。有权力无责任,会导致权力的滥用;而有责任无权力,则会导致不作为。建立司法责任制是对司法规律的尊重,是责任伦理、责任追究的制度化,也是司法评价、司法监督的制度化。"①这一认识是深刻的,权力与责任应当是统一的,权力大责任亦大,反之亦然。而过去检察机关的过于行政化,导致办理案件者并无决定权,因而也就难以落实相关责任,领导的层层把关与检委会的集体决定导致谁也不用负责的局面出现,严重背离了权责统一的检察权配置规律。因此,新一轮司法改革的基本目标之一即在于实现权责统一。

值得注意的是,吉林省检察系统在司法责任制的基本制度设计方面还借鉴了学界的前沿性理论成果,诸如在检察一体化与检察官独立之间寻求平衡的理论等等。《司法改革正当时》一书指出:"检察机关如何突出检察官的办案主体地位? 检察体制的上命下从关系并不意味着检察官在处理检察事务时只能集体作业而不能有独立处理案件的权力,实际上检察机关虽然采取集权结构,但在集权结构的总框架内也赋予检察官一定的独立权力。……正在试点的主任检察官办案责任制,充分授予主任检察官相关权限,使其直接对检察长负责,取消中间层级,落实检察官办案主体地位,使主任检察官办案组织有职有权,做到权责一致。该制度虽然尚未解决办案过程中主任检察官与承办检察官之间的令从关系,但对于去除检察官办案的行政化色彩,建立真正意义上的检察官办案责任制,可以说已经向前迈进了一步。当然,检察官的独立性通常是在检察一体化的框架内行使的,受检察一体化原则的限制,检察官独立性的前提在于上级检察官不对履行职务的该检察官行使指挥、调取等权力,这与法官的独立存在着明显的差别。当检察官与其上级检察官在检察事务上发生意见分歧的时候,检察一体化原则会要求承办案件的检察官接受上级检察官的指令或者由上级检察官行使事务调取权和事务转交权。而从建立现代检察体制的长远目标看,在处理检察一体化与检察独立之间的关系上,检察一体

---

① 吉林省人民检察院:《司法改革正当时》,吉林人民出版社 2015 年版,第 36 页。

化原则应当建立在检察官相对独立的基础上,并以保障检察官依法独立行使检察权为宗旨。"①

　　这里提到了检察官的"相对独立"问题,确实,在检察一体化的框架下,检察官的独立只能是相对的独立。相对独立体现了检察权中带有司法属性的一面,这一点也为国外法治发达国家的检察制度所印证。无论是大陆法系国家还是英美法系国家,检察官都是一个相对独立的办案机构,有自己的办案小组,有权决定具体案件的处理。特别是在大陆法系国家检察机关的内部,一般实行"检察长—主任检察官—检察官"的权力配置模式,达到了检察权行使的相对独立性与行政力属性的协调统一。②

　　吉林省人民检察院在落实司法责任制的过程中也致力于检察权行使的相对独立性与行政属性的协调统一。具体言之,检察长作为全院办案工作的领导者和组织者,对全院办案工作负总体责任,其他办案人员的权力均来自检察长的委托或授权。检察委员会在集体讨论、集体负责的前提下,让各委员就自己的意见承担相应的责任,不能因为集体负责而消解个体责任。分管副检察长受检察长委托,对所分管的办案工作负责,但对已经授权由主任检察官办理并作出决定的案件,可以了解情况、提出意见,不能直接改变案件结论。部门负责人的工作重心转向法律政策研究、案件趋势分析、组织协调案件研讨、行政管理等方面,未经检察长授权,不再对具体案件进行审核把关。通过上述制度设计,将办案决定权下放,坚持"让办案者决定,让决定者负责,倒逼一线办案人员真正承担起主体责任。主任检察官根据检察长授权,对本主任检察官办公室的办案工作负全部责任;承办检察官对自己承担的办案工作负责;检察辅助人员在检察长、检察官的授权和指挥下开展业务工作并承担相应责任。特别是注重司法办案的亲历性,突出一线办案人员的作用,由办案人员作出决定、承担责任"③。

　　学界对主任检察官的办案决定权进行了如下探索:当案件按正常程序顺向发展时,主任检察官说了算,按逆向发展时如不起诉、撤案等由检察长或检

────────────

① 吉林省人民检察院:《司法改革正当时》,吉林人民出版社 2015 年版,第 39—40 页。
② 吉林省人民检察院:《司法改革正当时》,吉林人民出版社 2015 年版,第 124 页。
③ 吉林省人民检察院:《司法改革正当时》,吉林人民出版社 2015 年版,第 130—131 页。

察委员会决定。① 吉林省检察系统的改革采用了"普遍放权"与"特殊例外"相结合的原则,前者指主任检察官及其负责的办案组织对一般案件的处理具有独立决定权;"特殊例外"指根据法律规定必须由检察长和检察委员会行使决定权的除外。对于检察环节中的撤案、不起诉、不抗诉等具有终结诉讼的重大决定权保留给检察长、检察委员会,其他不带有终局性、有后续诉讼程序制约和救济的权力可授予主任检察官。根据职务犯罪检察、刑事检察和民事行政检察等检察职权的不同特点,由检察长赋予主任检察官不同的办案决定权;主任检察官对职权范围内自身办理的案件和本办公室内检察官办理的案件承担全部责任,承办检察官对自身办理案件的事实认定、证据采信、程序适用承担责任。主任检察官的职权主要是:分案权、决定权、审批权、提请权、考核拟议权及日常管理权等。②

有学者提出了协调检察一体化与检察官独立的建议:批捕权与起诉权趋同于事实与法律问题的判断权,应当独立行使;侦查、诉讼监督两种权力强调上命下从、令行禁止的效率原则,实行检察一体更符合权力本身的性质和运行要求。③ 后一项权力是带有行政性的权力,或称为领导、指令权力,对该权力应当进行必要的限制。《司法改革正当时》一书认为,首先,领导、指令权力要于法有据,应当在修改检察院组织法、检察官法时,进一步明确检察委员会、检察长与检察官各自的权限,检察首长对具体个案作出指示、指令时不得超越法律的界限,尤其是要明确检察长行使职务收取权和转移权的条件和程序。其次,还要赋予检察官一定的抗辩权。检察官对于检察长的指示、指令有不同的意见,检察长可以将办理该案的权力收回,由自己直接办理或指派其他检察官办理。同时,检察官对检察长的指示、指令有不同意见的,有权再次申明,如得不到采纳,可以请求检察长行使职务收取权和转移权。再次,建立领导、指令透明化制度,即以书面形式明确表示④。上述举措较好地解决了检察官独立与检察一体化之间的平衡问题,反映了吉林省检察系统在用理论指导实践并以实践回应理论方面的探索精神和创新精神。

---

① 龙宗智等:《加强司法责任制》,《人民检察》2014 年第 12 期。
② 吉林省人民检察院:《司法改革正当时》,吉林人民出版社 2015 年版,第 131—132 页。
③ 程雷:《新一轮检察改革的三个问题》,《国家检察官学院学报》2013 年第 5 期。
④ 吉林省人民检察院:《司法改革正当时》,吉林人民出版社 2015 年版,第 136—137 页。

在责任追究方面,吉林省检察系统更显示了其在理论探索与制度设计上的创新精神。《司法改革正当时》指出:"司法过错责任,是指检察人员在司法办案活动中违反法律和有关规定,或者不正确履行职责、工作不负责任,导致案件程序违法、实体处理存在问题以及其他不良后果或者不良社会影响的行为。检察人员的行为,应当给予纪律处分或者追究刑事责任的,不属于司法过错责任追究的范围。"①这就给"司法过错"进行了明确的界定,属于应当给予纪律处分和追究刑事责任的行为,不属于司法过错的范围。吉林省有关司法过错责任追究的规章制度也贯彻了这一理念,并就过错责任追究程序的启动、调查和处理的程序、过错责任的处罚形式以及司法过错责任人的权利保障等问题详加规定,体现了科学性、严谨性与合理性,也体现了责任追究与职业保障的平衡。

据媒体报道,吉林省检察系统关于司法责任制方面的改革旨在构建"主体明确,责权明晰,归责合理,问责严格"的司法责任制体系,通过推出包括检察长、副检察长、主任检察官、承办检察官、检察辅助人员在内的全主体责权清单,"重塑办案流程",司法质效得到了明显提升,办案周期大大缩短,一线办案人员增加 25.4%,平均案件瑕疵问题下降 30%②。这说明,吉林省检察系统有关司法责任制的改革收到了重大成效,这也反映了司法改革的逐步深化以及司法改革"正能量"的显现。

综上所述,吉林省检察系统在司法改革过程中对司法责任制体系的构建无论是在理论探索还是制度设计上均有相当的创新性,为下一步在全国范围内推进相关改革提供了可复制、可推广的经验。例如,吉林省检察系统在司法责任制的基本制度设计方面借鉴并丰富了学界的前沿性理论成果,诸如在检察一体化与检察官独立之间寻求平衡的理论等;在落实司法责任制的过程中也致力于检察权行使的相对独立性与行政属性的协调统一。上述举措较好地解决了检察官独立与检察一体化之间的平衡问题,反映了吉林省检察系统在用理论指导实践并以实践回应理论方面的探索精神和创新精神。

---

① 吉林省人民检察院:《司法改革正当时》,吉林人民出版社 2015 年版,第 158 页。
② 《吉林省检察院出台"责权清单",做好司法改革"精装修"》,新华网,2016 年 5 月 13 日。

三、对检察人员司法责任制改革的思考

（一）落实司法责任制需要"去过度行政化"。检察权既有司法性，也有行政性；司法性检察权需要独立行使，行政性检察权需要上命下从；前者需要行权者承担全部或主要责任，后者则需发出指令者承担全部或主要责任。在检察一体的制度框架下，完全去除行政化的检察权是不可能的，但去除过度行政化的检察权则是必须的。过度的行政化导致办案检察官缺乏一定的独立性，也缺乏职业荣誉感与责任心，办案责任模糊不清，已经严重影响到案件的质量和效率。因此，只有抑制检察机关过度行政化的趋势，才能突出检察官办案主体地位，并赋予主任检察官办案的相对独立性，同时也使其成为办案的责任主体，从而实现"权责统一"的目标。检察人员责任制体系的构建，应当符合检察职业的特殊规律，检察权属性的多元化、检察业务类型的多样化，决定了检察权的授权不能采用统一的模式。如对自侦权要慎重授权，对民事行政、控告申诉、刑事执行等方面的诉讼监督权，则限制放权，对批捕权和公诉权可充分放权。

（二）落实检察人员司法责任制重在责权利的统一。目前，各地检察院出台的相关规定主要考虑的是责任和权力的问题，但对办案检察官的个人利益考虑不足，在一定程度上影响了人们对司法责任制的信心。因此，应当加强对检察官责任、权力和利益的统筹考虑，在赋予检察官更多办案权力并且依法追究其错案责任的基础上，也要注意构建检察官的职业保障机制，并对检察辅助人员、检察行政人员的职业规划、待遇保障等一起考虑，以调动办案检察官乃至整个检察队伍的工作积极性，提高其对司法责任制的认同度。

（三）在司法责任制的配套实施方面要下足功夫。各地检察机关基本都出台了有关司法责任制的规定，但要充分发挥其作用，还要采取一些配套措施。各部门可根据办案实践，不断完善相关的运行规则，完善岗位职责、办案流程、签批程序、操作规程等，并尽可能使之手册化、表格化，从而确保办案人员各安其位、各司其职、各负其责。

（四）将检察人员司法责任制的推进成果通过立法途径加以"固化"。检察人员司法责任制的改革,涉及检察官选任、办案职权配置、办案流程、错案追究等方方面面,一些地方的检察机关在此方面进行了成功的探索,取得了丰富的经验,一些经验具有可复制、可推广的价值。建议将有关内容加以提炼总结,并在修改人民检察院组织法、检察官法、刑事诉讼法、民事诉讼法等法律时加以采纳,使司法责任制改革的成果得以固化。

四、结　语

检察权既有司法权的属性,同时也有行政权的属性;以前者言之,检察权的行使要符合司法规律,即独立行使;以后者言之,检察权要符合行政规律,即上命下从。这就涉及司法责任制的落实问题。显然,当检察官行使的是带有司法权特性的检察权的时候,他才需要承担司法责任;当他行使的是带有行政权特性的检察权的时候,则无须承担责任或者只承担部分责任,向其发布指令者应当承担全部或者主要责任。

中国检察权实质上是一种带有行政色彩的司法权,只不过这一行政色彩在过去被不恰当地强化了,因此,今日的检察改革应当注重"去行政化",逐步淡化检察权的行政色彩。但有一点需要说明,完全根除检察权中的行政属性似乎是不可能的。检察官独立与法官独立有一定的区别,检察官独立是在检察一体化的大框架下的独立,因此只能是一种相对的独立。这一认识是构建科学合理的检察人员司法责任制体系的前提。

吉林省检察系统在司法改革过程中对司法责任制体系的构建无论是在理论探索还是制度设计上均有相当的创新性,为下一步在全国范围内推进相关改革提供了可复制、可推广的经验。其在司法责任制的基本制度设计方面借鉴并丰富了学界的前沿性理论成果,在落实司法责任制的过程中也致力于检察权行使的相对独立性与行政属性的协调统一。上述举措较好地解决了检察官独立与检察一体化之间的平衡问题,反映了吉林省检察系统在用理论指导实践并以实践回应理论方面的探索精神和创新精神。

第七章　司法改革背景下检察人员
司法责任制体系的构建

——兼与李建勇教授商榷*

司法责任制改革是本轮司法体制改革的核心,而司法体制改革有利于司法权的依法独立公正行使,司法权的依法独立公正行使对法治中国建设具有至关重要的促进作用。检察改革有自身的特点,检察院的"放权"是让检察权相对独立,这应是检察人员司法责任制设计的考虑因素。当前检察人员司法责任制改革应从以下方面进行完善:在放权方面应重视检察一体与检察独立之间的平衡,又要协调司法权独立和党的领导的关系;应落实员额制改革;应实现"权责利"的统一;在追责之前应重视司法责任评鉴;检察人员司法责任制也要与当下的诉讼制度改革相适应,回应"以审判为中心"诉讼制度改革提出的各项要求。

一、司法责任制改革、司法体制
改革与法治中国建设

法治中国建设包括法治国家、法治政府和法治社会三部分。其中法治国家和法治社会的建设目标是约束国家权力、保障人权,法治社会的建设目标是

---

* 此章系崔永东与杨海强合写,主体内容曾发表于《探索与争鸣》2016年第12期。

实现公平正义。① 法治中国的建设离不开司法的作用,就司法而言,司法的基本功能是定分止争,解决社会争议,最终在具体案件中实现公平正义的价值追求。因此,法治社会的建设离不开司法的依法独立行使。另外,司法除了定分止争的功能外,还有规制国家公权力的作用。因为司法可以对公权进行监督,如为了实现治理的现代化,需要立法明晰国家和政府的权责、监督治理过程,而司法使得这种立法得以贯彻落实,使得监督获得实效,从而使得公权在法定权限内按照法定程序行使。更何况,检察院是我国的法律监督机关,可通过行使侦查监督、行政执法监督等权力制约国家公权。因此法治国家和法治政府的建设也离不开司法的依法独立行使。然而长期以来,我国司法存在三大痼疾:司法地方化、司法行政化、司法职业非精英化,这些弊端影响了司法的依法独立行使,最终影响法治中国的建设,如司法地方化使得司法受制于地方的干预和制约,无法形成对国家公权的有力监督和制约。虽然我国进行了几轮司法改革,但工作机制方面的革新无法解决司法体制方面的难题,为此新一轮司法改革旨在解决妨碍司法权独立行使的体制性因素。新一轮改革主要聚焦于司法地方化和司法行政化,通过省以下人财物统管改革等回应司法地方化顽疾,通过司法责任制改革解决司法行政化弊端,实现"让办案者决定、让决定者负责"。其实司法地方化也是司法行政化的表现,因为司法地方化的实质是地方政府机关将司法机关作为其下属的部门,因此司法的去行政化,也即司法责任制改革是本轮司法改革的核心。

司法体制改革有利于司法权的依法独立公正行使,司法权的依法独立公正行使对法治中国建设具有至关重要的促进作用。具体来说:司法责任制改革是本轮司法改革的"牛鼻子",检察机关深化司法体制改革需牵住司法责任制改革这一"牛鼻子",从而起到高屋建瓴、提纲挈领的作用。当然司法责任制改革主要解决司法地方化痼疾,通过司法权运行机制改革,落实"让办案者决定、让决定者负责"这个目标,告别"审者不定,定者不审"这一问题,另外通过落实司法责任制,规范检察官的司法行为,造就一支具备司法素养、办案能力和职业操守的职业化、正规化队伍,将公平正义在具体的司法案件中体现出来,提高司法公信力。这有利于法治社会的建设,实现公平正义的建设目标。

---

① 姜明安:《建设法治中国必须深化司法体制改革》,《法治讲堂》2014 年第 1 期。

司法地方化也是司法行政化的表现，为了保障依法独立公正行使司法权，也需要司法去地方化的配合。而司法去地方化的改革有利于司法独立于地方，防止地方对司法的干预和影响，从而实现对国家公权的监督和制约，最终促进法治国家和法治政府的建设。

二、检察人员司法责任制及其特点

完善人民检察院司法责任制应符合检察职业特点，检察机关司法责任制和法院审判责任制存在区别。法官行使的是审判权，审判权具有独立性、中立性、被动性和终局性的特点，而检察权则具有主动性、服从性、非终局性和相对独立性的特点，此乃受"检察一体化"体制影响所致。因此，司法责任制的确定应当考虑到中国检察体制的特点。

检察一体化是指各级检察机关基于上下级领导关系，构成有机统一整体，检察官在上命下从的关系中根据上级检察机关的指示命令执行职务，按照这一原则，检察权的行使必须保持整体的统一，所有检察机关被视为一个命运共同体。① 从国外的情况看，大陆法系国家及苏联实行检察一体化原则，即检察机关在纵向关系上采用"指令—服从"体制。我国检察机关也采用此种体制。应该承认，作为检察权的承载主体，我国检察机关在整体上是具有独立性的，这是《宪法》第131条规定。

同时还应看到，作为检察权的行使主体，检察人员在执法办案中也有一定的独立性。"检察官在检察组织内部也保持了一定的独立性。虽然检察官的独立性不同于法官的独立性，但是随着检察制度的进一步完善，越来越强调检察官个人办案的独立性。"②因此，上述特点也应当成为检察人员司法责任制设计的考虑因素。

在国外，奉行检察一体化的国家，其检察官在办案时也有一定的独立性。如日本检察官在办案过程中被称为"各自独立的官厅"。美国学者琼·雅各

---

① 参见陈光中：《中国司法制度的基础理论问题研究》，经济科学出版社2010年版，第235页。

② 陈光中：《中国司法制度的基础理论问题研究》，经济科学出版社2010年版，第202页。

比在《美国检察官研究》一书中也指出:"人们曾经倾向于认为检察官是警察或法院的助手,而不把它看成一个拥有自由裁量权的独立的官员。然而明显的是,他有他本身的任务和独立的目标。"①我国的情况基本上也是如此,检察官具有一定的独立性。当然,检察官的独立性通常是在检察一体化的框架内行使的,受检察一体化原则的限制。

检察系统的"放权"与法院系统的"还权"有着重大区别,如果说法院的"还权"旨在使审判权充分独立的话,检察院的"放权"则是让检察权相对独立——因其毕竟受制于检察一体化的体制,这也体现了检察机关司法责任制的一个重要特色,即权力是相对的,责任也是相对的。

三、检察人员司法责任制体系的建构

(一) 应当重视检察一体与检察独立之间的平衡

检察官依法独立行使检察权是落实检察机关司法责任制的前提。当前司法改革的基本目标是实现"权责统一",而"权责统一"首先要求将权力放给一线办案人员。检察机关的"放权"应当重视检察一体与检察独立之间的平衡。在中国现行检察体制下,应当注意检察一体与检察独立之间的平衡,这是构建检察机关司法责任制的认识基础。具体言之,具有司法权属性的检察权,可以由主任检察官或独任检察官主导行权或独立行权,因此而承担主要责任或全部责任;具有行政权属性的检察权,则由办案检察官奉命而为,故其不应承担责任或只承担部分责任,承担主要责任或全部责任的应当是发出指令的主体。

另外,司法体制改革倡导"去地方化"和"去行政化"还可能与国家权力结构及其运行机制发生某些冲突,因为执政党统揽全局,协调各方,执政党领导的原则是国家权力运作最根本的原则。② 如何协调司法权独立和党的领导的矛盾在检察人员司法责任制构建中讨论较少。其实二者并不矛盾,宪法和法律都是党领导人民制定的,体现了党和人民的意志和利益,只要确保司法机关

---

① 　[美]琼·雅各比:《美国法律制度》,周叶谦等译,中国检察出版社 1990 年版,第 6 页。
② 　龙宗智:《加强司法责任制,新一轮司法改革及检察改革的重心》,《人民检察》2014 年第 12 期。

依照法律规定独立行使权力就能够实现党的领导。因此应转变党领导司法的方式,党的领导应是法律、政策的领导,党不能在个案中干预司法机关办案。① 尊重司法独立提高了党的领导方式的规范化,也有利于落实检察机关司法责任制。

(二) 应落实员额制改革

员额制是司法责任制的前提。司法责任制强调放权和归责,但若无一支高素质、精英化的司法队伍,权力运行机制的实施便无载体承担和落实,责任追究也无法落到实处。员额制改革对于检察院司法责任制的建构和完善,甚至对整个司法体制改革都具有破题之义。

员额制的落实首先需要解决两个问题,一是员额比例的确定,二是入额检察官遴选标准的制定。对于员额比例的确定应综合案件数量、人口多寡、案件类型、检察官工作量的大小、检察院职能定位等确定。但目前检察官工作量的测算存在偏差,由此确定的检察官员额未必正确。因为目前我国员额制改革并未到位,以检察官和检察工作为中心的人员配置格局仍走在路上,检察官与检察辅助人员应该如何配比尚未明晰,二者之间的职权配置缺乏明确界限,甚至很多检察院检察辅助人员短缺,由此导致目前检察官并未摆脱程序性事务等非检察事务的牵绊,因此检察官工作量也是员额制改革之前的工作量。因此只有明晰检察官和检察辅助人员的职权划分以及相互间的比例关系,由此测算出的检察官工作量才是科学的,最终得出的员额比例才是合理的。

对于入额检察官遴选标准,我国更注重法律适用能力。但司法的本质决定了担任法官需要丰富的人生阅历和社会经验。② 检察权也具有司法属性,因此经验对于检察官同样重要。丰富的经验可以防止年轻检察官因人生历练不足而导致偏离社会主流价值观念的发生,从而保证检察权行使的质量可靠,同时获得民众支持和尊重。因此,在遴选检察官时也应考察检察经验的累积以及基层检察院工作的经历,而且检察官遴选应尊重逐级遴选的规律,因为逐

---

① 陈卫东:《司法机关依法独立行使职权研究》,《中国法学》2014 年第 2 期。
② 谭世贵:《中国法官制度研究》,法律出版社 2009 年版,第 73—74 页。

级遴选有利于检察官实践理性的获得以及社会经验的积累,从而保证检察权运行的质量。另外还应从律师以及学者等法律职业共同体中选任检察官,发挥其阅历及经验专长。我国虽也有类似规定,但现在入额检察官的遴选对象主要集中于检察院内部人员,律师、专家入额的很少,这种遴选方式缺乏开放性、多元化以及相互流动性特征。

(三) 应当重视"权责利"的统一

本轮司法改革的基本目标是实现"权责统一",归责的前提是还权给司法人员。然而任何一项改革都必须是正向激励和反向惩罚之间的动态平衡,而不能片面强调任何一个方面,否则都会影响到相关利益群体的积极性。[①] 因此司法责任制改革应在放权给检察官的同时对检察官形成利益的正向激励,然后才能落实错案责任终身追究制。但目前的司法改革在突出检察官办案主体地位的基础上更强调责任追究,问责比保障走得更远,本轮司法改革最为核心的目标,检察官"权责利"相统一的目标还未实现,即责任追究十分严格,权益保障尚未跟上。责任追究不应过于严格,不应过度强调责任终身负责以及错案追究,毕竟司法裁判是对过去发生的未知事实的判断,责任追究不宜过严,为防止责任追究妨碍司法人员依法独立行使职权,特别是考虑到目前司法改革尚未实现"权、责、利相统一"目标的情况以及审判中心改革背景下,司法人员面临要求更高、压力更大的现实,责任追究应以豁免为原则,以问责为例外。另外错案的界定标准应涵盖实体和程序,包纳事实和法律,而不能仅以上级法院撤销判决作为错案标准。特别是上文提到,在"权、责、利相统一"目标尚未达到时,更应严格限制错案追究的范围。从长远来看,司法责任问责应采取以行为为中心的标准体系,注重对司法人员违法违纪行为的惩戒。在权益保障方面,中国在司法责任制改革过程中,可适当借鉴西方的经验,构建中国的检察官身份保障制度以及物质保障制度,以实现"权责利"的统一。司法责任制应当与检察官身份保障制度及物质保障制度相向而行,这是检察机关司法责任制改革成功的关键。

　　[①]　陈虎:《逻辑与后果——法官错案责任终身制的理论反思》,《苏州大学学报(哲学社会科学版)》2016 年第 2 期。

但应该看到,改革与司法资源的有限性可能发生冲突,由于司法资源的有限性,可能难以实现权责利相统一。① 如在高薪问题上,由于种种体制性原因,提薪幅度不可能过高,如在经济最发达的上海,全市试点进入员额的法官、检察官收入暂按高于普通公务员 43% 的比例安排,这几乎已经是法官、检察官可以看到的高薪制改革的调薪上限。② 另外,目前检察官的素质尚有待于进一步提升,司法公信力也处于不利地位。要实现司法改革的总体目标,需独立、制约、职业化、归责等因素形成完整的系统并一体推进。在基于目前国情,改革方案不得不分期推进时,上述各要素应在理想方案基础上都打些折扣,而不是各要素先后有别,或者有的要素最终不了了之。③ 为此,在构建检察人员司法责任制,在权责利统一尚面临体制藩篱时,权、责、利可能都要打些折扣。如在放权方面,可以考虑放权分步进行,以后放权的幅度可以更大,要探索在检察官独立和检察一体之间寻求平衡点。甚至可以先放权至主任检察官,由主任检察官制度逐渐过渡到检察官承办责任制。另外,在逐步放权的同时,还应加强对权力的监督制约,当然管理者和监督者也要承担相应的责任。如在追责方面,应当谨慎适用错案责任终身追究,严格限制其适用范围。如在保障方面,尽量推动检察官身份保障和物质保障制度,另外,保障的对象可以重点放在主任检察官上。由此,实现一种打些折扣后的"权、责、利统一",否则,一般情况下检察官也不一定接受一步到位的权责统一及其风险。

(四) 应当重视司法责任评鉴

目前,在新一轮司法改革的热潮中,上海为贯彻中央司法改革文件精神,对司法责任评鉴进行积极探索:如认为责任评鉴的范围包括可能存在重大质量问题的案件或严重违背职业操守等情形,如成立司法责任评鉴委员会作为专门的评鉴机构等,吉林等其他地方的检察院也有类似的做法。而学界在这方面也有探索,如认为检察院的案件评鉴机制是落实司法责任制的基础,科学设计案件评鉴指标是案件评鉴机制运行的核心,等等。

---

① 龙宗智:《加强司法责任制,新一轮司法改革及检察改革的重心》,《人民检察》2014 年第 12 期。

② 傅贤伟:《把 85% 人力资源投到审判办案一线》,《解放日报》2015 年 4 月 24 日第 1 版。

③ 傅郁林:《司法改革的整体推进》,《中国法律评论》2014 年第 1 期。

司法责任评鉴旨在通过案件监管发现需要司法问责的问题,司法责任评鉴是司法责任认定和追究的基础,最后是否需追责由法官惩戒委员会来决断。司法责任评鉴与追责弹劾等制度既相互独立又有机统一。在健全司法责任评鉴制度和法官惩戒制度的基础上,建立不合格检察官退出机制。检察机关司法责任制改革是一项综合配套改革,司法责任评鉴制度应在司法责任制中进行统筹规划。

从我国案件评鉴标准看,存在如下问题:(1)缺乏统一的评鉴标准,各地检察机关各自为政。(2)评鉴标准的设定不尽科学、合理。(3)标准不够细致,操作性不强。(4)在标准设置上缺乏实体与程序方面的区分。司法责任评鉴需要一种制度化安排,科学界定司法责任评鉴的范围和标准等。应借鉴上海的经验,设立专门的评鉴机构,如司法责任评鉴委员会。由市检察院案管部门负责人、纪检监察部门负责人、检察官遴选(惩戒)办公室负责人、检察业务专家、人大代表、政协委员、科研院校专家等作为委员会委员。从评鉴程序看可以分三步走:首先开展一案一评查;在一案一评查中发现无罪判决、国家赔偿等案件,需启动个案评查进一步调查,以确定是否属于案件质量问题。对于确实存在问题的,启动责任倒查问责机制,这一阶段属于司法责任认定与追究。[①]

(五) 应与"以审判为中心"诉讼制度改革相适应

检察人员司法责任制改革是本轮司法改革的"牛鼻子",但不是全部,应将检察人员司法责任制改革放进司法改革的整体中进行设计。检察人员司法责任制改革除了要与中央部署的其他三项改革措施统筹规划外,还应与法院的改革协同推进。

法院正在推进的以审判为中心的诉讼制度改革是本轮司法改革措施中最具影响力、意义最为深远的改革,它是司法改革的核心所在,是当前司法改革的题眼。以审判为中心在于发挥审判的关键作用,确保办案质量,从而加强对司法的人权保障。从司法权运作来看,公检法三机关分工负责,各阶段工作密

---

① 王磊:《检察官考评考核制度的构建与完善》,《司法体制改革中的司法责任制的发展与完善》,中国检察出版社 2016 年版,第 356 页。

不可分,检察人员司法责任制首先要求放权给一线检察官,保证其相对独立性,使得检察人员在侦查监督以及审查起诉中权责一致,有效防范冤假错案,这为以审判为中心改革最终确保裁判公正准备条件。这两项改革都是为回归司法规律,确保办案质量,杜绝冤假错案,实现社会公平正义,检察人员司法责任制为审判中心主义改革准备条件、提供支持,二者密不可分。

因此,检察机关司法责任制也要与当下的诉讼制度改革相适应,回应"以审判为中心"诉讼制度改革提出的各项要求。检察机关司法责任制行之有效的检验标准不是检察机关内部运行的自洽,而是要放到整个诉讼结构中去评价和考量,使检察机关司法责任与检察权在司法权力体系中的定位相协调和对应。因此检察机关司法责任制改革应注重与法院司法改革措施的衔接,检察机关司法责任制体系的构建应遵循"互相配合、互相制约"的原则。因此,新一轮的检察体制改革对内围绕检察权运行机制和检察权优化配置,对外适应以审判为中心的诉讼改革,建立与检察职权运行规律相适应的检察官办案责任制,完成新旧格局变化下检察工作的有序衔接与平稳转换。①

以审判为中心的改革中检察院压力增大,对检察官的素质以及责任心等要求更高,所以不宜对检察官进行简单、严格的责任追究,否则可能严重束缚检察官手脚。同时要完善检察官的遴选机制,严格司法人员准入并对检察官进行有针对性的培训。还要加大对检察官的职业保障力度等,激发检察官的职业尊荣感。

四、与"法治中国笔谈"中若干观点的商榷

（一）关于法官、检察官遴选标准问题

在《探索与争鸣》2016 年第 10 期"法治中国笔谈"栏目中,李建勇教授认为应理顺和确立不同法院层级的法官遴选标准和任职资格,检察官也应如此,这确实是洞察之见。我国四级法院的职能定位各异,为优化上下级法院的职

---

① 郑赫南:《准确把握司法责任制改革目标原则,着力构建公正高效检察权运行机制》,《检察日报》2015 年 10 月。

权配置,提高上级法院的司法公信力,应对不同层级法院法官的任职资格区别对待,并且建立法官逐级遴选制度。该制度也是发达国家尤其是大陆法系国家法院遴选法官的普遍做法,也符合司法特性的本质要求。① 但李教授的观点中有两个问题值得商榷:一是李教授认为"最高人民法院的法官从省级高级人民法院中选拔,高级法院的法官从中级法院中选拔,中级法院的法官从基层(初级)法院中选拔,基层法院的法官从优秀的律师和法律专业人士中选拔"。② 该种观点虽严格遵循了法官、检察官逐级遴选制度,却将越级和破格提拔完全排除在外。综合工作年限、年龄大小、所办案件的质量和数量等情况,在经过严格遴选后也可以考虑将在基层法院、检察院工作的司法人员破格遴选到省级法院、检察院。只不过需要严格控制破格遴选时的资格。其实大陆法系国家和英美法系国家在遴选法官时也只是基本遵循逐级遴选的原则,却并未将破格遴选完全排除。二是李教授认为"初级法院的法官绝大部分必须来自于律师,律师从业年限至少 5 年",本文认为此议不妥。从法官遴选制度来看,英美国家注重法律执业经验,因此有从职业律师中遴选法官的条件和传统,而德法等大陆法系国家则注重对法官的教育和严格的培训制度。③ 因此从执业律师中遴选法官并不是普遍的国际经验。我国也缺乏从律师中遴选法官的做法,应尊重我国法官遴选制度的传承,在尊重传统的基础上积极改革。另外,我国律师制度的发展不过 20 多年的时间,尚处于初步发展阶段,我国的律师从整体而言还无法与西方律师相匹敌,成为真正的"法律之师",我国律师在法律素养、办案能力、法治信仰、责任担当等方面与英美国家的律师尚有差距,而且相比于英美等国,我国律师人数较少,分布很不均衡,特别是中西部基层律师更少。在短期内如何实现这一设想不无疑问。

(二) 关于法官职位独立、错案追究的问题

李教授认为错案终身追究的前提应该是法官由于道德低下故意错判或工

---

① 刘义军、徐春成:《法官逐级遴选制度的构建》,《理论探索》2014 第 6 期。
② 李建勇:《全面深化司法体制改革的关键及其对策》,《探索与争鸣》2016 年第 10 期。
③ 王琦:《国外法官遴选制度的考察与借鉴——以美、英、德、法、日五国法官遴选制度为中心》,《法学论坛》2010 年第 5 期。

作的明显失误导致的冤假错案,这个追究范围一定不能扩大到所有错判案件。① 可见李教授对司法问责采取的是行为标准,即摒弃以错案结果为标准的错案追究制,注重法官的不当行为。该标准有其优越性及可行性,如可以有效克服"结果中心主义"的弊端,如以行为为中心来判定法官责任更加符合诉讼规律,如以法官行为正当与否作为责任基准,可以促使法官严格律己,遵守法律程序规定等。② 虽然从长远来看,司法责任问责应采取以行为为中心的标准体系,但严格的错案责任制和对审判人员的惩戒是中国法的传统特色之一,即使这种问责的制度化思路与西方现代司法原理大异其趣,但在目前缺乏程序正义的观念以及相应的制度条件来限制裁量的场合,严格追究过错责任就成为防止任意行使权力的重要装置。③ 因此错案追究符合我国的历史传统,而且错案追究有利于增强司法人员的责任心,有助于保证办案质量,倒逼司法公正的实现和司法公信力的提高,在我国司法人员整体素质有待进一步提高的当下,错案责任追究是全面落实司法责任制的关键,而司法责任制是本轮司法改革的"牛鼻子",因此错案责任追究很关键。因此,在权衡错案追究的存废问题时,应综合考量司法判断的特殊性质、我国司法人员的综合素质、民众对司法的感知情况、法官履职保障情况等因素,不应一概否认错案追究的合理性。

李教授还认为应完善法官职务保障制度以维护法官独立。法官职务保障对于实现"权、责、利相统一"的目标不可或缺,然而上文已述,基于目前司法资源的有限性,高薪养廉及法官任职终身制度尚不具备现实基础,可行性的方案可采取权、责、利都打些折扣的方式,在法官职务保障上采取渐进式改革。如司法责任制应当与司法人员身份保障制度相向而行,应逐步完善和落实司法人员身份保障制度,司法人员一经任命,则非因法定事由、非经法定程序,不得对其随意调动、转岗或免职,建立规范的司法人员选任、免职、处分程序,以确保司法人员身份及职位的稳定。在薪酬方面,应逐步定期增薪,提高司法人员待遇。随着司法资源的充裕以及司法人员职业化水平的提高,最终实现司法人员高薪、终身等保障制度。

---

① 李建勇:《全面深化司法体制改革的关键及其对策》,《探索与争鸣》2016 年第 10 期。
② 王迎龙:《司法责任语境下法官责任制的完善》,《政法论坛》2016 年第 5 期。
③ 季卫东:《宪政新论——全球化时代的法与社会变迁》,北京大学出版社 2005 年版,第108 页。

第八章　警务改革的三个维度

目前,公安系统的警务改革正在积极推进,取得了一些有益的成果。今后的警务改革应当坚持以"三化"为本,即着力解决警务现代化、警务规范化和警务人本化三个方面的问题。三者之间的关系是三位一体的关系,即警务现代化是"筋",警务规范化是"肉",警务人本化是"骨",是一体三面,缺一不可。

一、警务现代化

警务现代化这一概念,既指警务理念的现代化,也指警务体制的现代化,还指警务技术的现代化。在警务理念上,要注意树立人道主义的理念,从过去的重打击犯罪而轻保护人权的观念中超脱出来,转变为打击犯罪与保护人权并重的理念。警务体制现代化旨在对警务管理体制进行改革,构建一种适应新时代警务规律的警务体制。警务技术现代化是指通过互联网、大数据及人工智能等技术手段为警务活动提供强大的技术支撑。

有的专家认为,现代警务机制有七个方面的特征:警务行为规范化,警务装备现代化,警务运作高效化,警务工作信息化,警务资源整合化,警务工作社会化,警员素质实战化。[①] 也有专家将警务人本化、警务集约化、警务智能化、

---

① 李跃明:《对现代警务机制基本特征、重要意义及其存在问题的思考》,《公安学刊》2005年第4期。

警务法治化及警务社会化等作为警务现代化的基本特征①。

2015年，公安部发布《关于全面深化公安改革若干重大问题的框架意见》（以下简称《框架意见》），指出："随着中国经济社会的快速发展，随着社会动态化、信息化带来的巨大变化，公安工作和公安队伍建设出现一些不适应的问题。这些不适应，既有思想理念上的滞后，也有能力素质上的差距，既有体制机制上的制约，也有警务保障上的不足。要破解这些长期困扰和影响公安工作发展进步的难题，必须迎难而上、改革创新。"

随着科学技术的进步，司法和执法的科技化、信息化、智能化越来越受人关注和重视。在这方面，法院已经走在前面，如上海市法院在打造"数据法院"、"智慧法院"方面卓有成效，形成了网络三级联动、应用全面覆盖、数据及时生成、信息高度聚合、资源共享互通、管理安全规范的大数据应用平台，受到了广泛好评。

警务大数据是警务智能化的重要体现，应当将其上升到警务战略的高度来认识。正如苏州市公安局前局长张跃进在一篇文章中所说："警务大数据既是警务现代化战略发展的重要组成部分，也是重要的实践路径。要充分认识警务大数据的战略价值，真正从战略发展层面推动建设和运用。抓住警务大数据战略发展机遇，有助于全面有效地推动警务改革创新。把握警务大数据'三要素'，才能有力地推动警务发展质态的战略提升。要抓住制约警务发展的问题，积极推动警务大数据战略实践。运用大数据科学预测预防，能有效防控犯罪和治安问题。依靠大数据集约合成作战，能有效遏制突出犯罪和安全隐患。借助于大数据规范勤务运作，能有效提升警务技能。要立足警务现代化发展战略，科学谋划和建设警务大数据。"

应该说，"智慧警务"是现代警务建设的一个方向，大数据、人工智能是"智慧警务"的重要支撑，它对警务现代化将有着不可忽视的推动作用。通过上述技术手段的应用，使警务决策更智慧，警力部署更科学，打击犯罪更精准，治安防控更高效。因此，警务智库应注重研究大数据、人工智能与现代警务之间的关系，为完善"智慧警务"建设献计献策，为相关标准制定和制度设计出谋划策。

---

① 张跃进、张光主编：《现代警务论》，中国人民公安大学出版社2015年版，第7—8页。

　　这就是公安学界探讨的警务智能化问题。"智能化"是指由现代通信与信息技术、计算机网络技术、行业技术、智能控制技术汇集而成的针对某一方面的应用。"智能"的特点是:(1)具有感知力;(2)具有记忆和思维能力;(3)具有学习能力和自适应能力;(4)具有行为决策能力。上述智能技术在警务领域的应用就是警务智能化。警务专家的定义是:"警务智能化是指警务工作要通过深化科技信息化建设与应用,不断提升警务工作智能化水平,转变公安机关战斗力生成模式,提升警务工作效率。"[①]警务智能化的实质在于实现警务工作与现代科技的有机融合,让先进科技为警务活动提供强有力的支撑。

　　信息化与大数据在推进警务改革方面也发挥了重要作用,即通过数据驱动、信息集成来促进警务模式转型升级,通过集合资源、创新运用不断提升警务效能。有论者指出:"公安信息化支撑的警务改革效率较高,阻力较小,改革拓展面较广。信息化条件下,发挥数据的'倍增效应'、资源的'聚合效应'和平台的'支撑效应',是推进公安警务改革的路径选择。"[②]

　　《框架意见》还提出了"队伍正规化"的要求,"正规化"就是专业化、职业化。警务改革的大方向是实现警察职业的专业化、职业化,警务专业化也是警务现代化的一个重要方面,它要求警察队伍不仅具有优良的职业道德素养,更要有优良的专业素质和专业能力。专业化要求警察必须学法用法,精通执法办案规范和程序,准确适用法律法规。这就意味着,警察必须有良好的法律素养、精湛的业务素质。为此,有必要实行执法资格准入制度,通过考试获得相关资格,无此资格者不可行使执法权,更不能列入后备干部库。为了提升警察专业化水平,可以通过网上学习、网上答疑、网上培训或集中教育等形式,使警察养成善于学习、善于思考的品格,不断丰富其知识结构、提高其专业素质,从而促进警察队伍的专业化。

　　警务现代化还包括警务管理体制的现代化,即建构一种符合新时代警务规律的现代警务管理体制。警务体制的改革是司法体制改革、行政执法体制改革的一部分,需要从战略层面进行顶层设计,要注意其与其他领域改革的统筹配套、协同推进,更要与国家政治体制改革同步前进。要在理顺管理体制、

---

　　① 张跃进、张光主编:《现代警务论》,中国人民公安大学出版社 2015 年版,第 9 页。
　　② 唐向阳:《信息化和大数据支撑下的警务改革》,载《城市警务研究》第一辑,中国人民公安大学出版社 2018 年版。

优化机构设置、健全警务保障体系、建立警察分类管理制度、在法律上厘清中央与地方的公安事权等方面下足功夫,着力解决制约警务发展和警务职能发挥的深层次问题。如目前在多地公安系统积极推进的"结构改革"就是警务管理体制改革的一部分,这一改革在纵向结构上着力解决微观层次过多的问题,在横向结构上着力解决部门过于分散的问题,在职权结构上着力解决权力过分集中的问题,在编制结构上着力解决"头重脚轻"(权力集中于上层)的问题,在职位结构上着力解决官多兵少的问题。这种结构性改革对警务管理体制的影响之一就是"大部制"改革。本着精简高效、分类整合的原则,将目前行使综合管理职能的公安机关整合压缩为"四大部",分别是警令部、政治部、监督部和保障部。这一改革将使公安管理职权的配置更加科学化,使警务管理权的行使更加高效化,进而促进警务管理体制的现代化。

二、警务规范化

警务规范化是指警务活动必须依法进行,警察权力必须受到法律的控制。近期公安改革七大任务中至少有三项涉及警务规范化问题,如"完善执法权力运行机制"、"健全人民警察管理制度"、"规范警务辅助人员管理"等。根据《框架意见》所述,目前的全面深化公安改革,聚焦点在三个方面,一是着力完善现代警务运行机制,二是着力推进公安行政管理改革,三是着力建设法治公安。可见,除第二点外,都涉及警务规范化问题。尤其是第三点,该文件强调指出:"确保严格规范公正文明执法,提高公安机关执法水平和执法公信力,努力让人民群众在每一项执法活动、每一起案件办理中都能感受到社会公平正义。"这是对警务规范化的明确要求,只有实现了警务规范化,才会实现优良的警务运行机制,两者就如同一枚硬币的两面,不可分离。

《框架意见》也提出了"执法规范化"的改革要求,确实抓住了问题的实质——公安改革的关键是队伍建设,即执法队伍行使权力的规范化。规范执法是警务工作的生命线。没有规矩不成方圆,警务规范化不仅要求警察依法执行公务,更要求依法治警,对违法行权的警察应当依法惩戒,将警察权力纳入制度的笼子里,实现警务活动的规范化、制度化、程序化。正如《现代警务论》一书指出的:"规范化警务就是按照相关法律法规规定,制定具体的标准、程序和细则,实现执法规范、行为规范和管理规范。"《理性警察论》一书也指出:"严格规范执法是法律理性的最基本内容,也是警务执法工作的基本要求,是确保执法质量的重要保障。"①

警务法治化曾被一些论者当成警务现代化的基本特征之一,但却与警务规范化的表述基本一致。"警务法治化是指公安机关要加快法治公安建设,切实提高规范化执法水平,不断提升运用法治思维、法治方式来化解社会矛盾、维护社会稳定、破解社会治理难题的能力。"②

规范执法还要解决权力任性的问题,因此需要强化监督,没有监督的权力必然失控,也就难有规范化可言。规范执法还可以通过信息化手段来实现。如苏州警方,就全面实行执法办案的网上流转、网上审批、网上监督、网上考核,以信息化手段固化执法办案流程,强化执法过程控制,积极推进执法办案的标准化、流程化,防止执法的任意性。

刑事侦查权也是公安警察权力的一个重要方面,对侦查权的有效控制是司法控制。学者指出:"权力的正常运行都离不开有效的监督机制。但司法权对侦查权与行政权的制约和监督的方式明显不同:在侦查活动中,主要依靠司法控制,具体包括事先监督和事后监督。在法治国家中,一般表现为司法令状主义以及相关的司法救济制度。"③我国当前对刑事侦查活动监督过程中也存在一些问题:"人民法院、人民检察院对侦查机关的制约凸显滞后性、单向性。人民法院、人民检察院对侦查机关的制约实质上表现为司法权、起诉权对侦查权的制约。从中国现行法律规定来看,人民法院、人民检察院只能通过审判活动对侦查活动的合法性进行事后审查,而无权进行事前、事中的司法审查。"④

诚如其言,对刑事侦查活动的司法控制主要是事后审查,而不是事前、事中审查,导致司法监督和司法控制存在一定的"盲区"。同时,司法控制的手

---

① 张跃进主编:《理性警察论》,光明日报出版社 2013 年版,第 223 页。
② 张跃进、张光主编:《现代警务论》,中国人民公安大学出版社 2015 年版,第 9 页。
③ 陈光中等:《中国司法制度的基础理论问题研究》,经济科学出版社 2010 年版,第 256 页。
④ 陈光中等:《中国司法制度的基础理论问题研究》,经济科学出版社 2010 年版,第 284 页。

段还存在"偏软"的问题,不足以对刑事侦查活动施加有力的震慑。这是导致目前刑事侦查领域中刑讯逼供屡禁不止、非法证据排除不能落实到位的根本原因。因此,构建有效的监督制约机制成为势所必然。作为警察权重要组成部分之一的刑事侦查权,其受到有效控制是警务规范化的重要一环,应当受到有关部门和领导的高度重视。

三、警务人本化

"人本"即以人为本,是人道价值观的反映。警务人本化有两个方面的内容:其一是以人民群众的利益为根本,警务活动要坚持爱民、便民、利民;其二还要以警察的合法权益为根本,管理者要尊重警察的人格,要保障其正当权益,切实解决其后顾之忧。上述两个方面,一是"惠民",一是"惠警",两者之间是一种辩证统一的关系。

今天中国"以人为本"的价值观既吸收了西方的人道理念,也继承了中国古代的"仁学"思想,实际上是两种观念交合融汇的产物。仁学的实质在于仁爱之道,表现为对他人的关爱、尊重和帮助,尤其是重视人的生命价值。仁爱之道主要体现在孔子所说的如下两个原则上:一是"己所不欲,勿施于人"——自己不愿干的事不要强加于人;二是"己欲立而立人,己欲达而达人"——自己有所成就也应该让别人有所成就。正如学者所言:"仁学在儒家所有学问中,代表着中华民族发展的精神方向,蕴含着较多的人道主义和民本主义成分,它给中国知识分子提供了一种切实而又高远的人生信仰,一种独特的文化价值理想,培养了一大批道德君子、仁人志士,成为中国文化的精英。仁学由于其具有较强的生命力和普遍性价值,所以在中国从中世纪向近代社会转型过程中,受到先进思想家的珍重,成为儒学中最值得继承和发扬的部分。"①儒家的仁学传统在中华文化的长河中生生不息,迄今仍值得发扬光大,其仁爱之道与今天的以人为本理念有诸多相通之处,而警务人本化的理念也可以说是在警务领域对"仁学"传统的继承和光大。

———————

① 牟钟鉴:《新仁学》,人民出版社2013年版,第136页。

《框架意见》指出："完善严格式性非法证据排除规则和严禁刑讯逼供、体罚虐待犯罪嫌疑人的工作机制,建立健全讯问犯罪嫌疑人录音录像制度和对违法犯罪嫌疑人辩解、申诉、控告认真审查、及时处理机制,完善侦查阶段听取辩护律师意见的工作制度。"这些保护人权的规定体现了"人本化"。

另外,《框架意见》又规定："扎实推进户籍制度改革,取消暂住证制度,全面实施居住证制度,建立健全与居住年限等条件相挂钩的基本公共服务提供机制。落实无户口人员落户政策。建立户口迁移完善流转核验制度和居民身份证异地受理制度,方便异地办户口和身份证。""改革驾驶人培训考试,推行驾驶人自主预约考试、异地考试等制度。深化机动车检验改革,全面实施省内异地验车,逐步推行跨省异地验车。加快建立跨省异地处理交通违法和缴纳罚款制度。""积极搭建综合性网络服务平台和新媒体移动终端,推行行政审批事项全程网上流转,方便群众咨询、办事和查询、监督,等等。"这些便民、利民的举措同样体现了"人本化"。

《框架意见》又指出："根据人民警察的性质特点,建立有别于其他公务员的人民警察管理制度和保障机制。按照职业类别和职务序列,对人民警察实行分类管理。适应正规化、专业化、职业化建设要求,建立健全人民警察招录培养机制。贯彻落实人民警察生活待遇'高于地方、略低于军队'的原则,建立符合人民警察职业特点的工资待遇保障体系。完善人民警察抚恤优待制度,建立健全人身意外伤害保险等职业风险保障制度。依法维护人民警察执法权威。"上述规定又体现了警察管理中的"人本化"趋向。

人道价值观应当是指导目前警务改革的核心价值观,它在警务工作中又体现为一些具体的理念,如民本理念、服务理念、公开理念和民主理念等。民本理念要求民警应当以此理念来指导其各项工作,要注意改善警民关系,要同辖区群众一道预防和控制违法犯罪,要积极参与辖区内爱民、利民、便民的活动,参与安全检查、法制宣传、收集情报信息等活动,维护社会公共秩序。服务理念应当贯穿于整个社会治安工作的始终,服务能使民警立足于社区,周到的服务能赢得民心。公开理念需要实行公开的警务运作模式,"透明警务"有助于防范警察权力的任性。民主理念要求群众能够自由表达意见,警察应当倾听群众的呼声,及时纠正自己工作中的失误和偏差。如一些警局搞的警民恳谈会,就成了一个警民互动、沟通民意、改善警民关系的平台,成了一个发扬民主、改进工作的平台。上述理念都体现了警务人本化的价值取向。

我国《人民警察法》规定："人民警察必须依靠人民的支持,保持同人民的密切联系,倾听人民的意见和建议,接受人民的监督,维护人民的利益,全心全意为人民服务。"这凸显了警务工作的人本化趋向,以法律的形式固化了警察必须为人民服务、为人民执法的理念。正如论者所说："警察的性质决定必须牢固树立'以人为本'的基本理念,这是所有警务理念中最关键、最核心的内容。以人为本理念从根本上解决了为谁服务、为谁执法、为谁管理、为谁掌权等重要问题,进一步明确了警务工作的出发点和落脚点。"①又对"警务人本化"作了如下解释："警务人本化是指警务工作必须更加贴近群众需求,坚持民意导向,强调把群众满意作为衡量警务工作的根本标准。"②上述说法均体现了鲜明的"惠民"精神。

在司法改革过程中,一些地方公安局尝试推进的"刑事和解"措施也体现了警务人本化的理念。论者指出："刑事和解是指在犯罪发生后,通过调解人的帮助,加害人与被害人直接接触和交谈,加害人正视其犯罪行为给被害人带来的伤害,然后双方依法达成协议,最终解决刑事纠纷的一种刑事司法制度。"③实质上,刑事和解就是以协商合作的形式恢复原有秩序的案件解决方式,加害人以认罪、道歉和赔偿等方式与被害人达成和解后,司法机关对加害人减免处罚。

该制度在刑事侦查阶段的适用,是从苏州市公安局发端的。2011 年,苏州市《轻微刑事案件侦查阶段刑事和解暂行规定》施行,要求全市公安机关根据《刑事诉讼法》的规定,严格确定刑事和解范围,安排刑事和解专管员,对可以适用和解的当事人履行告知义务,积极落实退赔案件的和解机制,向检察机关就其移送审查起诉的案件提出从宽处理的建议等。

在刑事侦查阶段适用刑事和解制度,这确实是一个创新性的尝试,在保护人权方面具有重要意义。正如时任苏州市公安局长张跃进所说："刑事和解制度的适用,不仅强调以被害人利益为核心,也注重在危害行为与损害结果之间寻求法律效果与社会效果最大限度的统一。苏州市公安机关依照刑事诉讼

①　张跃进主编:《理性警察论》,光明日报出版社 2013 年版,第 212 页。
②　张跃进、张光主编:《现代警务论》,中国人民公安大学出版社 2015 年版,第 8 页。
③　张跃进等:《刑事和解》,苏州大学出版社 2015 年版,第 28 页。

法提出的新要求,摒弃长久以来形成的刑事办案以惩罚犯罪为先的习惯做法,树立并践行保障人权的理念,切实推动刑事和解秩序的全面实施,维护法律权威。"①这反映了苏州公安系统在以实际行动贯彻警务人本化的理念。

四、结　语

警务改革应当坚持以"三化"为本,即着力解决警务现代化、警务规范化和警务人本化三个方面的问题。三者之间的关系是三位一体的关系,即警务现代化是"筋",警务规范化是"肉",警务人本化是"骨",是一体三面,缺一不可。警务现代化这一概念,既指警务理念的现代化,也指警务体制的现代化,还指警务技术的现代化。在警务理念上,要注意树立人道主义的理念,从过去的重打击犯罪而轻保护人权的观念中超脱出来,转变为打击犯罪与保护人权并重的理念。警务体制现代化旨在对警务管理体制进行改革,构建一种适应新时代警务规律的警务体制。警务技术现代化是指通过互联网、大数据及人工智能等技术手段为警务活动提供强大的技术支撑。

警务规范化是指警务活动必须依法进行,警察权力必须受到法律的控制。规范执法旨在解决权力任性的问题,因此需要强化监督,没有监督的权力必然失控,也就难有规范化可言。"人本"即以人为本,是人道价值观的反映。警务人本化有两个方面的内容:其一是以人民群众的利益为根本,警务活动要坚持爱民、便民、利民;其二还要以警察的合法权益为根本,管理者要尊重警察的人格,要保障其正当权益,切实解决其后顾之忧。上述两个方面,一是"惠民",一是"惠警",两者之间是一种辩证统一的关系。

---

① 　张跃进等:《刑事和解》,苏州大学出版社 2015 年版,第 66 页。

第九章 警务智库建设问题及其与警务改革的关系

一、何谓"智库"？

智库是"思想库"，以思想创新为主要特质。对"智库"可以下一个较为准确的定义：它是一种为政府、企业和社会组织的决策提供思想理念、战略策略、方案方法等智力产品并引导社会舆论、培养公共人才、搭建交流平台的独立性、专业性和非营利性的研究机构。

智库以创新性的智力产品来服务决策、服务社会。智库要有自己的特色，要有自身定位，要有不可替代性。智库人员是决策参谋、智囊顾问，要以深厚的学养为支撑。智库成果既要有较强的时效性、针对性（短平快），让决策部门想得起、靠得住、用得上，也要有宏观性、战略性和前瞻性（长线作业）。智库成果与学术成果不一样，评价标准也不一样，智库成果要注重决策影响力、社会影响力、国际影响力。

高校智库应当以优势学科（可以跨学科）为支撑，发挥集成优势，集合校内外资源，汇集校内外精英，服务国家、区域经济社会发展。智库建设要坚持如下原则：（1）党的领导、正确导向、政治品位；（2）立足中国国情，树立国际视野；（3）依托优势学科，对接重大需求；（4）坚持科学精神、探索精神，坚持包容开放；（5）科学布局，有序发展。

智库的评价考核要尊重规律、注重对智库人员的培养和智库成果的孵化。要注重团队考核，反对单打独斗。要确保专职研究团队的稳定，要建立跨院系、跨学科的团队。智库的重要任务就是出成果、出思想、出人才、出队伍。

法学智库是我国高校和社会科学院系统的一种重要的智库类别,在推进依法治国、构建社会主义法治体系、实现国家治理体系和治理能力现代化方面发挥着不可替代的作用。警务智库应该被视为法学智库中的一个类别,其职责在于服务公安(警务)改革和公安(警务)决策,其目标之一在于推进"平安中国"建设。

二、警务智库建设的导向与举措

警务智库是为警务改革和警务决策提供智力支持的研究机构,这种机构实际上就是公安机关或警察队伍的"外脑",其智力产品和思想创新将助推公安体制机制的改革、警察队伍的专业化职业化及警务工作的现代化,并进而在整体上推进公安文明建设与平安中国建设。

正如公安部人事训练局副局长陈延超在全国城市警务智库建设论坛上的讲话指出的:"随着中国特色社会主义进入新时代,迫切需要公安机关的决策部署更加科学、民主、依法。对此,公安机关要充分借助智库的'外脑'作用,积极汇集各方面力量和智慧来共同研究解决警务工作中出现的新情况、新问题,更好地推进公安工作创新发展。"①也有论者指出:"警务治理是国家治理体系和治理能力的重要组成部分,而城市警务既是整个警务治理的重要方面,也是城市现代化发展的重要保障。以加强城市警务智库建设来助推城市警务现代治理,推动城市警务现代化建设,既十分重要又非常紧迫。"②

警务智库建设应当以问题为导向,以提出解决问题的对策为目标。着重解决公安管理体制、警务工作机制以及警务队伍建设方面的问题,为推进公安改革、构建公安文明建言献策。

2017 年 12 月 18 日,全国城市警务智库建设论坛召开,该论坛由公安部

---

① 城市警务研究中心:《全国城市警务智库建设论坛纪要》,载《城市警务研究》第一辑,中国人民公安大学出版社 2018 年版,第 3 页。

② 城市警务研究中心:《全国城市警务智库建设论坛纪要》,载《城市警务研究》第一辑,中国人民公安大学出版社 2018 年版,第 10 页。

公安发展战略研究所、公安部现代警务改革研究所、江苏省警察协会、江苏省苏州市公安局主办。该论坛发出了《合力推进新型城市警务智库建设倡议书》,希望同仁注重从警务治理、警务战略、警务大数据运用以及警务队伍建设等方面开展对城市警务的深入研究。特别是在警务战略方面,倡议书指出:"围绕城市警务现代化发展的战略管理,诸如'战略愿景''战略目标''战略重点''战略对策'及相应'战略阶段'等,进行深入系统的研究谋划,以提升城市警务治理的层次性和科学性。"①

2015年,公安部为落实中共中央办公厅、国务院办公厅《关于加强中国特色新型智库建设的意见》的有关要求,进一步加强公安机关新型智库建设,建立健全决策咨询制度,制定并颁布了《关于加强公安机关新型智库建设的意见》(以下简称《智库建设意见》)。《智库建设意见》指出:"科学民主依法决策是推动公安工作科学发展、确保公安事业沿着正确道路前进的重要保障。"并强调智库研究应当以问题为寻向:"推动公安智库从整体上向问题导向转型,切实加强公安机关新型智库建设,可以最大限度地把理论研究与实践探索紧密结合起来,以理论研究促进现代警务理念、机制、方法、手段、模式的改革创新,真正把公安工作建立在科学理论指导、现代科技支撑的基础之上。"问题是创新的起点,问题导向的研究才能真正促进智库成果的创新。

《智库建设意见》指出:"以服务公安机关决策为宗旨,以政策研究咨询为主攻方向,以完善组织形式和管理方式为重点,以改革创新为动力,努力建设面向现代化、面向世界、面向未来的公安机关新型智库体系,更好地服务公安工作大局,为推进平安中国、法治中国和过硬公安队伍建设提供智力支持。"这就概括了公安智库建设的指导思想。公安智库要围绕平安中国、法治中国建设,深入开展前瞻性、针对性和储备性政策研究,提出专业性、建设性、切实管用的政策建议,着力提高综合研判与战略谋划能力。研究领域覆盖公安工作与公安队伍建设两个方面,形成功能完备、特色鲜明、保障充裕、结构合理、运作规范的公安智库。

在组织管理体制方面,《智库建设意见》要求健全公安智库组织机构,明

---

① 城市警务研究中心:《全国城市警务智库建设论坛纪要》,载《城市警务研究》第一辑,中国人民公安大学出版社 2018 年版,第 10 页。

确工作职责,规范运作管理。智库实行行政领导负责制,在科研任务组织实施、人事聘用与考核、财务资产管理等方面相对独立运行。在科研管理体制方面,建立公安智库专项课题立项机制,鼓励智库与公安实战部门开展合作研究,提高研究工作的针对性和实效性,构建内外联合的开放式研究平台,加强公安智库与国家智库、高等院校、科研院所的互动共享、协同创新,有计划地开展国内外警务研究合作交流,搭建公安智库高层论坛,集结公安系统内外专家学者献计献策于公安工作。在成果评价与人才培养方面,树立质量第一的评价导向,把解决公安工作重大需求的实际贡献作为核心标准,完善以贡献和质量为导向的绩效评估办法和以公安机关采纳应用为主的评价机制。把人才队伍作为公安智库建设的重点,智库研究人员实行聘任制和流动制,形成开放、动态、活力的运行机制,推动公安机关与智库之间人才的双向流动。

三、当前警务智库关注的焦点问题

(一)警务现代化。"警务"是指公安机关为维护公共秩序所进行的执法活动。也有论者指出:"所谓警务,是指在现代社会中,承担维护公共安全的机构和人员采取的一切符合法律规范的刑事司法和行政执法行为。"[①]

警务现代化是指警务工作在理念、制度、机制、手段、措施、保障、队伍、效能上的现代化。论者指出:"警务现代化是一个从传统警务到现代警务多层面、全方位、动态化的进步变迁过程,它以科技信息进步为动力,以知识、人才、制度、机制等创新为保障,以不断优化的警务机制和警务保障为依托,以促进人的全面发展为根本目标,以实现公共安全服务产品能力不断提高为标志,推动观念、运行机制、勤务模式、组织管理等各个方面发生深刻变革,从而实现从传统警务向现代警务的转变。从一定意义上说,现代警务是科学警务、实战警务、主动警务、信息警务、效能警务。而警务现代化则试图通过建立与之相符合的警务理念、警务机制、警务手段以及警务保障,实现服务管理人本化、警务运作集约化、警务执法规范化、警务手段科技化、警务工作社会化、队伍管理科

---

① 张跃进、张光主编:《现代警务论》,中国人民公安大学出版社 2015 年版,第 3 页。

学化的目标。"①

（二）警务专业化。警务改革的大方向是实现警察职业的专业化、职业化，它要求警察队伍不仅具有优良的职业道德素养，更要有优良的专业素质和专业能力。"专业化警务是充分体现公安工作专业特点、运用警察的专业智能、发挥公安工作专业优势的一种警务运行机制。警务专业化主要包括警察组织机构专业化和警务职能的专业化。"②

专业化要求警察必须学法用法，精通执法办案规范和程序，准确适用法律法规。这就意味着，警察必须有良好的法律素养、精湛的业务素质。为此，有必要实行执法资格准入制度，通过考试获得相关资格，无此资格者不可行使执法权，更不能列入后备干部库。为了提升警察专业化水平，可以通过网上学习、网上答疑、网上培训或集中教育等形式，使警察养成善于学习、善于思考的品格，不断丰富其知识结构、提高其专业素质，从而促进警察队伍的专业化。

（三）警务规范化。"执法活动是警务工作的主要内容，规范执法是警务工作的生命线。"③没有规矩不成方圆，警务规范化不仅要求警察依法执行公务，更要求依法治警，对违法行权的警察应当依法惩戒，将警察权力纳入制度的笼子里，实现警务活动的规范化、制度化、程序化。"规范化警务就是按照相关法律法规规定，制定具体的标准、程序和细则，实现执法规范、行为规范和管理规范。"④

规范执法需要强化监督，没有监督的权力必然失控，也就难有规范化可言。规范执法还可以通过信息化手段来实现。如苏州警方，就全面实行执法办案的网上流转、网上审批、网上监督、网上考核，以信息化手段固化执法办案流程，强化执法过程控制，积极推进执法办案的标准化、流程化，防止执法的任意性。

（四）警务人本化。"人本"即以人为本的意思，体现了一种人道主义的立场和态度。该立场强调尊重人、爱护人，特别是重视人的生命价值。虽然说人道主义的理论来源于西方，但中国传统的儒家"仁道"（即"仁者爱人"之道）

---

① 张跃进、张光主编：《现代警务论》，中国人民公安大学出版社 2015 年版，第 3—4 页。
② 张跃进、张光主编：《现代警务论》，中国人民公安大学出版社 2015 年版，第 12 页。
③ 张跃进主编：《理性警察论》，光明日报出版社 2013 年版，第 222 页。
④ 张跃进、张光主编：《现代警务论》，中国人民公安大学出版社 2015 年版，第 12 页。

思想与其也有相通之处。警务人本化的主要内涵在于通过警务实践来顺应民意、服务民生。正如论者所说:"警务人本化,即'以人为本'的理念在现代警务管理实践中的具体应用,就是尊重人民群众的主体意识和主体地位,坚持民意导向,注重服务民生,通过警民有效沟通、重视民意收集和反馈、实行警务公开、接受群众监督和评议等一系列举措把人本化管理、人性化服务真正落到实处,充分体现了现代警务工作以人民群众最根本利益为核心价值取向的鲜明立场。"①

(五)警务社会化。犯罪是一种社会现象,是各种社会劣性因素综合作用而催生的一种反社会规则的现象。罪犯或潜在的罪犯隐身于社会的各个角落,警力和相关资源的有限性决定了发现和惩治罪犯单纯靠警方的力量是远远不够的,必须调动社会力量与社会资源来参与社会治安、辅助警务工作,以达到"群防群控"的目的。正如英国学者罗伯特·雷纳所说"警务并非警察的专利",社会力量同样可以开展警务工作。警力是有限的,而民力是无限的。"公安机关要积极开拓社会资源,吸纳社会力量加入维护社会治安的队伍中来。""犯罪产生于社会,遏制犯罪的力量也来源于社会,只有认真贯彻群众路线,社会长治久安才有取之不尽用之不竭的力量源泉。"②

警务社会化这一问题,也引起了许多学者的关注。有的学者将"如何实现新形势下警务工作的社会化,构建社会化警务新模式"以及"打造社会共管、共治、共享的社会格局"当作警务智库目前应当重点关注的重点问题之一③。另有学者也呼吁将警务工作与社会治理之关系的研究作为警务智库关注的重点之一④。

(六)警务智能化。随着科学技术的进步,司法的科技化、信息化、智能化越来越受人关注和重视。在这方面,法院已经走在前面,如上海市法院在打造"数据法院"、"智慧法院"方面卓有成效,形成了网络三级联动、应用全面覆盖、数据及时生成、信息高度聚合、资源共享互通、管理安全规范的大数据应用

---

① 张跃进、张光主编:《现代警务论》,中国人民公安大学出版社 2015 年版,第 51 页。

② 张跃进、张光主编:《现代警务论》,中国人民公安大学出版社 2015 年版,第 135 页。

③ 李国强:《以习近平智库观为指导,建设城市警务智库》,载《城市警务研究》第一辑,中国人民公安大学出版社 2018 年版,第 13 页。

④ 王大为:《警务智库建设与社会治理研究》,载《城市警务研究》第一辑,中国人民公安大学出版社 2018 年版,第 17 页。

平台,受到了广泛好评。2016 年 1 月 23 日,最高人民法院院长周强在全国高级法院院长会议上指出:"全面深化司法改革、全面推进信息化建设是实现审判体系和审判能力现代化必由之路,是人民司法工作发展的车之两轮、鸟之两翼。"警务工作作为司法工作的一个重要方面,当然也需要加强信息化、智能化建设。

有的学者认为,警务智能化"就是指要在公安工作中最大限度地推广、普及、运用现代化科学技术,不断改进公安机关的科技设备和装备,大力提高公安工作科技化含量,逐步实现公安工作由传统的以人海战术为主向以现代化科学技术为主的转变和飞跃。科技信息化与公安工作深度融合,达到智能化的效果"①。

警务大数据是警务智能化的重要体现,应当将其上升到警务战略的高度来认识:"警务大数据既是现代警务发展的一个重要战略,也是警务现代化战略发展的重要引擎,只有在战略层面认识、重视和布局警务大数据建设和运用,才能有效地推动警务事业的良性发展,并实现地区之间和警种之间的双赢共赢。"②"警务大数据既是警务现代化战略发展的重要组成部分,也是重要的实践路径。要充分认识警务大数据的战略价值,真正从战略发展层面推动建设和运用。抓住警务大数据战略发展机遇,有助于全面有效地推动警务改革创新。把握警务大数据'三要素',才能有力地推动警务发展质态的战略提升。要抓住制约警务发展的问题,积极推动警务大数据战略实践。运用大数据科学预测预防,能有效防控犯罪和治安问题。依靠大数据集约合成作战,能有效遏制突出犯罪和安全隐患。借助于大数据规范勤务运作,能有效提升警务技能。要立足警务现代化发展战略,科学谋划和建设警务大数据。"③

应该说,"智慧警务"是现代警务建设的一个方向,大数据、人工智能是"智慧警务"的重要支撑,它对警务现代化将有着不可忽视的推动作用。因此,警务智库应注重研究大数据、人工智能与现代警务之间的关系,为完善

---

① 张跃进、张光主编:《现代警务论》,中国人民公安大学出版社 2015 年版,第 115 页。

② 张跃进:《从警务战略发展的视角来推进警务大数据的实践与思考》,载《城市警务研究》2018 年第一辑,中国人民公安大学出版社 2018 年版,第 35 页。

③ 张跃进:《从警务战略发展的视角来推进警务大数据的实践与思考》,载《城市警务研究》2018 年第一辑,中国人民公安大学出版社 2018 年版,第 35 页。

"智慧警务"建设献计献策,为相关标准制定和制度设计出谋划策。

就目前来说,警务智能化就是要利用大数据、云计算和人工智能等技术手段来代替过去公安业务工作中的"手工作业"方式,从而促进警务技术和警务能力的现代化。不仅如此,警务智能化的发展,还必将带来警务管理体制机制、工作模式和警务理念的变革,从而为整个公安体系带来深刻的变革,并极大促进公安文明的建设。

(七)"营造五大环境"论。这是公安部部长赵克志所提出当前公安工作的主要任务,警务智库应当开展有针对性的研究,拿出令人信服的成果来。所谓"营造五大环境"是指:(1)营造安全稳定的政治环境;(2)营造安定有序的社会环境;(3)营造公平正义的法治环境;(4)营造优质高效的服务环境;(5)营造风清气正、干事创业的警营政治生态环境。

警务智库要围绕上述问题开展深入研究,如围绕上述第一个问题,要重点开展国家安全建设能力研究;围绕第二个问题,开展对健全社会治安综合治理防控体系、创新社会矛盾预防和化解机制、增强城镇和农村社区等基层治理体系效能的研究;围绕第三个问题,要开展对推进依法行政、严格规范公正文明执法、保障民警执法权等问题的研究;围绕第四个问题,开展对转变公安机关服务理念和运行机制的研究;围绕第五个问题,开展对警队纪律作风建设、警队监督体系建设、警察职业保障等问题的研究。

(八)对侦查权的控制。对侦查权的控制是一个中外权力制约理论共同面对的课题,西方国家对侦查权的控制模式具有三个特点:"第一,西方国家对侦查权的控制主要以侦查机关的内部监督与法院的外部监督相结合的方式进行的;第二,监督是在诉讼框架内进行的,即使是内部监督,也很强调检察机关对警察侦查行为的诉讼监督;第三,监督都是以司法救济作为最后的司法保障屏障。这些特点对完善中国侦查权控制机制具有重要的参考借鉴意义。"①

在中国,对侦查权的控制模式主要有三种:(1)内部监督。通过机构内部自下而上的行政手段来控制侦查权,防止其滥用或错用。(2)检察院对侦查活动进行司法控制,这包括对公安机关的立案权进行监督,通过审查批捕对公

---

① 陈光中等:《中国司法制度的基础理论问题研究》,经济科学出版社 2010 年版,第277 页。

安机关的羁押权进行制约,对侦查违法行为提出纠正意见,对羁押场所进行监督等。(3)法院通过审判活动对侦查活动进行事后司法控制,一旦发现侦查人员在侦查过程中确有刑讯逼供、非法搜查、非法拘禁、超期羁押等违法行为,法院有权排除以非法手段获得的证据。"从以上三种控制形式中可以看出,立法者对侦查权控制采取的原则是:以侦查机关自行监督为主,检察机关监督为辅,法院事后控制为补充。"①

对侦查权的控制存在如下问题:(1)侦查机关内部监督机制不透明、不公开,导致侦查权行使的随意性;(2)检察机关对侦查权的柔性监督和监督缺失,导致侦查权控制缺乏有效性;(3)检察机关对自侦权的监督违反了权力制约的基本原理;(4)超期羁押缺乏司法审查;(5)被羁押人对羁押提出异议、申请国家赔偿的渠道不通畅。综上,"中国侦查权控制存在的主要问题是:监督软弱,约束乏力,救济薄弱"②。

据上所述,对公安机关侦查权最有力的控制是检察机关的司法控制,但该控制又存在手段偏软、监督乏力的问题。检察机关对公安机关的监督存在"软"——手段软弱和"盲"——监督不到位的问题,应当让监督手段变硬,带有刚性,还要改变过去偏重事后监督而事前、事中监督不足的状况,实现监督全覆盖。如果真正解决了软、盲两大问题,会极大提高对侦查权司法控制的效力。警务智库应当对上述问题进行深入研究,拿出切实可行的对策建议来,因其不但有助于侦查权的控制,还会有助于打造一支文明执法的侦查队伍。

(九)为健康的营商环境提供保障。市场经济是法治经济,市场经济的有序发展离不开一种健康的营商环境。简言之,营商环境实质上是一种法治环境,它不仅要通过立法手段来塑造,还要通过司法手段来保障,更要通过执法手段来维护。只有优良的法治环境才能为健康的营商环境保驾护航,才能促进经济的发展,才能增强我国经济抵御贸易战的能力,并实现"弯道超车"。

客观地讲,我国当前的营商环境确实存在诸多问题,而这些问题的存在又往往与公安执法存在一定的关系。公安过多地介入经济纠纷甚至突破执法底

---

① 陈光中等:《中国司法制度的基础理论问题研究》,经济科学出版社 2010 年版,第279 页。

② 陈光中等:《中国司法制度的基础理论问题研究》,经济科学出版社 2010 年版,第284 页。

线是其症结所在。例如,将经济纠纷当成刑事犯罪来处理,在执法中没有做到对不同的市场主体进行平等保护,对产权尤其是知识产权的保护不够到位等,对经济的发展产生了不良影响。

正视问题的存在并尝试解决问题,是一种正确的态度。2018 年 1 月 1 日,公安部、最高人民检察院联合发布了《关于公安机关办理经济犯罪案件的若干规定》,其要点如下:一是规范公安机关办理经济案件的程序;二是强化检察机关对公安机关的法律监督;三是严格区分经济犯罪与经济纠纷的界限;四是坚持各类市场主体的诉讼地位平等、法律适用平等、法律责任平等;五是要求公安机关、检察机关在办理经济案件时,必须树立保护人权的意识,坚持非法证据排除,坚决反对刑讯逼供和自证其罪。

应该说,能够认识到自身存在的问题,并努力自我纠正,是值得肯定的态度。如果上述措施能够完全落到实处,必能大大改善营商环境,对我国的经济发展极为有利。作为警务智库,应当关注上述问题,特别要重视营商环境与公安执法之间关系的研究,如对公安力量介入经济领域应当恪守的一些原则问题要加强研究,并将这种原则进行制度化安排,以形成公安执法的"红线"和"高压线"。笔者认为,如下几个原则应当要求公安执法队伍严格遵守:一是平等保护原则(对不同所有制企业、不同市场经营主体进行平等保护);二是产权保护原则(尤其要注重对知识产权的保护);三是严格区分经济纠纷与刑事犯罪界限的原则(切忌不要将普通的经济纠纷当成刑事犯罪来处理)。对上述原则以及其他相关原则,警务智库可以开展更加深入系统的研究,并拿出切实可行的建议来,以影响决策,形成相关的制度设计与政策安排,从而有效推进经济社会的发展。

四、结　语

警务改革或公安改革主要围绕"管人"与"管事"两方面来展开,"管人"旨在建设一支作风优良、素质过硬的专业化执法队伍;"管事"旨在构建一套规范化、科学化和现代化的执法权力运行体系。为此,必然要加强监督,形成权力制衡机制,在警务系统实现对侦查权、执法权的有效控制,以推进警务改革和警务文明建设。

　　警务智库存在的意义就在于对上述问题展开系统深入的研究,提出具有前瞻性、战略性和对策性的研究报告,为警务改革和警务决策提供智力支持和学理支撑,力争使智库的智力产品或思想创新成果转化为一种政策设计和制度安排,以促进国家治理体系和治理能力的现代化,为法治中国与平安中国的建设贡献智慧和力量。

第十章 法学智库、警务智库应当为司法改革提供理论支撑

智库，又称"思想库"。照国外学者的说法："思想库是从事于力图影响公共政策的多学科研究的独立组织。""智库是指那些独立于政府、政党和利益集团，并从事公共政策问题分析的非营利组织。"我国学者一般认为，智库是以政策研究为核心，以影响政府公共政策选择为目的，非营利的、独立的研究机构。

有的学者认为，智库是一种从事公共政策研究的非营利性组织，其目标客户是政策的制定者和社会大众，力图通过各种传播途径来影响公共政策的制定和社会舆论。也有学者认为，智库是指为政府或社会集团、企业在各领域、各层面的决策进行调查研究、出谋划策，提供各种咨询，解决具体问题，并为之培养、储备和输送人才的社会组织形式。另有学者认为，智库是一个国家、一个地区软实力的重要标志，是一种由不同学科背景的专家学者组成，为政府、企业等组织的决策者处理经济、社会、军事、外交等公共事务和应对突发事件而出谋划策，提供解决问题的方法方案、战略策略、理论思想等智力产品的公共研究机构。

还有学者认为，智库就是公共政策领域的决策咨询机构，以公共政策咨询为核心工作内容，其影响目标主要是公共权力机构——立法、行政、司法及政党、非政府组织。另有学者认为，智库是一种专门为公共政策和公共决策服务、生产公共思想和公共知识的社会组织，其基本特征包括思想创新性、政策影响力和公共关注度，其主要功能包括提供思想产品(政策、建议、公共知识等)、搭建交流平台(举办论坛、报告会、碰头会等)、培养公共人才(提供大

学、企业、政府之间的人才流动平台)、引导社会舆论(为权威媒体提供思想素材等)。

综上所述,笔者认为,智库是一种为政府、企业、社会组织的决策提供思想理念、战略策略、方案方法等智力产品并引导社会舆论、培养公共人才、搭建交流平台的独立性、专业性和非营利性的研究机构。

法学智库是我国高校和社会科学院系统的一种重要的智库类别,在推进依法治国和司法改革、构建社会主义法治体系、实现国家治理体系和治理能力现代化方面发挥着不可替代的重要作用。特别是在举国关注的司法改革方面,法学智库更应当有所作为。如在司法改革的学理支撑、司法规律的理论探索、司法改革方案的分析论证、司法改革战略的设计谋划、司法改革的效果评估、司法改革的价值取向、司法改革的具体步骤、司法改革的权力配置、司法改革与其他领域改革的关系、司法改革的可行性与必要性、对司法改革的总结与瞻望等,都是法学智库重点研究的内容。

举例言之,2014 年,华东政法大学成立了司法学研究院;2016 年,华东政法大学又成立了中国法治战略研究中心。前者是一个小型的实体智库,重点研究司法学与司法改革问题;后者则是一个智库"航母",集合各部门法的力量研究法治战略及其实施问题(包括司法、执法、守法、法律监督等)。而且后者一身二任,既负责产出智库成果,又负责对全校智库事业进行管理。两个智库正在积极发挥咨政、启民、育人的功能,致力于服务改革、服务决策、服务社会、服务法治战略的实施和经济社会的发展,为推进中国的法治进程、深化司法改革建言献策、贡献智慧。

一、法学智库与司法改革

当前,法学智库应着重从以下几个方面研究司法改革问题,并拿出切实可行的建议为司法改革提供理念引领和学理支撑。

(一)法治与司法改革的关系研究。党的十八届四中全会通过的《关于全面推进依法治国若干重大问题的决定》主张:"把依法治国确定为党领导人民治理国家的基本方略,把依法执政确定为党治国理政的基本方式。"又提出了建设中国特色社会主义法治体系的要求,即坚持中国特色社会主义制度,贯彻中国特色社会主义法治理论,形成完备的法律规范体系、高效的法治实施体系、严密的法治监督体系、有力的法治保障体系,形成完善的党内法规体系,坚持依法治国、依法执政、依法行政共同推进,坚持法治国家、法治政府、法治社会一体建设,实现科学立法、严格执法、公正司法、全民守法,促进国家治理体系和治理能力现代化。

法治是一个包括立法、司法、执法、守法、普法、法律监督和法治理论研究等在内的系统工程。法治的生命力在于实施,司法是法律实施的关键环节。司法的正常运作须以公正和效率为前提,但长期以来的体制机制性问题妨碍了司法效能的发挥。因此,司法改革成为一个必然的选择。

自20世纪末以来,历届党代会报告都提到了司法改革问题。1997年党的十五大报告指出:"推进司法改革,从制度上保证司法机关依法独立公正行使审判权检察权。"2002年党的十六大报告也提出了"推进司法体制改革"的要求,主张"按照公正司法和严格司法的要求,完善司法机关的机构设置、职权划分和管理制度,进一步健全权责明确、相互配合、相互制约、高效运行的司法体制"。2007年党的十七大报告指出:"深化司法改革,优化司法职权配置,规范司法行为,建设公正高效权威的社会主义司法制度。"2012年党的十八大报告则发出了"进一步深化司法体制改革"的号召。2017年党的十九大报告指出:"深化司法体制综合配套改革,全面落实司法责任制,努力让人民群众在每一个司法案件中感受到公平正义。"

20年来,中国司法改革的成就是有目共睹的,通过司法改革逐步实现国家法治战略、逐步促进国家治理体系和治理能力的现代化,已经成为全党、全国人民的共识。法学智库应当对此进行系统研究,不仅要拿出高质量的研究法治与司法改革之关系的理论成果来,更要就此问题写成决策咨询报告,以影响改革决策和顶层设计。

(二)司法改革的价值取向研究。价值取向引领改革的方向、效果和进程,司法改革也是如此。司法改革的价值取向是司法公正、司法公开、司法为民。党的十八届四中全会公报指出:"公正是法治的生命线。司法公正对社会公正具有重要引领作用,司法不公对社会公正具有致命破坏作用。必须完善司法管理体制和司法权力运行机制,规范司法行为,加强对司法活动的监督,努力让人民群众在每一个司法案件中感受到公平正义。"实现司法公正,关键在于解决影响司法公正的深层次问题,即司法的体制机制问题,应当从确保独立公正行使审判权、检察权、健全司法权力运行机制、完善人权司法保障制度三个方面破解体制性、机制性难题,发挥出公正司法对维护社会公平正义最后一道防线的作用。

司法公开不但是司法权力的"防腐剂",也是司法公正的"助推器"。党的十八届四中全会公报指出:"构建开放、动态、透明、便民的阳光司法机制,推动审判公开、检务公开、警务公开、狱务公开,依法及时公开执法司法依据、程序、流程、结果和生效法律文书,杜绝暗箱操作。"以公开促公正,两种价值取向密切关联。

推进公正司法,还要坚持司法为民。改进司法工作作风,要密切联系群众,关心民众疾苦,了解民众诉求,切实维护群众合法权益,让人民群众在每一个案件中都感受到公平正义。正如党的十八届四中全会公报所言:"坚持人民司法为人民,依靠人民推进公正司法,通过公正司法维护人民权益。"

法学智库应当着力研究好司法的价值取向问题,并将其与改革实践和制度完善结合起来,厘清司法公正、司法公开与司法为民之间的关系,为司法改革解决价值引领和措施配套问题。

(三)司法改革战略研究。司法改革战略是司法改革的一种宏观思路、整体框架或顶层设计,是司法改革实践的"指路明灯"和"风向标",对司法改革方案的落实至关重要。在最近一轮司法改革中,就很重视司法改革战略的设计和谋划,因而在改革实践中取得了重大成效。这一轮司法改革的基本战略是:由中央统一领导,自上而下,以党的领导为经,以法院、检察院通力配合为纬,以试点推进为方法,以去行政化、去地方化和加强职业化为支撑,全面提升司法公信力。应该说,这一改革战略符合司法规律,体现了人民的利益需求,取得了明显成效,推进了中国司法文明建设。

法学智库在法治战略特别是司法改革战略的研究与设计方面具有得天独厚的优势,相关人员利用其专业背景和理论素养对司法改革的战略问题进行前瞻性、整体性研究,为改革的顶层设计提供有价值的智力产品。

(四)司法规律研究。司法规律是司法现象的本质属性和内在联系,是司法活动遵循的基本原则。如司法的中立、独立、公正、公开等都属于司法规律,也是司法的基本原则。《上海法院司法体制改革探索与实践》一书指出："司法只有遵循司法规律才能充分发挥其功能作用。改革的实践证明,凡符合规律的改革能够成功,不符合规律的注定要失败。上海高院认真研究司法的本质特征和内在规律,以此来规划并推进改革。比如在推进审判权力运行机制改革中,认真研究审判权为判断权和裁决权的权力运行规律,把握审判权的独立性、中立性、程序性和终局性特征,在制度设计上,着力体现权责明晰、权责统一、权力制约、公开公正的要求,着力构建以审判权为核心、以审判监督权和审判管理权为保障的审判权力运行机制。"可见,法学智库对司法规律加强研究,对指导和推进司法改革的实践有着重要意义。

(五)司法改革方法研究。在改革战略及顶层设计出台后,将其转化为实践需要改革的方法来配套。如上一轮司法改革采取了问题导向、试点先行及凝聚共识等方法,成功地助推了改革的进程。习近平总书记高度肯定了问题导向的意义:"坚持问题导向是马克思主义的鲜明特点。问题是创新的起点,也是创新的动力源。只有聆听时代的声音,回应时代的呼唤,认真研究解决重大而紧迫的问题,才能真正把握住历史脉络、找到发展规律,推动理论创新。"①问题是理论创新的导向,也是改革实践的突破口。坚持问题导向,需要首先弄清问题在哪儿,产生问题的根源是什么,然后才能对症下药,提出解决方案。上海市高级人民法院在上一轮司法改革试点过程中,进行了大量的调研,梳理出了 100 余个问题,如审判分离、权责不明、层层审批、请示汇报等审判权力运行中的行政化问题,审判资源配置不科学、不合理的问题等,针对上述问题,提出了有针对性的解决方案。

上海法院系统的司法改革一直走在全国前列,改革在全国铺开之前,往往在上海先行试点,按照"建构与试错"相结合的原则积累经验、总结教训,为全国司法改革提供可复制、可推广的制度措施。正如《上海法院司法体制改革探索与实践》一书所说:"为积极稳妥推进改革,上海高院确定了先易后难、先行试点的工作思路,分阶段、分步骤,有序推进,以先行试点推进和重点改革事项的突破带动改革的全面开展。"

凝聚共识是指司法系统的相关人员上下同欲、内外同心,凝心聚力,共襄

---

① 习近平:《在哲学社会科学工作座谈会上的讲话》,人民出版社 2016 年版,第 14 页。

改革。这需要在改革前加强宣传，并耐心细致地做思想工作。《上海法院司法体制改革探索与实践》指出："推进司法体制改革，必须要统一思想，凝聚共识，形成合力，特别是人民法院广大干警的共识度与参与度至关重要。上海高院将统一思想认识放在首位，将思想政治工作贯穿于改革的始终，通过召开座谈会、交流会、答疑会、培训会、动员会层层发动，汇编司法体制改革文件等多种形式，强化干警对司法体制改革重大意义的认识，让广大干警正确地理解改革，从而支持改革和参与改革。"

（六）司法改革的步骤研究。司法改革的步骤也就是具体方案或措施，各步骤之间应该有一种内在的逻辑关系，如上一轮司法改革是以落实司法责任制为核心的，起点是队伍建设，因为队伍建设是改革的基础，队伍建设的主要内容是建立人员分类管理制度，实行员额制。实行员额制后，通过"去行政化"、"去地方化"的措施来放权于员额内法官。有权者必受监督，法官的审判权也要受到监督制约，故须构建完善的监督制度（含内部监督和外部监督）；有权必有责，法官有了审判权当然要承担相应的责任，即需要落实司法责任制。其最终目标就是提高司法质量（实现公正与效率的统一），提升司法公信力。这就是司法改革的内在逻辑，上海的司法改革方案也是按照这一内在逻辑来展开的。从《上海法院司法体制改革探索与实践》一书披露的信息来看，上海方案的具体内容包括：推进审判权力运行机制改革，落实司法责任制；推进人员分类管理制度改革，落实员额制；推进以审判为中心的诉讼制度的改革，有效防范冤假错案；推进登记制改革，全力破解"立案难"；推进执行体制改革，全力破解"执行难"；推进诉讼服务改革，着力解决人民群众"问累、讼累、跑累"；推进"阳光司法，透明司法"建设，让正义以看得见的方式实现；推进跨行政区划法院改革，构建普通案件在行政区划法院审理、特殊案件在跨行政区划审理的诉讼格局；推进知识产权法院改革，服务保障创新驱动发展战略；推进自贸试验区审判体制机制改革，服务保障自贸试验区建设；推进完善多元化纠纷解决机制改革，满足人民群众多元化诉讼需求；实施大数据战略，积极推进"数据法院"、"智慧法院"建设；推动新型高端司法智库建设，形成推进上海法院审判体系和审判能力现代化的重要"软实力"；积极推进制度创新，为司法体制改革提供制度遵循和见解。

（七）营商环境的司法优化研究。企业的营商环境是影响国家经济社会发展的重要因素,没有优良的营商环境,也就没有企业的未来,社会经济的发展也将举步维艰。打造优良的营商环境,不但是政府的责任,也是立法和司法机构的重要任务,后者主要为企业的经营发展提供优良的法治环境。

2018年3月,在全国人民代表大会上,最高人民法院和最高人民检察院所作的工作报告均提到了为经济发展营造良好的法治环境问题,并且将其视为未来一段时期内司法机关重点开展的工作之一。这说明,为经济发展、企业经营提供良好的法治环境,已经成为司法高层的共识。

周强所作的《最高人民法院工作报告》在"2018年工作建议"一节中指出:"依法审理经济领域各类案件,为经济高质量发展营造良好法治环境。围绕服务供给侧结构性改革和防范化解重大风险、精准脱贫、污染防治三大攻坚战,完善司法政策,依法审理破产重整、金融纠纷、股权纠纷等案件,服务现代化经济体系建设。加大产权司法保护力度,依法保护诚实守信、公平竞争,坚决防止将经济纠纷当作犯罪处理,坚决防止将民事责任变为刑事责任,让企业家专心创业、放心投资、安心经营,让财产更加安全,让权利更有保障。认真落实中央深改组通过的《关于加强知识产权审判领域改革创新若干问题的意见》,完善知识产权诉讼制度,优化科技创新及科技成果转化法治环境。"

这里强调了几点:一是为经济发展营造良好的法治环境;二是加大产权保护的力度;三是坚决防止将经济纠纷当作犯罪处理;四是优化科技创新和科技成果转化的法治环境。其中的第二点,周强在报告中还强调:"加强产权司法保护。产权是社会主义市场经济的基石。出台加强产权司法保护17条意见,依法审理各类涉产权案件,从严惩治损害企业家、创业者合法权益和强买强卖、敲诈勒索等违法犯罪行为,坚决纠正产权冤错案件。"这就看到了问题的实质,企业、经营者的产权得不到有效保护,会极大地挫伤人们从事经营活动、投身经济发展的热情,其结果必然是严重迟滞经济的发展,甚至会摧毁市场经济的基础。

在中国的主流话语中,流行重公轻私的理念,这在产权领域就体现为重视国有企业而轻视民营企业,司法保障也向前者倾斜。这种对不同市场主体缺乏平等保护的司法政策,不利于民营企业的发展,最终会影响整个国民经济的健康发展。最高司法机关对此也有清醒的认识,故提出了"平等保护各类市场主体合法权益"的要求,并采取了一些具体措施。如周强在报告中所言:

"出台改善营商环境、平等保护非公有制经济等意见,制定保障企业家创新创业 10 条具体措施,发布 10 个保护非公有制经济典型案例,依法保护企业家人身自由和财产权利,着力营造保护企业家干事创业的法治环境。"

周强在报告中还提到了保护知识产权的问题,应该说此举亦旨在为企业营造良好的法治环境。该报告指出:"发布中国知识产权司法保护纲要,充分发挥司法保护知识产权作用,各类法院审结一审知识产权案件 68.3 万件,促进大众创业、万众创新。探索在知识产权审判中适用惩罚性赔偿措施,着力解决侵权成本低、维权成本高等问题。"

值得注意的是,曹建明所作的《最高人民检察院报告》也提到了平等保护各种所有制经济产权、防止将经济纠纷当作犯罪处理等观点,说明中国两大最高司法机关对此认识是一致的。报告指出:"平等保护各种所有制经济产权,保护科技创新和成果转化。依法甄别纠正产权纠纷申诉案件,坚决防止将经济纠纷当作犯罪处理,坚决防止将民事责任变为刑事责任。"最近一段时期以来,我国检察系统围绕上述问题采取了一些具体措施,出台了一些规定。这从曹建明所作的报告中得到了印证:"加强企业平等保护和产权司法保护。在司法办案中重视完善公有制与非公有制经济平等保护的司法政策,坚持严格规范公正文明司法,坚持'三个慎重'、区分'五个界限',最大限度减少对企业正常生产经营的影响。2016 年制定保障和促进非公有制经济健康发展意见,……严惩侵犯非公有制企业和非公有制经济人士合法权益犯罪,推动构建亲清新型政商关系。2017 年先后发布加强产权司法保护、依法保护企业家合法权益等政策文件,明确要求对企业因经营不规范引发的问题,严格遵循法不溯既往、罪刑法定、从旧兼从轻等原则,已过追诉时效的不再追究,罪与非罪不清的按无罪处理。"

曹建明在报告中还谈到了优化科技创新法治环境、强化知识产权司法保护的问题,"坚持保护知识产权就是保护创新的理念,强化知识产权司法保护","深入研究科技创新领域新情况,严格区分合法兼职获利、股权分红、科技成果转化收益与利用职权索贿受贿、挪用公款,一般违纪违法与犯罪等界限,尊重和保护社会创造力及发展活力"。

由此可见,"两高"报告对上述问题形成了共识,即通过司法手段加强对财产权的保护,特别是注重对不同市场主体合法权益的平等保护,坚决防止将经济纠纷当作刑事犯罪来处理,不断优化科技创新和科技成果转化的法治环境,促进大众创业、万众创新,为经济社会的发展提供优良的司法保障。

2018年1月1日起,由最高人民检察院、公安部联合发布的《关于公安机关办理经济犯罪案件的若干规定》正式实施。这一规定具有很强的针对性,因为很长一段时间以来,公安机关在处理经济纠纷时存在一些不规范现象,其中突出的问题在于将经济纠纷当作刑事犯罪来处理,给一些企业甚至区域经济的发展造成了不良影响。这一现象必须予以纠正,最高检、公安部出台的上述规定是非常及时的,它将对企业的营商环境提供一种法治上的优化。

该规定第1条阐明了其宗旨:"为了规范公安机关办理经济犯罪案件程序,加强人民检察院的法律监督,保证严格、规范、公正、文明执法,依法惩治经济犯罪,维护社会主义市场经济秩序,保护公民、法人和其他组织的合法权益,……制定本规定。"此条的重点在于:一是规范公安机关办理经济案件的程序;二是加强检察院的法律监督,即对公安机关办理经济案件过程的监督。因为少数公安人员滥用职权,任性插手经济纠纷,将经济纠纷作刑事化处理,带来严重副作用,故检察院加强监督对遏制公安人员的滥权冲动是十分必要的。

正如第2条所规定的:"公安机关办理经济犯罪案件,应当坚持惩罚犯罪与保障人权并重、实体公正与程序公正并重、查证犯罪与挽回损失并重,严格区分经济犯罪与经济纠纷的界限,不得滥用职权、玩忽职守。"近几年来,公安机关插手一桩经济纠纷案件搞垮一个企业的事情频发,原因就在于未能严格区分经济犯罪与经济纠纷的界限,甚至是为某利益集团的巧取豪夺而不惜滥用职权、玩忽职守,因此本条才特别强调了保护人权、程序公正、挽回损失的重要性。

第3条规定:"公安机关办理经济犯罪案件,应当坚持平等保护公有制经济与非公有制经济,坚持各类市场主体的诉讼地位平等、法律适用平等、法律责任平等,加强对各种所有制经济产权与合法利益的保护。"这与"两高"报告中提到的要平等保护不同市场主体的说法一致,公安机关不能在执法办案中厚此薄彼,优先保护公有制经济,打压非公有制经济。

第4条规定:"公安机关办理经济犯罪案件,应当严格依照法定程序进行,规范使用调查性侦查措施,准确适用限制人身、财产权利的强制性措施。"

如果公安机关任性用权,违反法定程序适用限制企业管理者的人身、财产权,会严重影响该企业的正常运转,甚至使企业遭受毁灭性打击。因此,上述两部门的规定中又对公安机关提出了注意办案方法的要求:"慎重选择办案时机和方式,注重保障正常的生产经营活动顺利进行。"(第5条)

鉴于公安机关违法办案有可能给企业带来的毁灭性影响,上述规定又提出了加强监督制约的要求:"公安机关办理经济犯罪案件,应当坚持以事实为根据,以法律为准绳,同人民检察院、人民法院分工负责、互相配合、互相制约,以保障准确有效地执行法律。"(第6条)

应该指出,我国法律明确规定了公检法三机关互相配合、互相制约的关系,但实际操作过程中,往往是配合有余而制约不足,使其正常的监督功能并未充分发挥出来。特别是检察院,在监督公安机关依法用权方面发挥着首要作用,但检察院的监督一直存在着"软"(手段偏软)、"盲"(有盲区,监督不到位)的老毛病。因此,今后检察院在监督公安机关办理经济案件的过程中,应当在监督手段上更加有力、监督范围上实现全覆盖,促使公安机关规范办案,做到对不同市场主体的权益进行平等保护,防止其将经济纠纷作刑事犯罪来处理。

另外,公安机关和检察机关在办理经济案件时,必须树立保护人权的意识,坚持非法证据排除,坚决反对刑讯逼供和自证其罪。第7条就做了如下规定:"公安机关、人民检察院应当按照法律规定的证据裁判要求和标准收集、固定、审查、运用证据,没有确实、充分的证据不得认定犯罪事实,严禁刑讯逼供和以威胁、引诱、欺骗以及其他非法方法收集证据,不得强迫任何人证实自己有罪。"第18条还要求公安机关"严禁在没有证据的情况下,查封、扣押、冻结涉案财物或者拘留、逮捕犯罪嫌疑人"。第31条规定对涉嫌经济犯罪者要"依法慎用羁押性强制措施":"采取取保候审、监视居住措施足以防止发生社会危险性的,不得适用羁押性强制措施。"上述规定如果真能落到实处,将极大改善经济纠纷面临的法治环境,使那些身陷经济纠纷或经济犯罪追诉之中的企业经营人员免受恐惧之苦,并敢于挺直腰杆,为自己和企业的利益据理力争。

综上所述,法学智库除了应当关注法治战略的设计和研究、法治体系的构建与探索之外,还应当关注司法、执法等问题,因为它们才是法治战略实施的关键、法治体系构建的基础。本文从上述几个方面探讨了法学智库与司法改革的关系，着力强调法学智库应当强化对司法改革的深入研究，为司法改革提供智力支持和理论支撑，并进而引领司法改革的方向和步骤，为司法改革的深入推进、为中华司法文明的构建贡献心力。

二、警务智库与司法改革

智库是一种决策咨询机构，为决策者提供一种前瞻性、战略性和对策性建议。警务智库则是为警务决策"出谋划策"的咨询机构，或谓警务决策者的"外脑"。我国学者对警务智库定义如下："长期从事警务决策咨询研究并对其产生影响的非营利性实体研究机构，这些机构应该具有健全的治理结构和组织章程，有保障、可持续的资金来源，有一定影响的专业代表人物和专职研究人员，多层次的学术交流平台和成果转化渠道，功能完备的信息采集分析系统，以及开展国际合作交流的良好条件。"[1]2015 年，公安部制定颁布的《关于加强公安机关新型智库建设的意见》则将公安智库界定为"以服务公安机关决策为宗旨，以政策研究咨询为主攻方向，以完善组织形式和管理方式为重点，以改革创新为动力"的决策咨询机构。

学者指出："公安智库是全面深化公安改革与发展的重要的思想和知识来源，这既是公安智库的核心优势，也是建立公安智库的主要任务。"[2]这就点明了公安智库（警务智库）与公安改革（警务改革）之间的关系，前者应当为后者提供思想引领和理论储备，不断支撑和引导公安改革的进程。公安改革或警务改革也是广义司法改革的组成部分，公安改革的成功也是司法改革的成功，并在很大程度上促进司法文明建设。

《上海法治报》刊发的崔永东著《警务智库与警务改革》指出："当前的警务改革实际上主要围绕'管人'与'管事'两个方面来展开的。所谓'管人'旨在通过改进管理体制机制来打造一支专业化、职业化的执法队伍；所谓'管

---

① 薛向君：《国外智库建设的经验及启示》，《智库研究》2017 年第 7 期。
② 薛向君：《国外智库建设的经验及启示》，《智库研究》2017 年第 7 期。

事'旨在通过制定一套细密的管理制度来构建一套规范化、科学化的执法权力运行体系。警务改革也是司法改革的一个组成部分,旨在以促进警务现代化来促进国家治理体系和治理能力现代化,并进而促进'平安中国'与'法治中国'建设,从而提高中国的司法文明乃至于法治文明水平。"①在此,有必要重申这一观点。

公安部《关于加强公安机关新型智库建设的意见》突出强调了公安智库对公安改革的引领和支撑作用,指出公安智库建设是"全面深化公安工作改革的迫切需要":"全面深化改革既为公安机关赋予了繁重艰巨的任务,也为推动解决公安工作中的矛盾和问题提供了难得的机遇,必须紧紧围绕制约公安机关职能作用充分发挥和影响公安事业长远发展的重点难点问题,加强调查研究,广泛听取意见,认真研究谋划改革举措。推动公安智库从整体上向问题导向转型,切实加强公安机关新型智库建设,可以最大限度地把理论研究与实践探索紧密结合起来,以理论研究促进现代警务理念、机制、方法、手段、模式的改革创新,真正把公安工作建立在科学理论指导、现代科技支撑的基础之上。"

可见,公安部文件强调了警务智库(公安智库)对警务改革(公安改革)的引领和支撑作用,这是对警务智库工作的高度肯定。那么,警务智库应该从哪些方面开展研究才能更好地引领司法改革呢? 以下便是拙见所及的几个方面。

(一)要重视警务改革战略的研究。警务改革战略属于"顶层设计",是一种整体思路和系统思考,具有宏观性和全局性,对改革具有整体性、长远性的指导意义。目前,警务智库应着重研究警务改革的整体思路问题,特别是要围绕警务工作现代化、警务机构"大部"化、警察管理分类化、警务管理信息化等方面开展深入研究,针对管理体制不科学、力量结构不合理、警务运行不顺畅、实战能力不够强等问题提出切实可行的解决方案,为建设现代警务管理体制贡献智慧和力量。

(二)要重视警务专业化的研究。警务改革的大方向是实现警察职业的专业化、职业化,它要求警察队伍不仅具有优良的职业道德素养,更要有优良

---

① 崔永东:《警务智库与警务改革》,《上海法治报》2018 年 7 月 17 日。

的专业素质和专业能力。"专业化警务是充分体现公安工作专业特点、运用警察的专业智能、发挥公安工作专业优势的一种警务运行机制。警务专业化主要包括警察组织机构专业化和警务职能的专业化。"①

专业化要求警察必须学法用法,精通执法办案规范和程序,准确适用法律法规。这就意味着,警察必须有良好的法律素养、精湛的业务素质。为此,有必要实行执法资格准入制度,通过考试获得相关资格,无此资格者不可行使执法权,更不能列入后备干部库。为了提升警察专业化水平,可以通过网上学习、网上答疑、网上培训或集中教育等形式,使警察养成善于学习、善于思考的品格,不断丰富其知识结构、提高其专业素质,从而促进警察队伍的专业化。

(三)要重视警务规范化的研究。"执法活动是警务工作的主要内容,规范执法是警务工作的生命线。"②没有规矩不成方圆,警务规范化不仅要求警察依法执行公务,更要求依法治警,对违法行权的警察应当依法惩戒,将警察权力纳入制度的笼子里,实现警务活动的规范化、制度化、程序化。"规范化警务就是按照相关法律法规规定,制定具体的标准、程序和细则,实现执法规范、行为规范和管理规范。"③

规范执法需要强化监督,没有监督的权力必然失控,也就难有规范化可言。规范执法还可以通过信息化手段来实现。如苏州警方,就全面实行执法办案的网上流转、网上审批、网上监督、网上考核,以信息化手段固化执法办案流程,强化执法过程控制,积极推进执法办案的标准化、流程化,防止执法的任意性。

(四)要重视警务人本化的研究。"人本"即以人为本的意思,体现了一种人道主义的立场和态度。该立场强调尊重人、爱护人,特别是重视人的生命价值。虽然说人道主义的理论来源于西方,但中国传统的儒家"仁道"(即"仁者爱人"之道)思想与其也有相通之处。警务人本化的主要内涵在于通过警务实践来顺应民意、服务民生。正如论者所说:"警务人本化,即'以人为本'的理念在现代警务管理实践中的具体应用,就是尊重人民群众的主体意识和主体地位,坚持民意导向,注重服务民生,通过警民有效沟通、重视民意收集和反

---

① 张跃进、张光主编:《现代警察论》,中国人民公安大学出版社2015年版,第12页。
② 张跃进主编:《理性警察论》,光明日报出版社2013年版,第222页。
③ 张跃进、张光主编:《现代警察论》,中国人民公安大学出版社2015年版,第12页。

馈、实行警务公开、接受群众监督和评议等一系列举措把人本化管理、人性化服务真正落到实处,充分体现了现代警务工作以人民群众最根本利益为核心价值取向的鲜明立场。"①

（五）要重视警务智能化的研究。随着科学技术的进步,司法的科技化、信息化、智能化越来越受人关注和重视。在这方面,法院已经走在前面,如上海市法院在打造"数据法院"、'智慧法院'方面卓有成效,形成了网络三级联动、应用全面覆盖、数据及时生成、信息高度聚合、资源共享互通、管理安全规范的大数据应用平台,受到了广泛好评。2016 年 1 月 23 日,最高人民法院院长周强在全国高级法院院长会议上指出:"全面深化司法改革、全面推进信息化建设是实现审判体系和审判能力现代化必由之路,是人民司法工作发展的车之两轮、鸟之两翼。"警务工作作为司法工作的一个重要方面,当然也需要加强信息化、智能化建设。这也是"向科技要警力"的题中之义。

警务大数据是警务智能化的重要体现,应当将其上升到警务战略的高度来认识:"警务大数据既是现代警务发展的一个重要战略,也是警务现代化战略发展的重要引擎,只有在战略层面认识、重视和布局警务大数据建设和运用,才能有效地推动警务事业的良性发展,并实现地区之间和警种之间的双赢共赢。"②"警务大数据既是警务现代化战略发展的重要组成部分,也是重要的实践路径。要充分认识警务大数据的战略价值,真正从战略发展层面推动建设和运用。抓住警务大数据战略发展机遇,有助于全面有效地推动警务改革创新。把握警务大数据'三要素',才能有力地推动警务发展质态的战略提升。要抓住制约警务发展的问题,积极推动警务大数据战略实践。运用大数据科学预测预防,能有效防控犯罪和治安问题。依靠大数据集约合成作战,能有效遏制突出犯罪和安全隐患。借助于大数据规范勤务运作,能有效提升警务技能。要立足警务现代化发展战略,科学谋划和建设警务大数据。"③

应该说,"智慧警务"是现代警务建设的一个方向,大数据、人工智能是

①　张跃进、张光主编:《现代警务论》,中国人民公安大学出版社 2015 年版,第 51 页。
②　张跃进:《从警务战略发展的视角来推进警务大数据的实践与思考》,《2018 年城市警务研究》第一辑。
③　张跃进:《从警务战略发展的视角来推进警务大数据的实践与思考》,《2018 年城市警务研究》第一辑。

"智慧警务"的重要支撑,它对警务现代化将有着不可忽视的推动作用。通过上述技术手段的应用,使警务决策更智慧,警力部署更科学,打击犯罪更精准,治安防控更高效。因此,警务智库应注重研究大数据、人工智能与现代警务之间的关系,为完善"智慧警务"建设献计献策,为相关标准制定和制度设计出谋划策。

(六)要重视警务改革价值观的研究。人道价值观应当是指导目前公安改革的核心价值观,它在公安工作中又体现为一些具体的理念,如民本理念、服务理念、开放理念和民主理念等。(1)民本理念。如社区民警要以民本理念来指导其各项工作,要最大限度地挖掘社区人力资源为社区治安服务,构筑社区防控网络。(2)服务理念。社区治安工作的服务理念贯穿于整个社区治安工作的始终,服务能使民警立足于社区,服务能赢得民心、调动民心。社区民警不但要增强服务意识,还要注意改善警民关系,要同社区一道预防和控制违法犯罪,要积极参与社区爱民、利民、便民的活动,参与安全检查、法制宣传、收集情报信息等活动,维护社区公共秩序。① (3)开放理念。要让公众接受现代警务机制,就需要现代警务给予公众一定的人文关怀,这需要公安部门去实行公开透明的警务运作模式。(4)民主理念。对于治安工作或者说警务工作,必须让社会公众表达意见,提出看法,警察也必须诚恳地听取公众的呼声,并且据此及时纠正自己工作中的偏差。所谓的警务民主恳谈会,要真正成为一个警民互动、沟通民意、改善与提高警民关系的良好平台,成为一个发扬民主、改进工作的平台。

上述四种理念均符合"以人为本"的原则,都体现了人道价值观。以上述理念为指导来开展警务改革工作,必将会收到良好的改革成效,出现良好的工作局面,促成一种良好的社会治安秩序。

三、结　语

智库是一种服务决策、服务改革、服务社会的"智囊"机构,主要任务在于

---

① 参见王泽军:《社区警务工作应树立五种理念》,警察网。

为党政机关、司法机关及企事业单位提出有效的决策咨询建议或切实可行的"创意",以此类智力产品来推进相关工作的开展。除此之外,智库的另一重要职能是为决策者提供一种前瞻性、宏观性、战略性的"顶层设计",为今后较长一段时期的事业发展提供战略导向和政策导向。因此,衡量智库水平高低的重要标准是决策影响力、社会影响力和理论影响力。法学智库不仅要为法治建设提供学理支撑,在今天举国关注司法改革的背景下,更应当关注司法改革问题。警务智库也可算是法学智库的一个分支,警务改革也是广义司法改革的一个组成部分,理应为司法改革提供理念引领和学理支撑。

第十一章　当前公安改革的主要
内容与基本特色

一、公安改革主要围绕"管人"
与"管事"来展开

　　当前的公安改革实际上主要是围绕"管人"与"管事"两个方面来展开的，这是公安改革的主要特点。所谓"管人"旨在通过改进管理体制机制来打造一支专业化、职业化的执法队伍；所谓"管事"旨在通过制定一套细密的管理制度来构建一套规范化、科学化的执法权力运行体系。公安改革也是司法改革（从广义上说）的一个组成部分，旨在以促进警务现代化来促进国家治理体系和治理能力现代化，并进而促进"平安中国"与"法治中国"建设，从而提高中国的司法文明乃至于法治文明水平。

　　公安执法问题是当前公安改革亟待解决的问题。要提高公安执法的水平，前提是要有一支作风优良、素质过硬的队伍，这样的队伍就是一种专业化、规范化、人本化的队伍。所谓专业化，是指警察队伍不仅具有优良的职业道德素养，更要有优良的专业素质和专业能力。所谓规范化，是要求警察依法执行公务，实现警务活动的制度化、程序化，同时更要求依法治警，对违法行权的警察应当依法惩戒，将警察权力纳入制度的笼子里。所谓人本化，指通过警务实践来顺应民意、服务民生，将人民群众的根本利益放在首位，让人民群众在每一个执法案件中都感受到公平正义。

　　从"管事"的角度看，目前出台的多种制度措施是对此而发的。例如，警务社会化问题,一些专家提出了构建社会化警务新模式的设想,认为警力和相关资源的有限性决定了发现和惩治罪犯单纯靠警方的力量是远远不够的,必须调动社会力量与社会资源来参与社会治安、辅助警务工作,以达到"群防群控"的目的,实现与社会共管、共治、共享的新格局。

再如,警务智能化问题,是指利用大数据、云计算和人工智能等技术手段来代替过去公安业务工作中的"手工作业"方式,从而促进警务技术和警务能力的现代化。不仅如此,随着警务智能化的发展,还必将带来警务管理体制机制、工作模式和警务理念的变革,从而为整个公安体系带来深刻的变革,并极大促进公安文明的建设。

另外,对公安侦查权的控制问题,也是一个需要改革决策者高度关注的问题,因为它不仅关系到公安执法活动的规范化、科学化,还会影响到公安队伍的专业化、职业化。在中国,对侦查权的控制模式主要有三种:一是内部监督,通过机构内部自下而上的行政手段来控制侦查权,防止其滥用或错用;二是检察院对侦查活动进行司法控制,这包括对公安机关的立案权进行监督,通过审查批捕对公安机关的羁押权进行制约,对侦查违法行为提出纠正意见,对羁押场所进行监督等;三是法院通过审判活动对侦查活动进行事后司法控制,一旦发现侦查人员在侦查过程中确有刑讯逼供、非法搜查、非法拘禁、超期羁押等违法行为,法院有权排除以非法手段获得的证据。

对公安机关侦查权最有力的控制是检察机关的司法控制,但该控制又存在手段偏软、监督乏力的问题。目前,检察机关对公安机关的监督存在"软"——手段软弱和"盲"——监督不到位的问题,应当让监督手段变硬,带有刚性。还要改变过去偏重事后监督而事前、事中监督不足的状况,实现监督全覆盖。如果真正解决了软、盲两大问题,会极大提高对侦查权司法控制的效力。

改革决策者还应当关注营商环境的法治保障问题,这也是从"管事"的角度来解决问题。市场经济是法治经济,市场经济的有序发展离不开健康的营商环境。简言之,营商环境实质上是一种法治环境,它不仅要通过立法手段来塑造,还要通过司法手段来保障,更要通过执法手段来维护。只有优良的法治环境才能为健康的营商环境保驾护航,才能促进经济的发展,才能增强我国经济抵御贸易战的能力,并实现"弯道超车"。

客观地讲，我国当前的营商环境确实存在诸多问题，而这些问题的存在又往往与公安执法存在一定的关系。公安过多地介入经济纠纷甚至突破执法底线是其症结所在。例如，将经济纠纷当成刑事犯罪来处理，在执法中没有做到对不同的市场主体进行平等保护、对产权尤其是知识产权的保护不够到位等，对经济的发展产生了不良影响。

改革决策者要重视营商环境与公安执法之间关系的研究，如对公安力量介入经济领域应当恪守的一些原则问题要加强研究，并将这种原则进行制度化安排，以形成公安执法的"红线"和"高压线"。公安执法队伍应严格遵守以下原则：一是平等保护原则（对不同所有制企业、不同市场经营主体进行平等保护）；二是产权保护原则（尤其要注重对知识产权的保护）；三是严格区分经济纠纷与刑事犯罪界限的原则（切忌将普通的经济纠纷当成刑事犯罪来处理）。对上述原则以及其他相关原则，警务智库可以开展更加深入系统的研究，并拿出切实可行的建议来，以影响决策，形成相关的制度设计与政策安排，从而有效推进经济社会的发展。

今后，公安系统还应当重视智库建设，让智库为公安改革出谋划策，为改革提供理念引领、学理支撑和智力支持。智库是一种服务决策、服务改革、服务社会的"智囊"机构，主要任务在于为党政机关、司法机关及企事业单位提出有效的决策咨询建议或切实可行的"创意"，以此类智力产品来推进相关工作的开展。除此之外，智库的另一重要职能是为决策者提供一种前瞻性、宏观性、战略性的"顶层设计"，为今后较长一段时期的事业发展提供战略导向和政策导向。因此，衡量智库水平高低的重要标准是决策影响力、社会影响力和理论影响力。

2015年，公安部为落实中共中央办公厅、国务院办公厅《关于加强中国特色新型智库建设的意见》的有关要求，进一步加强公安机关新型智库建设，建立健全决策咨询制度，制定并颁布了《关于加强公安机关新型智库建设的意见》。《智库建设意见》指出："科学民主依法决策是推动公安工作科学发展、确保公安事业沿着正确道路前进的重要保障。"并强调智库研究应当以问题为导向："推动公安智库从整体上向问题导向转型，切实加强公安机关新型智库建设，可以最大限度地把理论研究与实践探索紧密结合起来，以理论研究促进现代警务理念、机制、方法、手段、模式的改革创新，真正把公安工作建立在科学理论指导、现代科技支撑的基础之上。"问题是创新的起点,问题导向的研究才能真正促进智库成果的创新。

《智库建设意见》指出:"以服务公安机关决策为宗旨,以政策研究咨询为主攻方向,以完善组织形式和管理方式为重点,以改革创新为动力,努力建设面向现代化、面向世界、面向未来的公安机关新型智库体系,更好地服务公安工作大局,为推进平安中国、法治中国和过硬公安队伍建设提供智力支持。"这就概括了公安智库建设的指导思想。公安智库要围绕平安中国、法治中国建设,深入开展前瞻性、针对性和储备性政策研究,提出专业性、建设性、切实管用的政策建议,着力提高综合研判与战略谋划能力。研究领域覆盖公安工作与公安队伍建设两个方面,形成功能完备、特色鲜明、保障充裕、结构合理、运作规范的公安智库。

上述文件为警务智库建设指明了方向,即一方面是服务公安(警务)工作大局,一方面是服务公安(警务)队伍建设。前者是"管事",后者是"管人"。当然,"管事"的目的也为了"管人","管人"是为了更好地"管事",两者很难截然二分。大致上说,警务改革主要围绕管人、管事两条线展开,公安学界也应当针对上述两个方面加强研究,以问题为导向,以解决问题为目标,提出针对性、前瞻性和战略性的意见建议,从而推进公安改革和平安中国建设,促进国家治理体系和治理能力的现代化。

二、"创新驱动"的公安改革应当体现人道取向

目前,创新驱动已经成为我国各个领域的工作重心。在公安系统内,也很关注公安工作创新驱动问题,并且业已成为当前改革工作的一个重要特点。那么,公安工作创新驱动的价值取向是什么呢?这虽是一个见仁见智的问题,但我认为人道精神应当是最根本的价值取向。可以说,不以人道精神为指针的任何创新驱动都会误入歧途。

人道精神的实质在于"以人为本",在于尊重人、关心人、爱护人,特别是尊重人的生命价值。在中西传统法律文化中,都有重视人道的内容。中国传统法律思想的主流强调"慎刑"、"恤刑"就是人道精神的反映。在西方,"人道

主义"作为一种系统的理论学说和价值观念,源于文艺复兴运动。"十四到十六世纪欧洲文艺复兴时代的先进思想家,为了摆脱经院哲学和教会思想的束缚,提出了人道主义,作为反对封建、宗教统治的武器,提倡关怀人、尊重人、以人为中心的世界观。十八世纪法国资产阶级革命时期曾把人道主义的原则具体化为自由、平等、博爱的口号。"①1973 年的联合国《人道主义宣言》指出:"人的宝贵与尊严,是人道主义的中心价值。"这一说法概括了人道主义的核心内容。

"人道主义与人权联系在一起并且相互支撑。人权借助权利语言把人之作为人都应当具备的要求、利益、资格和权力宣布为不可让渡、不可剥夺、不可侵犯,并且让公共权力承担起予以保护的法律责任和义务。这种维护人的尊严的价值的制度化诉求造就了自北美独立战争和法国大革命以来的一系列人权法律文书,尤其是 20 世纪第二次世界大战后的包括反酷刑公约在内的一系列国际人权公约。通过将人权上升为法律,成为一种强制性的话语,将人道主义从一个德化的要求、伦理的情感转变为一种法治的要求、制度的理性。免受酷刑以及其他非人道处遇成为个人的绝对权利,从此酷刑作为对个人权利和尊严的可耻而邪恶的践踏,不仅仅是对人类本性的违背,也是对制度的违背。"

当前,西方人道主义与中国传统"仁道"(人道)思想的交互影响,形成了一种带有中国特色的人道司法观,并推动我国的刑事政策产生了某种变化,在对待犯罪方面由过去的"严打"转变为"宽严相济",这一转变首先表现在观念上,如要求在刑事司法中贯彻"以人为本"的理念,以及西方刑罚谦抑主义理念的引入与传播,等等。以人为本在刑事政策上的基本要求是:(1)必须以当事人的权利保护为出发点和落脚点;(2)贯彻尊重人格、合乎人性、体现人道、体恤人情、保障人权的原则。

"宽严相济"的刑事政策取代了过去"严打"的刑事政策,是刑事政策的重要变革,标志着人道主义司法观在刑事政策领域的初步确立,对构建和谐社会、促进民主政治都有重要意义。这一刑事政策得到了学界的肯定,认为其平衡了打击犯罪与保障人权之间的关系,彰显了一种新的刑事政策观念。"长

---

① 《辞海·哲学分册》,上海辞书出版社 1980 年版,第 102 页。

期以来,我们一直对刑事司法在犯罪控制上抱有高度期待,而对刑事司法的限度缺乏认识,一味追求犯罪的刑事化处理。这种认识与和谐社会的内在理念有抵牾之处。因为越来越多的研究表明,现代社会秩序的维系并非源于刑事司法的惩罚与制裁功能,而是形成于社会的自主互动。在法治发达国家,这种认识最终转化为了刑事司法中的宽松刑事政策,相应地,各种针对犯罪的非刑事化处理方式应运而生。恢复性司法与起诉犹豫制度便是典型。我们有必要更新原有刑事司法观念,树立非刑事化的观念。我们可以通过刑事和解与不起诉等方式将一些犯罪分流出刑事司法系统。"①

总之,新的刑事政策体现了"以人为本"的精神,彰显了对人的权利及人的生命价值的尊重,也反映了一种追求和谐的精神。这种刑事政策实际上是西方近代以来人道主义司法观与中国传统"仁道"司法观交合融汇的产物,它反映了中国当代刑事政策的深刻变革,这一变革的突出表现是将过去片面强调打击犯罪的刑事政策转变为打击犯罪与保障人权并重,实现当宽则宽、当严则严、宽与严的最佳结合。从保护人权的角度讲,宽严相济的刑事政策应当建立在以宽为主的前提之下,这不仅符合我党"以人为本"和"司法为民"的宗旨,也符合和谐社会的价值取向,并且顺应了国际刑事司法的发展趋势。

人道精神应当是当前公安工作创新驱动的总纲,抓住这一总纲,创新驱动才能在正确的道路上前行。人道精神在公安工作中又体现为一些具体的理念,如民本理念、服务理念、办作理念、开放理念和民主理念等。

(1)民本理念。如社区民警要以民本理念来指导其各项工作,要最大限度地挖掘社区人力资源为社区治安服务,构筑社区防控网络。社区民警是社区警务的向导,要认识到社区百姓的安全利益最为根本,一切要以群众满意为目的,只有这样社区治安工作才有真正的价值。

要营造一种警民关爱的氛围。警务运作要处处以民为本,为民众利益着想,不扰民,不害民,高科技条件下的现代警务在提高工作效率的同时还要提高执法效果,为民众撑起一片安宁的天空。警察只有爱人民,人民才能爱警察,和谐的警民关系是和谐社会前提条件之一。

---

① 左卫民:《和谐社会背景下的刑事诉讼制度改革》,载《法治与和谐》,中国政法大学出版社 2007 年版。

（2）服务理念。社区治安工作的服务理念贯穿于整个社区治安工作的始终，服务能使民警立足于社区，服务能赢得民心、调动民心。作为一个社区民警应该做到"时时是我们服务的时间，处处是我们服务的地方，件件是我们服务的事情，人人是我们服务的对象"。社区民警不但要增强服务意识，还要注意改善警民关系，要同社区一道预防和控制违法犯罪，要积极参与社区爱民、利民、便民的活动，参与安全检查、法制宣传、收集情报信息等活动，维护社区公共秩序。①

（3）协作理念。社区治安不是一个孤立的系统，它需要社区各个部门共同协作才能完成。社区民警要积极争取社区干部、群众和辖区单位的支持，要充分挖掘社区现有的人力、物力和智力资源，并有机地结合起来，才能发挥最佳的合力作用。社区治安是社会治安的一个缩影，它需要实行综合治理，但更需要的是实行群众治理，作为一名社区民警必须树立这方面的意识，广泛宣传发动群众，做到群防群治。

协作理念的落实便是治安基础管理的社会化。对公安机关而言，推进治安基础管理社会化总的指导原则是"借用平台，借助外力"。"借用平台"就是要把治安基础管理工作纳入基层党委政府、准行政组织、社会中介组织和各种民间组织等形成的社会运行网络之中，合理划分各自的社会治安责任。"借助外力"就是要调动各种积极力量参与社会治安秩序的维护，推动各社会组织做好各自辖域内的治安防范和行业自律工作。

（4）开放理念。当今社会、经济是开放型的，现代警务也必然是开放型的，公共安全并非警察一家能包办的。为此，要让公众接受现代警务机制，就需要现代警务给予公众一定的人文关怀，这要求公安部门去实行公开透明的警务运作模式。在当今开放的社会，公众最关心的是什么呢？最关心的就是自己的周围都发生了什么。这是人的最基本的需要之一，是一种基本权利的体现，而政府有义务去告知。公安工作，或警务工作，作为政府行政职能的体现，同样需要公开透明，尤其是在公共安全方面。因为人们只有知道发生了什么，才会去想该做些什么，不该做些什么，而我们以往的警务运作往往是封闭的，与社会公众是隔离的，不能让外界知道的，特别是治安行政管理的审核审

---

① 参见王泽军：《社区警务工作应树立五种理念》，警察网。

批以及一些重特大公共安全事件的发生情况及处理结果等,公开透明的程度是很不够的。这一现象亟待改变。

（5）民主理念。警察要对照自己的职责准确地找到在社会生活中的位置,清醒地认识自己与社会公众的各方面关系,通过职责的实现,让社会公众理解、认可并支持警务工作。应该说,警察与社会公众接触是最广泛、最密切的,而警察又站在社会公共安全的最前沿,公众对警察总是特别关注,并且期望也总是在不断提升。因此,对于治安工作或者说警务工作,必须让社会公众表达意见,提出看法,警察也必须诚恳地听取公众的呼声,并且据此及时纠正自己工作中的偏差。警务民主恳谈会,要真正成为一个警民互动、沟通民意、改善与提高警民关系的良好平台,成为一个发扬民主、改进工作的平台。

上述五种理念均符合"以人为本"的原则,都体现了人道精神。以上述五种理念为指导来开展公安改革工作的创新驱动,必将会形成一种良好的工作局面,促成一种良好的社会治安秩序。

综上所述,当前的公安改革实际上主要围绕"管人"与"管事"两个方面来展开,这是公安改革的主要特点。所谓"管人"旨在通过改进管理体制机制来打造一支专业化、职业化的执法队伍;所谓"管事"旨在通过制定一套细密的管理制度来构建一套规范化、科学化的执法权力运行体系。公安改革也是广义司法改革的一个组成部分,旨在以促进警务现代化来促进国家治理体系和治理能力现代化。创新驱动也在引领当前的公安改革,是公安改革的特色之一,但归根结蒂,人道精神应当是公安改革最根本的价值取向。

第十二章　对"审执分离"模式的
考察与思考[*]

所谓"审执分离",是指审判权与执行权相分离的一种司法权力运作模式,近来颇受学界、司法实务部门乃至于中央的重视。2014 年,党的十八届四中全会提出了建立审判权与执行权分离体制改革试点的构想,更是备受关注。《中共中央关于全面推进依法治国若干重大问题的决定》指出:"完善司法体制,推动实行审判权与执行权相分离的体制改革试点。"这是明确将审执分离体制的改革与司法体制改革结合起来,使审执分离问题成为司法体制改革重要组成部分之一。

目前看来,审执分离体制的改革具有重要的意义:其一,它会进一步深化、细化司法体制的改革,有助于构建高效公正的司法权力运行机制和体制;其二,它有助于构建"审判权、执行权相互配合、相互制约的体制机制";其三,它体现了对司法规律的尊重,符合现代司法理念,促进现代司法文明的构建。

审判机构与执行机构分立是一种普遍模式,其实质上将审判权与执行权授予不同主体行使。在新一轮司法改革中,我国的执行体制也正在进行改革,在法院内部实行审执分离已成共识,审判权与执行权由不同主体行使。我们认为,化解"执行难"的本质问题在于职权配置的优化,推动实行审判权和执行权相分离是破解"执行难"、最终解决执行职权科学配置的关键所在。

---

　　*　此章根据笔者主持的上海市政法委委托课题《审执分离体制改革研究》的结项成果改写而成,课题组成员尚有杨海强、姚岳绒两位老师,特此致谢。

一、审执分离模式之域外经验

审判机构与执行机构分立是一种普遍模式,其实质上将执行审查权(执行裁决权)与执行实施权分由不同主体行使。我国正在进行的执行体制改革中,法院内部审执分立已是共识,执行审查权与执行实施权由不同主体行使。但是,我国的审执分立不彻底,只是在法院内部设置了专门的执行机构,执行审查权与实施权虽由不同主体行使,但都属于同一法院,这使得执行审查权与实施权之间的制约很难发挥作用。我国在深化执行体制改革过程中,如何优化配置执行审查权与实施权、实现两者分离已经成为一个亟须回答的问题。但也应该注意的是,随着司法活动的频繁,在执行过程中涉及权利义务判断和分配的情况越来越复杂,过分追求执行审查权与实施权的彻底分离势必会影响执行效率。

从各个国家与地区的民事执行机关的设置来看,极少有国家将民事执行机关完全设置于司法机关内或完全设置于行政机关之中。即民事执行机关既不直接隶属于司法机关,也不直接隶属于行政机关。也就是说,没有一个国家完全将民事执行权配置为纯粹的司法权或行政权,而总是体现着司法权与行政权的复合。通过对各个国家审执分立模式的配置进行考察,对我国执行机构的设置具有重要的借鉴意义。

(一) 审判权与执行权分离,实行一元制执行模式

1. 英国模式

英国是英美法系国家在法院外建立独立的执行机构的鼻祖。英国强制执行制度采用行政执行制度模式,是以行政机关或行政执行官作为执行主体,具有深厚的行政色彩。签发执行令状的是进行诉讼程序案件登记的法院办公机构,而不是审判机关。实施执行令状的则完全是地方行政官员。

英国的执行程序围绕法官签发的各种令状进行,执行可分为发出执行命令和实施执行命令两个阶段。根据《英国最高法院法》和《最高法院规则》以及郡法院法和法院规则,执行高等法院的裁判使用执行令状,而执行郡法院的

裁判使用执行令,都由法院办公室签发。执行令状由债务人财产所在地的郡司法行政长官执行,执行令由债务人财产所在地的区镇地方长官执行。

在英格兰和威尔士,民事判决的执行权属于行政权。具体做法是,由法院签发执行令状,郡法院由执达员负责执行,其受雇于法律大臣办公室下设的法院服务司的公务员。高等法院的判决由执行官执行,执行官由郡行政长官担任。其他行政强制执行如租金、市政税、道路交通费,由注册执达员代表地方政府和其他行政机构执行,它们属于私立执行机构。

在郡法院和高等法院管辖的划分上,标的额大于5000英镑的由高等法院执行官执行,标的额小于600英镑的由郡法院判决和郡法院判决的消费信贷案件由郡法院执行员执行,标的介于两者之间的,由债权人选择。"市场化"运作模式的执行员的收入与执行效果是挂钩的,执行效率高、效果好,现在越来越多的人选择高等法院执行官执行。

根据英国民事执行制度的设计,英国的执行体系模式是双轨制,接受指令("令状")的执行员有"体制内"和"体制外"两种。既有司法行政公务员性质的郡法院执行员,又有类似于律师业"市场化"运作的高等法院执行官。

郡法院执行员是"体制内"执行员。他们是英国司法部下属的行政机构——法院事务管理局的工作人员,因此,执行员是文职人员。其聘用和行为监督要根据《文官制度法》进行。英国实行的是司法审判和司法行政事务分类管理的体制,法院是由一个个彼此独立的法官组成的裁判机构。法院附设立案、执行以及文秘等人员(即法院官员和职员)为法院(法官)的运作提供支持。这些为法院(法官)提供支持的人员是法院事务管理局的工作人员,身份上是英国政府的司法行政人员,是英国政府的公务员。法官是独立的法律职业人,法院事务管理局的工作人员不是法律职业人。

高等法院执行官是"体制外"的执行员。他们是经英国司法大臣授权执行高等法院"令状"的个人。高等法院执行官体制于2004年民事执行改革中被确立,其前身是郡长执行体制。高等法院执行官虽然身份上属于公职人员,但这类公职人员性质上属于赋有公权力的私人。类似于持有执行执照的律师,运作与律师事务所相似,实行"市场化"运作。要成为高等法院执行官,必须向司法大臣提出申请,由司法大臣审查批准颁发执行执照后,才可通过动产扣押和变价出售的方式追收法院判决确定的债务。执行官可以自由雇佣执行人员,当他收到法院的"动产扣押令状"后,可以依该令状上门追收债务,如债务人拒不支付,可以扣押其财物(动产)拍卖、变卖以清偿债务及执行费用。

通过"令状"授权执行员执行的仅仅是动产扣押、动产交付,以及强迁等。执行中的其他业务基本上都是法官的职责,不可以"外包"。例如,对房屋等不动产的执行,是由法官处理的。根据1979年《押记令法》和1998年《民事程序规则》,债权人拿到胜诉判决后,如果债务人拥有房屋等不动产,债权人可以使用"押记令"这一方法执行。所谓"押记令",实际上是由法官做出的一个裁定。即由债权人向法院提出申请,由法官裁定在债务人房屋等不动产上强制设定抵押,等日后出售时优先受偿。如果债权人不愿意等,想尽早收回债款,那可以在强制设定抵押后向法院提起一个"出售之诉",请求法官做出一个"出售令",责令债务人将房屋交给债权人,由债权人或债权人的律师以不低于一定金额的价格出售,用所得价款清偿债务及执行费用。债权人或其律师一般会通过当地房产中介挂牌的方式出售,出售过程中如有争议,双方都可以请求法官裁决。但是,在法官作出"出售令"后,如果债务人拒不将房屋交给债权人,债权人可向法院申请签发"占有令状",由执行员将债务人强制迁出后将房屋交付债权人占有并出售。

又如,对于债务人银行存款、工资收入的执行,也是由法官处理的。但是,在法官作出"第三方债务人"或"扣取收入令"后,第三人(银行)或债务人的雇主拒不将债务人的银行存款或工资收入支付给债权人时,债权人可向法院申请"动产扣押令状"强制执行第三人(银行)或雇主的动产。所以,对于不动产以及债务人银行存款、工资收入的执行,实际上是先由法官处理,最后落实到执行员执行的,也是动产扣押等"令状"。

即使在动产扣押程序中,法官也承担着决定性的职能。例如,对于已超过6年的判决,或者涉及案件当事人变更等情况的,债权人向法院申请"动产扣押令状"前必须首先取得法官的许可。对于动产扣押程序中的暂缓、中止、变卖等重大事项,也是由法官决定的。此外,执行员在动产扣押过程中碰到的其他执行异议也都是由法官裁定的。如执行员上门执行时债务人拒不开门,是否授权执行员强行入内也需要法官决定。所以,即使是在对动产的执行中,法官的职能也是决定性的,执行员的工作仅是执行命令而已。

2. 美国模式

美国强制执行体制由于受判例法传统的影响,没有统一的强制执行成文法典,而是采取与其他法律混合的方式,同时也没有将强制执行内容列入民事诉讼法中。美国民事执行机关与英国民事执行机关非常类似,其执行机关的行政色彩也比较浓厚,没有典型意义的执行机构,即没有专门负责执行的国家机关。

美国的民事执行也分发出执行命令与实施执行两部分,执行令状一般由作出判决的法院签发,法院的书记经债权人申请向债务人签发执行令状。如果裁判是州法院作出的,执行令状则交给县治安官执行,如果裁判是联邦法院作出,则执行令状交给联邦法警执行。执行官依据债权人所获得的法官命令采取行动,债权人必须确定所要扣押的财产。无论是地方执行员还是联邦执行官,都属于警察,是专门提供法庭服务的警察,属于国家行政人员身份。

联邦于司法部内设立联邦执行官署,由总检察长(司法部长)领导,它的最高领导为执行官总监。每个联邦司法区设立一名执行官,他们都是联邦执行官署的官员,由总统根据参议院的意见任命。执行官任期为 3 年。执行官总监的权力除法定权力外,由总检察长授予,而执行官要服从执行官总监的指导。执行官总监为了完成执行官署的职责,有权任命职员来协助完成法律执行工作。

地方执行官则由公众选举产生,其职责由各州自行规定,基本上与联邦执行官类似。除了执行判决、主持司法拍卖等类似活动外,地方执行官还要协助刑事法庭和民事法庭维持法庭秩序、送达传票、传唤陪审员,同时也是辖区内的主要治安维持人员,而且大多数州中的执行官也负责监所的管理。

(二) 审判权与执行权分离,实行二元制执行模式

1. 法国模式

1806 年法国《民事诉讼法》第五卷规定了执行程序,1975 年修改后的《新民事诉讼法典》没有纳入执行程序。1991 年颁布了新的民事执行程序法,并将这部法归入旧民事诉讼法典。这意味着,民事执行程序事实上已成为独立的法典,并与新民事诉讼的审判程序分立。

在法国,具有民事强制执行职能的是一个专门从事民事执行的机构,即司法执达员,也称法院执达员,旧称执达吏,是专门从事送达法律文书和实施民事执行行为的公务员,而检察院与社会公共力量是执行的辅助机关,只有在司法执达员提出申请的前提下才介入民事执行程序。司法执达员归司法部门管理。1993年虽设置了执行法官,但执行法官并不直接采取执行措施,而只是对执行程序中的纠纷进行裁判。因此,从严格意义上讲,法国的民事执行模式属于一元制,即只有司法执达员才是执行主体。实行专门处理执行纠纷的执行法官制度,将执行程序与审判程序分离。

　　一般案件都是由司法执达员采取民事执行措施,强制债务人履行义务。只有在必要时,司法执达员才会要求检察院和其他社会公共力量对其民事执行行为予以协助。如检察官有保障判决与其他执行根据得以执行的使命,其采取的民事执行行为主要是协助执达员收集债务人的情报。如司法执达员经过一番努力仍不能查明债务人的住处或银行存款的,就可向检察院提出申请,由检察官收集有关情报,但检察官只限于收集债务人现在的住处和开户银行。社会公共力量在民事执行程序中的作用也是协助执达员采取执行措施。如债务人拒绝开门时,司法执达员不能使用武力,而只能请求市镇长或警察局局长协助。

　　执达员在执行环节的权力很大,可以在执行中负责接收、评估、拍卖或变卖财产,执达员的社会地位很高,在法国民众中的影响也很大。比利时、荷兰等国借鉴了法国的执行员制度。法国司法执达员制度历史悠久,已经成为法国文化的有机组成部分。

　　在法国,执达员既不是法院的工作人员,也不是司法行政机构的人员,而是通过考试、经合法登记后取得执业资格的、处于中立地位的特殊自由职业者。法国诉讼学院是负责专门培训执达员的唯一专业学院。执达员无论是接受法院委托还是当事人的委托,都要收费才开展工作。执达员的权利与义务由法律规定,主要职责是把各种司法文书正式通知到当事人,送达后执达员才可以执行法庭的判决,必要时,他们还可以强制执行,并有权申请警力协助。

　　司法执达员是唯一有资格送达诉讼文书(邮寄送达等形式的通知除外),具体负责执行法院判决的人员,其有权将法院裁决通知当事人并对具有执行内容的裁决进行强制执行。司法执达员属于司法助理人员,但不是公务员,而是接受债权人委托履行一定职责的自由职业者。一名或多名司法执达员可以组成执达员事务所。司法执达员行业组织为各省、地区与全国司法执达员协会。

债权人将执行依据交付司法执达员,即推定为委托其执行,司法执达员受委托后应当依法履行职责,不得任意拒绝,收费也有严格的标准。司法执达员通常只能在其住所地的大审法院辖区执业,除实施动产、不动产扣押外,其职责还包括传唤当事人、送达法律文书、列席庭审、维持法庭秩序等。

法国对司法执达员的条件有明确规定,其资格的取得和任命也有严格的程序。担任司法执达员有严格的条件要求,除道德、纪律等方面的条件外,必须有法律本科以上学位。还必须在司法执达员事务所实习两年,并通过司法执达员执业资格考试。司法执达员考试每年举行两次,通过率约为25%。符合上述条件后,可以向上诉法院检察长提出任命申请,检察长听取省司法执达员协会的意见后,将案卷呈送司法部长,由司法部长作出任命决定。司法执达员应在受任命的当月在大审法院宣誓就职。由于司法执达员人数有法定限制,只有出现空缺或新设职位时才可能得到任命。

司法执达员虽然是自由职业者,但受到多部门、多层面的严格监管。如在任命环节,司法部要对申请人的资格进行严格审查,每名司法执达员的履职情况在司法部还建立了专门档案。整个执业过程中,司法执达员的执业纪律、违法犯罪等,都要受到司法执达员协会及上诉法院检察长、各级检察官的严格监管。此外还有完善的年检制度,定期、不定期地对执达员事务所的账目进行审计,每年各大区司法执达员协会都要对执达员事务所的账目进行年检。

法国的法院设有执行庭,但是执行庭的执行法官只负责执行立案和对外委托执行事宜,不直接参与执行实施活动,具体的执行工作由执达事务所的执达员来承担。法国于1993年实行执行法官制度,执行法官是专门处理执行过程中所产生的纠纷的法官。执行法官由大审法院院长担任,大审法院院长可以在一个法院里任命一名或数名法官行使执行法官的权力。

执行法官的职责包括:(1)负责管辖涉及执行根据及执行程序的纠纷,例如对执行根据成立后发生的履行、抵销及扣押物所有权归属等纠纷进行裁判;(2)作出保全处分等许可决定,如执行法官可以许可进行诉讼保全,许可对动产所有权进行转移,许可罚款等间接执行措施,负责清算案件的执行;(3)命令实施执行或责令妨碍执行人承担损害赔偿责任,对滥用扣押申请的债权人,拒不执行的债务人或执行的第三人责令其赔偿损失;(4)发布暂缓执行的命令。

执行法官处理案件采用专门的执行法官程序,除有专门规定外,执行法官审理执行案件如同诉讼法官,对执行法官作出的决定,当事人可以向上诉法院上诉,但不停止执行。此外,在执行中遇到妨碍执行活动的困难时,执达员应制作笔录并主动请求执行法官处理。执行法官听取执达员意见的同时,也应当听取债务人的意见,或传唤债务人提出意见。

2. 德国模式

德国现行的《联邦共和国民事诉讼法》于 1879 年制定,虽经多次修订,但民事执行程序始终是该法的一编内容。该法主要是参照了法国的执行员制度,但立法者将法院执行员的职权范围严格限制于"仅仅处理执行程序问题上",同时规定执行法院也负有执行任务并且监督执行员。此外,德国的民事执行规范还可见于《法院组织法》《民事诉讼施行法》与《支付不能程序法》等。

德国民事执行实行执行法院(通过具体负责的法官)与执行官的二元制模式。德国民事诉讼法规定,强制执行,除应当由法院实施的外,由执行员受债权人的委托实施,债权人委任实施强制执行时,可以请求书记科予以协助,受到书记科委托的执行员视为受债权人委任。随着实践的改革与推进,根据执行标的、方法和内容的不同,德国的执行呈现多元化特征。执行机构包括法院执行官(有译成执达吏)、执行法院、诉讼法院、土地登记所。

法院执行官是负责送达和执行的司法行政管理人员,其雇佣关系和业务关系在联邦最高法院由联邦司法部长决定,在州法院由司法行政管理部门决定。法院执行官是独立的民事强制执行机关,在执行过程中是独立的,自行对当事人负责,并且不需要直接接受法院指挥。但是需要接受法院的事务监督以及作为司法行政管理官员接受初级法院的职务监督。

法院执行员的执行权主要来自于两个方面,一个方面是债权人的委托,另一个方面是国家的授权。法院执行官是国家公务员,其职责是:扣押动产、强制交付、送达和接受代宣誓保证。与法官需经系统的法律教育、严格的培训考核不同,执行官法律职业要求要低一些。执行官入职条件是高中毕业后接受18 个月的法律培训,成为一般司法人员;再经过 18 个月执行专业培训,成绩合格即可由州司法部长任命为执行官,联邦法院的执行官由联邦司法部长任命。

执行官虽隶属于某一法院,但办公地点不在法院大楼内,由执行官自己选定,执行事务办公室配备多名助手和文员。每一个执行官都有相对固定的执行管辖区。一般一个区只有一个执行官,管辖区域与初等法院的辖区一致。如果一个区有多个执行官,则执行法院为每个执行官指定一个区域。当事人可以查阅该区执行官名录,直接委托其办理执行事务。执行官采取何种执行措施、何时行动,独立决定,不接受法院指令,但其履职行为受法院监督。两者关系体现在:一是当事人针对执行措施的异议和抗议,由法官作出裁判;二是对被执行人的搜查和民事逮捕,由法官签发命令;三是执行行为违法的,法院对执行官发出警告或解除职务令。

除执行官外,执行法院也是重要的执行机关,执行法院通常指初等法院。执行法院作为执行机关的职责主要表现为:采取民事执行行为,作出关于执行行为的命令以及对执行行为的协助。具体内容包括:执行债权和其他财产权利、执行不动产、债权分配、发布强制代宣誓保证的拘留命令和发出对执行标的物的估价命令。

另外,以《民事诉讼法》为依据,执行法院是通过法官来行使职权。鉴于法院内存在大量的事务性工作,法官负担过于沉重,因此,德国于1957年颁布了《司法辅助官法》,将法院管辖的那些不存在法律争议的事务性工作分离出来,转由司法辅助官负责办理。因此,执行过程中的具体事务由司法辅助官实施。随着改革推进,司法辅助官的权力呈现扩大趋势,从目前来看,执行法院的执行事务大部分由司法辅助官直接办理,法官仅仅保留对执行抗议进行裁判等少数几项权力。司法辅助官不是法官,在执行中代替法官来处理司法事务,但并不附属于法官,司法辅助官在事务上是独立的。因此,有人称其为"第三种权力的第二纵队"。依德国的经验,司法辅助官的设置,有效减轻了法官的负担,是一种比较行之有效的制度。

德国实行严格的"审执分立"原则,在执行过程中,执行机关对任何实体权利不作审查,执行法院的确定也不受受诉法院的影响。但是,作为例外,部分执行事务则由受诉法院专属管辖,而此时的受诉法院定是一审法院。

受诉法院在执行中的职责:一是对"可替代的作为"的判决。如果债务人不履行义务,法院可判令由第三人代为履行,由债务人承担该项费用。二是对"不可替代的作为"的判决。与义务人身份有关且不能由第三人代替的作为,如果债务人不履行,诉讼法院可宣告对义务人罚款、强制拘留。

土地登记所办理不动产登记事务,包括强制抵押权登记、抵押权扣押登记及对物上负担、土地债权的登记事务。国内有资料称,德国的土地登记所属于初等法院的一个组成部分。土地登记所一般设立于县一级,它们对所在地的所有不动产物权的变更事项具有管辖权。土地登记所在办理上述执行事务时具有双重属性,一方面是执行机关,另一方面为非讼事务管辖机关。但是,也有学者通过实地考察了解到,土地登记所并非法院的执行机构,而是州政府的职能部门。

(三) 审判权与执行权分离,法院外设立专门执行机关模式

1. 瑞典模式

瑞典设立了专门的执行局来负责判决的执行,执行权归执行局。法院判决、行政决议、仲裁裁决以及其他执行文书的执行由执行局实施。执行局是公权力机构。在瑞典,不存在如法国、英国与荷兰那样的私人执行机构,也不需要债权人自己执行。执行局独立于警察机构和检察机构,拥有独立的权力。

执行局隶属于财政部下设的国家税务委员会,与税务局并列。财政部下设立国家税务局,国家税务局是政府性质的中央管理机构,下设执行局和税务局,分别负责判决和国债的执行。执行局与税务局一同构成了国家执行机构,它独立于法院,除了负责案件的执行外,执行局还可以充当公益诉讼的原告。执行局作为公益诉讼的原告要接受审查。因此,替代性做法是由国家税务局代表国家提起公益诉讼。

执行局设执达官和其他人员,负责执行法院的判决、行政机关的行政决定、仲裁机构的裁决以及其他需要执行的文书。执行局主要由执行律师、执行公务员、管理及培训人员组成。执行人员的法学教育水平一般都达到大学水平,而且要接受内部培训。

执行局在执行程序开始前所作的行为不受司法监督,执行局独立决定采取强制性措施。当事人可以对采取强制性措施的决定向法院提起诉讼,但除非法院签发给予临时救济的令状,否则该强制性措施不会中止。对执行决定

的起诉并不能导致执行程序的中止,要中止执行程序,当事人必须向法院提出特殊申请,由法院自由裁量作出是否准许的决定。

债权人可以向执行局地方办公室申请执行。只要生效法律文书责令债务人给付一定的金钱或者履行一定的行为,执行局就可实施执行,无须法院决定。普通法院通过审查执行局的决定实现对民事执行行为的监督。执行当事人不服执行局的决定的,可以向地区法院起诉。不服地区法院作出的判决,当事人还可以向上诉法院和最高法院提起上诉。上诉事由包括:第三人对被执行财产享有权利;该案件的执行程序违法;债务人的债务已经清偿等实体法事由。法院作出的裁判才是终局的。

2. 瑞士模式

在瑞士,法院不设执行机构,也没有执行人员。法院判决的执行由州政府设立的债务执行局、未成年人保护中心等专门机构负责,必要时可申请警察协助。

另外,根据《瑞士联邦债务执行与破产法》规定,一个州可以设立多个债务执行与破产区,一个破产辖区对应设立一个债务执行局,设一名债务执行官。其组织机构、职位设定、官员任命等都由州政府决定,联邦法院和专门监督机构对其执行进行监督。

瑞士法院判决具有较高权威性,大多都能得到当事人的自觉履行。进行强制执行的判决不多。主要是以下两种:

一是,金钱债权执行。法院不负责执行。债权人持判决书到政府设立的债务执行局申请执行,该部门将账单寄送至债务人处。如果债务人不能如期履行,个人信用显示不良记录,将在租房、找工作、出行、置业等方面麻烦不断。

二是,婚姻、家事纠纷判决的执行。瑞士对未成年人的保护极为重视。此类案件的执行由法院执行,法院可要求未成年人保护中心协助。

(四) 审判权与执行权分离,执行权设置于司法行政部门的模式

此种模式可称为芬兰模式,属于极为少数的一种。芬兰早于1895年时就制定了《执行法》。芬兰法院的司法行政事务由司法部负责,司法部下设四大部门,即公共司、司法管理局、立法局与狱政局。其中司法管理局内设立专门负责民事执行事务的民事执行局。芬兰司法部民事执行局统一负责全国的民事执行工作,另外有分设于全国各地的 65 个地方民事执行机构,这 65 个地方执行机构直属于司法部,不属于当地政府。民事执行局包括地方民事执行机构的费用均由中央财政拨付,不与地方发生任何财政关系,以消除执行过程中的地方保护主义。

民事执行局只负责执行,不负责作出处罚决定。民事执行局的人员被称为执行官。就性质而言,他们都是公务员,不是法官,是司法部的组成人员,不隶属于法院。执行官独立行使民事执行权,不受法院或其他部门的干涉。

民事执行局的主要职责是:一是负责法院生效民事判决的执行;二是负责税收案件的强制执行;三是负责行政处罚强制执行;四是负责医疗收费的强制执行(只负责对拖欠公共医疗机构费用的强制执行);五是负责对有组织的跨国犯罪所涉及财产进行扣押。

民事执行局接受执行主要来自三个途径:一是法院的生效判决;二是债权人个人提出申请,民事执行局根据当事人的申请实施强制执行;三是依据有关机关的请求,如税收案件、行政案件、医疗费案件等。

芬兰选拔执行官的条件与公务员差不多,只是在选主执行官、副主执行官与执行官上略有区别。主执行官人选必须系统学习过法律,而且获得学士文凭。副主执行官不要求系统学习过法律,但必须了解法律。普通的执行官则不要求有学习法律的背景,任何其他专业背景的都可以选为执行官。芬兰《执行法》对执行官有着严格的职业道德和执业纪律要求。执行官必须保持中立,不能同申请人一起吃饭,更不得接受礼物。债权人和执行官是亲戚关系时,必须回避。由于执行官的过错造成当事人损失的,国家承担国家赔偿责任。

(五) 审判权与执行权不分,执行权属于法院的模式

1. 奥地利模式

根据奥地利《民事执行法》的规定,法院是奥地利的民事执行机关,执行判决的权力专属于地方法院,债权人应当向法院申请执行。具体负责执行实施的人员包括法官、书记官和执达官。

在奥地利,法官控制着民事执行程序,涉外案件以及不动产执行案件更是由法官优先管辖。尽管绝大多数执行事务由书记官处理,但是一旦认为这些

事务十分复杂或者从根本上说是重要的,法官就能介入这些事务并将它们留给自己。书记官受有管辖权的法官的指令,通过扣押动产和收入实施执行。

执达官受雇于地方法院,是法院的文职人员,代表法院实施执行。其主要工作是根据执行令扣押财产并将其变卖,但不得直接受理执行申请。经过1995年和2003年两次修改民事执行法,执达官能更加独立地执行职务,行使权力的范围也进一步扩大。尽管执行程序的启动仍需有法院签发的执行令状,但是并非执达官的每一执行行为都需要经过法官准许,执达官也开始介入交付动产、房屋等的执行。

2. 意大利模式

根据《意大利民事诉讼法典》的规定,民事强制执行由法官负责执行。在各法院,院长根据书记官在案卷装订成册后两日内提供的案卷材料任命负责执行的法官。如果在由数名法官组成的独任法官所,由该所的领导人根据上款的规定进行任命。

执行法官的职责是,决定并举行执行中有关庭审,作出有关查封、查封转换或解除的裁定,批准在特定时间执行查封,对债权人或债务人的有关执行过程中的行为予以批准,作出有关命令或决定,监督拍卖的进行,作出关于执行财产分配的裁定等执行措施与决定。

执行法官处理执行事务,通常是独任制,但对债务人及第三人提出的异议进行裁判时,须由合议庭裁决。

3. 西班牙模式

根据西班牙《民事诉讼法典》第919条规定:"当一项判决成为生效判决后,在当事方的要求下,即由一审法官或法庭予以执行。"由此可见,西班牙法院的生效判决由一审法官或法庭执行,其他可以执行的法律文书由债务人住所地、债务履行地、不动产所在地法院执行。

法官在审阅呈交的执行请求书及有关文件后,决定对该案是否有实物和地域管辖权。认定有管辖权后,则法官批准执行。批准执行并下达执行令后,交给法院的执行官,由他具体要求债务人向秘书处付款。如果债务人当时不付款,则扣押债务人足够抵付执行金额及执行费的财产,并依法存放。如果债务人住处不详或不知去向的,应当事人申请,法官可以批准开始扣押而不需要事先提出付款要求。对其他法律文书,法官认为有管辖权的应批准执行,发出执行令,交给法院执行官。执行官要求履行而债务人不履行的,可以扣押债务人的财产,法官秘书主持拍卖活动。法官监督拍卖执行。对有关判决项下的孳息的计算争议,由法官召集双方当事人开庭并进行裁决。

西班牙《民事诉讼法典》将民事执行客体分为不动产、实物动产以及非实物动产三大类别,同时也对执行客体作了限制,比如"不得扣押债务人、其配偶及子女的日常用品、个人用服装、家具、书籍以及债务人可以合法从事的专业艺术与官方活动所必要的器具,不得扣押不超过行业最低薪金标准的工资、日薪、月薪、养老金、报酬或类似的财产"。除此之外,与其他国家立法不同之处在于,西班牙《民事诉讼法典》明确规定了对公共服务的财产不得扣押,例如法典第1448条明确规定:"对用于公共服务的铁路不予扣押,也不扣押用于线路运行的机车、车厢及其他不动产与动产。"

二、国内学界对审执分离体制改革的思考

近年来,全国法院围绕"一性两化",即强制性、规范化与信息化这一执行工作基本思路,以改革创新精神推进沄院执行工作,已初步显现成效,但这些改革着力于具体措施性建设,"执行难"的状况无法得到根本改变。化解"执行难"的本质问题在于职权配置的优化,推动实行审判权和执行权相分离是破解"执行难",最终解决执行职权科学、优化配置的关键所在。

(一) 我国执行权配置的历史沿革以及审执分离的现实需求

整体上,新中国成立之始迄今,我国法院的执行模式经历了审执分立——审执合一——审执分立这三个阶段。20世纪50年代初,我国有短期的审执分立。但是,1957年始,随着法律虚无主义盛行,执行工作也受影响,法院内不再实行专门的执行工作的模式,而是采取由审判人员兼顾民事案件执行工作的模式。审执分立改为审执合一。1979年《人民法院组织法》开始规定,在地方各级人民法院设立执行员,办理民事案件判决和裁决的执行,以及办理刑事案件判决和裁定财产部分的执行。1982年《民事诉讼法》第四编专门规定执行程序。首次以立法的形式对民事执行作出规定。1991年新修订的《民事

诉讼法》明确规定基层法院、中级法院可以设立执行机构。1998 年最高人民法院颁布《关于人民法院执行工作若干问题的规定（试行）》中明确规定，人民法院根据需要，依据有关法律的规定，设立执行机构，专门负责执行工作。我国法院的执行模式从审执合一又回归至审执分立。2000 年，最高人民法院在《关于改革人民法院执行机构有关问题的通知》中指出，为了有利于最高人民法院对地方各级人民法院执行工作的监督、指导，各级人民法院建立的新的执行机构的名称应当统一。改革后的法院的执行局负责行使执行权，并采取执行权力中的裁决权和执行权分别行使的方式，强化了权力之间的制约。

2014 年，党的十八届四中全会提出要推动实行审判权与执行权相分离的体制改革试点。《中共中央关于全面推进依法治国若干重大问题的决定》作出"优化司法职权配置，健全公安机关、检察机关、审判机关、司法行政机关各司其职，侦查权、检察权、审判权、执行权相互配合、相互制约的体制机制"的重大决定。经久以来关于"审而不执"、"审而难执"的尴尬局面，再次被引起重视，审判与执行如何离合与如何衔接成为讨论重点。理性审视审判权与执行权的现实运作，厘清执行模式的演变与发展规律，清楚改革的目标和追求的效果。借鉴他山之石，方能在众多的策略与办法中找到最佳路径。

（二）当前审判权与执行权分离改革的三种方案

目前，对审执分离如何操作存在不同解读，也相应存在三种方案，即彻底外分、深化内分与有限外分。"彻底外分"方案是指将整个执行工作从法院分立出去，交给其他的司法或行政部门负责。而"深化内分"方案认为虽然在法院内部已经实现了审判部门和执行部门的分离，但是分离得不够彻底。例如，行政判决的执行工作很多还在行政庭，财产刑的执行工作很多还在刑庭。另外，执行权包括执行裁决权和执行实施权，执行裁决权是司法判断权，应和执行实施权分离，因此，该两项权力至少不能都由执行局内的同一个机构来行使。而"深化内分、适当外分"其实是对前面两种解读的一种综合。"深化内分"就是上述第二种方案，而"适当外分"则是将执行工作的一部分交由法院以外的其他部门来做。如 2014 年党的十八届四中全会决定中提到了"完善刑罚执行制度，统一刑罚执行体制"，但现在，有期徒刑、无期徒刑的执行在司法行政部门，死刑的执行则在法院，那么，就可以考虑将死刑的执行一并交由司法行政部门来负责。还有财产刑的执行、刑事附带民事诉讼的执行等,均跟刑事判决有关,均可交由司法行政部门或其他部门来负责。

(三) 民事强制执行的域外模式

审判权与执行权分离是主流,也是当前极大多数国家配置审判权与执行权的基本原则。但是不同国家所实施的具体模式呈现出不同状态。

1. 以英、美、俄为代表的一元制执行模式

英国强制执行制度采用行政执行制度模式,是以行政机关或行政执行官作为执行主体,具有深厚的行政色彩。签发执行令状的是进行诉讼程序案件登记的法院办公机构,而不是审判机关。实施执行令状的则完全是地方行政官员。

美国强制执行体制由于受判例法传统的影响,没有统一的强制执行成文法典,而是采取与其他法律混合的方式,同时也没有将强制执行内容列入民事诉讼法中。美国民事执行机关与英国民事执行机关非常类似,其执行机关的行政色彩也比较浓厚,没有典型意义的执行机构,即没有专门负责执行的国家机关。

俄罗斯于 1997 年推行执行改革。改革前审执虽然分离但依然归法院,由法院执行员办理。而 1997 年《俄罗斯联邦司法警察法》与《俄罗斯联邦执行程序法》通过,标志着俄罗斯联邦执行程序独立立法并开始运行俄罗斯崭新的执行体制。2003 年《俄罗斯联邦民事诉讼法典》删除了关于执行程序的规定。

2. 以德、日、韩、法为代表的二元制执行模式

德国民事执行实行执行法院(通过具体负责的法官)与执行官的二元制模式。《德国民事诉讼法》规定,强制执行,除应当由法院实施的外,由执行员受债权人的委托实施,债权人委任实施强制执行时,可以请求书记科予以协助,受到书记科委托的执行员视为受债权人委任。随着实践的改革与推进,根据执行标的、方法和内容的不同,德国的执行呈现多元化特征。执行机构包括法院执行官(有译成执达吏)、执行法院、诉讼法院、土地登记所。

日本强制执行机关的设置参照德国的做法,采用二元制模式。日本民事执行机关实行执行法院与执行官的二元主义,即由法院和执行官分别负责民事执行工作。执行官负责执行简单的、只涉及事实问题的民事案件,法院负责执行复杂的、涉及法律判断的民事案件。民事案件的执行机构设置在法院。根据《日本民事执行法》第 2 条规定,民事执行由法院和执行官进行,两者在民事执行权责上有明确的分工,执行法院对执行官有监督的职责。执行法院作为执行机关,主要从事以权利关系判断为中心的"观念性的处分"的执行活动。而执行官作为执行机关,主要从事亲临现场发挥强制威力的所谓"事实性行为"类型的执行。

韩国参照的是日本的执行机关立法模式,即"二元制"的执行机关模式。根据 2002 年《韩国民事执行法》规定,执行事务根据执行行为的简繁、是否需要判断以及财产的性质的不同,分别由执行官、执行法院和第一审法院完成。执行官一般实施的事实性行为,执行法院通常实施的是需要作慎重的法律判断的案件、复杂的案件和需要慎重处理的案件。执行法院与执行官既相互独立,又有一定的协助关系,同时执行法院还对执行官负有监督的职责。

另外,在法国,具有民事强制执行职能的是一个专门从事民事执行的机构,即司法执达员,是专门从事送达法律文书和实施民事执行行为的公务员,而检察院与社会公共力量是执行的辅助机关,只有在司法执达员提出申请的前提下才介入民事执行程序。司法执达员归司法部门管理。1993 年虽设置了执行法官,但执行法官并不直接采取执行措施,而只是对执行程序中的纠纷进行裁判。因此,在严格意义上,法国的民事执行模式属于一元制,即只有司法执达员才是执行主体。实行专门处理执行纠纷的执行法官制度,将执行程序与审判程序分离。

3. 瑞典模式与芬兰模式

除上述两种典型的审执分离模式外,还有两种审执分离形式,即瑞典模式与芬兰模式。瑞典模式,即法院外设立专门执行机关的模式。在瑞典,设立了专门的执行局来负责判决的执行,执行权归执行局。法院判决、行政决议、仲裁裁决以及其他执行文书的执行由执行局实施。执行局是公权力机构。在瑞典,不存在如法国、英国与荷兰那样的私人执行机构,也不需要债权人自己执行。执行局独立于警察机构和检察机构,拥有独立的权力。

芬兰模式,即执行权设置于司法行政部门的模式。芬兰早于 1895 年时就制定了《执行法》。芬兰法院的司法行政事务由司法部负责,司法部下设四大部门,即公共司、司法管理局、立法局与狱政局。其中司法管理局内设立专门负责民事执行事务的民事执行局。芬兰司法部民事执行局统一负责全国的民事执行工作,另外有分设于全国各地的 65 个地方民事执行机构,这 65 个地方执行机构直属于司法部,不属于当地政府。

4. 以奥地利、意大利与西班牙为代表的执行权属于法院的模式

根据奥地利《民事执行法》的规定,法院是奥地利的民事执行机关,执行判决的权力专属于地方法院,债权人应当向法院申请执行。具体负责执行实施的人员包括法官、书记官和扶达官。在奥地利,法官控制着民事执行程序,涉外案件以及不动产执行案件更是由法官优先管辖。尽管绝大多数执行事务由书记官处理,但是一旦认为这些事务十分复杂或者从根本上说是重要的,法官就能介入这些事务并将它们留给自己。书记官受有管辖权的法官的指令,通过扣押动产和收入实施执行。

根据《意大利民事诉讼法典》的规定,民事强制执行由法官负责。在各法院,院长根据书记官在案卷装订成册后两日内提供的案卷材料任命负责执行的法官。如果在由数名法官组成的独任法官所,由该所的领导人根据上款的规定进行任命。

根据西班牙《民事诉讼法典》第 919 条规定,"当一项判决成为生效判决后,在当事方的要求下,即由一审法官或法庭予以执行"。由此可见,西班牙法院的生效判决由一审法官或法庭负责执行。西班牙法院的生效判决由一审法官或法庭执行,其他可以执行的法律文书由债务人住所地、债务履行地、不动产所在地法院执行。

(四) 审判权与执行权分离之对策性建议

从各个国家与地区的民事执行机关的设置来看,极少有国家将民事执行机关完全设置于司法机关内或完全设置于行政机关之中。即民事执行机关既不直接隶属于司法机关,也不直接隶属于行政机关。也就是说,没有一个国家完全将民事执行权配置为纯粹的司法权或行政权,而总是体现着司法权与行政权的复合。考察各个国家审执分离模式的配置对我国执行机构的设置具有重要的借鉴意义。而且审判权与执行权分离并不会局限于标准化模式,这决定了我们在设计审判权与执行权分离模式时具有了宽泛的选择取向和弹性空间,给予了我们未来目标更贴切的选项。

在抉择审执分离具体对策性方案时至少需要考虑这些因素:第一,要有利于解决执行难。党的十八届四中全会决定提出执行体制改革的要求,目的是要解决执行难。这是推进审执分离的导向。第二,要避免发生执行效率降低的问题。执行权的构成较为复杂,既有执行实施权,如查封、扣押、变卖措施等;也有司法判断权,如对执行异议、复议的审查处理等。就司法判断权而言,几乎所有国家均认同其本质是司法权,只能由法院来行使。因此,外分执行权,只能外分执行实施权。但是,在执行实施权外分后,在执行实施的各个环节中,当事人仍可能会提出执行异议或复议等属于司法判断权处理的事项,其一旦提出,就必须重新请求法院作裁断。这样就可能导致当事人在法院和其他部门间来回奔波,加大了其申请执行的时间与金钱成本,还可能导致各个不同部门间的相互推诿扯皮,造成执行程序延宕,降低执行效率。第三,要深入研究其他国家执行体制的设立与运转情况。我们常说,"他山之石,可以攻玉"。在推进审执分离改革进程中,应充分注意其他国家的相关做法,特别是要注意总结有关国家已经进行的审执分离改革的成败得失,确保审执分离改革稳定并能持续推进。

当前,审执分离已成定局,余下的问题是如何分。结合我国传统与当前改革实践,就审判权与执行权分离提出以下对策性建议:

一是整体上确立二元制的执行模式,即将执行制度区分为执行裁判权与实施权。执行裁判权归法院,而执行实施权归专门执行机构。这既符合权力配置的基本精神,也与我国偏向于大陆法系的法律传统与文化相适应。德、日、韩等国的执行模式对我国的借鉴意义更为直接,也可能更为有效。类似于英美法系式的一元制执行模式很难扎根于我国的实践。

二是执行实施机构划归司法行政管理机关。目前,我国司法行政制度所确立的司法行政机关的核心职能有两个:一个是刑罚执行,包括监狱和社区矫正;另一个是有关司法工作的行政管理内容,包括律师、公证、司法鉴定、法律援助、人民调解、安置帮教、司法考试、司法协助等。其中,刑罚执行实现了刑事诉讼的根本目的;而与之相关的司法工作的行政管理内容,保证了诉讼活动的顺利进行。可以说,我国当前的司法行政管理机关管理着行政中的司法工作以及司法中的行政工作。这样的司法职权配置格局根植于我国的法律传统,反映了司法中行政类职权的内在规律。从当前改革来看,实际上只需要将法院所行使的民事执行权交由司法行政机关行使即可,因为刑罚执行权早已归属于司法行政机关。

不可否认的是,从我国目前情况来看,将执行权划归司法行政管理机关,涉及对现有模式的较大变动。给予法院更纯粹的行使裁判权的地位和性质,以彻底实现审执分离,将面临更多的变革问题。两部门在衔接工作的诸多方面还须作更多的调研与试验。如在执行中出现的裁判事项仍然需要法官进行裁判、变更执行人、执行时出现异议等现象都还是裁判权解决的事情,需要再移交法院。

审执分离已成为定局,但是有限分离还是彻底分离还举棋不定。无论哪种改革都涉及成本支出,还须考虑效益问题以及长远计划的打算。采取法院有限分离的方式,成本较低,改革幅度也较小,但改革的结果可能只是换汤不换药。采取彻底分离的模式的最主要问题是法院与司法行政机关两职权部门间的协调以及如何放权的问题。将民事执行权交给司法行政机关,取决于法院对于执行改革的意向以及司法行政机关是否做好执行的准备。一旦将民事执行交给司法行政机关,它得有能力承担并能高效运作。在司法行政机关没有做好准备前,也不可以轻易变动。

三是待时机成熟时,执行制度需要单独立法。我国现行强制执行的立法体例是将强制执行制度纳入民事诉讼法中,规定在第三编,共35条,其他的则散见于行政法律和刑事法律以及相关的司法解释中。这样的体例会衍生一系列的问题,而且这也是当前我国执行难的原因之一。狭义的民事诉讼法的本体是民事审判程序,而执行程序无论是立法容量还是立法安排上,均不及民事审判程序。将执行程序置于民事诉讼法中,易造成一种误解,即执行程序是审判程序的一部分,或只是其延伸,并不具有独立法律价值。而且,强制执行涉及公民基本权利和财产实际归属,涉及申请人权利和被执行人权利,当事人权利和案外人权利,利害关系人权利和协助执行人权利,私权利和公权利等多种利益冲突。而《民事诉讼法》对执行制度的规定大多过于笼统,缺乏可操作性。从我国现行强制执行立法的规定来看,缺乏与相关立法的衔接。执行中经常出现程序衔接上的空白,法律解释上的歧义,甚至出现执行法院之间的争执。现行《民事诉讼法》对于执行制度的某些规定也不符合执行工作的客观规律。如执行异议制度，这实际上是审判问题，但现行规定将其置于执行程序内。

从世界范围来看，民事执行的立法大体上也分为两种模式，一种是单独立法，另一种是混合立法。其中单独立法的有：奥地利、瑞典、挪威、比利时、冰岛、加拿大、我国台湾地区等。原本采用混合立法模式的日本、韩国、俄罗斯、法国等自 20 世纪 70 年代以来开始"去执行化"运动，采用单独立法。混合立法的有三类：一类是与民事诉讼法、法院法混合立法，如德国、西班牙、意大利、秘鲁、英国。另一类是与破产法混合立法，如瑞士。再一类是分散立法，如美国，美国的强制执行法主要体现于各州立法，尤其在各州的民事诉讼法、公司重整与破产法等中。

单独立法有其劣势，如立法成本会增加，与其他部门法之间的协调问题，须避免法律部门之间的割裂以及法律适用上的混乱。还有，立法并不是万能的，当前的中国并不缺法律，而是缺法律的有效实施。但是，单独立法的优势也显而易见。一方面，从域外经验看，单独立法是趋势，这对于我国的执行改革有着极大的启发性意义。另一方面，我国法律传统上沿袭了大陆法系风格，以偏重立法为传统，而不依赖于判例与习惯法。更为重要的是，单独立法有利于贯彻审执分离理念，实现诉讼法典优化的需要。

三、现阶段审执分离体制改革应采取深化内分的模式

审判权和执行权分离是世界的通行做法，多年来我国也在不断进行审执分离改革的探索。但审执应如何分离，并未形成定见。《中共中央关于全面推进依法治国若干重大问题的决定》(以下简称《决定》)提出"完善司法体制，推动实行审判权和执行权相分离的体制改革试点"，更是引发有关审执分离模式的争论。目前，关于民事执行审执分离改革的模式有三种观点：一是彻底外分，认为应将整个执行工作划分给审判机关以外的机关负责；二是深化内分，认为在法院内部已经实现审判权和执行权适度分离的基础上，应进一步强化和深化这种分离；三是深化内分、适当外分，这是对前两者观点的中和，认为

应当将刑事案件以及行政案件的执行权转移到法院外部。① 由于执行主要是民事执行,所以本书关注的重点也在民事执行,因此审执分离的讨论集中在深化内分和彻底外分两种模式上。本书认为,从《决定》中并不能读出中央明确采取彻底外分模式的信息,执行权虽不同于审判权,但这并不意味着执行权必须从法院分离出去。而且深化内分的模式基本可以取得审执分离的改革效果,这时,改革成本较小的深化内分的模式便应该是当前审执分离改革的选择。

(一)《决定》中相关规定的文义解读

有学者认为,从文义解释的角度看,《决定》的相关表述表明决策者暗示着"将执行权从法院的职能中分离出去"。② 笔者认为,从文义解释的角度讲无法得出"审判权与执行权相分离"就是要推行执行机构脱离人民法院的结论。

首先,有人可能认为,《决定》有"健全行政机关尊重并执行法院生效裁判的制度"以及"健全公安机关、检察机关、审判机关、司法行政机关各司其职,侦查权、检察权、审判权、执行权相互配合、相互制约的体制机制"的表述,这可以作为司法行政机关享有执行权的政治依据。另外,中共中央办公厅、国务院办公厅印发的《关于贯彻落实党的十八届四中全会决定进一步深化司法体制和社会体制改革的实施方案》(以下简称《实施方案》)亦明确要求"推动实行审判权和执行权相分离的体制改革试点。在总结人民法院内部审执分离改革经验的基础上,研究论证审判权与执行权外部分离的模式"。因此有人可能认为决策者不再认可法院内置型审执分离的模式,有将执行权从法院职能中分离出去的意愿。但本书认为从文义解释的角度解读不出上述观点。

第一,"健全行政机关尊重并执行法院生效裁判的制度"的完整表述为"健全行政机关依法出庭应诉、支持法院受理行政案件、尊重并执行法院生效裁判的制度"。因此,这里的"执行法院的生效裁判"是指行政机关作为行政

---

① 《解题"执行难":法院执行在行动——专访最高人民法院审判委员会副部级专职委员、执行局局长刘贵祥》,来源网站 http://www.chinacourt.org/article/detail/2015/01/id/1535346.shtml。

② 参见汪红、纪欣、梅双:《执行权应从法院职能中分离》,《法制晚报》2014 年 10 月 29 日。

诉讼案件中的被告人,应该尊重法院的相关行政诉讼判决,不得拒绝执行不利于自己的生效判决和裁定。而不是说应将民事判决的执行权交给行政机关履行,这和彻底外分模式的意义不同。

第二,《决定》的原文是"完善司法体制,推动实行审判权和执行权相分离的体制改革试点"。可见,《决定》提出的是"审判权"与"执行权"的"两权分离"。现在一般认为审判权和执行权有着不同的属性,审判权和执行权应由不同的机关或部门行使。但审判权和执行权分离有不同的模式,从世界范围内来看,即便审执分离是国际通行的做法,但各国采取的模式却有很大差异。既有德国、意大利等国采取的法院内置的模式,也有英美等采取的法院外设置的模式。因此,两权分离并不意味着执行权必须由法院以外的机构行使,并不意味着审执分离必须采取彻底外分的模式。

第三,《决定》虽规定"健全公安机关、检察机关、审判机关、司法行政机关各司其职,侦查权、检察权、审判权、执行权相互配合、相互制约的体制机制"。但《决定》并未将上述四个机关与上述四种职权一一对应。因为上述四个国家机关并非只行使某一职权,像检察院既有侦查权,也有检察权;像法院,既行使审判权,也有司法解释制定权、非讼事务的处理权等。其他国家的法院也不只行使单一的审判权,也承担大量的其他权力。① 而且即便认为司法行政机关主要行使执行权,也并非意味着决策层将民事执行权交由行政机关行使,因为我国目前司法行政机关的职能本来主要就是负责刑事判决的执行。

第四,即便《决定》规定"推动实行审判权和执行权相分离的体制改革试点",在《实施方案》中提到了要"研究论证审判权与执行权外部分离的模式",也并非意味着决策层就认可了彻底外分的模式,毕竟决策层也只是想试点该模式以比较各种模式的优劣,最终确定模式选择。特别是《决定》在规定"推动实行审判权和执行权相分离的体制改革试点"时,接着规定"统一刑罚执行体制",因此《决定》并未规定统一民事执行和行政执行,也可看出对于民事执行,决策层现在并无彻底外分的意思。

其次,有人可能认为,多年来法院一直推动审执分离改革,在解释论上,我

① 肖建国:《民事执行权和审判权应在法院内实行分离》,《人民法院报》2014年11月26日。

国现行执行体制已经采取人民法院内置相对独立执行机构的审执分离模式。但《决定》还提出需要"完善司法体制,推动实行审判权和执行权相分离的体制改革试点",可见,决策者认识到法院内部审执分离的改革并未根除"执行难"与"执行乱"的现象,因此对该模式不再青睐和认可,因而提出要继续推行审判权和执行权相分离改革的试点。本书认为虽然多年来审执分离改革成效显著,但审执分离并不完善,需进一步推动,如法院虽设置独立的执行局并在执行机构内部分设了执行审查庭和执行实施庭。但由于执行审查权(即执行裁判权)和执行实施权性质不同,因此,将执行审查庭内置于执行局是否合适存在疑问,而且也不利于发挥执行裁判权对执行实施权的监督作用,下一步如何完善需要进一步研究。而且执行裁判权也属于审判权,因此,执行裁判权和执行实施权的改革也包含在《决定》中所说"推动实行审判权和执行权相分离的体制改革试点"中。从文义解释的角度看,并不存在问题。另外我国的人民法庭现在仍然沿用审执合一的模式,这也是下一步应该完善的所在。① 因此《决定》仍旧提出"推动实行审判权和执行权相分离的体制改革试点",也可以解释成为对法院内审执分离改革存在的问题需要进一步改革试点,而并非意味着对原先法院内审执分离改革不满,从而想采取彻底外分的模式。

(二) 执行权属性与执行机构的设置
1. 执行权性质争议的价值有限性

民事执行权性质的争议是在讨论审执分离改革时无法绕过的话题。关于民事执行权的性质,目前学界存在司法权说、行政权说和双重属性说这几种学说的争论。司法权说认为,执行权是审判权的继续和延伸,执行权就是司法权。当然这里的司法权是一种狭义的司法权,其含义跟审判权基本一致。② 行政权说认为,民事执行的核心内容是法律文书确定的权利义务关系的实施。执行行为具有确定性、主动性、命令性等特点,执行权就是行政权。③ 折中说则认为执行工作是司法和行政的有机结合,执行权复合了司法权和行政权的特点,是一种具有双重性质的复合型权力。现在通说认为执行权具有司法权

---

① 洪冬英:《论审执分离的路径选择》,《政治与法律》2015 年第 12 期。
② 张卫平主编:《民事诉讼法教程》,法律出版社 1998 年版,第 404—406 页。
③ 常怡、崔婕:《完善民事强制执行立法若干问题研究》,《中国法学》2000 年第 1 期。

和行政权的双重属性。因此从权利性质来看,执行权和司法权是两种性质不同的权利,不能混为一谈。正因为执行权和司法权的权利属性不同,将审判权和执行权分离才具备理论基础和正当根据。在世界范围内,审判权和执行权的分离是通行做法。我国十几年来审执分离的改革举措也是以执行权和审判权的权利性质不同,审判权和执行权应该分离为依据。但执行权权利属性的争论以及通说的结论仅仅论证了执行权和审判权是两种属性不同的权利,执行权和审判权应该分离。这是执行权权利属性的争论的最大价值所在,也是共识达成的基础。但执行权和审判权的分离这一共识达成后,具体的路径选择却存在多种可能。而执行权的性质争议却无法为审执分离的路径选择问题作出自己的贡献,因为无论深化内分还是彻底外分,这两种模式都是审执分离的具体路径选择而已,两种模式当然以审执应该分离为基础和前提。也就是说执行权的性质争议只能说明审判权和执行权应该分离,只能说明以前审执合一的模式是错的,却不能选择审执分离的具体路径,不能证明哪种具体路径是对的。因此,执行权的性质争议这一问题的讨论意义是有限的,即便认为审判权和执行权应该分离,也不能得出执行权必须脱离法院的结论。因此在我国目前已经对审执分离达成共识,并且已经将执行从审判庭中分离,建立独立的执行局,而且正在探索将执行裁判权从执行局中分离出的背景下,执行权性质的讨论已经完成其使命,无法再立新功。

2. 执行机构的设置应基于多种因素进行综合考量

事实上,在审判权和执行权分离的基础上,执行机构可以设置于法院内。审判权虽是法院最主要的权能,但并非唯一的权能。从世界范围内看,一国法院单纯履行审判职能的很少,很多国家的法院承担着其他与审判权相关的或用于辅助审判权的一系列权力。[①] 所以法院享有的司法权现在是一个"大司法"的概念,而不是单纯指司法权。司法的功能可以包括维护治安、司法性立法、违宪审查、行政审查、执行判决。[②] 一个机构只能行使一项权力也不符合机构精简的原理。所以执行权可以存在于法院内。

---

① 肖建国:《民事执行权和审判权应在法院内实行分离》,《人民法院报》2014 年 11 月 26 日。

② 参见《大不列颠百科全书》(国际中文版)第 6 卷,中国大百科全书出版社 1999 年版,第 220—223 页。

从域外执行机构的设置来看也是如此。审判权和执行权分别由不同的机关或部门行使，符合这两种权力的不同属性，有利于维护司法公正，也是世界各国的通行做法。[1] 但各国在审执分离的基础上设置执行机构时却做法各异、不尽相同。美国、英国、加拿大、挪威、瑞士等国确实将执行机构设在法院外，但德国、日本、意大利、西班牙等国却将执行机构放置于法院内。在这两种类型内部又有各自不同的情形。各国之所以在承认审执应该分离的基础上却又在具体做法上各有特色，就是因为一国执行权的机构设置绝不仅仅是一个理论问题，较大程度上还涉及国家的政治架构、国家体制、权利配置乃至司法传统等诸多条件和因素。[2] 因此审执是否应当分离和执行机构应设置于法院内还是法院外是两个问题，关于执行权性质的讨论只能为前一个问题作解答，却无法为后一问题提供注解。

将执行权从法院分离出去当然可以，这样践行了审判权和执行权分离的共识。但只能将执行实施权外分，执行裁判权不得外分出法院，因为执行裁判权是审判权，而除法院外的其他机关不能行使审判权。另外，执行工作中司法权和行政权是相互交织、密不可分的，行政权依赖于司法权。[3] 因此，二者如何区分也是问题，更重要的是执行实施权和执行裁判权区分后该如何衔接的问题，若衔接不好则会影响执行效率的实现，而将执行权置于法院则有利于执行裁判权和执行实施权的相互衔接和配合。

（三）深化内分模式基本可以取得审执分离的成效

审判权和执行权的分离不是目的，不是为了分而分，而是基于审判权和执行权的不同性质，解决以往审执合一的弊端：法院职能不能有效发挥以及法院裁判无法得到有效执行。因此审执分离要以解决上述问题为核心，特别是以解决执行难为问题导向，同时不应降低执行的效率。[4] 本书认为，法院多年的审执分离的改革取得很大成就，在很大程度上解决了执行难的问题，但审执分

---

[1]　孟建柱：《完善司法管理体制和司法权力运行机制》，《人民日报》2014 年 11 月 7 日。

[2]　廖中洪：《关于强制执行立法几个理论误区的探讨》，《现代法学》2006 年第 3 期。

[3]　张坚：《审判权和执行权相分离改革的路径选择》，《法制日报》2015 年 7 月 1 日。

[4]　《解题"执行难"：法院执行在行动——专访最高人民法院审判委员会副部级专职委员、执行局局长刘贵祥》，来源网站 http://www.chinacourt.org/article/detail/2015/01/id/1535346.shtml。

离的改革还存在很多问题,这些问题在以后的审执分离改革中会进一步得到解决。

1. 法院目前审执分离改革取得的成果

关于执行权行使和运行的规定,中共中央文件、《民事诉讼法》、最高人民法院规范性文件(其实各地高院亦有规范性文件)均有规定,意在解决执行难和乱的问题,明确执行机构和人员,主要途径是将执行与审判分开。①

具体到审执分离的实践,执行权与审判权相分离存在不同的发展阶段。由专设执行员发展到专设执行庭再到执行局,形成执行机构与审判机构在人民法院内部分离的审执分离模式。《民事诉讼法》也专编规定执行程序以使执行程序和审判程序分开。随后全国法院执行机构开始了执行分权改革,在执行机构内部分设了执行审查庭和执行实施庭。由于执行裁判权和执行实施权分别属于审判权和行政权,目前这种审执分离并不彻底,因此现在又采取将执行裁判权从执行局外分,由法院的其他部门行使的试点。

最高人民法院围绕执行工作形成了一系列相关的司法解释、规定和工作意见等,如《关于执行权合理配置和科学运行的若干意见》《刑事裁判涉财产部分执行的若干规定》等,这些规范性文件在很大程度上促进了执行工作的制度化和规范化建设。一支专业化、规范化的执行队伍也初步形成,最高法院与中央多个部门建立执行联动机制,开展多次执行专项活动,推动执行信息化建设。②

从执行效果看,有学者对 2002 年至 2011 年历年全国法院司法统计公报中有关执行的案件按照几个指标进行实证考察,结果表明法院多年来的执行工作取得了比较好的法律效果和社会效果。③

2. 法院内审执分离改革存在的问题及深化内分的进一步改革

当然我们不应文过饰非、盲目乐观,应客观地看到目前审执分离仍未解决的问题,只有正视问题的存在,才是解决问题的态度,这也是以后深化审执分

---

① 洪冬英:《论审执分离的路径选择》,《政治与法律》2015 年第 12 期。

② 《解题"执行难":法院执行在行动——专访最高人民法院审判委员会副部级专职委员、执行局局长刘贵祥》,来源网站 http://www.chinacourt.org/article/detail/2015/01/id/1535346.shtml。

③ 程亮、杨军:《在冲突与调试之间:执行权运行之实证研究》,《法律适用》2013 年第 9 期。

离工作的方向和重点。总体上说,目前学者认为审执分离仍未解决的问题主要包括:一是,深化内分的改革不能改变"重审判、轻程序"的习惯,执行人员也很难转变原先存在的审判思维;二是,执行员队伍质量参差不齐,执行工作能效较低;三是,法院不能专司审判,工作负担重。①

本书认为,首先应该客观承认这么多年来审执分离所取得的成效,审判权和执行权不断深度分离,分离的层次逐渐提高,二者的界限不断分明,执行人员、机构和程序的独立色彩越来越深。多年来的审执分离改革以建立起职权明晰、规范高效的运行机制为方向。② 多年来的改革实践使得"重审判、轻执行"的现象很大程度上得到了"拨乱反正",执行员的思维方式也在很大程度上摆脱了原先的审判思维,执行权区别于审判权而具有独立的基本理念、指导原则和具体程序设计已形成通识,法院内部审执分离的格局已经形成。对于审执分离取得的成果应该客观认识而不应有意忽视或评价偏差。即便目前"重审判、轻执行"的现象依旧存在,执行员的思维方式无法完全摆脱审判思维的影响,但这在以后深化审执分离的改革中通过做进一步的工作,也是可以逐步改善的。

除此之外,本书认为很多问题在目前的审执分离改革中还未解决的原因主要在于两个方面:一是,我国最近十多年来推出的改革措施,基本没有涉及法官与执行员的职能定位问题。③ 目前法官和执行员的职责不清,执行案件也多由法官进行,执行员很少,很多都是法官兼任执行员,法官和执行员的角色会根据法院的工作需要而适时调换。所以法院法官不能专司审判,影响审判工作实现,执行也不太受重视,执行不独立。二是,现行法律在执行员制度方面存在明显的缺陷。比如,现行法律没有规定执行员的任职条件。由于缺乏明确的任职资格,执行员的人员构成复杂,执行员的业务素质和专业能力不能保证,不能有效应对现在越来越多的执行案件以及执行工作中各种各样的精细化、专业化的难题,不利于执行队伍的专业化建设。比如没有规定执行员的

---

① 汤维建:《执行体制的统一化构建——以解决民事"执行难"为出发点》,《现代法学》2004 年第 5 期;褚红军、刁海峰、朱嵘:《推动实行审判权与执行权相分离体制改革试点的思考》,《法律适用》2015 年第 6 期。

② 王洪军、顾晓燕:《执行体制改革研究》,《山东审判》2003 年第 2 期。

③ 张永红:《审判权和执行权相分离体制改革中应当注意的问题——基于英国模式的思考》,《法律适用》2015 年第 5 期。

职级和等级。这样从业人员的工作积极性和主动性不能有效发挥和调动,这也是很多优秀的法院工作人员不愿选择从事执行业务的关键原因。比如没有明确审判人员和执行员的业务分工以及执行员的具体权限,因此出现执行不规范、选择执行、乱执行等问题。① 但这些问题并非不可解决。针对法官和执行人员职责不分、身份混同的问题,可将执行裁判权交由执行法官负责,在法官员额制改革中,应保留执行法官的员额数,为审执分离改革储备人力资源;②而执行实施权则由执行员负责,这样仅有少数法官行使执行裁判权,其他法官则负责案件的审判,法院法官可以专司审判职责,保证审判质量和司法公正。对执行员制度存在的缺陷,应对执行员的任职条件、任免程序、工作职责、职级、等级等问题作出明确规定。现在许多法院对这些问题已经有很多试点以及具体举措。③ 在深化内分的改革中,对上述问题应在不断总结试点经验的基础上制定《人民法院执行员条例》,明确执行员的身份是具有行政色彩的公务人员,参照行政执法类公务员管理,形成与法官序列相独立的执行员序列。从而推动执行向正规化、规范化、专业化、职业化的方向发展,提高执行工作的质量和效率。

另外,造成法院法官兼任执行员、法院审判压力巨大、执行效率相对较低的很重要的原因是案多人少、人手不够。即便采取彻底外分的模式,法院审判的压力可能会缓解,但执行的功效不会显著提高,仍需要通过增加行政编制等多种方式来解决执行的问题。而这些解决问题的方式在深化内分中也可以实现。另外,为了减轻法院工作的压力,也可以适时考虑将刑事案件的执行、行政裁决的执行以及非诉行为的执行交由行政机关负责,以便法院集中精力于案件的裁判和民事案件的执行。④《决定》目前就提出"统一刑罚执行体制",一般认为就是应将死刑以及财产刑的执行权交由司法行政机关行使。

除上述质疑外,还有个重要问题就是地方保护主义。有学者认为不采取彻底外分模式不能使执行摆脱地方保护主义的影响,因为目前法院人财物也

① 王文平:《建议制定〈人民法院执行员暂行条例〉》,《人民司法》2006年第11期。

② 喻英辉:《让执行权的行使更加符合司法规律》,《人民法院报》2015年7月9日。

③ 史小峰:《强制执行权并轨运行模式研究——以我国执行主管现状与完善为切入》,《法律适用》2014年第2期。

④ 张坚:《审判权和执行权相分离改革的路径选择》,《法制日报》2015年7月1日。

受地方保护主义的影响,法院自身尚难以保持独立,更别说执行权的独立行使。① 另有学者认为,虽然 2000 年 1 月最高人民法院制定了《关于高级人民法院统一管理执行工作若干问题的规定》,实行高级人民法院统一管理其辖区执行工作的体制,但改革的成效不大。② 在新一轮的司法改革中,这些问题会得到极大改善,因为现在省级以下人民法院人财物归属省一级的改革正在逐渐展开,法院因受地方保护主义影响而不独立的问题会得到很大改观,执行独立的问题也会随之好转。高级人民法院统一管理其辖区执行工作的体制,即"管事、管人、管案"的体制也会落到实处。另外应在最高人民法院设立执行总局,统一全国法院执行机构的工作,加强上下级法院执行实施机构的领导与被领导关系,形成统一管理模式。当然有人认为这样会加剧行政化的趋势,而本轮司法改革的重点之一就是去行政化改革。本书认为去行政化改革针对的是审判业务中的行政化而言的,而执行实施权本就是行政权,因此并不会出现上述问题。

(四) 彻底外分成本代价更大

毫无疑问,彻底外分当然符合审执分离的宗旨,而且可以使法院专司审判职能,也有利于法院审判的有效执行,但现阶段彻底外分的代价太大,条件不成熟,这是在考虑审执分离的模式选择时需要考虑的现实问题,而且彻底外分也不利于审判权和执行权的协作运行,这样也会影响执行效率。具体来说:

1. 立法成本

将执行权从法院分离,将涉及民事诉讼法、刑事诉讼法、行政诉讼法、法院组织法、法官法等大量法律的重大修改,现行有关执行的众多司法解释、规范性文件也须相应进行整理和修改,尽管可以通过制定《强制执行法》一步到位解决立法问题,但立法周期可能长达数年,这期间执行权从法院分离的合法性问题将难以解决。③ 而采取深化内分的方式则不会出现如此大的变动。

---

① 汤维建:《执行体制的统一化构建——以解决民事"执行难"为出发点》,《现代法学》2004 年第 5 期。

② 童心:《优化民事执行权配置与执行机构设置》,《中共中央党校学报》2010 年第 6 期。

③ 褚红军、刁海峰、朱嵘:《推动实行审判权与执行权相分离体制改革试点的思考》,《法律适用》2015 年第 6 期。

2. 人力成本

彻底外分模式意味着：要么废弃现有的法院内的执行体制而构建全新的一套执行体制，要么将法院内执行体制的执行资源全部剥离出法院系统，并入或成立新的执行机构体系。第一种方案的改革成本最大，首先，该方案会造成原有的执行资源的不当浪费，增加改革的难度。因为多年来法院践行审判权和执行权的分离改革，已经投入了巨大的人力、物力，培养了大批执行工作方面的业务骨干，初步形成了一支规划化、专业化的队伍。最高人民法院与中央多个部门建立执行联动机制，开展许多执行专项活动，推动执行信息化建设。法院系统为解决执行难，为审执分离改革做了大量工作，取得了很大成效，也积累了诸多经验。其次，将执行权从法院分离，需要重新培训行政机关的公务员履行执行工作，使得他们精通民事实体法和程序法，了解执行政策和社情民意，掌握必需的执行技巧，熟悉执行的流程。[1] 这样不仅需要增加行政编制以解决人力问题，还需要对公务员进行法律方面的培训，毕竟一般的公务员并不具备民事实体法和程序法方面的知识背景，也无执行的经验历练。而且知识背景的完善和执行经验的累积不是一朝一夕之功，短期内会出现业务断档，影响执行效果的实现和执行效率的提升。第二种方案使大量有着审判经验和审判资格的人员脱离法院。因为多年来的改革基本未触及审判人员和执行员的职能定位和区分问题，因此实践中存在审判员和执行员的身份混同问题，审判员和执行员的身份很可能会随着法院工作的需要而改变。因此这种改革方案可能会在法院引起人心浮动现象，很多人员可能基于各种原因并不希望脱离法院的环境，也可能会增加来自这些人员的改革阻力问题。而深化内分则可以继承原先法院为审执分离改革所做的所有努力，并在此基础上继续改革，这样成本付出相对较小。

3. 程序成本

若采取彻底外分的模式，那么只能将执行实施权彻底外分，而不得将执行裁判权赋予其他机构行使，因为执行裁判权属于裁判权，而裁判权的行使主体具有唯一性。在具体的执行过程中，执行裁判权和执行实施权并不是截然分开、互不关联的两个阶段，在执行实施过程中，往往会形成多种争议，反复需要

---

[1] 江必新主编：《强制执行法理论与实务》，中国法制出版社 2014 年版，第 49 页。

执行裁判权能发挥作用。如果执行机构不能行使执行裁判权能,这些争议就只能转到具有执行裁判权能的人民法院处理。于是,执行案件在执行机构与人民法院之间来回往返,执行实施和争议处理的效率都将严重降低。当事人就不得不在执行机构和人民法院之间来回奔波,从而负担加重。而且还会出现案件在两个部门之间互相推诿的现象,更加重执行成本。[①] 另外,审判权与执行权的分离并不意味着可以忽视审判权与执行权之间的协作。2009 年《最高人民法院关于进一步加强和规范执行工作的若干意见》中提出,要求完善立审执协调配合机制,在强调审执分离的当下,审执之间的协作更重要。而要采取彻底外分的模式,那么审执之间的衔接、协作也需要花大力气解决,不然可能会出现在案多人少的压力下审判人员注重对结案率的追求,却忽视裁判执行效果的情况,另外执行对审判的协作等问题也需要解决。[②] 这也增加了施行彻底外分模式的成本。而深化内分模式则有利于审判权和执行权的衔接,有利于提高执行的效率。

执行难的原因是多方面的,这是市场经济体制建立过程中的必经阶段和阵痛环节。[③] 具体来说,执行难包括内部和外部两方面原因,外部原因包括法律权威尚未建立、社会诚信体系尚未形成、有效的执行联动机制尚未完善、健全的法律执行体系尚未完善;内部原因包括执行案件众多、执行员配备不强等。[④] 因此执行难出现的原因是多方面的,解决执行难的举措也应是多角度的、综合性的,审执分离只是步骤之一。若要解决执行难,审执分离的改革应与司法体制改革的其他内容相辅相成、齐头共进。因此,在深化内分模式基本可以保障法院职能的发挥、保障法院裁判及时有效执行的情况下,再考虑到彻底外分需要付出的巨大改革成本,目前更合理的做法应是在坚持深化内分的基础上,更加关注强制执行立法、完善联动机制、增强法律权威等举措,从而更

---

① 谭秋桂:《执行机构脱离法院违反民事执行基本规律》,《人民法院报》2014 年 12 月 3 日。

② 肖建国、黄忠顺:《论司法职权配置中的分离与协作原则——以审判权和执行权相分离为中心》,《吉林大学社会科学学报》2015 年第 6 期。

③ 汤维建:《关于破解"执行难"的理性反思——以执行体制的独立化构建为中心》,《学习与探索》2007 年第 5 期。

④ 褚红军、刁海峰、朱嵘:《推动实行审判权与执行权相分离体制改革试点的思考》,《法律适用》2015 年第 6 期。

好地解决执行难的问题。

四、结　语

从各个国家与地区的民事执行机关的设置来看,少有国家将民事执行机关完全设置于司法机关内或完全设置于行政机关中。即民事执行机关既不直接隶属于司法机关,也不直接隶属于行政机关。也就是说,没有一个国家完全将民事执行权配置为纯粹的司法权或行政权,而总是体现着司法权与行政权的复合。研究各个国家审执分离模式的配置,对我国执行机构的设置具有重要的借鉴意义。而且审判权与执行权分离不应局限于标准化模式,这决定了我们在设计审判权与执行权分离模式时具有了宽泛的选择取向和弹性空间,给予了我们与未来目标更贴切的选项。

在抉择审执分离具体对策性方案时至少需要考虑这些因素:第一,要有利于解决执行难。党的十八届四中全会决定提出执行体制改革的要求,目的是要解决执行难。这是推进审执分离的导向。第二,要避免发生执行效率降低的问题。执行权的构成较为复杂,既有执行实施权,如查封、扣押、变卖措施等;也有司法判断权,如对执行异议、复议的审查处理等。外分执行权,只能外分执行实施权。但是,在执行实施权外分后,在执行实施的各个环节中,当事人仍可能会提出执行异议或复议等属于司法判断权处理的事项,其一旦提出,就必须重新请求法院作裁断。这样就可能导致当事人在法院和其他部门间来回奔波,加大了其申请执行的时间与金钱成本,还可能导致各个不同部门间的相互推诿扯皮,造成执行程序延宕,降低执行效率。第三,要深入研究其他国家执行体制的设立与运转情况。我们常说:"他山之石,可以攻玉。"在推进审执分离改革进程中,应充分注意其他国家的相关做法,特别是要注意总结有关国家已经进行的审执分离改革的成败得失,确保审执分离改革稳定并能持续推进。

审执分离已成为定局,但是有限分离还是彻底分离还举棋不定。无论哪种改革都涉及成本支出,还须考虑效益问题以及长远计划的打算。采取法院有限分离的方式,成本较低,改革幅度也较小,但改革的结果可能只是换汤不换药。采取彻底分离模式的最主要问题是法院与司法行政机关两职权部门间的协调以及如何放权的问题。将民事执行权交给司法行政机关，取决于法院对于执行改革的意向以及司法行政机关是否做好执行的准备。一旦将民事执行交给司法行政机关，它得有能力承担并能高效运作。在司法行政机关没有做好准备前，不可以轻易变动。

第十三章　人道精神在现代中国
司法改革中的展开

一、引　言

　　所谓"人道精神",是中国传统"仁道"理念与西方近代人道主义融合的产物,它主要指尊重人、关心人、爱护人,特别是尊重他人的人格、重视人的生命价值。"仁道"理念出自儒家鼻祖孔子,他提出了"仁者爱人"的命题,并将仁道概括为"忠恕之道","忠道"的含义是"己欲立而立人,己欲达而达人","恕道"的含义是"己所不欲,勿施于人";前者的意思是自己有所成就,也应当让别人有所成就,后者的意思是自己不想做的事不要强加于人。显然,洋溢其间的是仁爱精神、关怀意识及以他人为重的情怀,是一种悲天悯人的古道热肠。

　　崔永东在几年前出版的《中国传统司法思想史论》一书中曾指出:"中国传统司法思想以儒家司法思想为主流,而儒家司法思想的基本价值取向是'仁道'。根据孔子所谓'仁者爱人'的命题,仁道则是对人类的爱心之道。"①孔子的仁道学说在后世产生了深刻的影响,一些正直的思想家、政治家对此多有继承发扬。拙著指出:"从古代学者和政治家的议论中,我们看到了如下一些出现频率很高的词汇与成语,如仁道、仁恩、钦恤、慎罚、明刑、祥刑、中庸、中罚、刑中、仁者之刑、仁爱德让、敬让博爱、仁爱忠厚、宽仁之厚、务于宽厚、御众以宽、好生之德、以泽恤人、惟刑之恤、重慎刑罚、哀矜折狱、罚弗及嗣、罪疑惟轻、调和均齐,等等。上述词语均与司法问题有关,且反映了一种明显的人道

① 崔永东:《中国传统司法思想史论》,人民出版社2012年版,第190页。

性因素(也体现了'仁道'价值)。可以说,上述词语构成了古代司法仁道思想中的'意义之网',它使我们体味到了古人基于生命伦理与社会正义而展示的一种人道情怀。正是这样一种人道情怀才为中国古代司法植入了一种温情因素和人性根基,才冲淡并抑制了暴虐司法带来的副作用,并为社会和谐架起了一座'仁道之桥'。"①

　　那么,什么是人道主义?"人道主义"这一概念源于西方,作为一种系统的理论学说和价值观念,人道主义诞生于文艺复兴运动。《辞海》称:"十四到十六世纪欧洲文艺复兴时代的先进思想家,为了摆脱经院哲学和教会思想的束缚,提出了人道主义,作为反对封建、宗教统治的武器,提倡关怀人、尊重人、以人为中心的世界观。十八世纪法国资产阶级革命时期曾把人道主义的原则具体化为自由、平等、博爱的口号。"②根据《北京大学法学大百科全书》的解释,人道主义是"将人和人的价值置于首要地位的思想态度。认为人是目的,而不是手段、工具;每一个人,不论其种族、国籍、宗教信仰、职业、性别和社会地位如何,都具有同等的重要性,其人格尊严和人身安全不容贬损和侵犯。……人道主义在法律思想中的突出表现是对人权的重视。"③

　　如果说人道主义是一种将人和人的价值放在首要位置的思想态度,那么中国传统的仁道思想显然也有此种意识。质言之,人道主义与仁道学说在尊重人、爱护人、重视人的生命价值方面是相通的。近代以来,西学东渐,西方人道主义思潮与中国传统仁道思想汇流,引领了变法运动和法治进步。时至今日,人道精神仍然是我们依法治国与司法改革的思想支撑与理论基础,甚至可以说,中国当代的法治变革是人道精神在法治实践中的展开,司法改革是人道精神在司法实践中的展开。

二、人道精神在现代司法改革理论中的展开

　　"十年浩劫"对法制的冲击是灾难性的,党和国家建设事业因之遭受重

---

① 崔永东:《中国传统司法思想史论》,人民出版社 2012 年版,第 191 页。
② 《辞海·哲学分册》,上海辞书出版社 1980 年版,第 102 页。
③ 《北京大学法学大百科全书》,北京大学出版社 2000 年版,第 652 页。

创,国家政治生活中的人道精神也因之荡然无存。痛定思痛,党的第二代领导集体深刻反思了"文化大革命"破坏法制的教训,决定加强民主法制建设。随着 1978 年党的十一届三中全会的胜利召开,党对国家的治理方式发生了根本性的改变,即由过去的靠政策治理转变为主要靠法律来治理,因为法律具有稳定性、连续性和极大的权威,对民主有促进和保障作用。因此,加强民主、健全法制成为当时中央的基本工作方针。历史地看,这是当时国家政治生活的一场深刻变革,一种崭新的治国理政方式登上了舞台。强化民主法制建设,意味着国家政治生活中的人道精神开始复苏。

与此同时,学界对人道精神及体现该精神的司法制度也开始加以关注,并突破了一些"禁区",出现了一些学术争鸣。例如,对"无罪推定"原则的研究,一种观点认为,无罪推定是在刑事诉讼过程中,司法人员对被告人有一种无罪的认识,并以此认识为基础来开展追诉活动;另一种观点认为,无罪推定的实质在于以证定罪,司法人员在没有确证被告有罪前,不应当认定被告有罪或无罪;还有一种观点认为,被告人在刑事诉讼过程中未经司法判决,应当首先推定其无罪。在讨论与无罪推定有关的原则时,大家的意见又是一致的,即对被告人有罪无罪、罪轻罪重疑惑不决时,应当从有利于被告人的角度做结论;被告人应当享有沉默权,拒绝陈述不应当作为定罪的依据。应该说,无罪推定原则无论是在当时还是在今日,都体现了一种鲜明的人道精神。后来伴随着司法改革的推进,对该原则的认同逐步成为共识,刑事诉讼法也吸收了这一原则。

何谓"无罪推定"?《法学词典》的解释是:"刑事被告人在未经法院判决为有罪的情况下,应推定他是无罪的。"①该原则在西方资产阶级革命时期是为反对封建司法"有罪推定"的专横擅断原则而提出的,最先提出和论证该原则的是著名刑法学家贝卡利亚,1789 年法国的《人权宣言》开始规定了该原则,后来其他国家的宪法或刑事诉讼法也规定了这一原则。西方的诉讼理论还对该原则加以引申:证明被告有罪的责任,应由控诉一方负担,被告人不负证明自己无罪的责任;被告人也不负必须陈述的义务;对被告人的罪行轻重有怀疑时,应作出有利于被告人的结论。

---

① 《法学词典》,上海辞书出版社 1989 年版,第 80 页。

20世纪90年代,随着司法改革的逐步推进,诉讼法学迅速发展起来。诉讼法制建设理论是司法改革理论的一个重要方面。此时的诉讼法学对诉讼模式、诉讼目的、诉讼法律关系、程序价值及证据制度、免于起诉制度等都展开了探索,提出了精到的见解。对诉讼模式的研究主要在刑事、民事两大领域展开,并体现出职权主义向当事人主义侧重的趋势。在民事诉讼领域,更多的学者主张增强当事人在诉讼中的主导地位,强化庭审辩论,扩大当事人的处分权。有学者主张民事诉讼模式应该综合职权主义与当事人主义的优点,结合中国的具体国情,构建有中国特色的社会主义民事诉讼模式。在刑事诉讼领域,也有学者主张在坚持职权主义模式优点的前提下,充分吸收当事人主义的合理内核。应该指出,当事人主义的诉讼模式更有助于保护人权,因而也在一定程度上体现了人道精神。

在诉讼目的方面,有学者认为民事诉讼目的兼具解决纠纷和保护民事权益的双重目的,以保障社会秩序的正常化。刑事诉讼的目的,过去学界一般认为是证实和惩罚犯罪,同时保障无罪者免受刑事追究。此时的一些学者则指出刑事诉讼应该具有惩罚犯罪和保障人权的双重目的,后来这种观点逐渐占据上风。与此有关的是刑事诉讼价值问题,有学者将其概括为公正、秩序、效益,另有学者概括为安全与自由、犯罪控制与权利保障。应该说,注重人权保障、追求人道精神逐渐成为共识,改革开放以来的诉讼法学界正是以此理念为指引来开展司法改革的理论研究的。

在行政诉讼法方面,一些学者针对1989年颁布的《行政诉讼法》发表了看法,认为该法对维护人民群众的合法权益,维护与监督行政机关依法行政,推进民主政治等均有十分重要的意义。但该法仍存在一些不足,著名学者郭道晖指出:"行政诉讼的一个主要目的在于防止和克服行政的专横,保障和救济公民的权利。但是,我国行政诉讼法只限于对违法的或行政处罚显失公正的具体行政行为进行司法审查,而不涉及对行政法规、规章或行政机关制定和发布的决定、命令提起诉讼,即不审查抽象的行政行为。"①这就是说,我国行政诉讼法只是解决具体的行政侵权行为,而不解决立法侵权行为。因此,实施行政诉讼法还应当克服立法专横问题。行政法或行政诉讼法存在的意义就在

---

① 郭道晖:《法的时代精神》,湖南出版社1997年版,第559页。

于通过限制行政权来保护公民权,因而体现了明显的人道精神。

同样撰成于 20 世纪 90 年代末的《中外司法制度》一书对司法改革问题也进行了理论研究,在谈到司法改革的总体目标和任务时指出:"依据宪法和法律规定的基本原则,健全司法机关的组织体系;树立司法机关的真正权威,进一步完善司法独立、公正、公开、高效、廉洁、运行良好的司法工作机制;造就一支高素质的司法队伍,建立保障司法机关充分履行职能的经济管理体制;真正建立起具有中国特色的社会主义司法制度。"①另外,该书还提出了完善错案追究制度的主张:"(1)适用范围。包括对哪些人适用,对哪些案件适用。(2)错案的界定、界定的标准以及认定的机关。就错案认定的机关而言,尽管实践中有些地方将导致错案的原司法机关作为认定机关,但我们认为这种做法欠妥,并缺乏科学性。同时,错案界定的标准不应该仅仅以案件的实体结果即认定的事实错误和适用法律错误为限,还应当包括各种程序违法。(3)归责原则与责任的种类。就归责原则而言,对司法人员追究法律责任应以过错责任为限,只要司法人员在办案过程中,因故意或过失导致错案的发生,都应对其追究法律责任。"②基于上述内容,可见我国司法改革的总体目标和主要任务均体现了明显的人道精神,而错案责任追究制度的构建旨在保护当事人权利,更是彰显了一种人道精神。

进入 21 世纪以来,随着司法改革由技术性改革向体制性改革的迈进,司法理论的研究也趋于深入化和系统化,提出的一些观点也更有挑战性。著名学者郭道晖对所谓公检法三机关"互相配合,互相制约"的提法表达了要更新表述的设想:"三机关中,检察院与公安有所配合(如侦查、逮捕等),同时也是检察院对公安部门的这些司法行为进行法律监督。至于法院,完全是独立审判,不应与检察、公安'配合'(协商)办案,倒主要是要通过审判程序,对检察、公安有所制约(判断其所控事实与证据是否真实、合法)。检察机关在中国是法律监督机关,对法院审判是否公正、合法,可通过抗诉等法定程序加以监督制约。"③

长期关注司法改革问题的法学专家周道鸾先生对独立审判与司法公正的

---

① 陈业宏、唐鸣:《中外司法制度》,商务印书馆 2000 年版,第 435 页。
② 陈业宏、唐鸣:《中外司法制度》,商务印书馆 2000 年版,第 442 页。
③ 郭道晖:《法的时代挑战》,湖南人民出版社 2003 年版,第 470 页。

关系问题进行了系统研究,指出:"独立审判,是指司法机关在审判各类案件时,根据自己对案件事实的判断和对法律的理解,独立自主地作出裁判,不受任何外来的影响和干涉。在我国,则是指审判机关独立于行政机关,审判权独立于行政权。独立审判原则不仅要求司法机关对外保持独立,避免遭受国家其他权力的侵犯,而且要求在法院内部保持独立,即对案件的审理和判决,应当由审理该案的法官或者合议庭根据事实和法律独立地作出裁判,不受其他法官和法院行政工作人员的干涉。"①

以上两位学者所论,实际上是要求从体制上解决审判独立问题,即审判机关必须依法独立公正地行使审判权 不受任何权力和势力的干预,如此才能真正捍卫司法公正、保障当事人权利。可见,上述有关司法改革的理论体现了明显的人道精神。

学者缪蒂生将司法改革置于司法文明建设的背景中对两者之间的关系进行了系统探讨,其所著《当代中国司法文明与司法改革》一书指出:"司法文明是文明在人类司法活动领域的具体体现,是人类社会司法活动发展中所取得的积极成果和进步状态,和人类围绕司法权的分配、划分、行使在司法理念、司法机构、司法体制、司法制度、司法人员遴选、司法行为等诸领域中所取得的一系列积极成果和进步状态,而且这种积极成果和进步状态,是符合社会实际、促进社会发展、适应法治要求的。"②他认为,司法文明的基本要素包括司法理念文明、司法制度文明、司法行为文明、司法载体文明等;并强调,构建现代司法文明必须坚持正确政治导向原则、全面系统原则、协调发展原则、人性化原则和监督原则。又从司法体制改革、司法管理制度改革、法律职业化建设、司法程式改革和司法监督机制改革等方面揭示了当代中国司法文明的发展趋势。

笔者认为,司法文明的核心要素应当是人道要素,核心精神是人道精神。司法改革是通向司法文明的必由之路,但这种改革必须由人道价值观引领并逐步实现人道价值取向,否则,背离人道价值观的司法改革不可能通向真正的司法文明,而可能演变为司法的暴虐和野蛮。

---

① 周道鸾:《司法改革与司法实务探究》,人民法院出版社 2006 年版,第 3—4 页。
② 缪蒂生:《当代中国司法文明与司法改革》,中央编译出版社 2007 年版,第 4 页。

　　由著名诉讼法学家陈光中先生等合著的《中国司法制度的基础理论问题研究》一书,首先,从宏观上系统阐释了中国司法制度相关的基本理念,对一些争论不已的问题表达了看法;其次,又对中国司法制度的四大组成部分——法院制度、检察制度、侦查制度以及律师制度分别进行了论述;再次,又讨论了诉讼民主、诉讼公正、诉讼真实、诉讼构造、诉讼和解及诉讼效率等问题。陈光中先生在该书前言中写到,该书"针对目前司法体制改革和三大诉讼法修改中亟待解决的问题,提出一系列具有合理性和可操作性的解决方案,如改革法院审判委员会制度,强化法官职业保障;授予职务犯罪侦查部门采取特殊侦查手段权,加强自侦案件内外权力的制约、监督;多管齐下,解决现实中程序严重不公问题(刑讯逼供、超期羁押、证人不出庭等);扩大被告人国家赔偿范围,创建被害人国家补偿制度;以科学的诉讼真实观为指导,构建三大诉讼层次性的证明标准;增设行政诉讼的调解程序、简易程序;等等"。[①] 该书是一部"体大思精"的中国当代司法理论研究的"扛鼎之作",其中蕴含着丰富的人道精神,可以说,正是这种人道精神才构成了当今司法改革理论的主流。

　　在刑事司法领域,学者们的研究更是洋溢着一种人道情怀。有的学者认为,社区服务刑可以说就是体现"以人为本"精神的刑罚措施,可以考虑将"社区服务刑罚"作为管制刑的替代,这一新型刑罚措施也在一定程度上体现了刑罚的谦抑精神。"社区服务刑罚是指地方法院以刑事判决的方式,判处罪行较轻的犯罪分子,在一定数量的时间内必须为社会提供一定的无偿劳动。通过此种方式,达到服务社会、矫正犯罪心理、改过自新的目的,完成罪犯改造之任务。社区服务刑罚的出现反映着现代刑罚人性发展的根本趋势,体现了现代刑罚的基本原则。"[②]应该说,社区服务刑的出现也彰显了刑事司法政策的人道化走向:"社区服务刑体现了刑罚的人道性和教育性。所谓刑罚的人道性,是指刑罚的设置与适用都应当与人的本性相符合。在适用刑罚时,尊重罪犯的人格尊严,以宽容的态度实施刑罚是人道性的具体体现。社区服务刑作为独立刑罚或对监禁刑的替代,在不剥夺罪犯人身自由的情况下,通过社区服务,使罪犯在社会上接受改造,从而维护了罪犯的人格尊严,保障了罪犯的

---

① 陈光中等:《中国司法制度的基础理论研究》,经济科学出版社 2010 年版,第 3 页。
② 熊永明、胡祥福:《刑法谦抑性研究》,群众出版社 2007 年版,第 442 页。

人道待遇。"①

20 世纪 90 年代,我国司法改革确立了"宽严相济"的刑事司法政策,该政策体现了"以人为本"的理念。学界认为,宽严相济的刑事政策要求刑事司法秉承保障人权、和谐司法的理念,"从中庸理性角度看,宽严相济的刑事政策是:以普遍存在于刑事法(包括刑事立法和刑事司法)领域中的宽严这一组矛盾为指导,在全面了解和权衡正义、人道、人权、报复、预防、效率等各种价值的基础上,实现宽和严的最佳结合,从而最大限度地实现以人为本与和谐社会价值理念的刑事政策"。②

"宽严相济"的刑事司法政策取代了"严打"的刑事司法政策,是刑事司法政策的重要变革,标志着人道主义司法观在刑事政策领域的初步确立,对构建和谐社会、促进民主政治都有重要意义。这一刑事司法政策得到了学界的肯定,认为其平衡了打击犯罪与保障人权之间的关系,彰显了一种新的刑事政策观念。"长期以来,我们一直对刑事司法在犯罪控制上抱有高度期待,而对刑事司法的限度缺乏认识,一味追求犯罪的刑事化处理。这种认识与和谐社会的内在理念有抵牾之处。因为越来越多的研究表明,现代社会秩序的维系并非源于刑事司法的惩罚与制裁功能,而是形成于社会的自主互动。在法治发达国家,这种认识最终转化为刑事司法中的宽松刑事政策,相应地,各种针对犯罪的非刑事化处理方式应运而生。恢复性司法与起诉犹豫制度便是典型。我们有必要更新原有刑事司法观念,树立非刑事化的观念。我们可以通过刑事和解与不起诉等方式将一些犯罪分流出刑事司法系统。"③

另有学者明确指出:"从'严打'到宽严相济,是当前我国刑事政策的重大变革。为了最大限度地增加社会和谐因素,最大限度地减少社会不和谐因素,最大限度地缓解社会冲突,最大限度地防止社会对立……宽严相济刑事政策已经取代'严打'刑事政策成为当前刑事司法的指导性政策。"④

总之,以人道精神引领的司法改革,促进了司法政策的人道化。新的刑事

---

① 熊永明、胡祥福:《刑法谦抑性研究》,群众出版社 2007 年版,第 443 页。

② 汪明亮等:《宽严相济刑事政策研究》,中国人民公安大学出版社 2010 年版,第 17 页。

③ 左卫民:《和谐社会背景下的刑事诉讼制度改革》,载《法治与和谐》,中国政法大学出版社 2007 年版。

④ 汪明亮等:《宽严相济刑事政策研究》,中国人民公安大学出版社 2010 年版,第 330 页。

司法政策突出了人道价值观,体现了"以人为本"的精神,彰显了对人的权利及人的生命价值的尊重。这种刑事司法政策实际上是西方近代以来人道主义司法观与中国传统"仁道"司法观交合融汇的产物,它反映了中国当代刑事司法政策的深刻变革,这一变革的突出表现是将过去片面强调打击犯罪的刑事司法政策转变为打击犯罪与保障人权并重,实现当宽则宽、当严则严、宽与严的最佳结合。从保护人权的角度讲,宽严相济的刑事司法政策应当建立在以宽为主的前提之下,这不仅符合我党"以人为本"和"司法为民"的宗旨,也符合和谐社会的价值取向,并且顺应了国际刑事司法的发展趋势。

三、人道精神在现代司法改革实践中的展开

进入 21 世纪以来,随着我国经济的迅速发展,法治建设与司法改革也日益受到党中央与人民群众的重视,人们的法治意识、公民意识和权利意识都有了很大的提升,大家对司法改革以及通过司法保障人权等有了更高的期待。党中央决定在更广、更深层次上开展司法改革。2002 年,党的十六大报告提出"推进司法体制改革",对司法改革进行部署。2003 年,中央司法改革领导小组成立,指导全国司法体制改革工作。2004 年,中共中央通过司法体制改革领导小组拟定的司法改革征求意见稿。中国司法改革的思路确定为"积极稳妥地推进、分步进行、自上而下、分阶段评估"。

2005 年,最高人民法院出台第二个《人民法院五年改革纲要》。2007 年,最高人民法院出台《关于进一步发挥诉讼调解在构建社会主义和谐社会中积极作用的若干意见》,强调人民调解与司法裁判的良性互动。同年,全国法院司法改革工作会议召开,总结司法改革的成就和经验,提出司法改革的具体任务。2008 年,最高人民法院报告将优化司法职权配置列为年度工作重点。

2007 年,党的十七大报告提出"深化司法体制改革,优化司法职权配置,规范司法行为,建设公正高效权威的社会主义司法制度,保证审判机关、检察机关依法独立公正地行使审判权、检察权"。2008 年,中共中央政治局原则同意中央政法委《关于深化司法体制改革和工作机制改革若干问题的意见》,确立了今后司法改革的总纲,标志着新一轮司法改革的正式启动。

2013 年 11 月 12 日,党的十八届三中全会通过的《中共中央关于全面深化改革若干重大问题的决定》提出了"深化司法体制改革"的号召,要求"加快建设公正高效权威的社会主义司法制度,维护人民权益,让人民群众在每一个司法案件中都感受到公平正义",并提出要"确保依法独立公正行使审判权检察权"、"健全司法权力运行机制"等。"改革司法管理体制,推动省以下地方法院、检察院人财物统一管理,探索建立与行政区划适当分离的司法管辖制度,保证国家法律统一正确实施。建立符合职业特点的司法人员管理制度,健全法官、检察官、人民警察统一招录、有序交流、逐级遴选机制,完善司法人员分类管理制度,健全法官、检察官、人民警察职业保障制度。""优化司法职权配置,健全司法权力分工负责、互相配合、互相制约机制,加强和规范对司法活动的法律监督和社会监督。改革审判委员会制度,完善主审法官、合议庭办案责任制,让审理者裁判、由裁判者负责。明确各级法院职能定位,规范上下级法院审级监督关系。"

决定又指出:"完善人权司法保障制度,国家尊重和保障人权。进一步规范查封、扣押、冻结、处理涉案财物的司法程序。健全错案防止、纠正、责任追究机制,严禁刑讯逼供、体罚虐待,严格实行非法证据排除规则。逐步减少适用死刑罪名。废止劳动教养制度,完善对违法犯罪行为的惩治和矫正法律,健全社区矫正制度。"①

《中共中央关于全面深化改革若干重大问题的决定》是中国现代司法改革史上划时代的文献,其中将司法体制改革与加强人权司法保障同步推进的表述更具有指南针作用,标志着我国新一轮司法改革将以人权保护作为基本目标和理念引领,体现了鲜明的人道精神。"维护人民权益,让人民群众在每一个司法案件中都感受到公平正义"、"完善人权司法保障制度,国家尊重和保障人权"、"健全错案防止、纠正、责任追究机制,严禁刑讯逼供、体罚虐待,严格实行非法证据排除规则"等以及相关"去行政化"、"去地方化"的各种举措,无不昭示了人道精神在司法改革领域的深入拓展和全面展开。

该决定的出台,预示着新一轮司法改革即将拉开大幕。新一轮司法改革

---

① 《中共中央关于全面深化改革若干重大问题的决定》,人民出版社 2013 年版,第 31—34 页。

带有全局性和系统性,特别是将司法改革纳入了"法治中国建设"的整体框架之中,使此次司法改革有着不同于以往改革的深远意义。决定指出:"建设法治中国,必须坚持依法治国、依法执政、依法行政共同推进,坚持法治国家、法治政府、法治社会一体建设。"可以看出,法治中国建设是一项前无古人的浩大工程,而司法改革在其中起着至关重要的作用,因为司法是法治从"应然"走向"实然"的关键。法治中国建设具有深刻的人文内涵,它与政治文明、社会文明的进步密切关联,与人权保障携手共进,蕴含着深厚的人道因素。

2014 年 10 月 23 日,党的十八届四中全会通过的《中共中央关于全面推进依法治国若干重大问题的决定》指出:"公正是法治的生命线。司法公正对社会公正具有重要的引领作用,司法不公对社会公正具有致命破坏作用。必须完善司法管理体制和司法权力运行机制,规范司法行为,加强对司法活动的监督,努力让人民群众在每一个司法案件中感受到公平正义。"这就意味着,新一轮司法改革是将司法公正作为其根本追求的,而司法公正正是司法人道主义的核心内容。

21 世纪以来,"以人为本"的人道主义价值观开始主导司法政策的制定,如"宽严相济"取代"严打"的司法政策,标志着人道主义价值观在司法政策领域的初步确立,当宽则宽、当严则严,实现宽与严的最佳结合,并且坚持以宽为主,目的是实现打击犯罪与保护人权的平衡(2011 年《刑法修正案(八)》取消 13 个非暴力性经济类死刑罪名,75 岁以上老人犯死罪不适用死刑;2012 年的新《刑事诉讼法》规定不得强迫自证其罪、非法证据排除,妻子、子女和父母享有拒证权)。如此等等,在刑事司法领域,对人道价值观的认同和追求已经成为大势所趋。

回顾自 2013 年以来开始的新一轮司法改革的过程,可以发现一个不争的事实,其推行的种种改革举措如员额制、责任制、监督制、保障制及公开制等无不以人道价值观为指归,其核心在于对司法公正的不懈追求。一些学者曾指出,新一轮司法改革的总目标是实现"权、责、利"的统一,而权责利的统一才能有助于实现司法公正,因此可以说司法改革的总目标也体现了明显的人道精神。试想,不搞员额制、责任制、监督制、保障制及公开制等,又何谈"让审理者裁判,由裁判者负责"? 更何谈去行政化、去地方化? 因此也就谈不上司法权独立公正地行使,如此又哪来的司法公正? 司法的人道精神又如何彰显?

毫无疑问,人道化是本轮司法改革的价值取向,"让人民群众在每一个案件中都感受到公平正义"是对这一价值取向的准确表达。在此价值观的推动下,司法机关在平反冤假错案方面多有建树,使长久受损的正义得以恢复,人道司法的光辉重新映照人间。上海市法院系统通过推行以审判为中心的诉讼制度改革来强化人权保障,又通过推进认罪认罚从宽制度改革,让法律的宽容精神得以体现,从而有助于保障人权。

另外,坚持司法为民的原则也体现了司法的人道化趋向。《上海法院司法体制改革探索与研究》一书指出:"上海法院始终坚持司法为民根本宗旨,积极回应人民群众关切和期盼,解决好人民群众最关心最直接最现实的利益问题,各项工作受到人民群众的肯定和认同,司法公信力不断提高。"①来自检察系统的声音表明,以审判为中心的诉讼制度改革是防止冤假错案发生的重要举措。吉林省人民检察院推出的《司法改革正当时》一书指出:"过去我国刑事司法制度构建是以侦查为中心,这一构建往往强调的是快速突破案件,极易导致先抓人后取证、限期破案、超期羁押、刑讯逼供、司法机关有分工没制约等问题的大量出现,无法从根本上杜绝冤假错案的发生。……推进以审判为中心的诉讼制度改革,完善检察机关行使监督权的法律制度,加强对刑事诉讼等的法律监督。"②

以下是对上海试点司法改革的概要总结,通过对其"亮点"的揭示,读者朋友们不难发现其中洋溢的人道精神。上海市试点司法改革,先行先试,大胆探索,坚持顶层设计与基层实践相结合,形成了一些可复制、可推广的试点经验。曾任上海市高级人民法院院长的崔亚东对上海法院系统司法改革的经验进行了盘点:一是以审判权为核心,建立完善了主审法官、合议庭办案责任制,实现"让审理者裁判";二是以权责统一为原则,建立完善了法官、合议庭办案责任制,落实"由裁判者负责";三是以审判管理权、审判监督权为保障,健全完善了审判权监督制约机制;四是以保障审判权高效公正廉洁行使为目标,建立完善司法廉洁监督机制。③

司法改革的"上海样本"的经验主要表现在如下几方面:

---

① 上海市高级人民法院编印:《上海法院司法体制改革探索与实践》,第71页。
② 吉林省人民检察院:《司法改革正当时》,吉林人民出版社2015年版,第15页。
③ 杨江:《司法体制改革的上海样本》,《新民周刊》2015年7月22日。

1.通过实行员额制来实现司法队伍的职业化、精英化。上海司改试点首先从司法人员分类管理入手,推行员额制改革,确保优秀人员进入员额,实现司法队伍的精英化。据统计,上海八家试点法院、检察院已经完成首批遴选,入额法官、检察官分别占队伍总数的27.9%和29.9%,都没有超过33%的员额限度。另外,加强法官助理、检察官助理等司法辅助人员队伍建设,为将来选拔优秀法官、检察官建好"蓄水池"。

上海市检察机关在司改试点中强调将员额制作为司法责任制改革的突破口。上海市人民检察院检察长张本才指出:"以员额制为改革的突破口,顺应了检察官管理制度的发展趋势,也符合员额制改革的基础性地位要求。上海市检察改革以员额制为切入点,通过人员分类管理,明确检察官办案主体地位,落实检察官办案责任,建立单独职务序列,有利于克服长期以来司法行政化、办案责任制模糊等弊端,明确检察官依法独立行使检察权,对检察办案组织以及内设机构整合等后续改革探索具有基础性作用。"①上海市司法机关的员额制改革主要涉及以下几方面:一是坚持从严从紧、留有余地,科学制定检察官员额控制计划;二是严格入额标准和条件,科学规划员额配置;三是明确分类原则,完成全市检察人员分类定岗。上海市检察机关的相关改革文件要求入额检察官必须符合政治素质、职业操守、办案经历、学历等基本资格条件,并进行严格考核。又成立专门的遴选机构,设计严格遴选入额程序。以上举措,旨在确保入额检察官的素质,以实现入额检察官队伍的职业化、精英化。

2.加强监督制约,完善司法权力运行机制。上海司改试点注重构建权责明晰的审判权、检察权运行机制,加强对审判权、检察权的监督制约,这种监督制约既包括司法机关的内部监督制约,也包括社会监督、舆论监督等外部的监督制约,以确保司法人员能够正确行使司法权。一切有权力的人都容易滥用权力,掌握司法权的人也不例外,因此对司法权的监督制约不可避免。在"还权"或"放权"的同时,当然应该"管权",监督制约就是"管权"的一种形式。上海司改试点对一线办案人员大胆放权,力推主审法官、主任检察官办案责任制,试点法院直接由独任法官、合议庭裁判的案件占审结案件总数的99.9%,

---

① 《员额制:司法责任制更了的突破口》,《人民检察》2016年第6期。

提交审委会讨论的案件数量已经极低,甚至不足审结案件总数的千分之一。全市检察机关规定检察长或检委会行使权力的事项仅有 7 项,其余均"放权"于主任检察官或检察官行使。与此同时,完善司法公开机制,强化监督制约机制,全面推行办案工作全程录音录像、生效裁判文书上网等工作,大大提高了司法透明度,有效抑制了权力失控现象。

正如有的文章指出的,上海司法改革试点注意探索完善对司法权进行有效监督制约的长效机制,着力解决司法机关主动接受内外部监督不到位的问题,切实提高接受内外监督的意识,并拓宽接受内外部监督的渠道。注意明确监督职能部门的职责,整合内外部监督,形成监督合力。切实健全以执法档案为基础、执法质量考评为主要内容的执法责任制和奖惩机制。深入排查司法权力运行、司法机关管理、法律适用和办案流程中的廉政风险点,完善防范应对之策,确保司法廉洁。①

也有学者指出,审判权运行机制的改革,一方面,是审判权的"放",核心是建立独任法官、合议庭办案责任制;另一方面,是审判管理权的"收",让审判管理权的边界得以合理回归。包括建立起权力清单制度,包括院庭长不得越级或超越分管范围进行管理,不得强迫独任法官、合议庭改变评议意见等。审委会、院庭长从原来的"审批案件"向"审判案件"转变,根据入额与否被编入各个合议庭,以法官身份直接办案;审委会回归面上指导职能,所讨论案件的范围必须严格过滤,且实行讨论案件公开机制,当事人可对审委会委员申请回避或提交新的辩论意见,前期试点法院提交审委会讨论案件的比例已降低至0.1%。那么,如何处理好审判权的"放"与审判管理权的"收"之间的关系呢?或者说如何处理因为"放权"而导致的审判监督弱化以及随之而来的审判质量风险呢? 上海的试点法院经过慎重考虑后认为,为了去行政化而废除内部监督的做法并不可取,应当根据司法规律推进审判监督方式的转化:(1)强化审判流程监督;(2)审判资源优化配置;(3)责任追究与评价考核。把法官办案差错的认定标准,合理区分为一般差错责任、重大差错责任和违法审判责任。审判长因未适当履行岗位职责而造成差错案件的,应承担主要责任,合议庭成员根据分工和表决承担不同责任。相应地,辅之以有效衔接的对法官评

---

① 虞浔:《司法改革:上海的实践与思考》,《上海法治报》2014 年 5 月 28 日。

价、问责、惩戒和退出机制,以及探索建立合议庭成员的互评和引入院外的第三方评价,涉及案件差错责任的则纳入业绩档案,影响到法官考核、评优和职务任免①。

3. 通过"去行政化"、"去地方化"等措施逐步提高司法公信力。上海司改试点在"去地方化"方面着力推进人财物省级统管工作机制,并强调由省级职能部门按分工统管。在"去行政化"方面,大幅度减少审委会议决案件的数量,赋予独任法官、主审法官以办案决定权,禁止上级法院对下级法院的裁判施加不当影响,确保审级独立。上述举措有助于司法公正,有助于提高司法效率和司法公信力。上海司改试点还建立了司法公信力指标体系,构建了司法公信力数据评估分析机制,对推进司法改革、提升司法公信力发挥了重要作用。

根据《从六大关键数据看上海司法改革试点一年间》一文所述,改革之前,上海各级法院、检察院有层层把关的制度,但没有层层把关的责任,责任追究难,办案效率低。而且一线办案的人员往往没有决定权。试点改革以来,强调"放权"到位,采取了如下措施:一是规范文书签发,明确院庭长对自己没有主审的案件不得签发裁判文书;二是完善审委会、检委会工作机制,主要是对法律适用存在较大意见分歧的重大疑难案件;三是规定院庭长主要负责审核程序性事项、监督办案质量效率等,不得通过"行政化审批"进行个案管理。司法改革的一个重要目标是实现"权责统一",落实责任制的前提是充分放权于法官、检察官,严格限制审委会讨论个案的权力、禁止院庭长借助行政化审批进行个案管理,这种"去行政化"的做法当然是符合司法规律的,也有助于提高司法公信力。

4. 注重打造"透明司法"或"阳光司法"。阳光是最好的防腐剂,权钱交易、权色交易等司法腐败现象遇到司法公开的阳光自然会"见光死"。只有实现司法公开,才能保证以"看得见的方式"实现司法公正。司法公开,有助于提高司法的透明度,有助于满足民众的知情权、参与权和表达权,有助于提高司法的公信力。上海司改试点注重利用信息化技术,将网络公开作为"阳光

---

① 杨力:《中国司法改革的重大现实命题——司法体制改革试点的上海样本研究》,《中国社会科学评论》2016年第1期。

司法"最为便捷的公开方式,并实现相关资源的互联互通。

特别是在对司法权的监督以及司法公开等方面,更与司法公正的实现有密切关系。因此,加强监督制约,完善司法权力运行机制,成为助推司法公正的必然选择。在"还权"或"放权"的同时,当然应该"管权",监督制约就是"管权"的一种形式。值得注意的是,上海还出台了《上海法官、检察官从严管理六条规定》,其中最受人关注的是号称"史上最严"的检察官职业回避制度:"各级检察院领导班子成员的配偶、子女和检察官的配偶从事律师、司法审计、司法拍卖业务的,应选择一方退出。"据统计,上海检察系统选择"一方退出"者共有49人。由此可见,为了实现司法公正,上海司改试点在制度上强化了监督,有效抑制了权钱交易等司法腐败现象。

推进司法的公开化同样有助于司法公正。司法公开是指提高司法的透明度,即所谓"阳光司法"。西方法谚有"正义不仅要实现,而且要以人们看得见的方式来实现"的说法。正义以看得见的方式来实现,其蕴含的意思是公开的审判有助于正义的实现。因此可以说司法公开也体现了司法的人道性。

拙著《司法改革与司法公正》一书曾指出:"司法公开具抑制司法腐败的作用,因为阳光是最好的防腐剂,那些见不得人的勾当,那些背后的利益输送等等,都属于'见光死'。首先,司法公开使司法权的运行透明化了,因而更易被监督制约,权力寻租的腐败行为自然会受到抑制——此即'阳光司法'倒逼司法廉洁和司法公正。其次,司法公开有利于提升办案质量和效率,办案质量不高、效率低下的办案人员暴露在众目睽睽之下,无地自容,自然会'倒逼'其提高能力和素质,力争把案子办好。"①

本轮司法改革,根据最高人民法院统一部署,各地法院利用信息技术重点打造三大信息公开平台:审判流程信息公开、裁判文书公开、执行信息公开。上述公开举措取得了不俗的成绩,得到了公众的认同,但仍存在一些不足。拙著指出:"理念滞后制约司法公开之推进,社会公众对司法公开活动参与不足,司法公开制度柔性有余、刚性不足,司法机关对民众的司法公开需求回应不足,司法公开的保障机制存在严重的形式化倾向,司法公开缺乏有效的评估

---

① 崔永东:《司法改革与司法公正》,上海人民出版社2016年版,第71页。

机制,等等。"①上述问题需要在今后的改革中逐步解决。

上海市法院积极落实党的十八届四中全会关于构建"阳光司法机制"的精神,重点打造了审判流程、裁判文书、执行信息、庭审直播等四大信息公开平台,使上海司法的透明度得到了极大提升。上海市高院内部文献《司法体制改革探索与实践》指出:"以建设'阳光司法'、'透明司法'为载体,完善开放、动态、透明、便民的阳光司法机制,构建完善全方位、多层次、互动式的司法公开体系,实现执法办案全程公开、全程留痕、全程可视、全程监督,努力让正义以看得见的方式得以实现,有效保障人民群众的知情权、参与权、表达权和监督权,提升司法公信力。"

以上经验对促进司法公正具有重要作用,一些举措和制度对保护当事人合法权益也极有助益,因此,其人道性不言自明。今后,还要进一步加强对司法权的监督制约。在"还权"或"放权"之后,主审法官、主任检察官拥有了案件办理决定权,此时要更加重视监督制约问题。因为权力的本性是不经约束便会被滥用,一切有权力的人都容易滥用权力。监督既有内部监督,也有外部监督,而且检察机关作为法律监督机关,对审判权以及公安侦查权都要进行监督,此谓"司法监督",司法监督要解决手段偏软、范围过窄的问题,方能收到监督实效。

另外,还应将"排非"原则落到实处,进一步强化对人权的司法保护。"排非"即排除非法证据,这是一个非常有益于保护人权的证据学原则。党的十八届四中全会决定指出:"加强人权司法保障。强化诉讼过程中当事人和其他诉讼参与人的知情权、陈述权、辩护辩论权、申请权、申诉权的制度保障。健全落实罪刑法定、疑罪从无、非法证据排除等法律原则的法律制度。完善对限制人身自由司法措施和侦查手段的司法监督,加强对刑讯逼供和非法证据的源头预防,健全冤假错案有效防范、及时纠正机制。"②"排非"原则虽然早已被我国法律确立为证据原则,但在实践中的落实不尽如人意,这对人权的司法保障带来了不良影响。

---

① 崔永东:《司法改革与司法公正》,上海人民出版社2016年版,第77页。

② 《关于全面推进依法治国若干重大问题的决定》,人民出版社2014年版,第24页。

四、结　语

有论者的如下话语值得关注:"中国是一个礼仪之邦,有着几千年的传统文明,将这些具有优良传统的理念和行为融入法院司法工作中,就体现了司法的人性化。司法文明说到底是人性的文明,因此在现代司法文明建设中必须坚持以人为本,体现人性关怀。……作为人类文明的重要组成部分,高扬人性精神、尊重人的价值是政治文明和司法文明的应有体现。因此,在谋划司法文明过程中,必须坚持以人为本,这既是时代发展潮流使然,也是社会主义司法的内在属性使然。"①"我国社会主义国家的性质决定了司法的人民属性,司法活动必须充分体现人民的利益,必须充分体现对人民的尊重和关怀。司法的人性化,司法对人的尊重,对人的价值和尊严的认可,应该体现在司法对人真实的公平无歧视的对待上,体现司法机关在司法活动中表现出亲民、爱民、便民、利民等的行为,而不能仅仅停留在一种表面形式上,其中更应该让人们从司法活动中真正体验到自己的尊严和价值。"②

诚如其言,高扬人性精神、尊重人的价值是社会主义政治文明和司法文明的题中应有之义,也是社会主义人道精神的反映。它根植于悠久的中国"仁道"传统,也吸收了西方的法律文化。在新时代的司法文明建设中,它应当是一面精神的旗帜;在新时代的司法改革实践中,它应当是一种思想的指针。现代中国的司法改革实践与司法改革理论的演进历程,可以说正是一种人道精神逐步展开的过程。只有以人道精神指引的司法改革才是一种有利于保护人权的改革,只有以人道理论支撑的改革才会逐步推进司法文明!

---

① 缪蒂生:《当代中国司法文明与司法改革》,中央编译出版社 2007 年版,第 139—140 页。
② 缪蒂生:《当代中国司法文明与司法改革》,中央编译出版社 2007 年版,第 140 页。

第十四章　审判管理及其改革

一、审判管理改革的趋势

所谓"审判管理",有广、狭二义。广义的审判管理,指一切与审判工作相关的管理,甚至可扩张为整个法院的管理;狭义的审判管理,则主要指审判业务中的流程监控、质量评查、业绩考评及审委会服务等。

审判管理是一种权力,即审判管理权。从狭义上看,它是指对审判人员与审判组织的办案质量及行为正当性的监控权和对审判活动的整体协调权,其构成要素是:审判环节协调权、审判质量控制权及审判行为监督权。

从广义上看,审判管理权又大致上可分为以下三种权力:行政化的审判管理权、业务化的审判管理权、"监督性"的审判管理权。行政化的审判管理权主要是指法院对人财物的管理权,案件审批制度赋予的院、庭长对案件的把关审批权,请示汇报制度赋予的上级法院对下级法院请示案件的批准权,等等。业务化的审判管理权主要指审判管理部门所行使的权力,包括流程监控权、质量评查权、业绩考评权等。"监督性"的审判管理权主要指院庭长、审委会、专业法官委员会以及纪检部门对审判权的监督制约权力。

在新一轮司法改革的大背景下,"去行政化"已经成为法院改革的共识。因此,行政化的审判管理权首当其冲,必须加以改革,其中部分不合时宜的权力应当被废止。当然,这些应当被废止的权力是指那些过度行政化的权力,因为过度行政化的审判管理权导致了审判权的行政化。例如,饱受诟病的案件审批制度、请示汇报制度等衍生的行政化的审判管理权就应当被废除。审判委员会制度虽然也带有一定的行政化色彩,但目前尚不宜立即废除,而是应该有所改革,即逐步淡化其决定具体案件的功能,而强化其总结审判规律、实行类案指导的功能。

最高人民法院出台的"四五改革纲要"对近期审判管理改革提出了如下要求:"健全审判管理制度。发挥审判管理在提升审判质效、规范司法行为、严格诉讼程序、统一裁判尺度等方面的保障、促进和服务作用,强化审判流程节点管控,进一步改善案件质量评估工作。""完善法官业绩评价体系。建立科学合理、客观公正、符合规律的法官业绩评价机制。完善评价标准,将评价结果作为法官等级晋升、择优遴选的重要依据。建立不适任法官的退出机制,完善相关配套措施。"可见,"纲要"对审判管理的理解也是狭义的,主要包括审判流程节点管控、案件质量评估、法官业绩评价等。

审判管理这一现象并非只有中国才存在,国外同样有审判管理。例如,美国州法院"全国中心"就是一个独立的进行法院管理的组织,除了对案件进行审限管理外,还对美国州法院运行情况进行测评,类似于我国法院的质效评估。测评数据供有关法院参考。测评的指标共有 10 项:(1)便利性与公平性;(2)收结案比例——看是否有案件积压;(3)结案率;(4)案件审理天数;(5)庭审日期的确定性;(6)案件卷宗的可靠性和完整性;(7)罚款决定的执行;(8)陪审员的有效利用;(9)法院雇员工作热情;(10)案件成本。

审判管理改革的关键在于去行政化,但去行政化只是去除过度的行政化,并非去除所有的行政化因素。有人群的地方就会有管理,有管理的地方就会有行政化因素。今后,业务化的审判管理会逐步加强,"监督性"的审判管理也会有所增强,而行政化的审判管理会逐步式微但不会归零。这就是审判管理改革的趋势。

二、庭审实质化与认罪认罚从宽

审判管理改革还需回应目前司法体制改革的一些焦点、难点问题,如以审判为中心的诉讼制度改革的问题,庭审实质化与认罪认罚从宽的关系问题等,要通过审判管理对庭审实质化与认罪认罚从宽进行合理化的程序安排。以审判为中心的诉讼制度改革的核心在于庭审实质化,庭审实质化意味着"法官说了算",它表现为如下两点:一是庭审不能走过场,不能搞先定后审,不能进行庭前预断,要确保事实查明在法庭,证据认定在法庭,裁判形成在法庭,诸如举证、质证、认证等都要严格按照法定程序进行;二是要求充分发挥审判权对侦查权、审查起诉权的引导制约作用,使公检法三种权力之间不但要相互配合,更要相互制约——公检法三机关不能仅仅是"刘关张"之间的关系,更是"魏蜀吴"之间的关系,如此才能防止冤假错案。

庭审实质化凸显了法官在整个诉讼程序中的主导地位和主宰作用,它有助于法官独立审判,有助于法院"去行政化",有助于实现"权责统一"这一司法改革的基本目标。其意义已经远远突破了程序法的范围,而影响到整个司法体制改革的推进,并且成为司法改革的"点睛之笔"。可以说,这是我国程序法学对司法改革的重大理论贡献。

在推进庭审实质化改革的背景下,为何又要搞认罪认罚从宽呢?这是因为两者之间存在着密切的关联。认罪认罚从宽,往往被解读为中国版的"辩诉交易"制度。辩诉交易制度起源于20世纪70年代的美国,其后影响波及全球。其主要特点是:(1)被追诉人自愿认罪;(2)检察官实行量刑折扣;(3)法院从轻论处。在美国,任何性质的刑事案件均可进行辩诉交易,这在中国是难以想象的。

辩诉交易的理念和制度也影响到中国,目前我国现有的刑事诉讼制度中,刑事速裁程序可以说最为接近于辩诉交易制度,刑事简易程序、刑事和解程序、附条件的不起诉制度等都程度不等地有着辩诉交易的影子,而即将全面推开的"认罪认罚从宽"制度可能在性质上更加趋近于辩诉交易制度。当然,这应当以修改现行刑事诉讼法为前提——认罪认罚从宽应当成为刑事诉讼法中的体系化规定。

从"庭审实质化"到"认罪认罚从宽",存在着一个中间环节,即"繁简分流",也就是所谓"繁案精审,简案快审"。所谓的"繁案"是指较为重要、繁杂的案件,但并非法律规定的"重大疑难复杂案件",因为重大疑难复杂案件需要上审委会(审委会判案被认为具有行政化色彩,与庭审实质化相悖),而能够上审委会的案件只占到刑案总数的千分之五左右,但我们理解的"繁案"则占到刑案总数的百分之三十左右,因此说"繁案"不等于重大疑难复杂案件。

"繁案精审"是说对比较重要、有一定难度的刑事案件要严格依法定程序审理,如在举证、质证、认证等方面要严格按照相关的程序进行。"简案快审",是指对案情简单、事实清楚、证据确凿的案件要进行快速处理,此类案件据估计约占刑案总数的百分之七十左右。通过简案快审,使法官腾出手来集中精力进行"繁案精审",使"繁案"的审理判决经得起法律和历史的检验。因此,刑事案件根据其性质区分为"繁案"与"简案",在处理方式上区分精细化审理与快速化审理是非常必要的,快速化审理为精细化审理创造了条件、打下了基础。

庭审实质化的核心在于"繁案精审",认罪认罚从宽制度的核心在于"简案快审",两者相辅相成、缺一不可。两者齐头并进才能抓住司法改革的"牛鼻子",才能使"程序性改革"跃进为"体制性改革"。认罪认罚从宽制度渊源于国外的辩诉交易制度,它是一种融合了认罪确认、快速办理、激励机制等于一体的制度,是"合作型司法"的重要体现。它通过"简案快审"的模式,极大地提高了司法效率,节约了司法资源,在一定程度上化解了"案多人少"的矛盾,它为推进庭审实质化改革创造了条件、提供了空间。审判管理应当在庭审实质化与认罪认罚从宽方面有所作为,从程序上、制度上及案件的分配上等进行合理化安排,从而逐步推进相关的改革。

三、审判管理改革旨在实现权责利统一

审判管理还需回应司法责任制与法官身份保障制度的问题。司法责任制是司法改革的"牛鼻子",它与法官身份保障制度实际上是一体两面。"四五改革纲要"提出要"健全完善权责明晰、权责统一、监督有序、配套齐全的审判权力运行机制",其中"权责统一"是本轮司法改革亟须落实的基本目标之一。本轮司法改革正从"还权"与"归责"两大方向上发力,前者指将办案决定权归还于一线办案人员(主审法官或独任法官),后者指拥有办案决定权的法官必须承担相应的责任,从而实现权责统一。

目前的司法体制改革强调"去行政化"和"去地方化",主要解决"还权"的问题;司法队伍建设通过"员额制"改革实现精英化、职业化,主要解决"归

责"的问题。应该说,司法改革的价值取向是司法公正与司法效率,而司法改革的基本目标则是"权责利统一"。目标应该是具体的、制度性的;价值取向是抽象的、精神性的;具体目标的达成有助于价值取向的实现。所谓"权责利统一",不但意味着权力与责任的统一,还意味着与利益的统一,这里的利益就是法官身份保障制度。法官身份保障制度除了指法官的物质待遇外,还包括如下一些权利:司法豁免权、延迟退休权、自由心证权、不可任意撤换权等。其核心在于,法官非因法定事由、非经法定程序,不得被追责。此亦即党的十八届四中全会提出的"建立健全司法人员履行法定职责保护机制"之含义。

审判管理部门当然要关注司法责任制的落实和法官身份保障制度的构建,理应对此作出积极反应,在"四五改革纲要"的基础上,再制定实施细则。司法责任制与法官身份保障制度实为一体两面,两方面的制度均需要建构和完善,特别是后者,因为我国长期以来在此方面的制度建设缺位,更需借鉴国外的相关制度经验并加以研究,最终制定出符合我国国情的制度来。随着司法责任制的落实与法官身份保障制度的完善,司法改革的目标将初步实现,一种顺应时代潮流的、以业务化和监督型审判管理为基础并以实现"权责利统一"为目标的新型审判管理模式必将在中国大地上诞生。

第十五章　改革开放四十年来的司法
改革实践与司法理论探索

一、20世纪80年代：司法理论研究的"破冰"

"文化大革命"对法制的冲击是灾难性的,党和国家建设事业因之遭受重创。随着1978年党的十一届三中全会的胜利召开,党对国家的治理方式发生了根本性的改变,即由过去的靠政策治理转变为主要靠法律来治理,因为法律具有稳定性、连续性和权威性,对民主有促进和保障作用。因此,加强民主、健全法制成为当时中央的基本工作方针。历史地看,这是当时国家政治生活的一场深刻变革,一种崭新的治国理政方式登上了舞台。

(一) 有法可依与执法必严

邓小平指出,要健全社会主义法制,必须做到"有法可依,有法必依,执法必严,违法必究"①。后两句强调了严格司法的重要性和必要性,也是基本司法理念和重要司法原则,这一原则后来也成为司法机关及其工作人员活动的基本方针。

这里的"执法必严"并不等同于"严刑峻罚",学者对此分析道:"这里的严是严肃认真的意思,不是乱打乱斗。严就意味着必须贯彻以事实为根据、以法律为准绳的原则。严同时还意味着出现冤假错案时,必须本着实事求是的精

---

① 《邓小平文选》第二卷,人民出版社1994年版,第147页。

神,坚持有错必纠。这里的严不仅是对违法犯罪者的严,同时也要求司法人员自身严格按法律程序办事。"①

(二) 无罪推定与自由心证

在学界,对司法问题的理论研究也逐渐开始"露头",并逐渐突破一些"禁区",出现了一些学术争鸣。例如,对"无罪推定"原则的研究,第一种观点认为,无罪推定是在刑事诉讼过程中,司法人员对被告人有一种无罪的认识,并以此认识为基础来开展追诉活动。另一种观点认为,无罪推定的实质在于以证定罪,司法人员在没有确证被告有罪前,不应当认定被告有罪或无罪。还有一种观点认为,被告人在刑事诉讼过程中未经司法判决,应当首先推定其无罪。在讨论与无罪推定有关的原则时,大家的意见又是一致的,即对被告人有罪无罪、罪轻罪重疑惑不决时,应当从有利于被告人的角度做结论;被告人应当享有沉默权,拒绝陈述不应当作为定罪的依据。

何谓"无罪推定"?《法学词典》的解释是:"刑事被告人在未经法院判决为有罪的情况下,应推定他是无罪的。"②该原则在西方资产阶级革命时期是为反对封建司法"有罪推定"的专横擅断原则而提出的,最先提出和论证该原则的是著名刑法学家贝卡利亚,1789 年法国的《人权宣言》开始规定了该原则,后来其他国家的宪法或刑事诉讼法也规定了这一原则。西方的诉讼理论还对该原则加以引申:证明被告有罪的责任,应由控诉一方负担,被告人不负证明自己无罪的责任;被告人也不负必须陈述的义务;对被告人的罪行轻重有怀疑时,应作出有利于被告人的结论。

我国是否应该接受无罪推定的原则? 在此问题上,当时学界也同样存在分歧。第一种观点认为,无罪推定原则违反了唯物主义原则,而且我国法律已经规定了"以事实为根据,以法律为准绳"原则,不应当再搞什么无罪推定原则。再者,采用无罪推定原则不利于打击犯罪。更何况资产阶级国家并未真正实施无罪推定原则,我们无需用此原则来装潢门面。第二种观点认为,对无罪推定原则可以批判地吸收。第三种观点认为,我国法律可以采用无罪推定

---

① 陈景良主编:《当代中国法律思想史》,河南大学出版社 2004 年版,第 221 页。
② 《法学词典》,上海辞书出版社 1989 年版,第 80 页。

原则,理由是:(1)无罪推定并不违反实事求是原则,在刑事诉讼中不搞无罪推定,必然导致有罪推定;(2)无罪推定体现了我党一贯坚持的"刑罚谨慎"原则,该原则要求精准打击罪犯,谨慎定罪量刑,使无辜者免受刑事追究,有利于保障人权,防止冤假错案,并增强司法人员的办案责任感;(3)无罪推定是世界刑事诉讼领域的发展潮流,各国刑事诉讼法均规定了该原则,中国自然也不能自外于此。

自由心证,根据《法学词典》的解释:"证据的证明力及其取舍,法律不能预设规定,而由法官根据法律意识自由判断的原则。法官通过证据判断所形成的内心信念,谓之'心证'。心证如达到深信不疑的程度,即谓之'确信'。从这一意义上说,自由心证又称为'内心确信'。法官即根据其心证进行裁判。资产阶级诉讼法学认为,只有确立心证原则,法官才有最大可能发现客观真实。心证理论是资产阶级为反对封建司法的法定证据制度而提出的。在法定证据制度下,法官只能用法定的某种证据来认定事实,而不问其是否符合实际,不问法官内心信念如何。"①在西方,资产阶级夺取政权后,在诉讼法领域以自由心证原则取代了法定证据制度。1792年,《法兰西刑事诉讼法》率先规定了该原则,此后众多国家的刑事诉讼法也对此加以规定。

在20世纪80年代,我国学界开始探索自由心证问题,出现了不同的观点。一种观点认为,对自由心证赋予新时代的内容,可以作为一项判断和使用证据的法律原则。自由心证的实质在于内心确信,树立内心确信原则,是独立审判、忠于法律的保证和前提。另一种观点认为,自由心证不符合中国的法律传统,更与马克思主义不相容,因为所谓内心确信强调法官的主观信念,此种主观信念是其阶级立场、法律意识和社会经历等的反映,这就决定了法官的内心确信可能并不符合客观真实,相反可能是一种主观臆断。用自由心证否定法定证据制度是片面的,因为后者明显也有一定合理性。另外,自由心证与人民法院独立行使审判权相矛盾,该原则与西方法官独立审判制度相一致,而我国的制度是人民法院独立审判,不是法官独立审判,实行该原则必然会否定现行的审委会制度和法院的内部领导关系。还有一种观点主张吸收自由心证制度和法定证据制度的优点来完善我国的司法制度。

---

① 《法学词典》,上海辞书出版社1989年版,第576页。

（三）审判独立

关于审判独立问题,我国 1954 年宪法规定了"人民法院独立进行审判,只服从法律"的原则,但在反右运动中,此观点被视为资产阶级"司法独立"的翻版,企图取消党对审判工作的领导。早在 1979 年,就有学者著文批评法院审判结论必须得到同级或上级党委审查批准这一违背审判独立原则的荒唐现象,然后,《法学研究》等杂志发表了系列论文探讨了独立审判和党委领导之间的关系。理论的先导作用对司法实践产生了积极影响,后来党委审批案件的现象被逐步抑制。

20 世纪 80 年代的司法理论研究还处于起步阶段,其特点在于"破冰"与重建。"破冰"是指突破司法理论研究的禁区,将西方的一些重要司法原则、理念和范畴等引入中国,并对中国的一些司法理念、原则等进行反思和批判,以恢复、重建中国的司法理论研究。

二、司法重建

"文化大革命"结束后,特别是从党的十一届三中全会开始,伴随着政治上的"拨乱反正",我国也开始了司法重建的历程。一般认为,自 1978 年至 1988 年,是我国司法恢复和重建的十年。

1978 年,中央批准了最高人民法院《关于抓紧复查纠正冤假错案,认真落实党的政策的请示报告》,法院的审判功能因此而恢复。同年,第五届全国人大第一次会议通过《宪法》,规定恢复设立人民检察院。

1979 年,第五届人大第二次会议通过《刑事诉讼法》《人民法院组织法》《人民检察院组织法》等重要法律。同年,第五届人大常委会第十一次会议决定恢复司法部。1980 年,中共中央成立中央政法委员会,负责处理全国政法工作中的重大问题。1981 年,全国人大常委会第十九次会议通过《关于死刑核准问题的决定》,高级人民法院据此享有部分死刑案件的死刑复核权。

1982 年,第五届全国人大常委会第二十二次会议通过《民事诉讼法》。同年,中央召开全国政法工作会议,强调新时期政法工作的主要任务是健全社会主义民主和完善社会主义法制。1983 年,中央发出《关于严厉打击刑事犯罪活动的决定》，全国掀起"严打"浪潮。

1985 年，全国人大常委会第十三次会议通过《关于在公民中普及法律常识的决议》，中共中央和国务院批转中宣部和司法部《关于向全体公民基本普及法律常识的五年规划》，开始了我国第一个五年普法规划。

1988 年，第十四次全国法院工作会议召开，会议报告中提出了启动审判方式改革的要求，这标志着法院系统的司法改革开启了航程。不过，此时的改革仅仅限于"司法技术"的层面，或谓"司法技术性改革"，尚未上升到体制性改革的层面，前者是局部性改革，后者是全局性改革。

三、20 世纪 90 年代：司法改革的逐步展开

1993 年，党的十四届三中全会提出改革、完善司法制度的号召，并明确司法改革要以最高人民法院、最高人民检察院为首，自上而下、有计划、有步骤地推进。这种"自上而下型"的改革，奠定了今后中国司法改革的基调和走向。

1997 年，党的十五大提出依法治国的基本方略，同时要求推进司法改革，从制度上保证司法机关依法独立公正地行使审判权和检察权。

1998 年，最高人民法院出台《人民法院审判人员违法审判责任追究办法》，并成立法官违法违纪举报中心。1999 年，最高人民法院出台《人民法院五年改革纲要》（即"一五改革纲要"），法院系统的第一个五年改革计划启动。

1998 年，最高人民检察院发布《人民检察院错案责任追究条例》。2000 年，最高人民检察院又颁布《检察改革三年实施意见》。2002 年，全国检察机关控告申诉检察工作会议指出，各级检察院控告申诉检察部门积极探索，建立了"首办责任制"。

最高人民法院的《人民法院五年改革纲要》的主要内容包括：改革完善机构设置、管理体制；成立由各高级法院统一协调的执行管理体制，强化执行管理力度；最高人民法院撤销了一些审判庭，重新设置了四个民事审判庭；等等。另外，最高人民法院还积极推进审判组织改革与审判方式改革，特别注重强化合议庭功能和审判长职责。依法明确和规范了审判委员会的职能，健全了相关制度；依法还权于合议庭，改变院庭长审批案件的做法；普遍实行审判长选

任制,除重大、疑难案件经合议庭研究后提请院长提交审委会讨论决定外,其他案件的审判均由合议庭决定,并由审判长签发法律文书;强化庭审功能,除重大、疑难案件外,实行一步到庭,由公诉人、辩护人和当事人当庭举证、质证和认证。

对这次司法改革的内容,最高人民法院副院长沈德咏认为主要包括三个方面:审判方式改革、管理方式改革与司法体制改革。其中的核心是司法体制改革。在改革过程中,首先要在观念上实现转变,要从根本上改变过去社会上那种法院是党委、政府组成部分的观念,要实现摆脱行政化色彩、转向司法化的目标。人民法院的所有改革都不能脱离司法权的特殊性和规律性,也就是独立性、统一性、中立性、排他性、消极性和终局性①。

在这一轮司法改革中,最高人民检察院也进行了一些体制改革。如将审查批捕厅、审查起诉厅、法纪检察厅分别变更为侦查监督厅、公诉厅和渎职侵权检察厅;并设立职务犯罪预防厅,与反贪总局、渎职侵权检察厅共同形成惩治职务犯罪的新格局。另外,还在全国检察系统实行检务公开,同时还全面建立了主诉、主办检察官办案责任制。将部分案件的决定权赋予主诉检察官,发挥了其主观能动性,增强了办案责任心,提高了办案效率和办案质量。

针对此次司法改革,有的学者还不无担忧地指出:"司法改革还只是在各司法机关系统内部各自为政地进行,缺总体的规划,也没有或者不便涉及整个国家权力体制和司法体制的改革。因此,仍然限于治标范畴。这需要在党中央领导下全国人大统一、全面筹划。司法体制改革方案,其中最重要的:一是坚决实行司法独立;二是从制度上克服司法腐败。"②

四、司法理论研究的日趋深入

(一) 诉讼法学的兴起

在 20 世纪 90 年代,随着司法改革的逐步推进,诉讼法学迅速发展起来。

---

① 转引自郭道晖:《法的时代挑战》,湖南人民出版社 2003 年版,第 445 页。
② 转引自郭道晖:《法的时代挑战》,湖南人民出版社 2003 年版,第 447 页。

诉讼法理论是司法理论的一个重要方面。此时的诉讼法学对诉讼模式、诉讼目的、诉讼法律关系、程序价值及证据制度、免于起诉制度等都展开了探索，提出了精到的见解。对诉讼模式的研究主要在刑事、民事两大领域展开，并体现出由职权主义向当事人主义侧重的趋势。在民事诉讼领域，更多的学者主张增强当事人在诉讼中的主导地位，强化庭审辩论，扩大当事人的处分权。有学者主张民事诉讼模式应该综合职权主义与当事人主义的优点，结合中国的具体国情，构建有中国特色的社会主义民事诉讼模式。在刑事诉讼领域，也有学者主张在坚持职权主义模式优点的前提下，充分吸收当事人主义的合理内核。

在诉讼目的方面，有学者认为民事诉讼目的兼具解决纠纷和保护民事权益的双重目的，以保障社会秩序的正常化。刑事诉讼的目的，过去学界一般认为是证实和惩罚犯罪，同时保障无罪者免受刑事追究。此时的一些学者则指出刑事诉讼应该具有惩罚犯罪和保障人权的双重目的，后来这种观点逐渐占据上风。与此有关的是刑事诉讼价值问题，有学者将其概括为公正、秩序、效益，另有学者概括为安全与自由、犯罪控制与权利保障。

在行政诉讼法方面，一些学者针对 1989 年颁布的《行政诉讼法》发表了看法，认为该法对维护人民群众的合法权益、维护与监督行政机关依法行政，推进民主政治等均有十分重要的意义。但该法仍存在一些不足，著名学者郭道晖指出："行政诉讼的一个主要目的在于防止和克服行政的专横，保障和救济公民的权利。但是，我国行政诉讼法只限于对违法的或行政处罚显失公正的具体行政行为进行司法审查，而不涉及对行政法规、规章或行政机关制定和发布的决定、命令提起诉讼，即不审查抽象的行政行为。"[①]这就是说，我国行政诉讼法只是解决具体的行政侵权行为，而不解决立法侵权行为。因此，实施行政诉讼法还应当克服立法专横问题。

（二）司法理论的进步

杨一平在《司法正义论》一书中主张构建"司法的多元一体化体制"，指出："只要我们把司法的多元性和'一体化'有机结合起来，在以审判为中心，以行政裁判、调解和仲裁等准司法系统为重要补充形式的基础上，建立一种具

---

① 郭道晖：《法的时代精神》，湖南出版社 1997 年版，第 559 页。

有全方位性的'多元一体化'司法格局是完全可能的。"①又认为程序正义的实现有赖于一定的条件,如中立原则的落实便是其中一个重要条件,它包括三个制度化标准:"一是任何人不得成为自己案件的裁判者;二是决定者与决定结果之间不存在任何私人的利害关系;三是在抗辩中不得偏袒其中的一方。"②

　　一些学者还开始涉足当时比较敏感的问题如"司法独立"等。司法独立的理论来源于孟德斯鸠的"三权分立"说,强调最可靠的政府形式就是那种立法权、司法权和行政权分立的政府,只有在此政治架构下,才会有真正的司法独立。后来,西方资产阶级宪法一般规定了司法独立的原则。我国学者对此作了初步研究,认为司法独立至少含有两层意思:一是司法机关在审判过程中独立于行政机关,甚至要独立于立法机关;二是法官在审判活动中的言行不被追责。另有学者认为,司法独立的本质是法官在审判时只服从法律,采用三权分立体制的国家是司法权与行政权、立法权并立,但采用议行合一体制的社会主义国家,其司法独立是相对的。还有学者认为,我国不存在西方意义上的司法独立,只有"法院独立"而无"法官独立"。有学者因此对法院独立说提出质疑,认为法院的审判职能总是通过具体的办案人员来实现的,故赋予办案法官以办案决定权是必要的,没有法官的独立就没有真正的法官责任制。

　　撰成于20世纪90年代末的一本题为《送法下乡——中国基层司法制度研究》的书,出自富有个性的北大教授朱苏力之手,他在这本书的导论中指出:"在法治中,司法具有特殊的作用。它是从书本上的法到实际生活中的法之桥梁,是从原则转化为实际规范的中介。司法的另一个重要意义在于,它实际上是一种具有立法意义的活动。尽管今天人们习惯将立法和司法作严格的区分,但这种区分无论在逻辑上还是在实践上都不很清楚,只是一种约定俗成;其界限是专断的。如果不是把立法仅仅视为由某个贴了立法机关之标签的机构按照所谓的立法程序制作出来的法律条文,而是将立法视为为社会实际生活规定和确认规则,那么司法必然是广义上的立法之构成部分。"③此种

---

① 杨一平:《司法正义论》,法律出版社1999年版,第43页。

② 杨一平:《司法正义论》,法律出版社1999年版,第122页。

③ 苏力:《送法下乡——中国基层司法制度研究》,中国政法大学出版社2000年版,第4页。

观点凸显了司法在法治中的决定性作用,揭示了司法活动所具有的立法意义,这一观点在当时的中国学界还是很新颖的。

同样撰成于 20 世纪 90 年代末的《中外司法制度》一书对司法改革问题也进行了理论研究,作者在谈到司法改革的原则、目标和任务时指出:"我国的司法改革应当遵循如下几个三要原则进行:一是司法统一原则。这是现代法治国家所遵循的一条基本司法准则,它要求国家司法体制统一,对司法人员任命统一等。二是司法独立原则。这一原则要求司法机关在行使司法权时不受行政机关、社会团体和个人的干涉,但并不排斥、否定国家权力机关的监督,也不排斥社会的民主监督。三是司法民主原则。它首先要求应当以承认公民、法人和其他组织独立的权利为前提条件,使社会成员能够参与司法,法律职业的分工和相互制约。四是依法裁判原则。它要求司法裁判必须根据现行的法律,必须客观地适用法律和遵守法制。"①

至于司法改革的总体目标和任务,该书谈道:"依据宪法和法律规定的基本原则,健全司法机关的组织体系;树立司法机关的真正权威,进一步完善司法独立、公正、公开、高效、廉洁、运行良好的司法工作机制;造就一支高素质的司法队伍,建立保障司法机关充分履行职能的经济管理体制;真正建立起具有中国特色的社会主义司法制度。"②

该书还提出了改善党对司法机关的领导的观点:"一方面要坚持党对司法工作的领导,另一方面又要使党组织特别是地方党组织不干预具体司法工作。为此,我们建议将目前由各级地方党的组织对各级司法机关的领导改由党的中央组织对最高人民法院和最高人民检察院党组的领导;最高人民法院和最高人民检察院党组织根据党的中央组织的授权代表执政党负责领导全国各地的司法机关。地方各级党组织无权干涉地方司法机关的司法工作,以确保司法机关真正能够充分享有司法独立权。"③

该书还提出了建立违宪审查制度的构想:"宪法是社会主义法律体系的核心和基础,不实施宪法,就无法有效地贯彻依法治国的原则,也很难实现法治国家的战略目标。因此,必须确立宪法的根本大法权威,正确处理宪法和法

① 陈业宏、唐鸣:《中外司法制度》,商务印书馆 2000 年版,第 434 页。
② 陈业宏、唐鸣:《中外司法制度》,商务印书馆 2000 年版,第 435 页。
③ 陈业宏、唐鸣:《中外司法制度》,商务印书馆 2000 年版,第 437 页。

律、法规之间的关系,纠正各种不符合宪法的行为。鉴于此,有必要设立宪法委员会来行使违宪审查权,也可设专门的宪法法院或由普通法院行使违宪审查权。"①

另外,该书还提出了完善错案追究制度的主张:"(1)适用范围。包括对哪些人适用,对哪些案件适用。(2)错案的界定、界定的标准以及认定的机关。就错案认定的机关而言,尽管实践中有些地方将导致错案的原司法机关作为认定机关,但我们认为这种做法欠妥,并缺乏科学性。同时,错案界定的标准不应该仅仅以案件的实体结果即认定的事实错误和适用法律错误为限,还应当包括各种程序违法。(3)归责原则与责任的种类。就归责原则而言,对司法人员追究法律责任应以过错责任为限,只要司法人员在办案过程中,因故意或过失导致错案的发生,都应对其追究法律责任。"②

20 世纪 90 年代的司法理论研究呈现出服务司法改革、深入研究重点问题的特点。随着司法改革的推进,学界强调服务当下的司法改革,对司法改革中遇到的突出问题进行深入研究,"深挖细掘",产出了一批有分量的理论成果,不仅为当时的司法改革提供了引领作用,还为新世纪的司法理论研究打下了扎实的基础。

五、新世纪以来:司法改革的整体推进

2002 年,党的十六大报告提出"推进司法体制改革",对司法改革进行部署。2003 年,中央司法改革领导小组成立,指导全国司法体制改革工作。2004 年,中共中央通过司法体制改革领导小组拟定的司法改革征求意见稿。司法改革的思路确定为"积极稳妥地推进、分步进行、自上而下、分阶段评估"。

2005 年,最高人民法院出台第二个《人民法院五年改革纲要》。2007 年,最高人民法院出台《关于进一步发挥诉讼调解在构建社会主义和谐社会中积

① 陈业宏、唐鸣:《中外司法制度》,商务印书馆 2000 年版,第 441 页。
② 陈业宏、唐鸣:《中外司法制度》,商务印书馆 2000 年版,第 442 页。

极作用的若干意见》,强调人民调解与司法裁判的良性互动。同年,全国法院司法改革工作会议召开,总结司法改革的成就和经验,提出司法改革的具体任务。2008 年,最高人民法院报告将优化司法职权配置列为年度工作重点。

2007 年,党的十七大报告提出"深化司法体制改革,优化司法职权配置,规范司法行为,建设公正高效权威的社会主义司法制度,保证审判机关、检察机关依法独立公正地行使审判权、检察权"。2008 年,中共中央政治局原则同意中央政法委《关于深化司法体制改革和工作机制改革若干问题的意见》,确立了今后司法改革的总纲,标志着新一轮司法改革的正式启动。

2013 年 11 月 12 日,党的十八届三中全会通过的《中共中央关于全面深化改革若干重大问题的决定》提出了"深化司法体制改革"的号召,要求"加快建设公正高效权威的社会主义司法制度,维护人民权益,让人民群众在每一个司法案件中都感受到公平正义",并提出要"确保依法独立公正行使审判权检察权"、"健全司法权力运行机制"等。"改革司法管理体制,推动省以下地方法院、检察院人财物统一管理,探索建立与行政区划适当分离的司法管辖制度,保证国家法律统一正确实施。建立符合职业特点的司法人员管理制度,健全法官、检察官、人民警察统一招录、有序交流、逐级遴选机制,完善司法人员分类管理制度,健全法官、检察官、人民警察职业保障制度。""优化司法职权配置,健全司法权力分工负责、互相配合、互相制约机制,加强和规范对司法活动的法律监督和社会监督。改革审判委员会制度,完善主审法官、合议庭办案责任制,让审理者裁判、由裁判者负责。明确各级法院职能定位,规范上下级法院审级监督关系。"

决定又指出:"完善人权司法保障制度,国家尊重和保障人权。进一步规范查封、扣押、冻结、处理涉案财物的司法程序。健全错案防止、纠正、责任追究机制,严禁刑讯逼供、体罚虐待,严格实行非法证据排除规则。逐步减少适用死刑罪名。废止劳动教养制度,完善对违法犯罪行为的惩治和矫正法律,健全社区矫正制度。"①

该决定的出台,预示着新一轮司法改革即将拉开大幕。本轮司法改革带

---

① 《中共中央关于全面深化改革若干重大问题的决定》,人民出版社 2013 年版,第 31—34 页。

有全局性和系统性,特别是将司法改革纳入了"法治中国建设"的整体框架之中,使此次司法改革有着不同于以往改革的深远意义。决定指出:"建设法治中国,必须坚持依法治国、依法执政、依法行政共同推进,坚持法治国家、法治政府、法治社会一体建设。"可以看出,法治中国建设是一项前无古人的浩大工程,而司法改革在其中起着至关重要的作用,因为司法是法治从"应然"走向"实然"的关键。

新一轮司法改革强化贯彻"让审理者裁判,由裁判者负责"的指导原则。2014年10月23日,党的十八届四中全会通过的《中共中央关于全面推进依法治国若干重大问题的决定》指出:"公正是法治的生命线。司法公正对社会公正具有重要的引领作用,司法不公对社会公正具有致命破坏作用。必须完善司法管理体制和司法权力运行机制,规范司法行为,加强对司法活动的监督,努力让人民群众在每一个司法案件中感受到公平正义。"这就意味着,本轮司法改革将司法公正作为其根本追求。

决定还提出要"优化司法职权配置":"健全公安机关、检察机关、审判机关、司法行政机关各司其职,侦查权、检察权、审判权、执行权相互配合、相互制约的体制机制。完善司法体制,推动实行审判权和执行权相分离的体制改革试点。完善刑罚执行制度,统一刑罚执行体制。改革司法机关人财物管理体制,探索实行法院、检察院司法行政事务管理权和审判权、检察权相分离。"

决定还对审判制度的改革提出了明确要求:"推进以审判为中心的诉讼制度改革,确保侦查、审查起诉的案件事实证据经得起法律的检验。全面贯彻证据裁判规则,严格依法收集、固定、保存、审查、运用证据,完善证人、鉴定人出庭制度,保证庭审在查明事实、认定证据、保护诉权、公正裁判中发挥决定性作用。"

决定还从推进法治社会建设的角度对多元化解纠纷的机制进行了肯定,要求"健全社会矛盾纠纷预防化解机制,完善调解、仲裁、行政裁决、行政复议、诉讼等有机衔接、相互协调的多元化纠纷解决机制。加强行业性、专业性人民调解组织建设,完善人民调解、行政调解、司法调解联动工作体系。完善仲裁制度、强化行政机关解决同行政管理活动密切相关的民事纠纷功能。"

决定还将实现司法公正与落实司法责任制结合起来,要求"完善主审法官、合议庭、主任检察官、主办侦查员办案责任制,落实谁办案谁负责"。"明确各类司法人员工作职责、工作流程、工作标准,实行办案质量终身负责制和错案责任倒查问责制,确保案件处理经得起法律和历史检验。"①

最高人民法院出台的《人民法院第四个五年改革纲要(2014—2018)》第28条也提出了"完善主审法官、合议庭办案责任制"的要求。指出:"按照权责利相统一的原则,明确主审法官、合议庭及其成员的办案责任与免责条件,实现评价机制、问责机制、惩戒机制、退出机制与保障机制的有效衔接。主审法官作为审判长参与合议时,与其他合议庭成员权力平等,但负有主持庭审活动、控制审判流程、组织案件合议、避免程序瑕疵等岗位责任。科学界定合议庭成员的责任,既要确保其独立发表意见,也要明确其个人意见、履职行为在案件处理结果中的责任。"

21世纪以来的司法改革,突破了"技术性改革"的局限,而跃进到"体制性改革"的层面。技术性改革的最大局限在于局部性、具体性、暂时性;体制性改革的优点在于全局性、整体性和长远性。换言之,司法改革需要宏观性、全局性的顶层设计,需要与政治体制、经济体制以及社会体制等"配套"进行。

六、司法理论的全面繁荣

(一) 司法理论的繁荣

进入21世纪以来,随着司法改革由技术性改革向体制性改革的迈进,司法理论的研究也趋于深入化和系统化,"由点到面"、"从微观到宏观"、"从制度到思想"、"从中国到国外"、"从传统到现代"以及"从零散化到体系化"等,学界无不涉足,在一定程度上出现了"全面繁荣"的景象。此时学者提出的一些观点也更有挑战性。著名学者郭道晖对所谓公检法三机关"互相配合,互相制约"的提法表达了要更新表述的设想:"三机关中,检察院与公安有所配合(如侦查、逮捕等),同时也是检察院对公安部门的这些司法行为进行法律监督。至于法院,完全是独立审判,不应与检察、公安'配合'(协商)办案,倒

---

① 《中共中央关于全面推进依法治国若干重大问题的决定》,人民出版社2014年版,第20—29页。

主要是要通过审判程序,对检察、公安有所制约(判断其所控事实与证据是否真实、合法)。检察机关在中国是法律监督机关,对法院审判是否公正、合法,可通过抗诉等法定程序加以监督制约。"①

　　针对日益猖獗的司法腐败,郭道晖先生提出了从制度上遏制司法腐败的主张:"司法权这一公共权力在有些人那里异化为可以进行权钱交易的私有资源,则是司法腐败的根源。救治之道,应是内外兼治,补药泻药并用。"此道一是用外力治司法腐败:"主要是改革我国的权力结构,使司法权既相对独立(这是当前最主要的),又受国家权力(主要是人大)和社会权力的监督制约。"二是以司法自治防司法腐败:"对司法腐败的内治,有赖于司法机关与司法人员的自主、自治。"②包括健全司法机关的内部监督机制、摆脱外界金钱控制以及加强司法队伍建设等。

　　长期关注司法改革问题的法学专家周道鸾先生对独立审判与司法公正的关系问题进行了系统研究,指出:"独立审判,是指司法机关在审判各类案件时,根据自己对案件事实的判断和对法律的理解,独立自主地作出裁判,不受任何外来的影响和干涉。在我国,则是指审判机关独立于行政机关,审判权独立于行政权。独立审判原则不仅要求司法机关对外保持独立,避免遭受国家其他权力的侵犯,而且要求在法院内部保持独立,即对案件的审理和判决,应当由审理该案的法官或者合议庭根据事实和法律独立地作出裁判,不受其他法官和法院行政工作人员的干涉。"③

　　此时,学界一些人提出了按司法区设置各级人民法院的构想,有的提出,可在全国各省、自治区、直辖市划定若干独立的司法区,改变现行的司法区与行政区重合的法院组织体制,在司法区设置高级法院、中级法院和基层法院。有的则提出,可设置国家法院和地方法院两套法院系统,以利于克服地方保护主义。周道鸾先生指出:"最佳方案是按司法区设置地方法院。这样可以摆脱地方法院对地方行政客观上存在的依附关系,消除影响司法公正的弊端。最高人民法院可以按大区设立分院,人财物由中央管理,受理死刑复核案件和

---

　　① 郭道晖:《法的时代挑战》,湖南人民出版社 2003 年版,第 470 页。
　　② 郭道晖:《法的时代挑战》,湖南人民出版社 2003 年版,第 473—478 页。
　　③ 周道鸾:《司法改革与司法实务探究》,人民法院出版社 2006 年版,第 3—4 页。

跨省区的民商事案件。"①这一观点已渐被最新一轮司法改革转化为制度安排。

　　学者缪蒂生将司法改革置于司法文明建设的背景中对两者之间的关系进行了系统探讨,其所著《当代中国司法文明与司法改革》一书指出:"司法文明是文明在人类司法活动领域的具体体现,是人类社会司法活动发展中所取得的积极成果和进步状态,和人类围绕司法权的分配、划分、行使在司法理念、司法机构、司法体制、司法制度、司法人员遴选、司法行为等诸领域中所取得的一系列积极成果和进步状态,而且这种积极成果和进步状态,是符合社会实际、促进社会发展、适应法治要求的。"②他认为,司法文明的基本要素包括司法理念文明、司法制度文明、司法行为文明、司法载体文明等。并强调,构建现代司法文明必须坚持正确政治导向原则、全面系统原则、协调发展原则、人性化原则和监督原则。又从司法体制改革、司法管理制度改革、法律职业化建设、司法程式改革和司法监督机制改革等方面揭示了当代中国司法文明的发展趋势。

　　由著名诉讼法学家陈光中先生等合著的《中国司法制度的基础理论问题研究》一书首先从宏观上系统阐释了中国司法制度相关的基本理念,对一些争论不已的问题表达了看法;其次又对中国司法制度的四大组成部分——法院制度、检察制度、侦查制度以及律师制度分别进行了论述;最后又讨论了诉讼民主、诉讼公正、诉讼真实、诉讼构造、诉讼和解及诉讼效率等问题。陈光中先生在该书前言中写道,该书"针对目前司法体制改革和三大诉讼法修改中亟待解决的问题,提出一系列具有合理性和可操作性的解决方案,如改革法院审判委员会制度,强化法官职业保障;授予职务犯罪侦查部门采取特殊侦查手段权,加强自侦案件内外权力的制约、监督;多管齐下,解决现实中程序严重不公问题(刑讯逼供、超期羁押、证人不出庭等);扩大被告人国家赔偿范围,创建被害人国家补偿制度;以科学的诉讼真实观为指导,构建三大诉讼层次性的证明标准;增设行政诉讼的调解程序、简易程序;等等。"③该书是一部"体大思精"的中国当代司法理论研究的"扛鼎之作"。

---

① 周道鸾:《司法改革与司法实务探究》,人民法院出版社 2006 年版,第 6 页。
② 缪蒂生:《当代中国司法文明与司法改革》,中央编译出版社 2007 年版,第 4 页。
③ 陈光中等:《中国司法制度的基础理论问题研究》,经济科学出版社 2010 年版,第 3 页。

（二）司法学的兴起

历史的车轮步入新世纪,一门新的法学学科逐渐兴起,它就是所谓的"司法学"。司法学在中国的兴起,反映了在社会主义法律体系形成后,人们关注的焦点已经从立法转向了司法问题。因为司法是使法律得以实施、法治得以实现的前提条件之一,优良司法的缺席必然使所谓的"法治国家"成为空中楼阁。

司法学的兴起,标志着我国司法理论的研究进入了"体系化"时代,即从过去零散式、"游击式"研究步入系统性、整体性、体系性研究,并且将这种研究与学科建设、人才培养结合起来。司法学既是一门探讨司法理念、司法制度、司法实践的学问,也是一门探索司法传统、司法文化和司法现实的学问,同时也是一门总结司法管理规律、研析司法运作程序、论证司法改革问题、探究民间司法与国际司法作用的学问,它不仅研究司法权的行使问题,还研究辅助司法权行使的体制、机制和制度问题(如司法行政权、律师制度、公正制度、仲裁制度等)。从学科建设的角度看,司法学应当是法学下的二级学科。

2011年,一本题为《司法学原理》的专著由人民出版社出版了,该书被认为是国内学界第一部从学科建设意义上系统论述司法问题的专著。此书最大的特点在于对司法学及其"子学科群"(三级学科)进行了分析和阐述,这些子学科包括司法史学、司法证据学、司法行政学、司法伦理学、司法行为学、司法社会学、司法改革学、比较司法学等,从而对完善司法学的学科体系打下了坚实的基础。

著名刑事诉讼法学家陈光中先生在为《司法学原理》一书作的序中指出"司法学是一门正在探索中的学科","该学科的建立无疑具有重要的学术价值和现实意义,它不仅会进一步完善法学的学科体系,也会对司法文明的进步起到重要的作用。……学界对司法学的研究将会对司法改革提供强大的理论支撑"。"探索建立司法学学科体系,不仅有重要的学术价值,还有重要的现实意义;它不仅是一个新的学科生长点,还是司法改革实践的理论立足点。"①

一篇题为《司法学学科构建的意义与价值》的文章指出:"司法学是法学中的一门新兴学科。它是研究司法理念、司法实践、司法制度、诉讼制度、司法

---

① 崔永东:《司法学原理》,人民出版社2011年版,"序"。

体制和司法行政体制等的学问。司法学学科的建立,有利于司法问题研究的深化和细化,对司法权配置和运用的科学化,对司法制度和司法体制的完善化都有重要的意义。""在国家权力体系中,有立法权、司法权和行政权三大部分,研究立法权的学科有立法学,研究行政权的学科有行政学(或行政管理学),而唯独没有研究司法权的学科——司法学。这种现象亟待改变。司法学科的建立,有利于整合学界相关的人力资源,集中研究司法学问题,从而推动司法学研究的深化与细化,使该学科日臻成熟。司法学科的建立和发展,将为我国的司法改革提供强大的理论支撑,从而促进中国当代司法文明的建设,并进而助推中国法治文明的进程。"①

应该指出,《司法学原理》虽然并不是第一本以"司法学"命名的著作,但却是第一部从学科建设角度系统论述司法学的著作,它自觉地论证了司法学在法学学科中的地位及其与子学科之间的关系,丰富了司法学的学科体系,为司法学学科体系的构建及发展铺平了道路。

2008年,熊先觉先生的《司法学》由法律出版社出版,此书可以说是国内第一本以"司法学"命名的著作。该书从司法原理论、司法主体论、司法客体论、司法行为论、司法技能论、社会司法论六个方面研究了司法学问题。该书的特点在于对司法学的内容进行了简要论述,但它尚未自觉地从学科体系构建的角度系统论证司法学及其子学科体系。

《司法学》对"司法学"的概念进行了界定:"司法学是指对司法现象与事实进行系统的组织的研究所获致的原理、法则和方法等系统知识。所谓司法原理是指司法理念,它对司法具有普遍指导意义。所谓法则是指司法规范。所谓方法是指具体的司法方式方法。所谓系统知识就是科学。""司法学是专门研究司法现象与司法事实的一门重要学科。司法现象是司法本质和司法规律的反映。司法事实指司法法规和司法实践。所以,司法学的研究对象应包括司法现象、司法法规和司法实践三个方面。"②

2008年,刑事诉讼法学专家谭世贵教授在《建构法治国家的司法学体系》一文中提出了建构"司法学体系"的设想,称"司法学或司法制度学作为一门

---

① 余寅同:《司法学学科构建的意义与价值》,《中国司法》2011年第12期。
② 熊先觉:《司法学》,法律出版社2008年版,第1—2页。

独立的学科,首先应当对一些基础性问题(如司法原理、研究对象、研究方法与研究范围等)进行研究并发现其规律性。在此基础上,构建司法学或司法制度学的学科体系,形成一支专门的研究队伍,才有可能使这一学科的研究取得大的突破"。并提出从司法原理学、司法体制学、司法程序学等九个方面进行司法学学科体系建构的设想。谭世贵教授还满怀信心地指出:"可以预见,司法学研究具有广阔的发展和应用前景。"这主要表现在:(1)将形成一支专门的研究队伍。目前对司法制度进行研究的并不是一支专门以之为主要研究领域的专家团队,而是来自各相关领域的学者。这样的研究队伍一是不利于集中精力进行研究工作,二是没有形成整体的研究力量,团队优势没有充分发挥出来。随着司法学研究的不断推进以及司法学研究对于司法制度的改革与完善乃至宪政建设的重大意义认识的逐步深化,将会有更多的学者被吸引到这一研究领域中来,一支专门的研究队伍必将逐步形成,这对于推进司法学研究将产生巨大的作用,是司法学研究的基础性建设工程。(2)学科体系建立并不断完善。目前,司法学的学科体系还没有建立起来。随着司法学研究队伍的壮大和司法学研究的不断深入,尤其是随着研究过程中与司法实践的不断互动,司法学各组成部分的研究将更为丰富、深入,从而司法学学科体系将建立起来并不断完善。(3)一些重大的司法难题将在理论上获得突破。在司法学研究的过程中,还存在着许多重大的司法难题,有些是学者们的研究已达到相当程度,但无法在实践中一蹴而就的,如司法独立问题;有些是永恒的研究课题,如司法公正与司法效率的实现以及二者的有机统一问题;有些是具有重大现实意义的研究课题,如司法腐败的防治问题。相信随着司法学研究的不断深入,这些重大的司法难题将在理论上逐步获得突破,并对司法实践发挥有力的指导作用。(4)对司法改革提供更加有力的理论支持。理论研究是以社会实践为主要对象并以之为落脚点的,司法学研究的升温是随着司法改革的推进而开始的。反之,司法学研究的不断发展和深化,也将为社会主义司法制度的改革和完善提供更加有力的理论支持。①

　　据笔者所知,谭世贵教授的这篇论文是国内法学界第一篇对司法学的概

---

　　① 谭世贵:《建构法治国家的司法学体系——中国司法制度研究的反思与展望》,载徐昕编:《司法》第 3 辑,厦门大学出版社 2008 年版。

念、内涵、范围、内容、学科定位和发展前景进行系统论述的文章,对该学科的发展起了引导作用。令人稍感遗憾的是,作者未能在该论文的基础上进一步撰写一部从理论与学科意义上专门研究司法学的专著。

2011 年 12 月 30 日,由中国政法大学司法理念与司法制度研究中心主办的"法律监督立法与司法学研讨会"在北京翠宫饭店隆重举行,会议将"司法学"学科构建作为一个专门议题进行了热烈讨论。我国著名刑事诉讼法学家陈光中先生认为,司法学顾名思义是以司法作为研究对象,究其实质,学界对此的认知存在较大分歧,定义的明晰不仅是理论上的问题,同时亦困扰实践。司法的狭义定义是审判,美国宪法规定司法权归属各级法院,此为一种定义,这种定义有其好处,宪法的规定排除了争议,司法即是审判,但这是一种最为狭义的定义。此种狭义的提法于中国并非十分契合,党的十六大、十七大报告均提及的建设公正、高效、权威的司法制度,原属法院提出,现在由党的官方文件提出,不再仅指法院,显然要扩大一些,不是完全局限于司法制度就是审判制度。司法就是诉讼制度,解决纠纷,解决矛盾,但必须具有诉讼性质才可以称为司法。我国有三大诉讼法——刑事、民事、行政诉讼,诉讼的特点必然要求审判,刑事诉讼、民事诉讼就是审判制度,是一致的。刑事诉讼以刑事审判为中心,其序列中的侦查、起诉亦属于诉讼,也具有司法性质,侦查起诉是为后续审判制度的准备。以刑事诉讼来说,司法就是审判,又显狭隘,但如果说诉讼包括侦查制度等都是司法制度就较为切合实际。司法鉴定就是在诉讼中由专家对某方面的问题进行鉴定的活动。将司法鉴定限定为诉讼中,诉讼外需要的鉴定不再称为司法鉴定,因为民间也可以组织鉴定。司法还可有另一种解释,凡是解决纠纷的活动都是司法活动,双方发生纠纷,由一个主体解决,这样的活动都是司法活动,属广义解释。部分学者持广义解释的观点。陈光中先生不赞同泛化的解释,界定司法为一种国家活动,是国家机关的活动,是国家的职能,而不是一般的社会活动。我国的司法活动是国家活动中的一种,但是纯粹地解决纠纷并不是司法活动。限定司法为诉讼活动,诉讼必然是国家活动,国家为主导,同时有律师等各方面的当事人参加构成了诉讼活动,必然是国家的专门机关来进行的。民间活动、人民调解或社会上其他活动,典型的如仲裁活动不属于国家活动。人民调解、行政调解及社会调解都不是司法活动,司法调解必须是进入诉讼活动中的调解,民事诉讼的调解由法院出面,刑事诉讼的调解由法院来进行,和解同样如此。陈光中先生也不赞同,只要是调解,只要是解决纠纷的活动就是司法活动。并界定司法为国家的职能活动,用以解决纠纷、矛盾的一种诉讼活动,无论是解决民事纠纷抑或刑事纠纷,其必然是国家活动,建设公正、高效、权威的司法同样是在这个意义上讲起的。

陈光中先生特别强调,除司法活动本身以外还有配套活动,配套活动要与本身进行区别,配套乃是为了诉讼的需要。例如监狱,监狱是诉讼结束后,将被判刑人员送往服刑之场所。监狱法是行政法,从性质上来说不属于诉讼法范畴,广义上可以把监狱法变成司法中的一个范畴,但严格说来,陈光中先生认为不纳入为好。进行一定司法活动的机关并不等于就是司法机关,行使司法活动的机关理所当然应当是司法机关,但细致严格推敲后,发现并非如此简单。以侦查为例,除检察院外,公安机关行使大部分的侦查权,国家安全机关对涉及国家安全的案件进行侦查,海关对案件的侦查,部队保卫部门的侦查,监狱中犯罪的侦查,上述均为侦查活动。侦查活动在某种意义上为最后的审判活动服务,具有司法性质。如果将行使一定侦查权的机关都视为司法机关是不适当的。陈光中先生认为,在中国司法机关只是检察院与法院,其他行使一定司法权、侦查权的都不是司法机关。①

在"法律监督立法与司法学研讨会"上另有学者指出:"司法学是一门研究司法理念、司法制度和司法实践的学问,也是一门研究司法传统与司法现实的学问。应当从广义上来把握司法学,一切与化解纠纷有关的制度、措施和观念均可成为司法学研究的对象。从学科体系来看,司法学应当有一系列子学科,司法哲学、司法史学、司法证据学、司法伦理学、司法行政学、司法社会学、司法行为学以及比较司法学等,另外亦应当包括刑事政策学、法律监督学。法律监督自身可以独立成学,为司法学下的子学科。诉讼法学也应当是司法学下的子学科,司法学是法学的二级学科,包含上述子学科。在国家权力体系中有三大权力——立法权、行政权、司法权,立法学与立法权对应,行政学与行政权对应,那么与司法权相对应的学问应当是司法学,但是现在司法学缺位。司法学的学科建立有重大的现实意义和理论意义,有利于法学学科的完善,有利于司法权配置和运行的科学化,有利于司法制度和司法体制的完善化,有利

---

① 刘家楠、张文静:《法律监督立法与司法学研讨会综述》,《中国司法》2012 年第 2 期。

于司法文明和法治文明的进步。"①

2014 年,崔永东的第二本司法学专著《司法学论纲》由人民出版社出版,该书"绪论"指出,目前所谓"法治中国"已经不仅仅是法律人的"中国梦",而是成了所有中国人的"中国梦'。而司法是"化梦成真"的关键,是"法治中国"从"应然"向"实然"转换的必经之途。随着人们对此认识的趋同,"深化司法体制改革"便成了举国上下的呼声。司法学——一门新兴学科也在此时破土而出、应运而生,因此也就具有了广阔和无限的前景。

在国家权力谱系中,较为重要的权力有行政权、立法权和司法权。按常理言,对应这三种权力的应当有三个学科,以分别研究其运行体制、机制和方式等问题,但遗憾的是,虽然与行政权对应的有行政学或行政法学学科,与立法权对应的有立法学学科,但迄今为止尚无与司法权对应的学科——司法学存在(当然,司法学并不单纯研究国家司法权),这与司法权在国家权力结构中的重要地位及司法理论在法学学科领域的重要地位极不相称。

司法学是一门有着丰富内容和广阔边界的学科,它集理论性与应用性、超越性与现实性、交叉性与独立性于一身,融思想与制度、学术与实践、传统与现实于一炉。

1. 司法学的概念。司法学既是一门探讨司法理念、司法制度和司法实践的学问,也是一门探索司法传统及其现代转化的学问,同时还是一门总结司法管理规律、探索司法运作程序、论证司法改革问题的学问。它不仅研究司法权的行使问题,还研究辅助司法权行使的体制、机制及方式问题(如属于"司法行政"领域的体制、机制和方式等)。从学科建设的角度看,司法学应当是法学下面的二级学科,其下还有众多的子学科(三级学科)。

2. 司法学的学科性质。从学科性质上看,司法学的交叉性与独立性兼备。交叉性是指用其他学科的视角和方法来研究司法问题,比如用哲学、文化学、伦理学、社会学、行政学、管理学、心理学等学科的视角与方法来研究司法问题,因而可以派生出如下的子学科:司法哲学、司法文化学、司法伦理学、司法社会学、司法行政学、司法管理学、司法心理学等。司法学的独立性是指司法学具有独立存在的价值和地位,或者说具有独立的品格和属性,这主要表现在

---

① 刘家楠、张文静:《法律监督立法与司法学研讨会综述》,《中国司法》2012 年第 2 期。

如下子学科:司法体制学、司法理念学、司法制度学、司法监督学、司法方法学、司法行为学、司法传统学、民间司法学、国际司法学等。

3. 司法学的研究对象。关于司法学的研究对象,笔者的看法是:(1)司法学不仅仅研究"司法事实",还要研究司法事实背后的司法理念、司法思想及司法观念,后者往往对前者发挥着决定性影响;(2)司法学也不仅仅研究当下的司法现实,还要研究司法传统,因为司法传统总是对司法现实产生潜移默化的影响;(3)"司法"是一个广义概念,司法权也不仅仅是一种国家权力,同时还是一种社会权力;不仅有"国家司法",还有"社会司法"或"准司法";(4)司法学不仅要研究国家司法权的运行机制、体制及方式问题,还要研究辅助司法权的运行机制、体制及方式问题(如律师、公证、司法鉴定、人民调解及法治宣传等属于"司法行政"领域的内容)。

过去学界对"司法"或"司法权"的理解过于强调了国家对司法或司法权的垄断性,突出了司法的国家强制性与司法权行使中的程序性及国家意志的主宰性,在内涵上略显单一和闭塞,因而展示了相当的局限性,并未穷尽"司法"或"司法权"的全部应有之义。因此,全面理解和把握上述两个概念的含义很有必要,这需要拥有一种宏观和开放的视野,即超越国家意志、国家权力之外,具备一种社会视野或民间视野,领会司法或司法权的社会属性或民间属性。

笔者认为,"司法"与"司法权"都是弹性概念,具有很强的包容性,它们既包括国家司法(权),也包括民间司法(权),两种司法权可以并行不悖、互相补充,共同发挥着维护社会秩序的功能。

4. 司法学的研究范围。司法学是一门独立的学科,有独立的研究范围,它与诉讼法学、司法制度、司法文明虽有一定的联系,但也存在很大的区别。司法学的研究范围既有国家司法,也有民间司法;既有"国法",也有"活法";既有国家司法层面的诉讼程序,也有民间司法层面的多元化纠纷解决机制;既有法院审判,也有民间调解;既有司法现实,也有司法传统;既有司法理念,也有司法实践;既有司法制度,也有司法制度背后的思想基础;既有"形而上"的成分,也有"形而下"的内容;等等。

(1)司法学与诉讼法学有别。第一,诉讼法学只关注国家制定的程序法,不关注民间司法。诉讼法学研究的对象主要是国家制定的三大诉讼法,即刑事诉讼法、民事诉讼法和行政诉讼法,而对人民调解、行政调解之类的"民间司法"活动不去关注,民间司法属于"准司法"。第二,在司法的根据方面,诉讼法学只关注"国法"(国家制定法),不关注"活法"(社会规则)。根据西方法社会学派的理论,"活法"是支配社会生活本身的法律,在维系社会秩序方面的作用远远超过国家制定法,国家司法不但要以国家制定法为依据,还要以"活法"为依据。第三,诉讼法学只关注国家司法层面的"诉讼",不关注社会层面的"争讼"。社会层面的争讼只需社会力量的介入即可,国家司法力量的介入反而使问题复杂化。第四,诉讼法学只关注当今的诉讼制度,不关注诉讼法传统。构建现代诉讼制度需要借鉴中国的诉讼法传统,因为传统是"源头活水"。

诉讼法学对其背后的理念基础及其与文化传统、道德观念及社会生活之间的关系,一般也不做探讨。简言之,诉讼法学只是一种"形而下"的、具有很强的现实针对性的部门法学,缺乏一种宏观的理论视野、超越的文化审视。而司法学则有高远的文化视野、深厚的理论基础,并将"形而上"(理论)与"形而下"(现实)结合起来,它不仅研究国家司法权在处理纠纷中的运行机制,还研究"准司法"权力(社会权力或民间权力)在处理纠纷中的运行机制,而后者对社会的和谐稳定可能具有更加重要的作用。

司法学对上述问题进行综合关注。司法学不但关注国家司法活动,也关注民间的"准司法"活动;不但关注"国法"(国家的程序法),也关注"活法"(对司法产生影响的社会规则);不但关注国家司法中的"诉讼",还关注民间司法中的"争讼";不但关注当今的诉讼制度,也关注历史上的诉讼法传统;不但关注诉讼法制,还关注诉讼法制背后的思想基础。

(2)司法学与"司法制度"有别。第一,司法制度学科只关注国家司法,不关注民间司法;第二,司法制度学科只关注"国法",不关注"活法"——基于司法根据而言;第三,司法制度学科只关注国家制定的司法制度,不关注这些制度背后的理论基础、文化基础和社会基础;第四,司法制度学科只关注当今的司法制度,不关注司法传统。而司法学对上述问题进行综合关注。

司法学与"司法制度"虽有一定的关系,但司法学的研究领域却不仅仅限于司法制度,"司法制度学"只是司法学下面众多的子学科之一。目前被一些高校当成一个学科的"司法制度",只是将静态的、由国家制定的司法制度作为研究的对象,而对该司法制度背后的思想基础、文化基础等不做研究,对国家司法制度之外的与"准司法"密切关联的社会规则也不予探讨,因此该学科体现了封闭性、狭隘性的特点,甚至还在一定程度上表现出了脱离活生生的社会现实的落后性。

（3）司法学与"司法文明"有别。第一,"司法文明"是一个"大词"（广义概念）,包括人类司法活动中创造的物质成果、精神成果和制度成果;第二,"司法文明"在研究方法上重宏观而不重微观,这是其内在性质决定的;第三,"司法文明"的研究内容和研究对象应当是:总结人类司法文明的不同类型,解释司法文明发展演变的规律,阐释现代司法文明的内涵和特征,论证现代司法文明的发展路径,揭示司法文明的未来发展趋势,等等;第四,"司法文明"在学术风格上带有"宏大叙事"的特色,是一种"高大上"的学问,而不是"低小下"的学问,是一种"顶天"（超越现实）而不"立地"（立足现实）的学问;第五,对"司法文明"的学术定位:它不是一个学科而是一个项目,不是一个体系而是一个概念。

司法学学科在研究方法上强调宏观与微观结合、理论与实践结合、思想与制度结合、传统与现实结合;在学术风格上既有"宏大叙事",也有"精雕细琢",既是"高大上"也是"低小下",既能"顶天"也能"立地";在学术定位上,它是一个学科而不是一个项目,是一个体系而不是一个概念。司法学也研究"司法文明",但不是将它作为一个独立的学科来研究,而是作为一种研究的素材来使用。

5. 司法学的学科意义、理论意义和实践意义。（1）学科意义。长期以来,法学的学科体系并不完整,与国外法治发达国家相比,我们缺乏司法学这一重要学科。这也影响到法学的教育和法律人才的培养。残缺的学科体系必然也导致法学人才知识结构的残缺,对健全法学人才的知识结构无益。目前教育部确定的高等学校法学教育的核心课程体系中并未给司法学留下一席之地,可见如此法学教育是跛足或残缺的,这与司法在法治国家建设中举足轻重的地位是极不相称的。

（2）理论意义。构建司法学学科的理论意义在于,通过对司法学及其与子学科之间关系的研究,弄清其理论体系及其与各部分之间的内在关联,对司法现象的各个侧面进行深度的理论思考,并将这种理论思考变成指导司法实践的精神资源,同时为司法改革与司法文化建设提供必要的理论支撑。另外,通过对司法问题进行宏观与微观、制度与思想、历史与现实的综合研究,借鉴传统资源、总结历史规律,提出前瞻性、创新性的学说,为司法学的学术发展贡献一份心力。

（3）实践意义。构建司法学学科的实践意义可谓巨大,尤其是在党的十八届三中全会提出"深化司法体制改革"、"建设法治中国"的号召这一新的背景下。其实践意义主要表现在:第一,用创新性的司法理论来指导中国司法实践;第二,为当前的司法改革提供理念引领、理论支撑、智力支持、方法优化和制度创新①。

20 世纪 90 年代的司法理论研究呈现出系统化、体系化的特点,随着司法改革的整体推进,学界对司法的研究也着力于全局性、整体性、系统性和体系性的研究,试图对司法体制改革提供一种全局性、宏观性的引领和促进。在此方面的标志就是新学科——司法学的兴起,它伴随着司法改革的脚步而成长,也必将伴随着司法改革的巨大成就而辉煌!

七、结　语

纵观四十年来中国司法理论的探索与司法改革的实践,可以说司法改革催生和促进了司法理论的研究,而司法理论又引领和支撑了司法改革实践。从 20 世纪 80 年代到 90 年代再到 21 世纪,司法改革实践经历了一个从司法重建到"司法技术性改革"再到"司法体制性改革"的演进,司法理论探索则经历了一个从"破冰"到深入再到系统化、体系化的过程。20 世纪 80 年代,中国刚刚经历"文革"灾难不久,学界对司法理论的研究还处在"破冰"和起步阶段,学者的主要作用在于突破司法理论禁区、吸收西方新知,恢复重建中国的司法理论研究。进入 20 世纪 90 年代,随着司法改革的推进,司法理论的研究日趋繁荣,对一些基本理论问题的研究也日益深入,为司法改革起了一定的引导作用。21 世纪以来,随着司法改革的整体推进与全面发展,司法理论的研

---

① 崔永东:《司法学研究大有作为》,《人民日报》2015 年 9 月 7 日。

究也呈现出系统化、体系化的特点,其标志是一门新兴学科司法学的出现和成长,相信该学科会对今后的司法改革不断提供理念引领、学理支撑和方法优化。

　　回溯司法改革的历程,成就与经验可圈可点,如通过试点先行、全面铺开的方法推进改革,强化司法队伍的职业化建设,逐步推进去行政化和去地方化,大尺度地推进司法公开,继承中国传统与借鉴域外经验,等等。但仍有不足,如司法改革的综合性、系统性不足,相关配套措施不足,司法改革的战略及方法不够清晰,司法改革的共识不足以及理论支撑不够,立法与司法的协调不足,司法改革过分遵循政治逻辑且与司法规律有所偏离,人权的司法保障措施有待完善,等等。改革中出现的问题需要通过进一步改革来完善,也需要理论界进一步加强有针对性、前瞻性、战略性的研究,为司法改革提出切实可行的建议和方案,从而真正为司法改革提供理论支撑和制度优化。

第十六章 司法改革的成绩、
问题与未来优化

2013 年 11 月,党的十八届三中全会通过的《关于全面深化改革若干重大问题的决定》发出了"深化司法体制改革"的号召,标志着新一轮司法改革拉开了大幕。2014 年 10 月,党的十八届四中全会通过的《关于全面推进依法治国若干重大问题的决定》则对司法改革进行了具体要求。本轮司法改革以追求司法的公正和效率、逐步提升司法公信力为目标,以推进职业化、去行政化和去地方化为抓手,以落实司法责任制为核心,以构建司法职业保障制度为辅助,以推进以审判为中心的诉讼制度改革、完善司法权力运行机制、优化司法职权配置为支撑,取得了可圈可点的成绩。目前,本轮司法改革已近尾声,故总结经验、发现问题、展望未来等便成了一个紧迫的任务,因为这关系到今后如何吸收经验教训、如何优化和深化司法改革之类的大问题。

一、本轮司法改革的成绩

(一) 淡化了行政化

本轮司法改革以去行政化、去地方化为抓手,大张旗鼓地推进相关改革,取得了可圈可点的成绩。其实,"地方化"也是"行政化"的另一种表现形式,因为没有司法机关的行政化,地方党政势力就不能将司法机关当成政府机构的一个部门(下属)来看待,因而也就难以干预司法,司法的独立性也会得到保障。

去行政化意味着"放权"或"还权",使用后一个概念可能更准确。因为依法独立办案的决定权本来在法官、检察官手中,只是因为不适当的行政管理体制而被弱化或剥夺了,故需要将办案决定权归还于一线办案人员。

从法院系统来看,"行政化"的诸多表现以下述几种最为典型:一是案件审批制度,二是请示汇报制度(潜规则),三是审委会制度。案件审批制度在一定程度上赋予了院庭长以案件决定权,而一线办案人员的案件决定权被削夺;请示汇报制度在一定程度上赋予了上级法院以案件决定权,并导致二审程序的虚置;审委会制度导致审委会过多参与具体案件的审理,也体现了一定的行政化色彩(尽管该制度被严格限制后仍有一定合理性)。经过"去行政化"改革后,案件审批制度、请示汇报制度被废除,审委会制度则被改造,即淡化了其决定具体案件的功能,而强化了其总结审判经验、进行类案指导的功能。事实上,各地法院把上审委会讨论的案件控制在千分之五以内。

另外,庭审程序的虚置也反映了司法权运行机制中的"行政化"因素的存在。因此,当前以审判为中心诉讼制度改革的关键在于实现庭审实质化。在这方面,学界与实务界形成了如下共识:庭审不是走过场,不能搞"先定后审",要将推进庭审实质化与改革庭审方式结合起来,要落实证人出庭作证制度,提高当庭宣判率,切实发挥庭审在查明事实、认定证据、确定罪责方面的关键作用,真正贯彻直接言辞原则、司法中立原则和辩论原则,充分发挥举证、质证、认证各环节的作用,使庭审成为确认罪、责、刑的关键环节。充分发挥审判对侦查、起诉等诉讼活动的引导、辐射作用,使审判成为整个刑事诉讼程序的核心,侦查、起诉阶段只是为审判进行准备的刑事审判前程序。

由此可见,以审判权为中心的诉讼制度改革的核心在于庭审实质化,使事实查明在法庭,证据认定在法庭,公正裁判在法庭,这是符合司法规律的,体现了一种"非行政化"特色的审判权力运行机制,与当前司法改革的价值取向相契合。

去行政化改革,不可避免地牵涉到司法管理问题,曾有一些专家认为司法管理是行政化的表现,应予取缔,但此种做法不妥。尽管司法管理存在行政化因素,只要该因素不影响审判权的正常运行,则仍有存在的必要。因此,应当对司法管理权进行区分,看看哪些是行政化的司法管理权,哪些是非行政化的司法管理权。

法院系统的司法管理权分为司法行政事务管理权（人财物）、行政化的司法管理权（案件审批制度、请示汇报潜规则、审委会制度）、技术化的司法管理权（流程监控、绩效考核、质量评查）、内部监督权（审级监督、院庭长的监督、专业法官会议的监督）。国外也同样存在司法管理，例如，美国州法院"全国中心"就是一个独立的进行法院管理的组织，除了对案件进行审限管理外，还对美国州法院运行情况进行测评，类似于我国法院的质效评估。测评数据供有关法院参考。测评的指标共有 10 项：（1）便利性与公平性；（2）收结案比例——看是否有案件积压；（3）结案率；（4）案件审理天数；（5）庭审日期的确定性；（6）案件卷宗的可靠性和完整性；（7）罚款决定的执行；（8）陪审员的有效利用；（9）法院雇员工作热情；（10）案件成本。

在新一轮司法改革的大背景下，"去行政化"已经成为法院改革的共识。因此，行政化的司法管理权首当其冲，必须加以改革，其中部分不合时宜的权力应当被废止。当然，这些应当被废止的权力是指那些过度行政化的权力，因为过度行政化的司法管理权导致了审判权的行政化。司法管理改革的关键在于去行政化，但去行政化只是去除过度的行政化，并非去除所有的行政化因素。有人群的地方就会有管理，有管理的地方就会有行政化因素。今后，业务化的司法管理会逐步加强，"监督性"的司法管理也会有所增强，而行政化的司法管理会逐步式微但不会归零。这就是司法管理工作发展的一种趋势。

（二）弱化了地方化

司法权本属于中央事权，但长期的体制性问题导致地方党政机关几乎将其当成地方事权，并因控制着地方司法机关的人财物而对司法权多有不适当干预，弱化了司法的公信力。因此，本轮司法改革在消除地方化方面采取了诸如人财物归省级统管、设置跨行政区划法院、设立最高人民法院巡回法庭等举措。

检察系统的专家认为，建立跨行政区划的司法机关是司法去地方化的基本制度设计。吉林省人民检察院撰写的《司法改革正当时》一书说："改革司法区域与行政区划高度吻合的制度设计，建立司法区域与行政区划适当分离的错位管辖制度，很大程度上可以解决司法工作所面临的窘境，摆脱来自当地行政区域各种因素的消极干预，对于建构新型的中央与地方关系，保障国家法律统一正确实施具有重要意义。"①2014 年 12 月,上海市第三中级人民法院、上海市人民检察院第三分院宣布成立;同时,北京市第四中级人民法院、北京市人民检察院第四分院宣布成立。上述四家法院、检察院成为跨行政区划司法机关的改革试点,为全面推开相关改革积累经验。

设立最高人民法院巡回法庭,主要基于如下几个方面的考量:

一是方便人民群众就近诉讼,减轻当事人讼累,从而更为有效地保护其合法权益。"家门口的最高法院"意味着最高法院审判权的下移,这种就近解决纠纷的模式大大方便了当事人的诉讼。二是有利于减轻首都北京的涉诉信访压力,维护首都的和谐稳定。三是巡回法庭审理跨行政区划重大行政、民商事案件,有助于理顺省级统管后的司法管辖制度,保障涉及跨省案件的司法公正。根据规定,每一个巡回法庭的巡回范围包含几个省级区划,对于涉及省际利益的案件,巡回法庭能够保持中立地位,不对某一省份的利益进行特殊保护,使所谓的"司法主客场"现象得到有效抑制。四是有助于克服地方保护主义对司法的不当影响。作为最高人民法院的派出机构,巡回法庭的人财物等都隶属于中央,与地方党政机关没有直接的利益关系,在行政上不受地方党政机关管辖,从而有效抑制了地方保护主义对司法权的侵蚀。五是有助于最高人民法院本部腾出手来、集中精力制定司法政策、出台司法解释、统一司法适用。审理对统一适用法律具有指导意义的重大案件,强化其指导全国法院审判工作的职能。六是伴随着法官流动性的增强(每两年轮换一次),有效防止了在巡回区内形成利益交换关系,因而在较大程度上保证了案件审理结果的公正性。

笔者认为,巡回法庭制度设立的最大意义在于克服司法领域的地方保护主义,换言之,即消除司法中的"地方化"因素。

(三) 促进了职业化

司法队伍的职业化就是专业化、精英化,打造一支精英化的司法队伍,这是司法改革的基础。只有打好该基础,司法责任制改革、审判权运行机制改革等才能落到实处。《上海法院司法体制改革探索与实践》一书指出:"建立符

---

① 吉林省人民检察院:《司法改革正当时》,吉林人民出版社 2015 年版,第 33 页。

合职业特点的司法人员分类管理制度,这项改革不仅关系到法院的人员管理体制的改革,而且关系到司法责任制、审判权力运行机制最终能否落实的问题,是这次改革的重头戏。为此,上海高院紧紧牵住这一牛鼻子,攻坚克难,敢于碰硬,全力推进人员分类管理改革,建立了符合司法规律的司法人员管理制度,取得了历史性的突破,为全面推进司法体制改革夯实了基础。"①

吉林省人民检察院推出的《司法改革正当时》一书说道:"职业化的重要特征是司法官规模的精当和适度。为此,本轮司法改革的重头戏是司法机关人员分类管理,缩减司法官员额,建立优秀律师和法学学者进入司法官队伍和司法官逐级遴选等制度,以期实现司法官的职业化、精英化,选好公平正义的代言人。"②

本轮司法改革以队伍建设为基础,队伍建设的目标是培育一支司法精英队伍,其关键在于实行司法人员的分类管理,亦即员额制。通过严格的程序,确保入额法官、检察官是真正的精英,然后"放权"于主审法官、主任检察官。有权必有责,放权之后司法责任制必然跟进,这样才能有效制约司法权。然后,再实行司法职业保障制。司法职业保障制的核心在于非因法定事由、非经法定程序,不得对司法人员追责;其关键在于保障司法人员的司法豁免权、延迟退休权、不可任意撤换权等。因此,员额制、责任制和保障制成了本轮司法改革加强司法队伍建设的三大制度,其旨在实现司法队伍的专业化、精英化。

(四) 增强了公开化

司法公开是指提高司法的透明度,即所谓"阳光司法"。西方法谚有"正义不仅要实现,而且要以人们看得见的方式来实现"的说法。正义以看得见的方式来实现,其蕴含的意思是公开的审判有助于正义的实现。

拙著《司法改革与司法公正》一书曾指出:"司法公开具抑制司法腐败的作用,因为阳光是最好的防腐剂,那些见不得人的勾当,那些背后的利益输送等等,都属于'见光死'。首先,司法公开使司法权的运行透明化了,因而更易被监督制约,权力寻租的腐败行为自然会受到抑制——此即'阳光司法'倒逼

① 上海市高级人民法院编印:《上海法院司法体制改革探索与实践》,第17页。
② 吉林省人民检察院:《司法改革正当时》,吉林人民出版社2015年版,第16页。

司法廉洁和司法公正。其次,司法公开有利于提升办案质量和效率,办案质量不高、效率低下的办案人员暴露在众目睽睽之下,无地自容,自然会'倒逼'其提高能力和素质,力争把案子办好。"①

本轮司法改革,根据最高人民法院统一部署,各地法院利用信息技术重点打造三大信息公开平台:审判流程信息公开、裁判文书公开、执行信息公开。上述公开举措取得了不俗的成绩,得到了公众的认同,但仍存在一些不足。拙著指出:"理念滞后制约司法公开之推进,社会公众对司法公开活动参与不足,司法公开制度柔性有余、刚性不足,司法机关对民众的司法公开需求回应不足,司法公开的保障机制存在严重的形式化倾向,司法公开缺乏有效的评估机制,等等。"②上述问题需要在今后的改革中逐步解决。

(五) 增进了人道化

人道化是本轮司法改革的价值取向,"让人民群众在每一个案件中都感受到公平正义"是对这一价值取向的准确表达。在此价值观的推动下,司法机关在平反冤假错案方面多有建树,使长久受损的正义得以恢复,人道司法的光辉重新映照人间。上海市法院系统通过推行以审判为中心的诉讼制度改革来强化人权保障,又通过推进认罪认罚从宽制度改革,让法律的宽容精神得以体现,从而有助于保障人权。

另外,坚持司法为民的原则也体现了司法的人道化趋向。《上海法院司法体制改革探索与实践》一书指出:"上海法院始终坚持司法为民根本宗旨,积极回应人民群众关切和期盼,解决好人民群众最关心最直接最现实的利益问题,各项工作受到人民群众的肯定和认同,司法公信力不断提高。"③

来自检察系统的声音表明,以审判为中心的诉讼制度改革是防止冤假错案发生的重要举措。吉林省人民检察院推出的《司法改革正当时》一书指出:"过去我国刑事司法制度构建是以侦查为中心,这一构建往往强调的是快速突破案件,极易导致先抓人后取证、限期破案、超期羁押、刑讯逼供、司法机关有分工没制约等问题的大量出现,无法从根本上杜绝冤假错案的发生。……

---

① 崔永东:《司法改革与司法公正》,上海人民出版社 2016 年版,第 71 页。
② 崔永东:《司法改革与司法公正》,上海人民出版社 2016 年版,第 77 页。
③ 上海市高级人民法院编印:《上海法院司法体制改革探索与实践》,第 71 页。

推进以审判为中心的诉讼制度改革，完善检察机关行使监督权的法律制度，加强对刑事诉讼等的法律监督。"①

（六）推进了科技化

在本轮司法改革过程中，各地法院、检察院采用互联网、大数据、人工智能等技术打造"智慧法院"、"智慧检务"，取得的成绩可圈可点。上海市法院系统在此方面走在了全国前列。据上海市高级人民法院内部文献《上海法院司法体制改革探索与实践》介绍："上海法院紧跟时代步伐，坚持'科技强院'方针和'向科技要警力、向科技要效率、向科技要质量'工作思路。运用大数据战略思维，实施'一个战略、两个行动'，推动数据法院、智慧法院、阳光法院建设，将大数据、'互联网+'、'人工智能+'等新的科技成果应用于司法实践中，先后制定实施了《上海市高级人民法院信息化建设三年规划》《上海市高级人民法院"数据法院"建设发展规划》，建立了由门户网站（内网、外网）、中心数据库、六大信息应用系统、133个应用软件和现代化的基础设施组成的'上海市高级人民法院大数据信息系统'，并通过对系统的不断升级改造、完善，形成了网络三级联动、应用全面覆盖、数据即时生成、信息高度集合、资源共享互通、管理安全规范的大数据应用格。"②先进科技手段的应用为司法改革提供了有力的技术保障。

（七）提高了理论化

司法改革推进了司法学研究，新时代、新问题、新需求刺激了司法学的研究，这种研究回应了时代的挑战。司法学学科不仅具有重要的学术和学科意义，也有重要的理论意义，更有重大的现实意义。这种现实意义在于，司法学可为中国的司法改革提供理念引领、学理支撑和智力支持。

司法学是一门探索司法理念、司法制度和司法实践的学科，也是一门探索司法传统及其现代转化的学科。司法学既有交叉性的特点，也有独立性的品格。交叉性是指用哲学、文化学、伦理学、社会学、行政学、管理学等学科的视

① 吉林省人民检察院：《司法改革正当时》，吉林人民出版社2015年版，第15页。
② 上海市高级人民法院编印：《上海法院司法体制改革探索与实践》，第57页。

角与方法来研究司法问题,因此可以派生出如下子学科:司法哲学、司法文化学、司法伦理学、司法社会学、司法行政学、司法管理学。司法学的独立性是指司法学具有独立存在的价值和地位,这主要表现在如下子学科:司法制度学、司法监督学、司法行为学、司法方法学、司法传统学、民间司法学、国际司法学。

司法学的研究对象:(1)不仅研究"司法事实",还要研究其背后的司法理念及司法观念。(2)不仅研究司法现实,还研究司法传统。(3)不仅研究司法权运行的体制机制,还研究辅助司法权运行的体制机制。司法学不同于诉讼法学:诉讼法学只关注国家的程序法,不关注社会司法;只关注国法,不关注"活法";只关注现行司法制度,不关注诉讼法传统。司法学对上述内容进行综合关注。

(八) 提升了社会化

司法改革应该有两个维度,一是国家司法层面的改革,一是社会司法层面的改革,后者可为前者提供有力的支撑。"国家司法"是指国家司法适用国家制定法以解决纠纷的活动,因此具有严格的程序性和法定性;"社会司法"是指社会组织或个人运用社会规则以化解纠纷的活动,具有形式灵活、契合社会风俗习惯的特点,如大家熟知的"多元化纠纷解决机制"及所谓"枫桥经验"等都是该司法模式的反映。

拙作《社会司法的理论反思与制度重建》一文写道:"社会司法的存在,打破了国家对司法的垄断,弥补了国家权力在调整基层社会秩序方面的缺陷。社会司法体现的是一种社会意志、社会权力和社会利益,而国家司法体现的是一种国家意志、国家权力和国家利益。社会司法实质上是社会对司法问题的一种回应,这一回应的结果是社会组织突破了国家对司法的垄断。面对社会司法的挑战,国家司法也作出了回应,这一回应的结果便是国家司法权力的部分社会化。"[1]另一篇拙作《社会司法:理念阐释与制度进路》一文也说:"社会司法强调根据社会规则或民间规则进行'司法活动',这种司法活动是指以社会制裁力为后盾的调解、仲裁之类的行为。"[2]

---

[1]　崔永东:《社会司法的理论反思与制度重建》,《学术月刊》2017 年第 6 期。
[2]　崔永东:《社会司法:理念阐释与制度进路》,《新华文摘》2016 年第 9 期。

　　以往我国历次司法改革基本属于国家司法层面的改革,很少涉及社会司法层面的改革,因此没有发挥出社会司法对国家司法的支撑作用。社会司法机制的完善,不仅可以大大节约国家司法资源,而且会降低一线司法人员的工作强度及人身危险性,同时还对国家司法层面的改革有较大的促进作用。

　　拙作《社会司法的理论反思与制度重建》一文提出了构建社会司法制度体系的建议:"社会司法制度的重建需要建立起自由理性、宽容妥协、沟通理解以及合作信任的机制,发挥多元社会力量的作用,形成司法机关、政府部门与社会组织的协商对话机制,要确立并完善诉调对接机制,要完善社会组织的自我管理机制,形成一个以平衡国家权力与社会权力为价值取向,以对话、协商、合作为运行模式,以国家、社会、公民之间的互动互惠为行为准则的社会司法制度体系,从而促成社会治理能力的提升与社会治理体系的完善。"①

　　上海市法院系统在改革过程中对社会司法机制是比较重视的,其秉承党的十八届四中全会提出的"健全社会矛盾纠纷预防化解机制"之精神,出台了相关的制度措施。《上海法院司法体制改革探索与实践》一书指出:"完善矛盾纠纷多元化解机制,充分发挥司法能动性,将司法职能向社会领域延伸,对于化解社会矛盾、维护和谐稳定,保障群众合法权益、促进社会公平正义具有重要意义。"②

　　2015年8月,上海市高级人民法院推出了《关于深入推进多元化纠纷解决机制改革的意见》,要求全市法院成立诉调对接中心,引导当事人通过诉讼外方式自主解决纠纷。2017年,上海市高院、上海海事法院被最高人民法院确定为在线调解平台建设试点法院。2017年,上海市基金、证券和期货业纠纷联合人民调解委员会成立,上海市高院与中国证监会上海监管局共同签署《关于建立证券、基金、期货业纠纷诉调对接工作机制的合作备忘录》,这是一项推进金融纠纷案件多元化解决机制的重要举措。2017年,上海市法院系统有七成以上的案件进入诉前程序,其中三分之一的案件在诉前得到化解,这一诉前分流措施不仅节约了诉讼成本,减轻了当事人讼累,而且缓解了案多人少的矛盾,使法官能腾出手来集中精力办好大案要案。

————————

　　①　崔永东:《社会司法的理论反思与制度重建》,《学术月刊》2017年第6期。
　　②　上海市高级人民法院编:《上海法院司法体制改革探索与实践》,第55页。

二、司法改革中存在的问题

本轮司法改革存在如下不足之处:(1)理论支撑不足。(2)凝聚共识不够。(3)权力监督不够。(4)"排非"(排除非法证据)不到位。(5)保障制度不足。(6)职业化有待完善。(7)去行政化、去地方化有待深入。(8)对营商环境的司法保障不足。

应该说,以下几种不足亟待改进:一是共识不足,二是理论支撑不够,三是监督不到位,四是"排非"落实不到位。共识不足是指一些改革措施的出台过于仓促,未能充分论证、听证,甚至以行政命令的形式强制推行,导致群众认可度、接受度下降,甚至有一定的反弹。理论支撑不够是指理论界对司法改革的一些新情况、新需要未能作出积极反应,未能从理论高度加以概括总结,前瞻性研究不够,特别是对司法规律、司法改革方法、司法改革战略等问题缺乏深入系统的研究,导致公众对一些问题存在误读、误解。如有关"司法独立"、"法官只服从法律"等问题,理论上严谨、客观、全面、深入的论证不够,这也是共识难以达成的一个原因。监督不到位是指检察机关对公安机关、审判机关的监督存在"软"和"盲"两大问题,前者指监督手段软弱,后者指监督存在盲区,即监督未能全覆盖。这对防止侦查权、审判权的滥用产生了消极作用。"排非"即排除非法证据,该原则虽然早已被法律规定,但实践中落实并不到位,屡禁不止的刑讯逼供现象就是证明。

对营商环境的司法保障不足,特别是检察机关的监督不到位,影响到了市场经济的健康发展。市场经济是法治经济,市场经济的有序发展离不开一种健康的营商环境。简言之,营商环境实质上是一种法治环境,它不仅要通过立法手段来塑造,还要通过司法手段来保障,更要通过执法手段来维护。只有优良的法治环境才能为健康的营商环境保驾护航,才能促进经济的发展,才能增强我国经济抵御贸易战的能力,并实现"弯道超车"。

客观地讲,我国当前的营商环境确实存在诸多问题,而这些问题的存在又往往与公安执法存在一定的关系。公安过多地介入经济纠纷甚至突破执法底线是其症结所在。例如,将经济纠纷当成刑事犯罪来处理,在执法中没有做到对不同的市场主体进行平等保护、对产权尤其是知识产权的保护不够到位等，对经济的发展产生了不良影响。

笔者认为，如下几个原则应当要求公安执法队伍严格遵守：一是平等保护原则（对不同所有制企业、不同市场经营主体进行平等保护）；二是产权保护原则（尤其要注重对知识产权的保护）；三是严格区分经济纠纷与刑事犯罪界限的原则（切忌不要将普通的经济纠纷当成刑事犯罪来处理）。对上述原则以及其他相关原则的落实情况，检察机关应当加强监督，为优化营商环境提供有力的司法保障。

至于司法职业保障制度、司法队伍的职业化以及去行政化、去地方化方面存在的不足，决策部门已有清醒的认识，正在努力改进和完善，对此公众应该有信心。总之，认清并承认问题的存在，是改革决策者理性和自信的表现，坚持持续改革，使相关措施和制度不断完善，这对改革者的意志和定力是一种考验。相信改革会在正确的道路上阔步前进，达到众望所归的价值目标。

三、今后司法改革的优化举措

今后，要优化司法改革，还需要注意如下几个问题：一是司法改革战略，二是司法改革方法，三是司法规律。司法改革战略是司法改革的一种宏观思路、整体框架和顶层设计，是司法改革实践的"指路明灯"，对司法改革方案的落实至关重要。对司法改革战略的研究不够，会降低司法改革的全局性、系统性和整体性，并导致改革的具体方案呈现出"杂乱无章"、"散漫无归"的特点，这会在相当程度上弱化改革的功效。

至于司法改革的方法，本轮司法改革过程中采用了问题导向、凝聚共识及"建构与试错相结合"的方法，其中问题导向的方法值得肯定，凝聚共识的方法存在不足，而"建构与试错相结合"的方法存的问题是"建构"有余而"试错"不足。另外，还要注意对司法规律的研究。司法规律是司法现象的本质属性和内在联系，是司法活动遵循的基本原则，如司法的中立、独立、公正、公开等都属于司法规律，也都是司法的基本原则。对司法规律的系统研究和深刻揭示，不仅有助于形成司法改革的共识，更有助于决策者遵循司法规律作出正确决策。

要优化司法改革,改革决策者应当充分认识到通过立法途径巩固改革成果的重要性,同时也要利用自身的专业知识参与立法活动,例如要为《刑事诉讼法》《法官法》《检察官法》《人民法院组织法》《人民检察院组织法》等法律的修改提出合理化建议,特别要注意将本轮司法改革中经过检验证明有积极意义的成果纳入相关法律之中,这是法学智库责无旁贷的任务。

要优化司法改革,还需关注司法体制综合配套改革问题,为相关改革提供智力支持。目前,上海司法界正在按照中央部署推进司法体制综合配套改革试点工作,其举措及其成效理应引起法学界的高度关注,因为试点的成果将为全国司法改革提供可复制、可推广的经验,稍有闪失就会谬及全国。所谓"综合"是指系统性、整体性而言;所谓"配套"是指辅助性、支撑性而言。司法体制改革是一项系统性工程,强调整体推进、全面布局,各级党政机关要积极支持,形成合力,司法改革的方案要与法治国家、法治政府、法治社会建设的方案一体推进,甚至要与政治体制、社会体制、经济体制改革一体推进。此为"综合"之义。

在技术层面或具体制度层面上,此制度要求由彼制度或技术条件来辅助、支撑,这叫"配套"。例如,司法权运行制度需要现代科技来辅助,司法责任制需要司法职业保障制度来辅助,国家司法需要社会司法来辅助,执行制度需要社会诚信制度来辅助,繁案精审机制需要简案快审机制来辅助,等等。

司法权运行体系的构建,旨在提高司法效率和司法公信力,迫切需要现代科学技术来支撑,如大数据、人工智能技术等的运用可大大提升司法效率,优化司法权运行程序,并极大地改善司法人员的工作状态,减轻司法人员的体力和精力负担,为法官、检察官将案件办成精品提供了技术条件。

司法责任制是本轮司法改革的"牛鼻子",抓住这一关键点能产生"纲举目张"的效果。尤其是在"去行政化"改革的背景下,"放权"于一线办案人员的结果必然是与"责任"相伴,从而实现"权责统一"。而司法责任制的推进还需要司法职业保障制度来辅助,没有后者的辅助,司法责任制也很难落实。司法职业保障制度的核心在于一个"利"字,既包括物质利益,也包括精神利益和基本权力、权利。因此,"权责利统一"才是一个更为全面的表述。

要优化司法改革,决策者应当在战略层面同等重视"国家司法"与"社会司法"问题。"国家司法"是国家司法机关适用国家制定法来解决纠纷的活动,"社会司法"是社会组织或个人根据社会规则来解决纠纷的活动。国家司法机关不可能"包打天下",它没有能力来化解所有的社会矛盾和纠纷。"社会司法"组织或个人根据习惯、惯例等社会规则可以化解相当数量的社会纠纷,从而大大节约国家司法资源,并且有利于社会的和谐稳定。来自西方的"多元化纠纷解决机制"、中国古代的"调处"(民间调解)和中国现代的"枫桥经验"等,都是"社会司法"的表现形式。社会司法对国家司法的辅助或配套关系及其功能,值得法学界进一步深入研究。

要优化司法改革,还要重视社会诚信制度建设。"执行难"的破解更是需要社会诚信制度的配套支撑,只有完善社会诚信制度,才会让失信被执行人寸步难行。通过限制高消费、限制出境、限制职业进入等系列手段,让失信者在名誉和物质利益、职业晋升方面遭受多重打击,如此强大的压力自然会迫使其履行法定义务。

要优化司法改革,还要关注司法程序的改革。在刑事司法领域,"繁案精审"与"简案快审"如同双璧,交相辉映,互相支撑,缺一不可。繁案精审是指对那些相对复杂且有一定难度的案件进行精细化审理,以求将案件办成精品;简案快审是指对那些事实清楚、案情简单、证据确凿的案件进行快速化审理,以求迅速恢复正义。前者约占刑案总数的30%,后者约占刑案总数的70%。后者实际上是为前者创造条件、提供空间,因为只有通过快速化审理将大部分简易案件审理完毕,法官才能腾出手来集中精力办理那些"繁案",将其办成精品,让它经得起法律和历史的检验。因此,从司法技术上看,简案快审是繁案精审的支撑和辅助,没有前者的配套支持,后者也难以发挥正常功能。

要优化司法改革,还要建立防范司法权力滥用的机制。本轮司法改革主要强调对司法权的"放",即"放权"于一线办案人员,但只有放权而无制约也会存在严重问题,因为不受制约的权力容易产生腐败。故此,在放权的过程中必须强调监督制约,不但要加强内部监督,还要加强外部监督;不但要加强事后监督,还要加强事前、事中监督。另外,还要构建"透明司法"机制。总之,优良的司法有赖于一套完善的防范司法权力滥用的机制。

要进一步加大人权司法保障的力度。本轮司法改革在保护人权方面已经作出了积极努力,取得了不俗的成绩。但也应看到,随着经济社会的发展和人们人权意识的逐步提高,人权的司法保障制度也应当与时俱进,对其进一步深化细化,特别是在落实疑罪从无、非法证据排除方面更应当常抓不懈,在防范刑讯逼供方面必须建立极为完善的机制,这样才能真正发挥司法对人权的保障作用。

四、结　语

纵观本轮司法改革,其内在逻辑并非不可寻觅。司法公正、司法公信是其基本的价值取向,实现"权责统一"是其基本目标,"还权"与"追责"是实现该目标的重要方法,落实司法责任制是其关键,司法队伍的精英化是其基础,监督制约是其基本保障。这就构成了司法改革的内在逻辑体系。

本轮司法改革,成绩与问题共存,但成绩是主要的。笔者分别从淡化了行政化、弱化了地方化、促进了职业化、增强了公开化、增进了人道化、推进了科技化、提高了理论化、提升了社会化等方面概括了本轮司法改革的成绩,这些成绩的取得来之不易。而问题的存在以及对问题的揭示更值得人们关注,因为改革的一个重要方法就是以问题为导向,以解决问题为目标。对问题进行分析和研判,并提出解决问题的方案,是优化改革的一个基本步骤。本书对今后如何进一步优化司法改革提出了自己的一些看法,旨在抛砖引玉,引起大家的关注,希望改革决策者能够采纳善言、集思广益,为推进司法改革拿出更优的方案来。

第十七章　监察立法与依法治国

2018 年 3 月,第十三届全国人民代表大会通过了《中华人民共和国监察法》,这是一部具有划时代意义的法律,呼应了依法治国、依法行政与反腐倡廉的时代主题,具有非凡的现实意义和深远的历史意义,受到了国内外的广泛关注。

一、监督:抵御权力腐蚀的盾牌

在这部法律的总则中,我们不难寻觅其立法宗旨:"为了深化国家监察体制改革,加强对所有行使公权力的公职人员的监督,实现国家监察全面覆盖,深入开展反腐败工作,推进国家治理体系和治理能力现代化,根据宪法,制定本法。"(第 1 条)这就是说,对各类行使公权力(主要是行政权)的人员进行"全面覆盖"式的监督,强化反腐败的力度和深度,便是该法的立法宗旨。

一切有权力的人都容易滥用权力,这是千古不变的规律。西方哲人正是基于其对人性的深刻洞察,提出了如上看法,它留给我们的启示是:权力一旦与人的自利之性相结合而未受到有效监督制约,将会给社会带来可怕的后果。因此,强化监督制约,努力将权力关进制度的笼子里,便成了防止权力任性、遏制权力腐败的必然选择。

有人在论证监察法立法的意义时说:"建立集中统一、权威高效的国家监察制度,是解决反腐权力过于分散的必然要求,是实现党的监督和国家监督相协调的客观需要,也是推进全面依法治国,推进国家治理体系和治理能力现代化的重要举措。"①依法治国的核心内容之一是依法行政,通过整合党的监督与国家监督,完善国家监察立法,对行政执法进行全方位的有效监督,不仅会大大助推依法行政,更会大大提升国家治理体系和治理能力现代化的水平,同时还实现了国家监察权的法治化、规范化和制度化。

当然,遏制腐败,并非仅有监督制约一途,教育亦可发挥功效。因此,该法第6条又规定:"国家监察工作坚持标本兼治、综合治理,强化监督问责,严厉惩治腐败;深化改革、健全法治,有效制约和监督权力;加强法治教育和道德教育,弘扬中华优秀传统文化,构建不敢腐、不能腐、不想腐的长效机制。"监督制约要靠制度,思想境界、道德品质要靠教育。教育不是万能的,没有教育是万万不能的。法治教育和道德教育同样重要,双管齐下,一起筑牢官员拒止腐败的道德防线。

二、反腐利器:监察主体的性质和职能

监察委员会作为代表国家进行监督百官依法行政的主体,是国家的反腐利剑。它是行使国家监察职能的专责机关,与纪委合署办公,从而实现党对国家监察工作的领导。监察委员会由同级权力机关选举产生,对其负责,受其监督,但又相对独立。实际上,监察权不仅独立于立法权,还独立于司法权和行政权,是一种带有中国特色的新的权力类型。

学者指出:"从机构性质上看,监察委员会既非行政机关,也非司法机关,准确的法律定位应是监督机关。曾有观点认为,监察委员会属于政治机关,另有学者认为监察委员会属于'政法机关',应当说,这是从政治角度出发展开的分析。从法律属性上看,将监察委员会定义为专门的监督机关更为妥当。……根据《宪法》第129条规定,检察机关是国家的法律监督机关,但这种监督更侧重于对法律实施情况的监督,也即检察机关的法律监督职能更着重对'事'进行监督,这在当前正逐步推进的检察机关提起公益诉讼以及传统的抗诉等制度设计中有明确体现;而监察机关的监督职能则更注重对公职人

---

①　马怀德:《再论国家监察立法的主要问题》,《行政法学研究》2018年第1期。

员的监督,也即对'人'的监督。"①

上述将监察委员会定性为"监督机关"的说法是有见地的,但拙见认为,或许将监察委员会定性为"政治监督机关"更为妥当,以与检察机关作为"法律监督机关"的定位相区别,因为按常识判断,"政治监督"主要是针对"人"的,而"法律监督"主要是针对"事"约。

《监察法》第3条规定:"各级监察委员会是行使国家监察职能的专责机关,依照本法对所有行使公权力的公职人员(以下称公职人员)进行监察,调查职务违法和职务犯罪,开展廉政建设和反腐败工作,维护宪法和法律的尊严。"监察委的主要职能,一是对所有公职人员进行监察,二是调查职务违法和职务犯罪,三是开展廉政建设与反腐败工作。可见,其着眼点在于督促公职人员依法行政,防止权力的任性和腐败。

过去的监察工作并未实现全覆盖,还留有死角,此次《监察法》的规定弥补了这一缺憾。如该法第14条对监察客体的范围进行了界定:一是公务员和参公人员,二是根据法律授权或受国家机关委托管理公共事务的组织中从事公务的人员,三是国有企业管理人员,四是公办教育、科研、文化、医疗卫生、体育等单位中从事管理的人员,五是基层群众性自治组织中从事管理的人员。其中,上列的国企管理人员和基层群众性自治组织中从事管理的人员属于新增监察客体,体现了《监察法》反腐全覆盖的理念。

与上述监察委员会的"职能"定位相应,《监察法》又明确了其相关职责。可以说,"职能"是宏观的,"职责"是具体的。该法第11条规定了监察委的具体职责:一是对公职人员依法履职、秉公用权、廉洁从政从业以及道德操守进行监督检查;二是对公职人员职务违法、职务犯罪进行调查;三是对违法公职人员作出政务处分、对相关领导进行问责、向相关单位提出监察建议、对涉嫌职务犯罪的公职人员移送司法机关追究刑事责任。由此可见,惩治贪腐虽然是监察立法的目的之一,但更重要的是通过制度约束和惩戒威慑来督促各类公职人员依法履职、秉公用权。换言之,监察法会对依法行政发挥重要的保障作用。

①　马怀德:《再论国家监察立法的主要问题》,《行政法学研究》2018年第1期。

三、《监察法》是依法行政、构建法治
政府的有力支撑

2014 年,党的十八届四中全会的决定就提出了"深入推进依法行政,加快建设法治政府"的要求,强调要"建立权责统一、权威高效的依法行政体制,加快建设职能科学、权责法定、执法严明、公开公正、廉洁高效、守法诚信的法治政府"①。2017 年,党的十九大报告又发出了"建设法治政府,推进依法行政,严格规范公正文明执法"②的号召,要求掌握行政权力的人必须严格、规范、公正、文明地执法,这是法治政府建设的基本要义,如此才能真正保障人权。

论者指出:"行政机关是实施法律法规的重要主体,要带头严格执法,维护公共利益、人民利益和社会秩序。执法者必须忠实于法律,既不能以权压法、以身试法,也不能法外开恩、徇情枉法。"③另有论者指出:"行政机关实施行政管理,应当依照法律、法规、规章的规定进行;没有法律、法规、规章的规定,行政机关不得作出影响公民、法人和其他组织合法权益或者增加公民、法人和其他组织义务的决定。"④

依法行政具有重大意义,它不仅是实现法治政府的必由之路,更是构建法治中国的必要前提,也是国家长治久安的重要保障。在我国现有法律体系中,约有百分之八十以上的法律法规需要行政机关来执行,如果没有依法行政,那么依法治国就变成空话。正如学者所说:"依据依法行政的要求,各级行政机关要从巩固党的执政地位、维护社会主义政权、保证国家长治久安的高度,从建设廉洁、勤政、务实、高效政府,忠实履行全心全意为人民服务的根本宗旨,密切政府同人民群众关系的高度,从建立和完善社会主义市场经济体制和民

---

① 《中共中央关于全面推进依法治国若干重大问题的决定》,人民出版社 2014 年版,第 15 页。

② 《决胜全面建成小康社会　夺取新时代中国特色社会主义伟大胜利》,人民出版社 2017 年版,第 39 页。

③ 《习近平总书记系列重要讲话读本》,学习出版社、人民出版社 2014 年版,第 82 页。

④ 王立峰:《法治中国》,人民出版社 2014 年版,第 170 页。

主政治体制,保障改革开放和现代化建设顺利进行的高度统一认识,提高推进依法行政的自觉性。无论是从建设社会主义法治国家的需要看,还是从当前行政机关依法行政的状况和面临的新形势看,都要求我们必须坚决地、全面地推进依法行政,充分认识全面推进依法行政的重要性和紧迫性。"①该学者还着重从六个方面论证了依法行政的重要意义:其一,依法行政是贯彻依法治国基本方略的重要组成部分;其二,依法行政是依法治国的核心,是发展社会主义民主政治的需要;其三,依法行政是市场经济发展的客观要求;其四,依法行政是深化改革、加快发展的迫切需要;其五,依法行政是从严治政,建设廉洁、勤政、务实、高效政府的根本要求;其六,依法行政的确立对促进行政机关自身建设具有积极意义。

法治政府具有哪些特点? 我国行政法学家对此加以概括:第一,法治政府是有限政府(权力有限);第二,法治政府是透明廉洁的政府;第三,法治政府是诚信负责任的政府;第四,法治政府是便民高效的服务型政府。② 法治政府实现的途径是依法行政,根据党的十八届四中全会决定的表述,依法行政主要表现为权责法定、公正公开、廉洁高效、执法严明等方面。该决定指出:"完善行政组织和行政程序法律制度,推进机构、职能、权限、程序、责任法定化。行政机关要坚持法定职责必须为、法无授权不可为,勇于负责、敢于担当,坚决纠正不作为、乱作为,坚决克服懒政、怠政,坚决惩处失职、渎职。行政机关不得法外设定权力,没有法律法规依据不得作出减损公民、法人和其他组织合法权益或者增加其义务的决定。"③

依法行政的实质在于对行政权的控制,防止行政权的任性和越轨,从而保护人民的权利。《监察法》实际上就是一部"控权"的法律,它通过监督制约的手段来实现对行政权的控制,强制性要求行政机关的行政人员必须依法行权,否则会受到法律的惩戒。因此,《监察法》可以说是依法行政的"驱动器",也是法治政府的"压舱石",同时还是维护人民权益的"铁盾牌"。

---

① 朱力宇主编:《依法治国论》,中国人民大学出版社 2004 年版,第 485 页。
② 马怀德:《推进依法行政,建设法治政府》,《中国民政》2011 年第 2 期。
③ 《中共中央关于全面推进依法治国若干重大问题的决定》,人民出版社 2014 年版,第15—16 页。

四、监察权的行使方式

《监察法》第 11 条规定监察委员会"履行监督、调查、处置职责",这就概括了监察权之下的三种权力,即监督权、调查权和处置权,其具体内容为讯问(通过讯问违法嫌疑人来核查相关线索和证据)、询问(询问证人)、留置、调取(调取案卷、资料、证据等)、查封(查封场所、设施和财务等)、扣押(扣押涉案财物)、勘验、检查等。其中的调查权因为与原属于检察机关的职务犯罪侦查权相似而备受关注。应该说,两种权力之间既有区别也有联系。首先,调查权不同于刑事侦查权,监察机关与检察机关的性质也不相同,监察法也区别于刑事诉讼法,监察权行使依据的是《监察法》,监察机关将案件移送检察院后适用刑事诉讼法。其次,监察机关的调查权与检察机关的刑事侦查权在更高的层级上也有一致性。当下刑事诉讼流程存在两种模式,一种是针对职务类犯罪案件"调查—起诉—审判"模式,另一种是针对非职务类犯罪案件的"侦查—起诉—审判"模式,"正是检察院审查这个环节塑造了调查权和侦查权在刑事诉讼标准和程序规范上所可能达到的更高层次的一致性"[1]。

调查权的行使还需要保护被调查人的权利,否则将会形成人权灾难。正如有学者所说:"监察委员会行使调查权时,应该注重保护被调查人的权利,被调查人的权利不能因为反贪需要而缺位。监察委员会的调查权和行政调查有着本质的不同,它跨越了行政调查和刑事调查的界限,非单一的刑事侦查权或者行政调查权所能涵盖,这项实践给理论界带来了新的挑战。"[2]另有学者主张引入司法救济机制来保护监察对象或被调查人的合法权益:"国家监察立法有必要适当引入司法救济机制,即监察对象对于监察机关采取的限制人身自由的强制措施(如留置)、对财产的部分强制措施(如查封、冻结、扣押、搜查等),以及个别最严厉的行政处分决定(如开除公职)不服,国家监察法应赋予相对人向法院提起诉讼的权利。"[3]

---

① 张杰:《监察法适用中的重要问题》,《法学》2018 年第 6 期。
② 张杰:《监察法适用中的重要问题》,《法学》2018 年第 6 期。
③ 姜明安:《国家监察法立法的若干问题探讨》,《法学杂志》2017 年第 3 期。

　　值得注意的是,《监察法》第 20 条并未规定被调查人享有沉默权:"在调查过程中,对涉嫌职务违法的被调查人,监察机关可以要求其就涉嫌违法行为作出陈述,必要时向被调查人出具书面通知。对涉嫌贪污贿赂、失职渎职等职务犯罪的被调查人,监察机关可以进行讯问,要求其如实供述涉嫌犯罪的情况。"这提示我们,从保护人权的角度看,《监察法》还有进一步提升的空间。

　　"沉默权制度是现代世界上许多国家刑事诉讼的基本规则,一些国家甚至将其直接规定在宪法中,使其上升为一项宪法性权利,从而为防止司法专横、强迫公民自认其罪发挥了重要的作用。"[1]"沉默权是指当事人在面对侦查追诉人员或审判人员的讯问时可以始终保持沉默的权利。当事人的沉默并不会自陷于不利的境地,也不会导致不利的判决后果。掌握司法权力的人员在任何时候都不得采取酷刑、非人道及有损人格尊严的方法强迫当事人就指控事实作出供述或提供证据。沉默权作为被指控者的一种权利,在任何情况下都不得以任何名义被剥夺,即使是以国家利益或公共秩序的名义。"[2]

　　目前,在刑诉领域确立沉默权已经成为国际共识。联合国《公民权利和政治权利国际公约》第 14 条规定:人人享有"不被强迫作不利于他自己的证言或强迫承认犯罪"的权利。这已暗含对沉默权制度的肯定。而《联合国少年司法最低限度标准规则》第 7 条则明确将"保持沉默的权利"作为一项基本的诉讼权利加以规定。我国《刑事诉讼法》第 43 条规定:"检察人员、侦查人员必须依照法定程序,收集能够证实犯罪嫌疑人、被告人有罪或者无罪、犯罪情节轻重的各种证据。严禁刑讯逼供和以威胁、引诱、欺骗以及其他非法的方法收集证据。"我国《刑法》第 247 条也规定了"刑讯逼供"罪和"暴力取证"罪。这说明,我国法律对强迫犯罪嫌疑人自证其罪也持否定态度。但是,我国法律并未赋予犯罪嫌疑人以沉默权。有的学者指出:"供述义务不仅违背了现代刑事诉讼的基石——无罪推定原则,而且与控诉一方承担举证证明责任相冲突,其实质是强迫被告人协助追诉方证明自己有罪。它既削弱了诉讼中控辩双方的对抗性,贬抑了被告人的诉讼主体地位,妨碍了被告人辩护权的行使,又助长了司法人员在办案过程中对犯罪嫌疑人、被告人供述的过分依赖心

① 崔永东:《司法学原理》,人民出版社 2011 年版,第 58 页。
② 崔永东:《司法学原理》,人民出版社 2011 年版,第 59 页。

理,而这种对口供的过分依赖正是司法实践中刑讯逼供屡禁不止甚至愈演愈烈的重要原因。"①

从《监察法》第45条规定中可以看出,监察机关行使处置权的方式有下列几种,一是对被调查人的非政务处分:谈话提醒、批评教育、责令检查、予以诫勉;二是对被调查人的政务处分:警告、记过、记大过、降级、撤职、开除;三是对相关领导干部的问责:通报、诫勉、组织调整或组织处理、处分等;四是对相关单位提出监察建议,对监察对象所在单位廉政建设和履行职责存在的问题等,向相关单位和人员出具有一定法律效力的建议。

《监察法》第20条规定:"被调查人涉嫌贪污贿赂、失职渎职等严重职务违法或者职务犯罪,监察机关已经掌握其部分违法犯罪事实及证据,仍有重要问题需要进一步调查,并有下列情形之一的,经监察机关依法审批,可以将其留置在特定场所:(一)涉及案情重大、复杂的;(二)可能逃跑、自杀的;(三)可能串供或者伪造、隐匿、毁灭证据的;(四)可能有其他妨碍调查行为的。对涉嫌行贿犯罪或者共同职务犯罪的涉案人员,监察机关可以依照前款规定采取留置措施。留置场所的设置、管理和监督依照国家有关规定执行。"

该法第43条规定:"监察机关采取留置措施,应当由监察机关领导人员集体研究决定。设区的市级以下监察机关采取留置措施,应当报上一级监察机关批准。省级监察机关采取留置措施,应当报国家监察委员会备案。留置时间不得超过三个月。在特殊情况下,可以延长一次,延长时间不得超过三个月。省级以下监察机关采取留置措施的,延长留置时间应当报上一级监察机关批准。监察机关发现采取留置措施不当的,应当及时解除。"第44条规定:"对被调查人采取留置措施后,应当在二十四小时以内,通知被留置人员所在单位和家属,但有可能毁灭、伪造证据,干扰证人作证或者串供等有碍调查情形的除外。有碍调查的情形消失后,应当立即通知被留置人员所在单位和家属。"

这就是备受关注的以"留置"代"双规"的措施。它标志着"双规"的法治化,成为法治建设进步的一个反映,是以法治思维与法治方法防治腐败的重要体现。从中可以看出,留置的对象,一是涉嫌严重职务违法或者职务犯罪的;

---

① 孙万怀:《刑事法治的人道主义路径》,北京大学出版社2006年版,第220页。

二是掌握了部分证据的;三是不留置会影响办案的。留置的期限一般为三个月,可延长一次三个月。

　　过去,我党以"双规"措施反腐败,虽有成绩但也有争议,争议的焦点在于,一是于法无据问题,《宪法》第37条规定"禁止非法拘禁和以其他方法非法剥夺或者限制公民的人身自由",除非由相应授权机关出面才能行使限制人身自由的权力。而"双规"只是一项党纪措施,所依据的《中国共产党纪律检查机关案件检查工作条例》只是党内规定而非国家法律,这就意味着"双规"的合法性是有问题的。二是"双规"缺乏严格的实体和程序规范,如"双规"的对象应该是党员干部,但实际操作中却往往突破这一限制,而且"双规"的时限常常不确定,出现调查期限过长的问题,还有"双规"实践中出现的刑讯逼供或变相刑讯逼供现象,导致其间获得的证据在司法程序中受到质疑或被否定。最为重要的是,"在反腐败案件的查办过程中,党内调查措施适用于非党员,容易使公众混淆党纪和国法的界限、党的纪律措施和刑事侦查措施的界限,不利于党内监督的开展,也不利于树立法治权威。……因为留置措施可能对公民的基本权利造成较大影响,所以必须将留置措施纳入法治轨道,形成严密的规则体系,从实体和程序规则上加以有效约束。其目的不是为了控制公权力本身,而是为了控制和规范公权力怎么行使,按照什么样的步骤和什么样的方式去行使"①。总之,以"留置"取代"双规"或"两指",将限制被调查者的人身自由纳入法治化、规范化的程序之中,不仅彰显了法治文明,也体现了人道精神。

五、让监督者也受监督

　　一切有权力的人都容易滥用权力,这一规律也适用于监督者。因此,对监督者的监督也是防止监督权滥用的不二法门。党的十八届四中全会决定就提出了加强对公权力的制约和监督的要求:"加强党内监督、人大监督、民主监督、行政监督、司法监督、审级监督、社会监督、舆论监督制度建设,努力形成科

---

① 马怀德:《国家监察法的立法思路与立法重点》,《环球法律评论》2017年第2期。

学有效的权力运行制约和监督体系,增强监督合力和实效。"①

党的十九大报告又指出:"要加强对权力运行的制约和监督,让人民监督权力,让权力在阳光下运行,把权力关进制度的笼子。强化自上而下的组织监督,改进自下而上的民主监督,发挥同级相互监督作用,加强对党员领导干部的日常管理监督。……构建党统一指挥、全面覆盖、权威高效的监督体系,把党内监督同国家机关监督、民主监督、司法监督、群众监督、舆论监督贯通起来,增强监督合力。"②

由此可见,中央决策层对权力的监督制约问题是多么重视,监督的对象不仅是行政人员,也包括监督者本身,即监督者也要受监督,监督权也要受制约。没有任何公权力可以自外于监督。也就是说,一切掌握公权力的人都会受到监督,因为不受监督的权力就会任性放肆,就会损害国家与社会的利益。

学者指出:"国家监察机关是对国家公职人员进行监督的机关。然而监督者本身也应该接受监督。因为监督权同样是一种公权力。任何公权力,如果没有监督和制约,都必然滥用和腐败,这是一条万古不易的规律。如何设计对国家监察机关及其工作人员的监督机制,是国家监察法立法的重要任务。根据我国的法律监督体制,这种监督应包括人大及其常委会的监督、人民群众的监督、新闻媒体和社会舆论的监督,以及国家监察机关的自我监督。是否还应包括司法监督,被监督者对监察机关的监督行为不服,可否向人民法院提起诉讼,这是国家监察立法时需要认真研究的问题。笔者主张有限的司法监督,即允许被监督者起诉,但对可诉性行为应加以限制,使之控制在较小的范围,如暂时仅限制为人身自由和财产强制措施。"③

监督有两种类型,一种是权力监督权力,如人民代表大会的监督(监察委员会由人民代表大会产生并对其负责)属于此类;另一种是权利监督权力,即监察委员会还要接受社会、民众和舆论的监督等。此外,监察委员会还要接受司法监督、党的监督,以及进行自我监督。关于接受司法监督方面,有的学者

---

① 《中共中央关于全面推进依法治国若干重大问题的决定》,人民出版社 2014 年版,第18 页。

② 《决胜全面建成小康社会 夺取新时代中国特色社会主义伟大胜利》,人民出版社 2017年版,第 67—68 页。

③ 姜明安:《国家监察法立法的若干问题探讨》,《法学杂志》2017 年第 3 期。

指出："对监察委员会的司法监督,是在权力的分工、制衡、制约中实现的。监察委员会调查结束后移交给检察院的案件,如果检察院认为不构成犯罪,有权撤销案件或者不予批捕,这在本质上就是一种司法监督。同时,检察院作为宪法规定的法律监督机关,对监察委员会做出的决定或者采取的措施有权实施法律监督,这也是司法监督的一种方式。"①

《监察法》第七章规定了对监察机关和监察人员的监督:"各级监察委员会应当接受本级人民代表大会及其常务委员会的监督。"(第53条)"监察机关应当依法公开监察工作信息,接受民主监督、社会监督、舆论监督。"(第54条)"监察机关通过设立内部专门的监督机构等方式,加强对监察人员执行职务和遵守法律情况的监督,建立忠诚、干净、担当的监察队伍。"(第55条)这里的监督主要是人大监督、民主监督、社会监督、舆论监督和内部监督等。至于如某些学者主张的因被监督者而提起诉讼的所谓"司法监督",在《监察法》中并未规定。应该说,上述监督措施对防范监察机关的"灯下黑"现象还是有积极作用的。

其实,从《监察法》第一章"总则"部分就可以看出,监察机关与审判机关、检察机关和公安机关之间就存在一种监督制约关系:"监察委员会依照法律规定独立行使监察权,不受行政机关、社会团体和个人的干涉。监察机关办理职务违法和职务犯罪案件,应当与审判机关、检察机关、执法部门互相配合,互相制约。"(第4条)"制约"的前提是监督,既然监察机关与审判机关、检察机关和执法部门之间的关系是一种制约关系,当然也是一种互相监督的关系。其中的审判机关和检察机关的监督属于司法监督。

六、监察程序与刑事诉讼程序的衔接

有学者指出:"尽管监察程序中的很多内容与《刑事诉讼法》相衔接,如调查行为和刑事诉讼中的侦查、批捕、起诉等行为相衔接,但是从国家监察制度改革的精神来看,对特殊的职务违法犯罪的调查程序并不受《刑事诉讼法》的

---

① 马怀德:《国家监察法的立法思路与立法重点》,《环球法律评论》2017年第2期。

直接规制,而属于刑事诉讼的前置程序。监察委员会完成相关调查后,将案件移送检察机关,案件进入刑事诉讼程序。由检察机关负责对犯罪嫌疑人批准逮捕,然后采取审查起诉等《刑事诉讼法》规定的措施和程序。"①

《监察法》第47条的规定已经较好地解决了监、检之间的程序衔接问题。这主要表现在如下几个方面:一是监察机关调查取得的证据可以作为司法机关指控犯罪的证据,不用再进行转化。二是监察机关依据《监察法》实施调查权,对被调查人进行留置。案件移送检察院后,检察院依据《刑事诉讼法》对被调查人采取刑事强制措施,并审查起诉,亦可依法不起诉。三是检察机关审查起诉期间,可以退回补充调查,也可以自行补充侦查。

七、结　语

"监督"一词,是监视督促的意思,即通过监视公权力运行来督促掌握公权力者依法行权,对掌握行政权者来说则是督促其依法行政。因此,作为一部专门规定监督制度的法律,《监察法》与依法行政有着密不可分的关系,甚至可以说,没有监督就没有依法行政,也就没有依法治国(依法行政是依法治国的核心内容之一)。

《监察法》的颁布与实施,不仅有非凡的现实意义,还有深远的历史意义。它既继承了中国古代御史监察制度的合理内核,也吸收了西方监察制度的有益经验;它不仅把反腐败纳入法治化、规范化的轨道,而且还促进了依法行政;它不仅增进了党规与国法的融合,而且还厘清了监察权与审判权、检察权、执法权构成的国家权力谱系;它不仅推进了法治政府建设,而且还促进了国家治理体系与治理能力的现代化。它可以说是依法行政的"驱动器",也是法治政府的"压舱石",更是各级官员的"高压线",还是维护人民权益的"铁盾牌";它彰显了法治文明,也体现了人道精神;它展现了反腐法制领域的"中国经验"与"中国智慧",也叙说了依法行政领域的"中国话语"和"中国故事"。

---

① 马怀德:《再论国家监察立法的主要问题》,《行政法学研究》2018年第1期。

第十八章 司法改革范式与司法学研究[*]

　　法治是权力与权利之间交换社会关系的平台,一旦权利不能得到可诉的正义满足,以国家权力为基础的司法必须踏上改革的征程。党的十八大以后启动的新一轮司法改革,其根本动力是"击碎司法地方保护主义的硬壳,以诉讼方式将涌入上访渠道的社会矛盾解决重新地方化"①。引发司法地方保护主义的根源是地方财政 GDP 与政绩挂钩,因此,司法地方化从根子上讲,是央地两级财政改革留下的后遗症。新一轮司法改革的实质,是中央政府为地方政府化解矛盾不力的"买单"。司法改革是对司法本性的重塑②,挑战了法院组织法的功能定位与宪法授权。所以,"中国司法改革应当着眼于改进政治与司法的关系"③。不仅"体现了执政党对中国近现代和当代政治的考量和反思,反映了一种政治决断:建设现代灵族国家,将国家的力量延伸到共和国的每一寸土地,不但以此来保证国家的统一,民族的团结,更要把原来更多归属于边寨、家族的村民塑造成可以更多享受国家直接保护的公民,把法律统一起来"④。然而,现在最为紧缺的不是对司法改革的愿景设计,而是匮乏为司法改革输出符合中国社会现实的理论智慧。"目前的司法改革理论是以立法、行政和司法三权分立为背景展开的,其所提出的方案不能解决人民代表大会

*　此章系崔永东与葛天博合写。

①　姜峰:《央地关系视角下的司法改革:动力与挑战》,《中国法学》2016 年第 4 期。

②　孟凡麟:《司法改革:司法本性的沦丧与重塑》,《甘肃社会科学》2003 年第 2 期。

③　肖金明:《司法改革的目标与司法模式——基于政治与司法关系的改革思路》,《山东大学学报》2009 年第 3 期。

④　[日]棚濑孝雄:《纠纷的解决与审判制度》,王亚新译,中国政法大学出版社 1994 年版,第 21 页。

制度下的'司法'公正问题。"①舶来的西方理论不失为司法改革的技术借鉴,然而,"司法改革的理论依据在形式上应具备系统性和彻底性,在内容上要处理好共识性与平衡性"②。所以,要坚持"汲取中华法律文化精华,借鉴国外法治有益经验,但决不照搬外国法治理念和模式"③的基本原则,为司法改革提供符合建立中国特色社会主义的司法理论,成为摆在司法理论研究面前重大而紧迫的时代任务。

一、司法基本概念的探索与解读

任何理论的研究不能离开基本概念的诠释,概念随着社会发展又会被充填新的内涵,从而与时代发展保持同步。司法基本概念内涵的演变,同样遵循着这个规律。在司法理论当中,最为根本的基础性概念是"司法"。"司法"内涵与外延的收缩或者拓展,不仅影响到司法体制的建构与司法机制的运行,而且影响到司法理论对司法改革所应有的指导作用和风险防范功能。

(一)"司法"释义与理解限度

"我国现代意义上的'司法'概念源于苏联和民国的双重传统。"④在我党公开的历史文献中,"司法"一词最早出现在 1931 年 12 月中央执行委员会通过的《处理反革命案件和建立司法机关的暂行程序》的文本里,1934 年 4 月 8 日中央执行委员会颁布的《中华苏维埃共和国司法程序》中也使用了"司法"一词。但是,在新中国成立之后颁布的四部宪法中,只有 1954 年宪法、1982 年宪法中出现过"司法"。宪法中"司法"概念的含义,"都是指称行政职权之一的'司法行政'。"⑤就其职能来讲,"司法是指法院的审判活动,司法权就是

---

① 李小明:《论司法改革的理论基础及方向》,《法律科学》2000 年第 5 期。
② 方宏伟:《司法改革理论的特质》,《理论视野》2013 年第 10 期。
③ 《中共中央关于全面推进依法治国若干重大问题的决定》,人民出版社 2014 年版,第 7—8 页。
④ 樊崇义:《辨析"司法"》,《人民法治》2016 年第 5 期。
⑤ 樊崇义:《辨析"司法"》,《人民法治》2016 年第 5 期。

法院的审判权,享有司法权的主体只有法院和法官"。① 如果仅仅视司法为纯粹的审判活动,那么行政裁决也应归属"司法"范畴。同时,如从国家权力的职能负担来划分,司法权不能等同于审判权,审判权是司法权的下位概念,是为了完成司法权权能而授权某一主体以审判的权利,这种权利因为国家主权的让渡而具有了权力的属性,故称之为审判权。

从"法"是司法的依据而言,"司法是指国家司法机关依照法定职权和法定程序,具体应用法律处理案件的专门活动"②。简而言之,国家司法机关适用法律的专门活动就是司法。然而,仅仅把"司法"界定为国家司法机关的适用法律活动,就排除了行政机关适用行政规章处理一般案件的活动。规章按照我国《立法法》规定,归属法律体系。所以,"法的适用,通常是指国家机关根据法定职权和法定程序,具体应用法律处理案件的专门活动。由于这种活动以国家名义来行使司法权,故一般简称'司法'。"③在国家名义的视野下,一切国家机关适用法律处理案件的活动都是"司法"活动。然而,"司法"作为一个蕴藏历史发展轨迹的概念,对其内涵的认知不能止步于现代"司法",需要从历史的、社会的角度做一宽泛的理解。

"从严格的传统意义上来讲,司法仅指与立法和行政相对应的法院审判活动;而在现代意义上,司法是指包括基本功能与法院相同的仲裁、调解、行政裁判、司法审查、国际审判等解纷机制在内,以法院为核心并以当事人的合意为基础和国家强制力为最后保障的、以解决纠纷为基本功能的一种法律活动。"④司法的功能之一是解决社会纠纷,然而,解决社会纠纷并非一定要建立以法院为核心的系统。早在法院出现之前,纠纷的裁处已经证明公信才是解决纠纷的基础。认定司法是"法院为核心"的法律活动,其本质上是局限于国家认同的解读。"司法是指一定的国家机关依据法定职权和程序,应用法律处理具体案件的专门活动,与此相应有两种含义:一是司法机关和行政机关依法定职权和程序运用法律处理具体问题的专门活动;二是国家权力机关、行政机关、司法机关及国家授权的其他国家机关和组织依照法定职权和程序,将法

①　马铁夫:《司法、司法权与司法主体》,《湖南工业职业技术学院学报》2001 年第 1 期。
②　张文显:《法理学》(第二版),高等教育出版社 2003 年版,第 276 页。
③　沈宗灵:《法理学》,高等教育出版社 2004 年版,第 549 页。
④　杨一平:《司法正义论》,法律出版社 1999 年版,第 26 页。

律适用于具体的人和事的活动。"①无论何种属性的国家机关,只要是依据国家法律处理案件的活动就是司法活动,否定了司法专享的居中裁判的特质。

"司法"是国家解决纠纷、明辨是非的诉讼活动。② 但是,若把"司法"之"法"的外延作拓展性解读,那么,民间解决纠纷的活动也应当归于"司法"范畴。关于"司法"的争论,源于司法主体、司法功能的划分标准不同。国家视野下的解释格局中,国家司法的官方正统性否定了社会司法的存在与价值。国家中心主义一元论绑定了司法的本质,理论基础建立在国家与社会一体化的认识论之上。从法的国家与社会并存的双层意义讲,司法就是解决纠纷的活动。国家司法、社会司法是司法的两大分支。国家司法既包括国家司法机关的居中审判,也包括履行司法职能的非国家司法机关依据法律法规解决纠纷的活动,还包括非国家司法机关单方面作出的行政裁决、行政确认、行政决定等。社会司法包括一切的国家机关以外的任何组织、个人所从事的纠纷解决活动。但是,社会司法的前提是不得借口私人契约自治而有违国家法律的规定。把"司法"界定为解决纠纷的活动,一方面,融合国家司法与社会司法的纠纷解决共识,有利于多层次复合型纠纷解决体系的建构,适应社会加速发展带来的新型纠纷;另一方面,有利于整合国家与社会的全部资源,发挥社会组织的自治功能,提高社会秩序的自我修复能力,适应权利自治的社会发展情势。

(二)"司法+"的概念释读

司法改革在一定程度上束缚于西方理论话语权的主要原因之一,在于中国本土的司法理论研究薄弱,不能为司法概念的理论界定与运用的内涵时变提供令人信服的张力。其中,最为根本的原因在于指导我们司法改革的哲学思想源于"言必称希腊",而输入的理论则是西方司法改革经验的实践总结。这样一套从内到外的司法改革知识体系,成为我们颠覆苏联话语体系工具的同时,亦演变为设计、指导、评价我们司法改革的脚注。司法改革理论研究的主体性在西方话语体系的湮没下失去了"中国思考",中国司法改革成为检验

---

① 李龙:《法理学》,武汉大学出版社 2011 年版,第 231 页。
② 樊崇义:《辨析"司法"》,《人民法治》2016 年第 5 期。

西方司法经验真理性的实践田园。因此,中国特色社会主义司法理论的研究始点,应从司法理论中的基本概念入手,在世界司法理论的图像中,建构起人类视野下"地方性"的中国司法理论体系。

从内涵上来说,司法理念是确定司法制度设计建构格局,约束司法体制机制运行的思维准则,对于司法的功能、性质和运作模式发挥出系统控制的功能。司法理念指导司法运行的一般要求是司法原则,是司法具体制度设计与一般意义上的司法活动,在运动中必须遵循的基础性准则。我国的司法原则包括坚持党的领导,司法为民,法律面前人人平等,以法律为准绳、以事实为依据,法院独立审判等原则。值得注意的是,司法特征与司法本质之间的区别和联系。司法本质是指司法的本来特质,是与行政权、立法权不同的唯一性品相。司法特征是指司法活动中表现出来的特性,这些特性不一定唯有司法具备,其他的社会实践活动可能也会体现出来。比如,狭义上的司法(即审判)特征主要体现为"被动性、中立性、合法性、程序性、专属性、职业化、终局性与稳定性"①。之所以特别强调司法特征,是为了避免把司法特征等同于司法规律。

司法规律,是由司法的本质所决定的在司法活动中表现出来具有一定周期性的常态。司法规律既有普世意义上的元法则意蕴,也有人类视野下的地方性内涵;既有人类社会发展到一定阶段产生的必然性,又有不同民族发展状态所规定的偶然性。司法过程的每个阶段都有自己的独特规律,民事司法、刑事司法与行政司法之间既有不同的司法规律,也有共同遵守的司法规律。因此,符合司法规律的改革是一句普适性的空谈,符合社会主义司法规律的改革才大有可为。立足于当下中国法治建设的语境,比较借鉴世界上其他发达法治国家的经验,"我国司法体制和权力运行机制的改革和完善,应当遵循以下的基本司法规律。严格适用法律,维护法制权威;公正司法,维护社会公平正义;严格遵守法定正当程序;强化司法的亲历性与判断性;维护司法的公信力和权威性"②。社会主义司法规律属于司法理论研究的新战场,建立在一定时段内社会主义司法实践总结的基础之上。选择何种司法模式,既体现对司法

---

① 樊崇义:《司法规律与有关概念之辨析》,《人民法治》2016年第7期。

② 陈光中、龙宗智:《关于深化司法改革若干问题的思考》,《中国法学》2013年第4期。

规律的深邃理解,也体现司法理念的具体内涵。

20 世纪 70 年代末期,美国诺内特和塞尔兹尼克在《转变中的法律与社会——迈向回应型法》一书中,以法的功能转化作为分类标准,把法分为压制型、自治型与回应型三类,三者在发展顺序上彼此前后衔接,并有一种继承关系贯穿于其中。与之相对应的司法模式则呈现为压制型司法、自治型司法与回应型司法。① 其中,"压制型司法是政治取向型司法,自治型司法是规则取向型司法,而回应型司法则是社会取向型司法"②。三种模式的司法运作体现了不同的司法理念与功能设计。压制型司法的目的是以建构权力权威为主旨,满足政治中心主义的需要,检验司法的标准是政治化的集体正义,而非个人正义。自治型司法由于司法权从国家权力中分离出去,与其他政府权力彼此独立,其职能的自主性呈现为司法过程的"程序中心"主义,检验司法的标准是以司法是否独立执业和输出正义为视角的专业评估。回应型司法在自治型司法的基础之上,又向前迈进了一步,即司法作为社会治理的主体之一,不仅独立司法,而且自觉转换角色,从治理者转变为服务者,从正义的提供者转变为正义的合作者,其职能角色的转变呈现出司法功能的式微,与之相反的则是社会司法的发达。此种模式下,检验司法的标准是司法与社会的合作深度,社会司法对于国家司法的尊重。就司法目标而言,压制型司法的目标在于政策实施而非纠纷解决,否则,难以建构国家权力的法制权威;自治型司法的目标在于纠纷解决,而非政策实施,司法职能的完全独立,决定了司法过程阻断了国家权力借助司法判决实现政策的通道;回应型司法的目标既非政策实施,也非纠纷解决,而是在于社会秩序的共建共享。社会正义不再是司法一家之言,而是民主协商的正义契约。

司法目标的立定预制了司法权力的组织形式,压制型司法的司法权力组织形式与政策实施的司法目标相一致。政策实施是官僚科层体制存在的基本价值,不论采取何种社会管理方式实现政策的贯彻与落实,权力的科层建构是实现这一目标的前提。因此,以政策实施的压制型司法的司法权力组织形式

① ［美］P.诺内特、P.塞尔兹尼克:《转变中的法律与社会——迈向回应型法》,张志铭译,中国政法大学出版社 1994 年版。

② 樊崇义:《司法规律的发展进路:从压制走向自治,从对抗走向合意》,《人民法治》2016年第 8 期。

守持着行政管理科层体制,自上而下内隐着有形或者无形的行政色彩。这种司法权力组织科层化的最大伤害源自为司法运行服务的行政权,可以基于法定理由任意干涉未决案件,或者借口正义对已决案件提起再审。从表面上看,司法权力组织的行政化有利于司法正义的实现和不公平的纠正,然而,其本质是破坏了司法权威,腐蚀司法公信。司法权力组织的内部行政结构与司法权力外部行政结构之间的利益博弈维持着一种脆弱的平衡,这种平衡一旦给打破,司法改革就进入深水区了。

自治型司法的司法权力组织形式必须能够充分实现纠纷解决的完全司法化,所以,以纠纷解决为唯一目标的自治型司法的权力组织形式呈现为权力的自治体。每一个权力自治体高度自治,保持着绝对的自转,并与外部其他权力保持合作态度。与压制型司法、自治型司法相比,基于秩序共建共享而存在的回应型司法,其权力组织形式则呈现松散状态,只有正义需求上门要求司法给予是非判断之时,司法权力组织形式的存在才被社会公众感知。回应型司法境界下,司法权力组织如同汽车上配置的安全气囊,直到遭受一定力度的撞击才能被启用。中国司法改革的目标是实现公平正义,这就意味着我们既非单一的压制型,也非单一的自治型,更非单一的回应型,而是根据人民需要和社会发展的情况,结合社会纠纷产生的根源而针对不同阶段不同类型的纠纷,构建"让人民满意"的司法模式,这是社会主义司法的基本规律之一。

（三）司法公正与司法效率的双赢

"正义并不是一件孤芳自赏的装饰品,民众在外部对它的理解、接受与认同决定着它是否是真正的正义。"①民众希望在最短的时间里得到最大的正义,由此引发公正与效率之间的关系之争。长期以来,学术界始终争论司法公正与司法效率孰先孰后的优先性。一方面,反映出学术研究思维非此即彼的传统定势;另一方面,反映出学术研究脱离司法实践、追求逻辑自洽的谦抑观念。

域外司法融合公正与效率的实践经验,为如何实现司法公正与效率的共

---

① 汪习根:《司法权论——当代中国司法权运行的模式、方法与技巧》,武汉大学出版社2006年版,第9页。

生提供了借鉴性图景。"在美国联邦法院系统,辩诉交易程序可以适用于任何种类的案件,无论是性质轻微的犯罪还是性质非常严重的犯罪,联邦法院都可以适用该程序,以至于联邦法院系统以辩诉交易结案的案件数量达到了95%。"[1]美国的辩诉交易不仅可以在案件进入庭审之前进行,而且可以在庭审过程中,法官根据庭审中当事人的主张也可以将庭审判决变更为当庭辩诉交易,即认罪速裁程序。"如果被告人作有罪答辩,且法官认为该答辩出于自愿,被告人也知道后果和意义,那么一般情况下不再开庭展开法庭调查,而是直接进入量刑听证程序。"[2]美国刑事司法领域的辩诉交易制度与民事司法领域里的 ADR 制度,为我国建立刑事速裁、小额诉讼与认罪从宽制度,从而实现司法公正与司法效率的共享提供了实践参照,并积极开展试验田改革。

2011 年 3 月 17 日,最高人民法院下发《关于部分基层人民法院开展小额速裁试点工作的指导意见》,在基层人民法院开展小额速裁试点工作。2012年 8 月 31 日第十一届全国人民代表大会常务委员会第二十八次会议修正通过的《民事诉讼法》第 162 条明确规定:"基层人民法院和它派出的法庭审理符合本法第一百五十七条第一款规定的简单的民事案件,标的额为各省、自治区、直辖市上年度就业人员年平均工资百分之三十以下的,实行一审终审。"为民事诉讼适用"小额速裁程序"提供了法律依据,同时也为随后在刑事领域展开速裁程序试点工作奠定了实践的理性思考与制度设计。2014 年 6 月 27日,《关于授权最高人民法院、最高人民检察院在部分地区开展刑事案件速裁程序试点工作的决定》中规定,包括北京、上海在内的共计 18 个城市开展刑事案件速裁程序试点工作。紧接着,2015 年 2 月 4 日《最高人民法院关于全面深化人民法院改革的意见——人民法院第四个五年改革纲要(2014—2018)》根据已经取得的改革经验,明确提出:"健全轻微刑事案件快速办理机制。在立法机关的授权和监督下,有序推进刑事案件速裁程序改革。"该条内容不仅跳出了长期以来关于公正与效率难以双赢的囿围,而且为正在推行的指导性案例制度埋下了经验伏笔,也为我国走向判例法的可能性奠定了实践

---

① 樊崇义:《司法要追求司法公正与司法效率的统一》,《人民法治》2016 年第 10 期。
② 樊崇义:《司法要追求司法公正与司法效率的统一》,《人民法治》2016 年第 10 期。

基础。

"现实世界是一个过程,过程就是现实实有的生成。"①司法过程是司法效率与司法公正的统一体,效率的高低本身就体现出公正的一个方面,公正不仅满足当事人对公平正义的诉求,而且也能满足正义以最快的速度来到当事人的面前,即司法效率也是当事人的诉求内容。程序的确可能延长正义降临的时间,但是,正义来得晚一些总比不正义的结果要好得多。设计程序的目的不是为了延长正义分娩的时间,而是为了确保正义生命的健康。"严格遵照程序就是最大的重实体了。"②影响公正与效率的原因可以分为司法体制之内的原因与司法体制之外的原因,体制之外的原因主要是"权大于法"的利益寻租,体制之内的原因包括诉讼制度的设计与司法人员的司法行为。同等条件下,司法人员的司法行为直接影响到公正与效率。"为推进规范司法行为可持续发展,在制度上则需要构建有效的预防机制和救济机制。"③这就是为什么司法改革自始至终围绕一个目标而展开,这个目标就是公正与效率能否双赢。最好的双赢就是严格执行程序规定,依法审理,公正裁判,在法定的程序内输出正义的判决。

二、司法改革程式与理论输送

"司法改革的外向性、多层次、立体化的特点会给改革顺利推进增添一些困难,但只要区分轻重缓急、统筹规划、有序推进,对各项司法改革措施作出科学的战略安排,就能够避免'补丁式'的改革,最终实现建设公正高效权威的社会主义司法制度的目标。"④由此产生一个逻辑追问:"如何看待顶层设计在司法改革中的作用。"⑤当前中国司法改革必须妥善处理顶层设计与摸着石头过河的关系,顶层设计依赖于摸着石头过河的经验,也必须在摸着石头过河的

---

① 〔英〕怀特海:《过程与实在》,李步楼译,商务印书馆 2011 年版,第 38 页。
② 蒋惠岭:《论司法的程序性与司法改革》,《人民司法》1999 年第 7 期。
③ 陈卫东、杜磊:《司法改革背景下规范司法行为的进路》,《学习与探索》2015 年第 11 期。
④ 蒋惠岭:《顶层设计视角下的中国司法改革战略》,《行政管理改革》2015 年第 2 期。
⑤ 葛洪义:《关于司法改革的几点认只》,《法制与社会发展》2014 年第 6 期。

勇敢实践中推进。"当我们试图将司法独立作为法治的一项基本原则应用于实际,用来指导我国司法改革的实践时,应当抱着非常慎重的态度,对适应该原则可能出现的各种结果以及由此产生的负面影响,要有足够清醒的认识和充分的思想准备。"①思想准备的充分解决依靠理论研究的追踪和前瞻,"司法改革研究路径的选择应考虑到司法改革的理论需要"②。尽管存在着不同渊源的理论之争,但是,理论译介、自创的研究活动以及理论之间的相互不服,都为司法改革提供了理论基础。

(一) 司法改革的路径与理论方向

司法改革总体上讲,可以分为两个阶段,每个阶段都有鲜明的指导思想、制度设计、改革目标与效果反思。从司法改革的积极性上讲,可以概括为被动改革与主动改革;从改革的指导思想上来分,可以概括为"依需改革"和"依法改革";从司法改革的进度上看,可以概括为框架建设与制度细化。从"依需改革"到"依法改革"可以作为司法改革四十年的分水岭。司法改革最初的动因源于民事案件激增的数量,法院面临着"案多人少"的困境。为此,当初的民事证据举证方式改革的初衷是为了提高民事案件审判效率,随着证据方式改革的不断完善,倒逼庭审方式改革。庭审方式改革的过程中发现了司法不公的若干问题,于是,审判方式改革被推到改革前线,直接拉开司法改革的序幕。概而言之,司法改革的路线不仅起于民事司法改革,而且改革进程几乎同步于民事司法改革的轨迹。从 1978 年伊始,司法改革的总体思想是因需改革,显示出被动的回应式改革。改革目的受制于司法实践面临的问题,比如"案多人少"、告状难、司法公正与司法效率、执行难等,围绕这些审判方式改革过程中的问题,触发了法院地方化、司法行政化、法官遴选制度、审判委员会制度、人民陪审员制度、法官责任制、法院人员分类管理等制度重构。但是,这些制度的重构是为了补漏,改变人们心目中的司法形象。所以,这一阶段的制度设计具有"脚痛医脚,头痛医头"的诟病。

党的十八届四中全会作出《中共中央关于全面推进依法治国若干重大问

---

① 方立新:《司法改革的动因及其制度设计》,《浙江大学学报》2001 年第 6 期。
② 方宏伟:《论司法改革研究路径的选择》,《江苏社会科学》2013 年第 5 期。

题的决定》:"实现立法和改革决策相衔接,做到重大改革于法有据、立法主动适应改革和经济社会发展需要。"这是司法改革重大转向的路线依据,是法治建设的质的飞跃,法治内涵从满足纠纷解决需要转向引导社会秩序形成上来,体现了法治思维在推进司法改革进程中的主导作用。"依法改革"与"主动适应"从根本上确定了社会主义法治理论研究的基调与原则:"必须从我国基本国情出发,同改革开放不断深化相适应,总结和运用党领导人民实行法治的成功经验,围绕社会主义法治建设重大理论和实践问题,推进法治理论创新,发展符合中国实际、具有中国特色、体现社会发展规律的社会主义法治理论,为依法治国提供理论指导和学理支撑。"①对司法理论研究提出了两个基本要求:一是具有中国特色,二是具有社会主义法治属性,这是中国特色社会主义司法理论研究的基本轨道和方向。

司法改革的实质是改革司法,通过改革司法领域里的弊端,包括体制与机制两个方面存在的不足与缺陷,实现社会纠纷的正义矫正。然而,中国司法改革是在经济强势发展的条件下展开,加之立法准备不足,面临大量的各种类型的案件,司法的硬件资源与软件资源捉襟见肘。特别是无法可依与立法粗疏的软件资源,不足以为法官审判提供足额的规则供给,司法政策成为纠纷解决的法理依据。但是,社会纠纷的产生在基层,解决也在基层,这就导致中央颁布的司法政策在执行过程中,成为推动基层法院审判"简约化"的顶能量。司法改革可以改变司法体制与司法机制,但是,不能改变社会结构,尤其不能改变社会矛盾的发生源。所以,缺失理论的顶层设计极可能催生基层司法改革的运动化,这种自上而下的推动改革方式最容易导致地方改革的"跟风跑"。"如果这种运动思维及支持运动发展的社会结构条件不能得到彻底改变,那么司法政策的治理化和地方实践的'运动化'就有可能还会出现。"②司法理论研究不能止于指导司法改革的顶层设计,顶层设计不仅要具备顶层的高度,而且要能够为基层所理解和接受,达到上下贯通,从而形成改革共识的合力。

---

① 摘自党的十八届四中全会《中共中央关于全面推进依法治国若干重大问题的决定》。

② 钱大军、薛爱昌:《司法政策的治理化与地方实践的"运动化"——以 2007—2012 年的司法改革为例》,《学习与探索》2015 年第 2 期。

　　"司法改革所依赖的理论需要有共识性。"①中国地方的司法系统在纵向组织上简单明了,三级法院层次分明;从横向组织上比较,因各地区经济社会文化发展不均衡,同一级别的法院之间差别较大。这不仅表现在各个地区的社会风俗习惯与民众法律意识不一上面,而且表现在各个地区的纠纷类型与地方政府法治能力差异上面。特别是后者,地方政府法治能力在中国现实的政治体制与行政区划格局中,对地方法院司法改革发挥出杠杆性的影响力。所以,司法理论研究的首要任务是要获得来自各个方面的认同。不仅要能够在改革决策集团中得到认同,而且要在改革参与者、被改革者当中得到认同,认同是形成共识的前提。因此,司法理论研究要服务于"顺利地推进中国的司法改革,既要着眼于在司法工作中坚持好群众路线,又不可无视现代司法制度的科学要求和普遍规律的可适性。就需要将历来我们在司法工作中坚持群众路线的经验和方法提升到现代化水平,赋予其现代性意义;同时又需要把现代司法制度的科学要求和普遍规律与我们在司法工作中坚持群众路线的宝贵经验有机地结合起来"②。司法理论要达成共识,必须要把道理讲清楚,而要把道理讲清楚,首先要洞察司法改革所处的社会现实与司法运作的现状,因此,司法理论研究必须摒弃西方理论的教条主义,从西方理论的泥淖中抽身出来,把目光下沉,放到中国司法改革的现实视阈上来。

（二）司法改革的制度建设与理论供给

　　党的十八大之前,司法改革的制度推进属于"摸石头过河模式"。一方面,制度建设缺少系统性设计,凸显司法改革的系统设计不足;另一方面,制度建设缺少问题性导向,凸显司法改革的担当责任不足。造成制度建设两面弹性的原因是多方面的,其中,司法理论研究供给迟钝或者供需错位负有不可推卸的责任。党的十八大以后,司法改革的制度建设体现出三个特性。

　　一是具体性。《关于全面深化改革若干重大问题的决定》对人权司法保障提出了具体要求。如下表:

---

① 方宏伟:《司法改革需要怎样的理论》,《甘肃政法学院学报》2013 年第 6 期。
② 文正邦:《论司法改革与公民参与问题》,《法学》2010 年第 3 期。

类型	内　容
程序方面	进一步规范查封、扣押、冻结、处理涉案财物的司法程序
规则方面	严禁刑讯逼供、体罚虐待,严格实行非法证据排除规则
制度方面	废止劳动教养制度;健全国家司法救助制度,完善法律援助制度
机制方面	健全错案防止、纠正、责任追究机制
其他方面	逐步减少适用死刑罪名;发挥律师依法维护公民和法人合法权益的重要作用

　　《关于全面推进依法治国若干重大问题的决定》在《关于全面深化改革若干重大问题的决定》的基础上,对加强人权司法保障又提出更为具体的新要求。如下表:

类型	内　容
权力保障	强化诉讼过程中当事人和其他诉讼参与人的知情权、陈述权、辩护辩论权、申请权、申诉权的制度保障
原则制度	健全落实罪刑法定、疑罪从无、非法证据排除等法律原则的法律制度
司法监督	完善对限制人身自由司法措施和侦查手段的司法监督
纠错机制	加强对刑讯逼供和非法取证的源头预防,健全冤假错案有效防范、及时纠正机制

　　二是连续性。为了全面和有效地贯彻党的十八届三中、四中全会提出的加强人权司法保障的司法改革要求,根据《关于全面推进依法治国若干重大问题的决定》所规定的190项改革措施,最高人民法院在党的十八届四中全会之后,制定了《最高人民法院关于全面深化人民法院改革的意见》(以下简称《意见》),并将之作为修订后的《人民法院第四个五年改革纲要(2014—2018)》贯彻实施,并于2015年2月26日正式发印。《意见》确立了全面深化人民法院改革的总体技术思路,以加强人权司法保障作为推动机制健全、制度完善的"核动力",确定不移地提出"到2018年初步建成具有中国特色的社会主义审判权力运行体系"。

　　三是系统性。围绕建成具有中国特色的社会主义审判权力运行体系这一关键目标和加强人权司法保障的总体价值要求,《意见》提出7个方面共计65项司法改革举措,涉及法院组织体系、司法管辖制度、法官履职保障、审判权力运行、法院人事管理等各个层面,并设定了具体的路线图和时间表。如下表:

年度	总体要求	内容一	内容二	内容三
2015	健全三个机制	权责明晰、权责统一、监督有序、配套齐全的审判权力	审判流程公开、裁判文书公开和执行信息公开三大平台	覆盖全面、系统科学、便民利民的司法为民机制
2016	定位科学、职能明确、运行有效	审判为中心的诉讼制度	法院职权配置	
2017	分类科学、分工明确、结构合理,符合司法职业特点	法院人员管理制度		
2018	形成信赖司法、尊重司法、支持司法的制度环境和社会氛围			

综上所述,顶层设计对于指导全国司法改革推进举足轻重,人民代表大会制度在保障司法改革"为民性"的本质上发挥出关键的保障作用。"2012 年以来,在司法改革前,全国人大及其常委会通过行使决定权而对司法改革起着引领作用;在司法改革中,全国人大及其常委会通过行使监督权而对司法改革起着监督作用;在司法改革后,全国人大及其常委会通过行使立法权而对司法改革起着巩固作用。"①然而,同时也暴露出司法理论研究的薄弱,这从理论输出的效度与维度可以管窥。

司法理论研究既要注重基础理论研究,又要关注具体司法制度研究。基础理论研究必须站在中国现实的立场,清透司法改革的问题所在,才能开出有疗效的药方。否则,守持西方理论的服饰,改革中国长袍的礼仪,难免贻笑大方。"我国当下的司法改革从整体上讲是在司法规律的意义上进行的,然而在实践中这些改革措施与旧有体制中的某些因素存在诸多冲突。"②符合司法规律的改革是最科学也是最有成效的改革。就其"本文"③而言,"司法规律"的知识图像是西方司法经验的理论转译,缺失中国司法经验的"民族性"。党的十八大之后,中央提出符合"社会主义司法规律"的司法改革范式,为司法

① 郭文涛:《论全国人大及其常委会在推动司法改革中的作用:基于 2012 年以来司法改革的实证分析》,《人大研究》2017 年第 5 期。

② 李拥军:《司法改革中的体制性冲突及其解决路径》,《法商研究》2017 年第 2 期。

③ 〔美〕克里夫德·吉尔兹:《地方性知识》,王海龙、张家瑄等译,中央编译出版社 2004年版。

理论研究确定了重点指南。"司法改革构成了中国政治发展的一个理想的切入区,契合于中国社会进步的内在逻辑,契合于中国政治发展稳定、渐进的原则和制度化、法治化的历史趋向。"①就当下中国而言,司法改革与社会发展必须保持同步,毋庸置疑是社会主义司法规律的具体体现。

新一轮司法改革的目标之一就是回归司法的本相,改革此前司法行政化的司法范式。司法行政化的存在有其一定的合理性,包括制度上、经济上与政治体制上的理由。在中国社会进入改革开放的初期,单就整体利益发展的角度而言,司法行政化曾经发挥过积极的作用。就此而言,中国特色社会主义初级阶段的司法建设是不是必须经过司法行政化,这就需要理论的论证。不能因为司法行政化在当下引发了司法不公的后果,就否定司法行政化曾经存在的合理性,包括这一规律的可能性。如同一把"双刃剑",司法行政化也带来了司法机制内的痼疾。随着法治国家、法治政府与法治社会一体化建设的推进,司法行政化不适应社会发展决定下的社会意识,因此,改革司法行政化是司法改革的重点任务之一。司法行政化既包括外部的司法行政化,也包括内部的司法行政化。就法院系统内部而言,改革司法行政化就是"理顺司法权与司法管理权之间的关系,达到司法权与司法管理权之间的平衡"②。司法管理权不仅是司法机关内部的行政管理权,还包括司法机关外部的行政管理权。就具体制度的制定来说,理论提供的支持受制于学科知识体系的约束,难以在宏观视野下提出制度体系建构的系统方案,多数停留在自己熟悉的领域。司法理论输出的非系统性与非本土性,一旦用来指导司法改革制度建设,必然导致制度运行过程中的冲突。一言以蔽之,司法改革推进制度配套建设的过程中,司法理论的式微显而易见,司法理论研究的重要与紧迫亦应运而生。

(三) 司法改革的思路纷争与理论归因

中国司法改革的争论起先并无方向上的分歧,学术界关于司法改革何处去的看法,一方面,被世界图景下中国法治何处去的宏大叙事所遮掩;另一方面,司法改革初期亟须理论供给的时代任务转换成西方司法理论的译介与输

---

① 程竹汝:《司法改革:建构中国政治发展的张力结构》,《政治与法律》2000 年第 3 期。

② 崔永东:《司法改革与司法管理机制的"去行政化"》,《政法论丛》2014 年第 6 期。

入,理论上的饥渴替代了理论上的争执。随着西方理论的不断输入,不同学派皈依了不同的观念,关于司法改革方向与模式选择的立场性对立开始日渐明朗。2008 年,一张挑战书①的"司法决斗"②,揭开了司法改革背后暗流涌动的路线批判。"一方严词捍卫司法职业化、精英化道路,一方大肆鼓吹司法民主化、大众化路线。"③除此之外,还有支持司法改革应中西融合的折衷主义学派。概括说来,围绕司法改革的理论供给存在两大学派,激进派与折衷派,激进派包括精英派与大众派。学术界关于司法改革的争论源于各自的理论认知,然而,任何一方的理论解读都不自觉地只看到了理论自身逻辑的结构完整性,忽略了理论的基础事实存在所需要的总体条件。从而造成对西方话语中心主义的臣服,其中的原因是多样的。

　　中国司法改革始于何时并不是一个定论,站在不同的立场,基于不同的视角,司法改革的起点都无法给出一个确定的时间定格。④ 若从法院角色与功能进入国家建设、社会发展与秩序建构的时间上来看,"中国司法改革的真正起点是二十世纪 90 年代"。⑤ 改革伊始,就遭遇铺天盖地的西方法理学的教义灌输,自后更是一波更具有冲击力的西方司法经验的传来。司法改革的中国实践湮没在西方理论体系之中,一切的司法改革举措都被冠之以某某模式、某某主义或者某某理论,即便具体的司法改革措施、制度的出台与颁布,也被贴上西方理论的标签。似乎若不能在西方理论体系中找到依据,中国的司法改革就是错误的,至少是不符合西方现代法治国家的标准。在本土司法理论式微的情境下,司法改革的方向选择与具体制度设计不能不受到西方理论的影响。

　　革命的浪漫主义几乎完全毁掉了一代人甚至几代人对传统法律文化的

---

　　① 《市民向法院院长下"战书"》,《新京报》2008 年 12 月 3 日。

　　② 傅达林:《"司法决斗"的现代隐喻——从宪政视角解读司法改革论争》,《人民检察》2009 年第 3 期。

　　③ 傅达林:《"司法决斗"的现代隐喻——从宪政视角解读司法改革论争》,《人民检察》2009 年第 3 期。

　　④ 有学者界定,当代中国司法改革发端于 20 世纪 80 年代。参见赵明:《从历史的深处走来——漫议转型时期的当代中国政治与司法改革》,《政法论丛》2008 年第 3 期。

　　⑤ 蔡定剑:《历史与变革——新中国法制建设的历程》,中国政法大学出版社 1999 年版,第179 页。

自信。新中国成立之后的 30 年间，权法关系的一边倒态度从根本上建立了政法秩序的同时，也造成司法理论的政治化。本土司法理论的缺失为西学东进预留了渲染空间，而翻译过程中语言内在的含义偏差造成本土理解的不可能性。然而，最为关键的在于翻译者、品读者、传播者以及实践者是否真懂理论逻辑背后的差异。司法改革 40 年有这样一条经验，即马克思主义中国化同样要在司法改革理论体系建构上面坚持。一方面，需要学术界理性地分析西方理论，结合中国社会的现实条件来谈司法改革的进程设计；另一方面，需要学术界自信地回溯中国司法发展史，结合当下中国的现实条件来为建构司法改革提供现代理论支持。归根结底，正是因为司法基础理论研究的缺席和弱势，才导致司法改革路径判断上的西方标准，并陷入西方话语权的"圈地"。

早在新中国成立初期，董必武先生针对司法工作人员改造就精辟地指出："国家本质改变了，法律也改变了。"①我们不反对西方司法理论的传入和研究，但是，我们反对不加分析地照搬西方理论的"拿来主义"。基本经济制度与基本政治制度的完全不同，决定司法改革所需的理论一定不能望文生义。特别是对于司法基础理论中基本概念的误读，往往导致中国司法改革误入歧途。中国司法改革应有与这个国家相匹配的司法规律。人类社会发展的规律在不同的民族和国家中，虽然表现为总体上的前进，但是，因为各自不同的社会条件会有不同的表现形式。苏联的社会主义建设与中国社会主义的发生、建设就表现出不同的两种路径。而在中国内部，边疆地区少数民族与内地民族也是经由不同的路径进入社会主义，"直过民族"②就是最好的证明。

西方输出的司法理论是西方司法规律的理解与总结，而非中国司法规律的发现，更不是总结。之所以部分学者极力把西方理论贴上普适的价值标签，其真正的问题在于没有把司法规律同其他与司法规律相关的概念界定清晰。诸如中立、独立、公开、程序、终局等特征性描述被当作司法规律，这就从根本上混淆了规律与特征之间的绝对分界。这既是司法这一概念被任意使用的结果，也是对司法这一概念的中国内涵一知半解的结果。时至今日，司法改革的顶层设计与司法改革的理论研究、司法举措之间仍未严格地区分。虽然有学

---

① 董必武：《旧司法工作人员的改造问题》，《中国新法学研究院院刊》1950 年第 3 期。
② 李根：《"直过民族"社会历史演变的变异性特点探析》，《贵州民族研究》2000 年第 1 期。

者基于学理研究,提出狭义司法与广义司法的理解①,但是,行使司法权与行使司法职能是否隶属"司法"的特定内涵,依然模糊。司法基础理论研究的重要性、紧迫性不言而喻,特别是关于司法基本范畴与概念的中国语境重读,亟须拯救性建构。当然,在建构中国司法基础理论体系的过程中,不应排斥西方先进的理论成果。

三、司法改革共识难题与理论分析

"试图通过形成司法改革的一致意见,并把其作为改革的条件的想法也许是幼稚的。"②然而,司法改革在分歧中也无法获得来自各个方面的合力。缺少统一认识的司法改革,不仅难以获得大多数人对改革方案的支持,而且失去了司法改革的价值与意义。因此,有必要对司法改革共识的难以形成进行深层次原因的分析,这既是司法改革通过深水区的思想保证,也是司法理论研究的历史担当。

(一) 改革共识与问题观念

司法改革共识在表层上基本形成,关于司法改革采用西方模式还是中国模式的比较结论上,各执一端的争论不再如前。学术界认同,坚持其中任何一种模式都有其偏颇之处,应当采取扬弃的包容政策,站在与国际接轨的图景下,推动中国的司法改革。因此,"必然性地汲取西方模式中的合理或普适成分,又必然性地要保留符合中国国情的因素"。③ 这种既非改良、又非折衷的共识,是基于司法改革现实实践的困境而不得不做出的迂回选择。但是,在司法改革究竟何处去的方向性决策上,法学界却未达成共识,甚至陷入深层分裂。司法改革共识的深层分裂,倒逼司法改革不得不在摸着石头过河中寻求实践理性的支持。"让人民满意"的司法改革目标,与其说是改革的止境,毋

---

① 张彩凤:《比较司法制度》,中国人民公安大学出版社 2007 年版,第 1 页。
② 陈金钊、张其山:《对中国司法改革理论的反思》,《法学研究》2003 年第 6 期。
③ 徐昀:《简论中国司法改革的规律:以民事审判结构理论为视角》,《学习与探索》2010 年第 4 期。

宁说是司法改革理论供给贫乏的直接结果,同时也是弥合"中国国情论"与西方模式论分裂的封口胶。

"思维模式往往比制度更重要。中国法制现代化首赖思维方式的现代化。"①自由、平等、民主、人权等染有人类普世意义的大词,已经成为整个社会希冀的权利话语,这是一个不争的事实。然而,自由、平等、民主与人权作为类概念,是人类共同追求的最高目标。最高目标的实现不否认目标实现途径的多元化,也不能肯定实现的途径具有唯一性。三权分立作为西方一些国家的政治体制模式,决定了司法独立的基础是司法权独立于立法权、行政权。但是,视司法权独立为司法独立的前提性条件,并试图通过在司法改革中推行司法独立这一概念性改革,改变中国的政治体制模式,其实质是借助司法独立的改革,实现"无色革命"。

"对对象、现实、感性,只是从客体的或者直观的形式去理解,而不是把它们当做感性的人的活动,当做实践去理解,不是从主体方面去理解。"②三权分立下的司法独立与坚持党的领导下实行法院独立审判的宪法精神格格不入。与其说改革共识深层分裂的基础是对自由、平等、民主、人权这些大词内涵理解的分歧,倒不如说是个人主义与集体主义两种关涉司法改革的价值观、世界观、社会观的较量,其实质是两种文化观的较量,体现在对待中国传统文化的态度与责任上。然而,本土司法理论研究对此并未深度关注,而是停留在如何从逻辑上完善改革措施的自圆其说上,其理论支撑也未摆脱西方话语权中心主义的圈层。或许,这也正是主张西方模式的群体能够坚持到底的信心所在。

(二) 司法有限性与社会司法介入

司法的有限性似乎被认为是司法的本性,阐释司法有限性的进路并非源于司法本质的分析,而是来自司法依据的有限性,即因为国家法律不能覆盖全部的社会生活,规制全部的社会行为,从而导致不能完全地调整社会关系。国家法律之所以不能覆盖全部的社会生活,源于立法无法做到与社会发展完全吻合。所以,立法滞后导致司法有限性。但是,略加分析,即可得出基于立法

---

① 郝铁川:《论逻辑思维与法律思维》,《现代法学》1997 年第 3 期。
② 《马克思恩格斯文集》第 1 卷,人民出版社 2009 年版,第 499 页。

滞后得出司法有限性的结论,是不成立的。在广义的司法层面上,司法有限性值得商榷。

首先,立法滞后于社会发展并不总是存在。立法既可以是对已有不成文规则的认可,也可以是成文规则的创制。已有规则的认可过程从形式上讲,的确滞后于社会的发展,至少立法程序是在不成文规则产生之后的国家行为。但是,不成文规则经过法定程序被认可为国家法律之后,立法意图必然突破该不成文规则此前的适用范围,通过法律适用过程中有针对性的法律解释又进一步开拓了该条规则的适用领域。从时间上判断,立法程序的启动滞后于社会发展,然而从法律实施来看,立法与社会几乎同步,甚至立法解释有可能超越社会发展。作为社会意识的内容之一,立法意图超前于社会发展符合人类认识的规律。从规则创制的立法程序来看,规则创制本身就是对社会发展做出的立法预测,可能存在法律条文的规定与社会发展不一致的情况,但是,法律解释的及时跟进足以解决立法意图与社会发展错位的矛盾。因此,基于立法滞后得出司法有限性的结论,其立论的基础难以成立。

其次,建立在法律规则有限性上的司法有限性,实质是机械司法的表现。机械司法主义的视野下,司法主体的主观能动性被压制,法官不过是国家法律忠实的执行者。遇到法律规定模糊或者无法可依的案件,法官只能以案件当事人的权利诉求无法可依而裁定不予受理。司法有限性不仅从根本上造成社会民众权利保护的国家缺场,容易导致司法公正与民众权利保护需求之间的供需紧张,而且在社会民众的心理上建立起国家权力半径有限性的认知状态,为国家权力的社会底层控制架设了人为的障碍。司法有限性的内在矛盾不证自明,一方面,司法有限性仰赖于国家权力的存在,否则,司法自身的存在难以成立;另一方面,司法有限性否定国家权力的控制能力,并以国家立法有限性作为自己有限性的理由。从学理上来讲,司法有限性是理想主义法治下规则立场的必然结论,并直接导致立法与司法之间的规则效力冲突,消解法官主动寻求纠纷解决规则的创造积极性和司法伦理坚守,且为司法惰性提供了合法性解释,不利于法官司法能力的自我提升。

最后,司法有限性是国家权力中心主义的体现。尽管司法有限性的结论源自国家法律控制半径的不及,并由此提出司法创制规则的法律续造观,同时允许社会司法的介入,期望建立国家司法与社会司法并存的多元化纠纷解决体系。然而,司法过程中的法律续造是事实现象,每一个案件判决在哲学思辨的意义上讲,都是一个具体的规则,只是规则尚未被国家标准化而已。司法判决无论以何种形式被下一个案件适用,都意味着该判决从个性走向普遍,具有了规范意义。因此,司法有限性既不能成为司法创制规则的理由,也不能成为民间规则上升为纠纷解决依据的选择理性。允许社会司法介入社会纠纷解决机制的观点,似乎是建立多元化纠纷解决体系的合理性支点。实际上,主张这个观点的立场表现出非合作精神,是一种基于国家司法有限性的无奈所做出的一种选择,背后掩藏着社会司法的工具性定位。"社会的非法律化可能是现代法制发展的一个方向"①,但向非法律化社会发展的路上,毕竟要经过国家与社会共治的阶段。这个阶段的到来,可能与国家现代化没有必然的联系,但是,带来丰富物质产品的国家现代化进程,最终必定导向公共管理机构的权力属性完全让位于权利自治。当代中国处于现代治理转型时期,国家治理现代化的核心精神是共治,主体性平等是共治的基础。国家司法与社会司法并存的理由不是因为国家司法有限性,而是因为社会秩序的建构应是双方共同的义务和努力的方向。

(三) 多元纠纷解决效力确认与国家司法的中心地位

人类社会自有史以来,纠纷的多元化与多元化的纠纷解决机制始终是社会秩序修复的自我选择。国家出现以后,单一的国家法律制造了社会纠纷解决主体的一元化,由此导致社会纠纷机制的单一性。但是,国家解决纠纷的主体中心主义并未从根本上彻底清除非国家纠纷解决机制的存在和影响;相反,在国家司法照耀不到的地方,社会司法不仅保持着自古以来的裁决公信,而且灵敏地与国家司法保持和谐的互动。"在一个社会中,多种多样的纠纷解决方式以其特定的功能和运作方式互相协调地共同存在,所结成的一种互补的、满足社会主体多样性需求的程序体系和动态体系"②构成了多元化纠纷解决机制。多元纠纷解决机制的核心问题不在于纠纷解决主体和解决程序的界定,而在于解决方案的效力等级及其效力的终极确认。

① [美]布莱克:《社会学视野中的司法》,郭星华等译,法律出版社2002年版,第84页。
② 范愉:《非诉讼纠纷解决机制研究》中国人民大学出版社2000年版,第33页。

诉讼解决的目的在于寻求正义的判断,判断的理由可以产生纠纷解决方案被接受的力量,但是,不能产生促使当事人把方案内容转化为义务履行的强制力。在人的道德自治尚未达到"类的完全解放"①之前,总会有人尝试机会主义成本带来的收益空间。个体性违约行为如同传染病一样,一旦不能被及时制止,就会殃及群体的健康。一个纠纷解决方案不能按照约定内容被执行,必定颠覆纠纷解决机制的公正性。当代中国社会矛盾发生的机理及其互动的状态,决定了社会秩序的建构需要多元纠纷解决机制,更需要建构一个主体分明、效力等级清晰、终局权威唯一的多元纠纷解决机制,特别要能够输出实体性正义。民众只有在实体正义得不到满足的情况下,才会怀疑程序的正当性。寄望于担负义务的当事人自觉地履行义务,是对人性的理想期待。倘若每个人都能够自觉地履行应当承担的义务,纠纷就失去了生发的条件。正是因为实体正义的实现需要强制力的合法性支出,所以,多元纠纷解决机制中国家司法的权威性地位不仅不能降格,反倒需要强化。然而,国家司法的权威强化不是以否定社会司法的权威为实现基础,而是通过国家强制力的正当性强化社会司法的权威,从而巩固自身的权威,并促进国家司法与社会司法的两元多层次和谐,在规制中建立多元纠纷解决机制的动态调和机制。

四、司法改革的走势预期与理论支持

"当下中国司法改革的突出问题是司法改革的全局性缺失问题,具体表现为司法改革缺乏统一性、计划性和系统性。"②党的十八届四中全会以《中共中央关于全面推进依法治国若干重大问题的决定》系统地从体制调整、机制理顺、制度健全入手解决了学界担忧的全局性问题。然而,关于司法改革方法的理论研究尚未成为推进司法改革范式关注的对象。即便当下关注司法改革的方法提供者,仍未从西方经验的窠臼中走出来。"立法者和法学家往往不是强调法律回应社会,将已经形成的秩序制度化,而是要求社会回应法律,希

---

① 《马克思恩格斯文集》第 1 卷,人民出版社 2009 年版,第 495—499 页。
② 夏锦文:《当代中国的司法改革:成就、问题与出路——以人民法院为中心的分析》,《中国法学》2010 年第 1 期。

冀以国家强制力为支撑来人为地和有计划地创造一种社会秩序模式,并且主要是以'先进'国家的标准,然后将中国社会装进这个模子里。"①在国际局势日益严峻,社会分层与结构运动加速的当下,认清司法改革所处的社会发展环境,新制度运行需要的社会综合条件,加强司法改革方法论的研究,不啻为全面推进司法改革、提高改革制度功效效应的理性选择。

　　社会的发展是缓慢的,又是急促的。特别是在新制度尚未投入运行之前,总体环境已经发生了颠覆性变化,但是,只要能够把握住社会发展的基本动态,预留制度修复空间,就可避免制度空转的现象。改革开放四十余年,中国经济体制、社会结构和社会人文均有重构性的变革。21世纪之初,学界关于"经济体制从计划经济向市场经济转轨,所有制结构由单一的公有制向以公有制为主体的多种所有制转变,治国方略从人治向法治转变,社会环境由封闭型逐步向开放型发展,以及国家社会高度统一的一元结构向国家和社会的二元结构过渡"②的判断,仍然能够概括当下社会总体发展的面貌。四十余年的经济体制改革与司法体制改革同步。坦诚地讲,司法改革取得了一定的成效,但也有令人不满的失落。改革成功的经验能否延续到下一个阶段,值得思考。改革失败的教训是否就一无是处,为之制定的制度应否被打入冷宫,甚或被彻底废除也值得思考。经验与教训的反思性、系统性与前瞻性研究,必定构成今后一段时间乃至很长一段时期内,我国各项改革全面同步协调进行的重要理论内容之一。

（一）依宪改革是司法改革的底线

　　党的十八大之前,"在某种程度上,违宪成为司法改革的基本特色"③。司法机关是国家机关,无论是从宪法依据还是从组织法规定上看,司法机关应当接受全国人民代表大会的监督,这是我国政治制度的内在规定。司法改革的违宪,与监督不力或者缺场有着直接的关系。"全国人大及其常委会鲜少对我国最高法院领导下的司法改革进行立法与监督。这使得最高法院院长在司

---

　　①　苏力:《二十一世纪中国法治与现代化》,《法学研究》2000年第1期。
　　②　夏锦文:《当代中国的司法改革:成就、问题与出路——以人民法院为中心的分析》,《中国法学》2010年第1期。
　　③　杨立新:《国家治理现代化与司法改革》,《法制与社会发展》2014年第5期。

法改革中的权力急遽扩张。"①或许,司法改革的"越权"坚定了党的十八大之后中央直接领导司法改革的决心,这就涉及如何看待顶层设计的问题。

美国学者庞德在其著作中精辟地指出:"现代法律制度不止是由权威的法律规定和权威的技术组成的,也是由为人民所接受的权威理念所组成的;换言之,这些权威理念即法律制度赖以存在的社会中为人民所接受的图景,它是选择法律推理方式、解释法律规定、适用法律标准和行使司法自由裁量权的起点。"②中国司法改革的根本价值在于实现人民对正义的向往,所以,"司法体制改革必须为了人民、依靠人民、造福人民。司法体制改革成效如何,说一千道一万,要由人民来评判,归根到底要看司法公信力是不是提高了。司法是维护社会公平正义的最后一道防线。公正是司法的灵魂和生命。深化司法体制改革,要广泛听取人民群众意见,深入了解一线司法实际情况、了解人民群众到底在期待什么,把解决了多少问题、人民群众对问题解决的满意度作为评判改革成效的标准"③。这就从根本上回答了"司法为什么要改革、谁有权力改司法、司法改革的依据是什么、司法改革改什么以及司法究竟要改到哪里去等五个前提性问题"④,为司法改革划定了底线。

司法改革必须依宪改革,不能超越宪法背后的权力意志,更不能借口宪法第 72 条的规定,把制度建设层面的技术改革延伸至规则解释的权力觊觎。"齐玉苓案"作为指导性案例从颁布到废止,暗示司法改革的目的是从该技术层面上实现司法公正,重心放在法院内部审判制度的不断完善上面,而不是将司法改革伸出法院的墙外,触动立法权限,特别是触动宪法作为根本大法的地位。宪法是一切国家机关、组织行动的纲领,在当下全球政治剑指中国的国际大背景下,依宪确保司法改革的常态进行,远比扩张司法"独立"的偏好更为重要。从政治学的角度分析,司法改革不是政治权力配置的改革,而是技术意义上的制度填补、修复与完善,而非权力视阈下的权力重组。但是,应当看到,

---

① 秦前红:《论最高法院院长与全国人大及其常委会的关系——以司法改革为视角》,《甘肃政法学院学报》2014 年第 5 期。

② [美]R.庞德:《以中国法为基础的比较法和历史》,王笑红译,载王健:《西法东渐——外国人与中国法的近代变革》,中国政法大学出版社 2001 年版,第 78—89 页。

③ 习近平:《以提高司法公信力为根本尺度 坚定不移深化司法体制改革》,《人民检察》2015 年第 7 期。

④ 江国华:《论司法改革的五个前提性问题》,《政治与法律》2015 年第 3 期。

尽管司法改革被限定在制度技术层面上的建设,其对政治体制改革所产生的推动作用不容小觑。在继续深化和全面推进司法改革的进程中,政治体制改革的路线设计与改革技术同样不能不考虑到司法改革的正面或者负面的影响。

"中国的司法改革是一场重大的政治革命,是建设社会主义法治国家的关键步骤……不能将司法改革视为司法机关'系统内部'的改革,也不能将其理解为'司法技术'的改革,更不能将其简单地看成是司法权力再分配的改革。"①在现行政治体制视野下,科学界定司法权能是推进司法改革的关键前提。"司法权能的定位应紧密联系一定社会的现代化发展背景进行。"②权能的定位、扩充与变更,受制于中国社会发展的现实状况。所以,"中国司法改革只能是渐进性的,必须与政治体制改革同步协调发展"③。但是,由于改革的学理与情理未能达成中庸的改革共识,特别是"精英意识与大众诉求的对立、断裂,可能带来整个司法改革进程的精神困境,进而导致整个司法改革的目标错位和路径错误"④。随着改革进程越接近深水区,精神困境带来的危害就越明显,既得利益群体的改革立场将成为司法改革能否突破底线的直接诱因。"司法改革已进入深水区,我们要敢于打破各种利益藩篱,勇于向自身开刀,动自己的'奶酪',敢啃硬骨头,甘当'燃灯者'。"⑤利益藩篱的形成源于权力的自我膨胀,既要保证法律权威与司法创新,又要避免掉入"中国司法改革的合法性危机"⑥之中,必须隔断权力借助司法改革重构利益藩篱的通道,依宪改革则是根本的防线。

(二) 重塑本土文化对司法制度重构的价值

整个法治建设过程始终围绕着程序正义与实体正义孰先孰后的论争,具

---

① 徐静村:《法检两院的宪法定位与司法改革》,《法学》2017 年第 2 期。

② 韩德明:《风险社会中的司法权能——司法改革的现代化向度》,《现代法学》2005 年第 5 期。

③ 徐静村:《关于中国司法改革的几个问题》,《西南民族学院学报》2000 年第 1 期。

④ 万毅、林喜芬:《精英意识与大众诉求:中国司法改革的精神危机及其消解》,《政治与法律》2004 年第 2 期。

⑤ 2015 年最高人民法院工作报告。

⑥ 谢佑平、万毅:《法律权威与司法创新:中国司法改革的合法性危机》,《法制与社会发展》2003 年第 1 期。

体到司法改革之中就是司法公正与司法效率之间的冲突,体现在审判方式改革中就是坚持程序正义还是坚持实体正义,在推进改革前进的制度创制中则表现为重程序还是重结果的价值冲突。程序是否正义不是一个孤立的判断系统,作为社会意识中的内容,检验程序正义的标准应以社会民众的认可为尺度。不同的国家有着不同的法律文化,不同的法律文化孕育了不同的正义标准。程序能够保障实体正义的实现,也能够导致不正义的实体结果出现。"程序不见得天然正义,程序也有正义和不正义。这不仅是一个理论逻辑问题,还是一种法律实践可以证明的实证问题。"①不同国家的民众对于程序正义的认知,取决于这一国家传统的司法文化。

法律知识与法律意识改变不了长期以来在社会生活中积淀的司法文化基因,甚至很有可能是对法律知识的理解,反倒强化了社会民众对传统司法文化的坚守与继承。中国的司法文化一直秉承着"听讼,吾犹人也,必也使无讼乎"的自律传统,自上而下讲究"德主刑辅"的内在教化,整个社会秩序的建构是以"导之以政,齐之以刑,民免而无耻。导之以德,齐之以礼,有耻且格"为精髓的图景。通过培育族群的道德共识,实现个人与社会的融合是中国传统司法文化的经脉。在纠纷解决过程中,依据事理的解读,通过个人权利的让渡,换来公共空间的和谐,这与西方纯粹的个人权利的保守主义有着本质的区别。因此,以个人权利实现为目标的西方司法文化必然生成西方司法制度的当事人对抗主义,这与中国传统司法文化中"上德不德,是以有德;下德不失德,是以无德"型的职权主义,有着几乎对立的一面。所以,在中国司法文化的根上嫁接西方司法制度,并采用西方司法理论作为养护的营养液,不仅会出现排异,而且会导致根的坏死。排异现象不仅是"20多年来以引进西方经验为主导的司法改革出现困境的症结之所在"的阶段性特征②,而且直到现在仍是司法改革"西方偏好"尚未被完全根除的迷障。

毛泽东同志说:"我们这个民族有数千年的历史,有它的特点,有它的许多珍贵品。对于这些,我们还是小学生。今天的中国是历史的中国的一个发

---

① 曾绍东、俞荣根:《程序:正义还是不正义——司法改革中的文化传统影响》,《华东政法大学学报》2010年第2期。

② 曾绍东、俞荣根:《程序:正义还是不正义——司法改革中的文化传统影响》,《华东政法大学学报》2010年第2期。

展;我们是马克思主义的历史主义者,我们不应当割断历史。从孔夫子到孙中山,我们应当给以总结,承继这一份珍贵的遗产。"①中华民族是世界民族大家庭中的一员,在建设本民族文化的现代化过程中,其他民族的先进文明成果也是借鉴和吸收的对象。但是,文明的相互学习和借鉴既不能以偏概全,也不能盲目排斥。"要坚持从本国本民族实际出发,坚持取长补短、择善而从,讲求兼收并蓄,但兼收并蓄不是囫囵吞枣、莫衷一是,而是要去粗取精、去伪存真。"②沿着当事人举证方式、庭审方式、审判方式、司法体制改革轨迹前行的司法改革,需要理论的具体化指导,而不是采用所谓某一种模式的选择。党的十八届四中全会在总结以往三十多年的实践经验基础之上,指明了司法改革的基本原则、基本制度,最高人民法院根据《中共中央关于全面推进依法治国若干重大问题的决定》,组织制定了第四个五年改革纲要,明确了 65 项司法改革任务。这些任务及其目标突破了先前西方理论的束缚,既吸收了国外司法改革的先进经验,又继承了我国传统司法文明的优秀成果。

中国司法文明史源远流长,不仅积淀了深厚的司法文化,而且经过历史的大浪淘沙,优秀的司法文化被后人继承,比如调解。司法改革是司法文明建设的重要内容,而司法文明则是文化建设的一部分。毋庸置疑,我国传统文化对当代司法改革的共识与路径选择有着非同一般的智力支持。党的十八大之前以程序中心主义为主导的司法改革,其理想与现实、司法面相与公众心理期待之间的矛盾和冲突,是过于偏重程序中心主义的西方经验,忽视本土司法文化传统的结果。"中国当下的司法改革应当回到尊重中国司法文化传统的轨道上来"③,这是中国特色社会主义制度的内在品质,更是中华千年司法传统文化的民族责任。

（三）司法改革路向判断与理论研究视阈

司法改革道路一波三折,党的十八大之前,"这条道路以'砸烂公检法'、'无法无天'时代结束为开端,以'司法恢复'为序幕,以'转变司法职能'为契

---

①　《毛泽东选集》第二卷,人民出版社 1991 年版,第 533—544 页。

②　习近平:《在纪念孔子诞辰 2565 周年国际学术研讨会暨国际儒学联合会第五届会员大会开幕会上的讲话》,《人民日报》2014 年 9 月 25 日。

③　俞荣根、曾绍东:《董必武司法改革思想的启示》,《江西财经大学学报》2010 年第 4 期。

机,以'司法能动'的司法改革为先导,以正视中国政治体制架构,重新调整司法改革方向"。① 全面司法改革是党的十八大之后中国改革的首要任务,党的十八届三中全会通过了《中共中央关于全面深化改革若干重大问题的决定》,成立了全面深化改革领导小组,要求各级党委切实履行对改革的领导责任。紧接着,党的十八届四中全会通过了《中共中央关于全面推进依法治国若干重大问题的决定》,这个决定是"三中全会做出全面深化改革部署的一个必然要求,是保证全面深化改革顺利进行的重要条件"②,是对党的十八大报告"依法治国是党领导人民治理国家的基本方略,法治是治国理政的基本方式"的必然延伸,足以表明"建设现代化的国家治理体系,司法改革已然成为全面深化改革中的重头戏"③。标志着中央吹起新一轮司法改革的号角,全面司法改革是在之前"组织系统完整化、司法能力充实化、诉讼程序正规化、司法地位巩固化等司法制度建设的基础工程"之上,以司法责任制为统领,推动司法人员分类管理、提高司法人员职业保障能力、推动省级以下司法机关后勤统一管理、提升司法队伍能力、全面建立审判为中心的诉讼制度改革。其目标是实现司法公正、提升司法公信力。这就意味着司法改革从审判方式的全面改革转向全面司法改革,审判方式改革的重头戏是司法责任制。基础性的制度完善与体制性的结构重组,赋予本轮司法改革以全局性价值,有牵一发而动全身之效能。④ 因此,这场司法改革必然隐藏着诸多风险,看起来、听起来与讲起来都能自圆其说的理论,似乎给旁观者或者参与者一种信服的成功预期。然而,这些探索性的制度一旦投入运行,能否按照预计的轨迹运转,与先前运转的制度之间是否产生抵牾。是否存在着应该先改革的制度而未被改革、应推后的改革却先行一步的时序不当问题,以及动态机制中因改革而生出的改革新问题如何应对的内隐性矛盾。如果说党的十八大之后新一轮司法改革的全面性得以增强,那么,党的十九大将开启司法改革转型的新局面,意味着政治体

---

① 吕明:《从"司法能动"到"司法克制"——略论近年来中国司法改革的方向之变》,《政治与法律》2009 年第 9 期。

② 《四中全会前瞻:法治成为治国理政基本方式》,见 http://www.chinanews.com/gn/,2017 年 9 月 14 日。

③ 谢勇、王锐:《从审判方式改革到全面司法改革——关于深化司法改革的若干思考》,《湘潭大学学报》2015 年第 1 期。

④ 蒋惠岭:《大陆司法改革的最新发展与展望》,《人民法治》2015 年第 8 期。

制改革、司法体制改革、经济体制改革、社会治理体制改革全面同步协调机制
的开始。

　　"深化司法体制改革，是要更好坚持党的领导、更好发挥我国司法制度的
特色、更好促进社会公平正义。要正确把握深化司法体制改革的方向、目标、
重点，积极稳妥有序地推进司法体制改革，让司法真正发挥维护社会公平正义
最后一道防线的作用，努力让人民群众从每一个案件中都能感受到公平正
义。"①这是对"正确处理客观真实与法律真实、实体公正与程序公正、法律效
果与社会效果的关系"②的路线定向，进一步明确了我国司法改革的基本方
针，即尊重传统司法文化中蕴藏的实体正义基因，赋予司法主体更多的主动
权，在满足实体正义的前提下，系统建构实现每一个案件公正的司法制度。在
中央的宏观设计下，司法"独立"改革的目标与传统司法文化凝成共识。"强
烈的司法'独立'倾向与寻求'实质正义'的中国司法传统结合，司法改革就将
迅速走向'司法能动'道路。"③司法能动意味着司法参与社会治理的作用越
来越强，因此，一方面要为司法能动划定界线，另一方面要为司法能动解绑。
其中，最为关键的在于法院的司法解释权。

　　形式法治与实质法治的争议点在于"依法治国"还是"以法治国"，是对
"有法可依，有法必依，执法必严，违法必究"的深化，涉及的深层次问题不
是一般意义的法治建设，而是宪政问题。事实证明，依宪执政才是符合中国
社会发展的法治建设。程序正义与实体正义的纠结在于实现司法正义的改
革进程中，是通过程序正义的建设实现实体正义，还是在满足实体正义的过
程中建构程序正义，是对司法正义实现的深化，涉及社会关于逻辑与历史的
哲学思维冲突。司法能动与司法保守的冲突在于法院应当不应当依据法院
本来的性质，针对社会冲突做出自己独立的判断。焦点在于司法权是否独
立于其他权力，涉及国家权力配置的政治制度。司法独立与司法中立在出
现的时间上并非同步的概念，中间相隔几近 30 年，不存在共时性的争论。
但是，两个概念的所持立场直指法治建设的基本原则。学理争论不应当自

---

① 人民日报评论员：《毫不动摇坚持党对政法工作的领导》，《人民日报》2014 年 1 月 9 日。
② 摘自 2008 年最高人民法院工作报告。
③ 吕明：《从"司法能动"到"司法克制"——略论近年来中国司法改革的方向之变》，《政
治与法律》2009 年第 9 期。

足于对与错,而应把如何解决司法改革过程中存在的问题作为讨论对象,既要能够为司法改革做出预判,又要能为司法改革的制度设计提供咨政方案。

司法改革既是政治体制改革的内容之一,也是执政主体实现政治目标的手段之一。在维护国家权威、稳定社会秩序、促进国家与社会一体发展、提升人权保障的正义追求方面,司法改革与政治体制改革保持着一致性。即便在实行三权分立的国家,司法改革的正义标准也不是司法机关自己认可的标准,大众的民主选择占据一定的比例。大众对于司法改革的关注程度反映了司法改革与大众之间的联系程度、认可程度与接受程度。"司法改革来自人民群众的现实需要,那么,群众是否关注,或许就是关系司法改革前途命运的重大问题了。"①司法改革过程中坚持"程序中心"是实现司法公正不可缺少的关键环节,然而,"程序中心"为实体正义服务的价值内涵规定了司法改革的落脚点,是案件判决的公正。案件判决公正的基础是法律规则的完备,在立法滞后的现实情况下,授予司法机关必要的规则输出权限是解决实体正义的弥补之举。

传统的司法职权主义与司法能动主义在肯定法官本质、主动解决社会纠纷,引导社会正义风向上具有同质性,然而,司法能动的基础是司法享有一定的"独立空间"。由此一来,司法能动在一定程度上会突破既有规则的圈定范围,主动发现规则并基于案件审判的需要,甚至进入"司法审查"领域。我国宪法没有授权司法机关享有司法审查的特别权,为司法能动划定了底线,即司法能动应以宪法为准则,以实现公平正义为目标。在三权分立的国家里,司法能动仅仅在事实——规则的案例创制过程中闪现,并严格遵守"不告不理"的司法原则,可以说是司法保守下的司法能动。"在当代以及任何其他的时代,法的发展的重心既不在立法,也不在法学或司法判决,而在于社会本身。"②早在2007年,最高人民法院提出:为统一裁判标准,继续加强和改进司法解释工作,着力探索案例指导制度,规范法官自由裁量行为。③ 但是,科学技术的发

---

① 葛洪义:《"维稳"语境下的司法改革》,《南风窗》2010年第26期。

② [奥地利]欧根·埃利希:《法社会学原理(序言)》,舒国滢译,中国大百科全书出版社2009年版,第1页。

③ 摘自2007年最高人民法院工作报告。

达引发了复杂类型案件的出现,特别是互联网时代的信息整合、人工智能的生活化等对立法提出了规则短缺的挑战。因此,授予人民法院一定权限的司法解释权是当下案例指导制度的必然走向。如此一来,司法改革进程中必须坚持实体正义优先,兼顾程序正义将成为指导改革推进的一条准则,而以实体正义为具体目标的司法能动则是司法改革遵守的技术原则。

五、司法改革方法论研究

"司法是法治的重要环节,中国司法是中国社会主义法治事业的有机组成部分。"①司法改革的目的决定了司法改革的方向与技术,"司法改革的根本目的是解放和发展司法能力,更好地满足广大人民群众的司法需求"②。这既是司法改革的目的,也是司法改革的任务。毛泽东曾有生动的说明:"我们不但要提出任务,而且要解决完成任务的方法问题。我们的任务是过河,但是没有桥或者没有船就不能过。不解决桥或船的问题,过河就是一句空话。不解决方法问题,任务也只是瞎说一顿。"③改革是系统工程,必须坚持马克思主义历史唯物辩证法。"研究司法改革,不仅应当研究司法改革的内容,而且应当研究司法改革的方法。"④只有正确的司法改革的方法,才能保证科学的司法改革成效。

"从司法改革的国际经验和我国发展历程来看,司法改革的方法问题亟需解决。"⑤正确推进司法改革,就是要坚持改革的政治方向;准确推进司法改革,就是要认真执行中央的统一部署和统一要求;有序推进司法改革,就是不要抢跑中央的统一部署;协调推进司法改革,就是注重改革的关联性与耦合性。⑥

---

① 　张志铭:《社会主义司法理念与司法改革》,《法律适用》2006 年第 4 期。
② 　张文显:《人民法院司法改革的基本理论与实践进程》,《法制与社会发展》2009 年第 3 期。
③ 　《毛泽东选集》第一卷,人民出版社 1951 年版,第 139 页。
④ 　熊秋红:《司法改革中的方法论问题》,《法制与社会发展》2014 年第 6 期。
⑤ 　汤火箭、杨继文:《司法改革方法:比较、问题与应对》,《四川大学学报》2016 年第 1 期。
⑥ 　参见倪寿明:《凝聚司法改革的四点共识》,《人民司法》2014 年第 1 期。

"许多决策的制定必然面临难以排除的不确定性。"①这些不确定性,要求在研究司法改革的方法过程中,一定要充分坚持系统论方法、重点论方法、矛盾论方法与比较论方法的综合运用。

(一) 司法改革的系统论方法

当代中国的司法改革是"自主型改革"②,但并不妨碍国外先进经验的借鉴。然而,"我们的现代化建设,必须从中国的实际出发。无论是革命还是建设,都要注意学习和借鉴外国经验。但是,照抄照搬别国经验、别国模式,从来不能得到成功"③。司法改革推动力从根本上讲源自政治体制改革,党的十一届三中全会认为:"现在我国经济管理体制的一个严重缺点是权力过于集中,应该有领导地大胆下放,让地方和工农业企业在国家统一计划的指导下有更多的经营管理自主权;应该着手大力精简各级经济行政机构,把它们的大部分职权转交给企业性的专业公司或联合公司。"④政企分开不是简单的经济制度改革,而是中央权力从经济领域里主动退让的自我改革,这对于当时公有制观念一统社会意识的中国社会来说,实际上拉开了政治体制结构性改革的大幕,为经济体制改革扫清了来自政企一家的旧观念。经济体制改革带来的社会族群主义的解构,特别是经济纠纷在道德领域里的"脱序",迫使人民开始向政府寻求正义的支持,法院从可有可无的机构一下子转变为主持公道的青天。蜂拥而来的经济纠纷案件推动了民事证据改革,也推开了中国司法改革的大门。

"法律问题从一开始就明显不仅是法律问题,而同时也是政治问题、社会问题、历史问题和文化问题。"⑤司法改革也不仅仅只是司法自身的内部改革,牵涉政治体制、社会结构、历史传统与文化发展等国家治理体制机制的系统

---

① [美]安东尼·唐斯:《官僚制内幕》,郭小聪译,中国人民大学出版社 2006 年版,第 79—80 页。

② 公丕祥:《当代中国的自主型司法改革道路——基于中国司法国情的初步分析》,《法律科学》2010 年第 3 期。

③ 《邓小平文选》第三卷,人民出版社 1993 年版,第 2 页。

④ 《中国共产党第十一届中央委员会第三次全体会议公报》,载中共中央文献研究室编:《三中全会以来重要文献选编》(上),人民出版社 1982 年版,第 6 页。

⑤ 梁治平:《法律的文化解释》,生活·读书·新知三联书店 1994 年版,第 6 页。

性改革。"司法体制改革必须同我国根本政治制度、基本政治制度和经济社会发展水平相适应,保持我们自己的特色和优势。我们要借鉴国外法治有益成果,但不能照搬照抄国外司法制度。"司法改革必须坚持自力更生,系统考虑,统筹安排,才能有序推进。"司法永远不能同政治、经济相脱离。"①新一轮司法改革比较以往最为突出的特点是,本轮司法改革起于中央最高决策层的顶层设计,诸多政策与制度集中指向有利于司法公正的内外环境建设,从宏观、中观与微观层面对司法权能、司法资源与司法责任在高级人民法院、中级人民法院和基层人民法院以及各级法院内部法官的主体层级上解构与重配。其中,又以司法责任制度的强势推行带动其他各种制度改革与建设,这对于化解"审判的'集体决策责任扩散'机制,销蚀司法机关内外不确定因素造成的脆弱平衡"②有着足够的制约作用。

　　然而,保障"审判独立"的锐利改革在实现独立审判,实现"让人民群众从每一个案件中都能感受到公平正义"目标的同时,政治体制改革往哪儿改、怎么改都是值得商榷和担忧的现实焦虑。尽管党的十八大之后,司法改革已从"司法机关中心化、突破现行立法进行改革、司法机关各自为政"③的司法改革误区中走了出来,"司法体制改革作为政治体制改革的重要组成部分,无论是从政治实力还是从权力配置角度来看,它都具备成为改革突破口的条件"。④司法改革之所以成为政治体制改革的突破口,根本原因在于经济体制改革超越了政治体制改革,并对政治体制改革时间表施以无形的压力。通过改革消解社会怨气并重塑执政权威,司法改革是最好的选择。一方面通过司法改革,可以释放社会压力,收拢民众的目光,聚焦于公平正义实现的改革支持;另一方面,司法改革肩负政治体制改革"摸石头过河"的试错风险,特别是中央直接领导下的司法改革,收放都在掌控之中,规避了此前司法改革中法院权力的

①　范明志:《当前司法改革的方向与逻辑》,《法制与经济》2016 年第 8 期。
②　王亚新、李谦:《解读司法改革:走向权能、资源与责任之新的均衡》,《清华法学》2014 年第 5 期。
③　吴卫军:《当前中国司法改革的三大误区》,《政治与法律》2005 年第 1 期。
④　蒋银华:《论政治体制改革背景下中国司法改革的路径选择》,《南京社会科学》2015 年第 2 期。

自主扩张。①　因此,新一轮的"司法独立负责"的实质是政治体制改革的先行军,而政治体制改革则是社会秩序的大变革。所以,新一轮司法体制改革与政治体制改革之间不是简单的一一对应关系,而是一个系统的互动钳制关系。从方法论上讲,这就要求司法理论研究必须运用系统论方法,综合预判司法场域发生的各种可能性。

(二)　司法改革的矛盾论方法

　　改革是一场社会运动。运动是物质世界的规律,也是人类社会发展过程中的规律,运动与普遍联系一起,促生了新事物与旧事物之间的矛盾,司法改革是社会改革中的重要构成元素,特别是在中国这样的一个国家,既没有现成的经验可以借鉴,也没有现成的理论作为直接智慧,一切的经验在摸索中产生,我们的理论随着我们的不断前进而成为经典理论的发展。"司法改革,不为司法,而是为了人们寄托于司法而实现的追求。"②司法改革的过程是一个产生矛盾的过程,为了解决司法改革带来的矛盾,又需要通过后来的司法改革矫正前期司法改革生成的疾病。从这个逻辑上讲,司法改革永无止境,只有进行时,并伴随着矛盾的产生、发展、演变、消亡。

　　党的十八大之前,中国司法改革要"正确处理法律的阶级性与普世性、司法与政治、司法官职业化与司法大众化以及司法程序化与司法便民化之间的关系"③。自2012年以降,上述要处理的四对关系随着司法体制改革的推进,

①　齐玉苓案例就是最高人民法院越权改革的典型事例。袁文峰:《受教育权的宪法条款援引、内涵及救济路径——基于齐玉苓案与罗彩霞案的分析》,《政治与法律》2015年第4期;张红:《论一般人格权作为基本权利之保护手段——以对"齐玉苓案"的再检讨为中心》,《法商研究》2009年第4期;王伟国:《齐玉苓案批复之死——从该批复被忽视的解读文本谈起》,《法制与社会发展》2009年第3期;黄正东:《废止齐玉苓案"批复"与宪法适用之关联(下)　宪法司法化是脱离中国国情的空谈》,《法学》2009年第4期;《"停止适用"齐玉苓案"批复"之正面解析》,《法学》2009年第4期;马岭:《齐玉苓案"批复"废止"理由"析》,《法学》2009年第4期;《废止齐玉苓案"批复"与宪法适用之关联(上)》,《法学》2009年第3期;李晓兵:《"齐玉苓案"与中国宪法的司法适用问题》,《南开大学法政学院学术论丛》2002年第1期;王锴:《再疑"宪法司法化"——由"齐玉苓案件"引发的思考》,《西南政法大学学报》2003年第6期;王磊:《宪法实施的新探索——齐玉苓案的几个宪法问题》,《中国社会科学》2003年第2期;朱应平:《适用宪法处理齐玉苓案并无不当》,《华东政法学院学报》2001年第6期。
②　蒋惠岭:《对司法改革的双重期待》,《法制资讯》2010年第2期。
③　陈光中、曾新华:《建国初期司法改革运动述评》,《法学家》2009年第6期。

特别是"党的十八大以来,政法战线坚持正确改革方向,敢于啃硬骨头、涉险滩、闯难关,做成了想了很多年、讲了很多年但没有做成的改革,司法公信力不断提升,对维护社会公平正义发挥了重要作用"①。先前的一些问题已经得到解决,或者正在解决,或者已经转化形成新的社会关系。因此,高度重视旧有矛盾的转化,探寻矛盾解决与转化之间的关系、动力、方向是司法改革方法论研究的重中之重。

党的十八大以来,司法改革取得系列成就。"改革理念明确清晰,顶层设计力度空前,改革方法系统科学。"②"一是遵循司法规律和符合中国国情相结合,二是中央顶层设计和地方探索相结合,三是坚持试点先行和整体推进相结合。一方面,建立司法改革任务电子台账系统,加强改革统筹协调和项目管理,扎实推进所有改革举措;另一方面,重大司法改革采取先行试点、分批推进的方法,发挥试点的示范、带动、促进作用。目前,包括司法责任制在内的 13项重大改革在全国试点。四是改革创新和依法推进相结合。"③"完善法院设置,促进组织体系科学化,完善审级职能,实现职能定位合理化,推进繁简分流,带动审判方式新变化,注重法官培养,推动队伍建设职业化,打造智慧法院,推动司法服务智能化"④,最为关键的改革还是司法责任制改革。

"完全依赖上级监督非但不能消除腐败,而且只能改换腐败形式并将产生新的更大的腐败。"⑤司法改革四十年始终未能有效遏制是否不公的现象,除了"权大于法"的体制原因之外,就是司法体制改革未能配套实施"改革的合法性、司法行政管理的民主性以及权力运作的受制性"⑥。暴露出改革方案设计的片面性,忽略了制度间的矛盾,特别是制度运行过程中矛盾产生可能性的预测失准。党的十九大之后,中国司法改革要协调处理好司法的民族性与

---

① 摘自习近平同志在 2017 年 7 月 10 日对《全国司法体制改革推进会》做出的批示。

② 李少平:《坚持问题导向,精准聚焦发力把司法改革推向新的阶段》,《中国法律评论》2017 年第 1 期。

③ 李少平:《坚持问题导向,精准聚焦发力把司法改革推向新的阶段》,《中国法律评论》2017 年第 1 期。

④ 李少平:《坚持问题导向,精准聚焦发力把司法改革推向新的阶段》,《中国法律评论》2017 年第 1 期。

⑤ 张千帆:《回到司法改革的真问题》,《南风窗》2009 年第 7 期。

⑥ 陈卫东:《合法性、民主性与受制性:司法改革应当关注的三个"关键词"》,《法学杂志》2014 年第 10 期。

普适性之间,司法改革与政治改革、经济改革、治理改革、文化改革之间,国家司法与社会司法之间,司法程序简约与实体正义输出之间的关系。矛盾论方法是分析、理顺、解决这些关系的基本工具。

(三)司法改革的重点论方法

党的十八届四中全会开启了新一轮司法改革,从体制上看是中央领导、地方融入的自上而下的一体化改革,从方法上看是政策试点与制度制定协同推进的同步改革,从内容上看是管理体制分级而治、运行机制分责而治、保障机制央地共治的分责改革。其难点在于司法责任制的保障与落实,"为保障司法改革的顺利推行,实现维护司法正义的改革目标,有必要确立一种以法官独立审判为核心的司法改革理论"。① 首当其冲的研究应当是司法责任理论。

"中国法官司法责任制度在指导原则上经历了从单纯威慑到遵循司法规律,在内容上经历了从注重结果到行为与结果并重,在程序上经历了从行政化到司法化的变化过程。"②司法责任制涉及法院组织法与法官法的修改,法院组织法与法官法的修改,关系到党管干部方式体制的变革。"司法制度变迁的根源在于司法制度决定者与接受者的矛盾,推动着司法制度从均衡到非均衡再到均衡的矛盾运动。"③从司法公正的根本落脚点来看,司法责任制突出了改革的重点与方向。"要紧紧牵住司法责任制这个牛鼻子,凡是进入法官、检察官员额的,要在司法一线办案,对案件质量终身负责。"④同时,"各地区各部门要大力支持司法体制改革,抓好工作任务落实。对已经出台的改革举措,要加强改革效果评估,及时总结经验,注意发现和解决苗头性、倾向性、潜在性问题。要下功夫凝聚共识,充分调动一切积极因素,形成推进改革的强大力量。"⑤司法责任制是提高司法公信力的根本保证,不仅要在司法体制内部落

---

① 陈瑞华:《司法改革的理论反思》,《苏州大学学报》2016 年第 1 期。
② 孟军:《司法改革背景下中国司法责任制度转向——法官司法责任追究的正当化》,《湖湘论坛》2016 年第 1 期。
③ 钱弘道:《司法改革的几点经济思考》,《法学杂志》2003 年第 6 期。
④ 习近平:《以提高司法公信力为根本尺度　坚定不移深化司法体制改革》,《人民检察》2015 年第 7 期。
⑤ 习近平:《以提高司法公信力为根本尺度　坚定不移深化司法体制改革》,《人民检察》2015 年第 7 期。

实司法责任制,而且更要在司法体制外部彻底清除影响司法责任制落实的司法责任因素。

司法责任制既包括行政机关保障司法改革顺利实施的责任制,"各级领导干部应当带头遵守宪法法律,维护司法权威,支持司法机关依法独立公正行使职权。任何领导干部都不得要求司法机关违反法定职责或法定程序处理案件,都不得要求司法机关做有碍司法公正的事情"①。又包括司法机关内部落实司法责任的责任,"对司法工作负有领导职责的机关,因履行职责需要,可以依照工作程序了解案件情况,组织研究司法政策,统筹协调依法处理工作,督促司法机关依法履行职责,为司法机关创造公正司法的环境,但不得对案件的证据采信、事实认定、司法裁判等作出具体决定"。② 还包括审判人员违法审判的司法责任,"法官应当对其履行审判职责的行为承担责任,在职责范围内对办案质量终身负责。法官在审判工作中,故意违反法律法规的,或者因重大过失导致裁判错误并造成严重后果的,依法应当承担违法审判责任。法官有违反职业道德准则和纪律规定,接受案件当事人及相关人员的请客送礼、与律师进行不正当交往等违纪违法行为,依照法律及有关纪律规定另行处理"③。司法改革的深水区最难通过的关口,就是司法责任的认定与惩戒。

（四）　司法改革的比较论方法

中国特色社会主义是一条自我在黑暗中摸索的新型社会制度,围绕建设社会主义的一切工作都缺乏现成的参照物,包括司法改革的规律与理论。然而,中国的单一制国体结构为司法改革的内部比较提供了条件,宪法的共和属性保障了司法改革的统一性。因此,选择不同地区、不同级别、不同类型的法院作为改革试点,从而输出比较参数,为司法改革提供变量的思考,理应是继续推进司法改革不可或缺的实验方法。"通俗地讲,实验是指修正一个情境下的某种事物,然后将其结果与未做任何修正的情境下所得的结果

---

① 摘自《领导干部干预司法活动、插手具体案件处理的记录、通报和责任追究规定》,《人民日报》2015 年 3 月 31 日。

② 摘自《领导干部干预司法活动、插手具体案件处理的记录、通报和责任追究规定》,《人民日报》2015 年 3 月 31 日。

③ 摘自《最高人民法院关于完善人民法院司法责任制的若干意见》(法发〔2015〕13 号)。

做比较。"①这种自然科学的实验方法同样可以用到司法改革的试验田,选择同类问题、同等结构的地区,作为比较对象,"对各项具体指标进行分析与比对,来验证实验所设计的制度、程序或者方法是否产生了项目计划预设的效果,是否能够解决司法实践中的问题"②。然而,由于各地区距离权力中心的半径不同,各地政府的支持力度也不同,特别是各地经济发展的不平衡,"在我国特定的司法体制环境下,司法改革可能会因各方面的阻力而陷入困境"③。因此,这就有必要在比较机制中引进绩效机制,从而观察自驱性司法改革与外驱性司法改革之间的差别与效果。"考虑到中央与地方的积极性,要引入竞争性因素,激发地方与基层司法机关及其司法人员参与司法改革积极性。"④司法改革的痛点在于司法系统内部的利益改革,因此,改革方案的制定与实施,必须"进一步厘清司法改革的动力来源"⑤。不同的动力来源,决定了司法改革方案的偏好与选择理性,"在改革的动力资源上,必须依赖国家与社会的双向互动,在改革的路径选择上,需要在本土化的基础上走创新型制度移植的道路"⑥。这就需要考察比较不同群体,特别是同一系统、不同层级之间的利益衡量,从而确定改革的最优方案。

比较方法不仅用于国内的比较,也可以在不同国家的司法改革进程中进行横向的比较。通过差异的逆向考察,提前做好历史重复下的方案彩排。"法律发展的国际化与法律发展的本土化,乃是同一个过程不可分割的两个侧面。"⑦提供给中国司法改革的经验是没有比较就没有改革。2017 年第三十八次深化改革小组会议上,确定在上海市率先开展司法体制综合配套改革试点,希望上海"形成更多可复制可推广的经验做法,推动司法质量、司法效

---

① [美]劳伦斯·纽曼:《社会研究方法:定性和定量的取向》,郝大海译,中国人民大学出版社 2007 年版,第 238 页。

② 宋英辉、向燕:《关于司法改革实验项目中开展有效比较的思考》,《国家检察官学院学报》2011 年第 1 期。

③ 栗峥、张海霞:《司法改革的困境及其克服》,《云南社会科学》2015 年第 2 期。

④ 葛洪义:《顶层设计与摸着石头过河:当前中国的司法改革》,《法制与社会发展》2015 年第 2 期。

⑤ 葛洪义:《关于司法改革的几点认识》,《法制与社会发展》2014 年第 6 期。

⑥ 谢佑平、万毅:《论司法改革与司法公正》,《中国法学》2002 年第 5 期。

⑦ 宫楠:《俄罗斯民事司法改革中法治传统基因的现代演化与创变》,《学术交流》2017 年第 8 期。

率和司法公信力全面提升"。试点就意味着突破现有法律的规定,试点本身就是改革中的改革,是为了改革的稳妥性而选择的改革试错。"司法统一原则不排斥基本法律规范统一下各地具体标准的差异,而司法地方保护主义的最大危害不在于地方司法标准的差异而在于地方司法标准的不确定。"①在没有对比样本的前提下,仅以上海经验作为拷贝略显单薄。

　　"中国的司法改革总体上只能放在社会大系统内,采取司法内外互动的方法,因而只能是条件论的,渐进性的,改良的。也就是说,应当奉行'相对合理主义'。"②"相对合理"是比较分析之后的选择,简而言之,没有对比样本的存在和比较,就不会产生"相对合理"的判断。在历史单线维度的纵向比较上,先前的改革由于改革主体的错位,破坏了宪法下"完整的司法独立结构"③,导致司法改革的越权。因此,"中国未来的司法改革首先应让应然的改革主体归位,并在合理确定改革理想的基础上,采取本土意识上的建构与试错路径来推进"④。试错不能离开比较,综上所述,比较是方案最优的选择路径,比较方法是司法改革通过深水区必须选择的方法之一。

六、结　语

　　中国的司法改革是一项前所未有的探索,司法理论研究缺少对本土问题的"深描",特别缺少对西方司法理论形成的社会条件进行历史的回溯性解构,仅以现代化的先后顺序为中国司法改革预设改革方案的成见,殊不知这是精英阶层为维护个人利益的改革目设,其急于推进司法改革的目的在于实现既得利益的法治保护,而忘却了这个国家里还有相当一部分人正在为争取实质正义进行的辛酸努力。司法理论的研究者往往期望为司法改革的前行贡献智慧,忽略甚至不愿意回看那些当年做出贡献的而现在看起来一无是处的制

---

　　①　徐子良:《地方法院在司法改革中的能动性思考——兼论区域司法环境软实力之提升》,《法学》2010 年第 4 期。

　　②　龙宗智:《论司法改革中的相对合理主义》,《中国社会科学》1999 年第 2 期。

　　③　俞静尧:《司法独立结构分析与司法改革》,《法学研究》2004 年第 3 期。

　　④　左卫民:《十字路口的中国司法改革:反思与前瞻》,《现代法学》2008 年第 6 期。

度。中国的司法规律就隐藏在过往的事实之中,文本解读式的借鉴只能提供逻辑的满足,而不能建构规律性的认知。只要发展中的社会结构与历史的某一时期具有同质状态,历史影像就会复演。司法理论研究不能只是从国外和国内以往的文献中猎取失败与成功的经验,更为重要的是,应从当年支持而现在被诟病的制度或者现象入手,解剖司法痼疾的病理,通过历史的系统问症,开出当下的改革药方。司法理论研究应回归社会,回溯社会主义发展历史,坚持历史与逻辑的统一,从基础理论出发,打开中国特色社会主义司法理论的研究法门。

第十九章 社会主义初级阶段
司法规律初探*

　　2003年《最高人民法院工作报告》提出："根据党的十六大提出的司法体制改革总体要求……不断完善中国特色社会主义司法理论……使之更加符合司法的本质、特点和规律。"党的十八届四中全会之后，把握司法规律，促进司法公正，完善司法责任制，既是实现"努力让人民群众在每一个司法案件中都感受到公平正义"的法治共享目标，也是司法理论研究的前沿指向。"没有革命的理论，就没有名副其实的革命运动。"中国社会主义司法理论不仅要对中国传统司法经验进行历史的总结，而且要在现代治理背景下，对现代司法规律进行探索概括。司法改革过程中亟须理性认知的根源性问题和传统性问题，须对近40年司法改革进行阶段性梳理才能得知。这既是初步回答中国特色社会主义司法规律的历史要求，也是全面推进司法体制改革的理论能动。

一、双轨科层结构下合政策性职权主义：中国
特色社会主义司法规律的阶段性总结

　　司法规律的探寻与总结，是在已经发生的司法事实的基础之上，归纳概括一定时期之内可被理论化的司法经验，推演未来可能发生的社会纠纷，从而提出预防性的司法议案。与自然规律相比，司法主体的民族性、文化传统及其国

------

　　*　此章系崔永东与葛天博合写。

家职能负担的配置,决定了司法规律具有鲜明的社会制度特征和民族传统基因。中国特色社会主义司法规律,蕴含于中国司法实践的历史之中。所以,探寻中国特色社会主义司法规律,不能按照西方中心主义输出的司法规律进行合标准性总结。随着司法体制改革深层次、全方位与大格局的全面问鼎,总结近40年司法改革历程的阶段规律,是预测、指导后续司法事业建设不可绕过的一站。从司法权力组织形式、司法程序控制与司法目的三个维度进行概括,中国特色社会主义初级阶段的司法规律,在一般意义上可以表述为:双轨科层结构下合政策性职权主义。

(一) 双轨科层结构:司法权力组织体制与运行机制

司法权力组织决定了司法程序的价值追求与制度设计,欧陆法系与英美法系之间,司法程序中体现的职权主义和当事人主义的区分,其根源在于司法权力组织的不同形式。一般而言,英美法系的司法权力采用科层式组织,司法程序中表现为当事人主义;欧陆法系的司法权力采用协作式组织[1],司法程序中表现为职权主义。我国现阶段司法权力组织的架构,既有欧陆法系科层式结构的特征,又有英美法系协作式结构的特征。在司法机关内部,司法权力体现为纵向上的科层式结构,比如人民检察院系统与人民公安系统。人民法院系统内部虽然规定,最高人民法院与地方各级人民法院之间为业务指导关系,然而,上诉案件率、结案率、调解率等年度考评体系的体制机制,已经将业务指导无形中转变为行政管理的一种手段,此举有利于"加大上级人民法院对下级人民法院领导干部的协管力度"[2],由此最高人民法院在司法解释权威的基础之上,增加了科层权威。[3] 在司法机关之间,司法权力组织体现为横向上的协作式结构。宪法第一百四十条规定:人民法院、人民检察院和公安机关办理刑事案件,应当分工负责,互相配合,互相制约,以保证准确有效地执行法律。尽管宪法未对民事案件的分工机制做出明文规定,司法实践中,公证部门、公

---

① [美]米尔伊安·H.达玛什卡:《司法和国家权力的多种面孔》,郑戈译,中国政法大学出版社2004年版。

② 《最高人民法院工作报告》(2003年)。

③ 直至2015年,最高人民法院才提出"克服监督指导工作中的行政化倾向,取消对高级法院的统计考核排名,指导高级法院取消对辖区法院不合理的考核指标",《最高人民法院工作报告》(2015年)。

安部门、妇女联合会、共青团委员会等行政机构,都为民事纠纷的"案结事了"在不同程度上发挥着支持、共同参与纠纷解决的配合作用。

依据宪法规定,全国人民代表大会作为人民行使国家权力的最高机关,应对所有履行国家权力职能的机关享有直接的管理权。司法权力机关在纵向上,应当服从最高权力机关的领导,在横向上应当相互配合,履行最高权力机关的授权性规定。现阶段,司法权力组织的双轨科层体制结构,是国家根本政治制度的内在规定,也是在社会转型时期,政府合法干预国家发展的经验使然。一方面,整个社会的权利自治意识尚不发达,有组织的内部行政管理,是推进司法程序正义实现的前提条件;另一方面,司法机关之间的职能总和构成司法权权能的实现,职能总和决定了司法机关之间的合作与配合,但是这种合作与配合的出发点与落脚点是实现国家治理职能,而非单纯的个案正义。司法权力组织采取双轨科层体制,符合社会主义初级阶段政治、经济、文化和社会发展的物质条件水平,司法改革历程取得的成效,证明了该体制设计维护国家秩序的可靠性与稳定性。

(二) 合政策性:司法程序运行的目的规制

在任何一个国家,其司法程序的运行,必须与国家治理目标保持一致。在国家治理范式转型的变革阶段,司法程序运行的目的之一,是通过司法程序在判决理由中输入国家政策,从而引导社会整体秩序的合目的性建设。否则,作为参与制定政策的司法机构,会把司法程序正义的自我判断,带入政策系统中,并导致政策实施过程中的不稳定。自 1978 年恢复司法常态以来,无论是刑事诉讼还是民事诉讼,司法程序运行的目的定位于合政策性,体现了政策实施指令司法保障的国家意志①,彰显国家发展秩序与司法程序目的共构于行政化的时代特征。

就我国刑事司法政策而言,其对于刑事司法程序的影响至深,指导、决定着每一次全国性或者局部性的集中打击犯罪行动。1983 年 8 月 25 日,中共中央《关于严厉打击刑事犯罪活动的决定》被不折不扣地执行,其指导方针是

---

① 其后果则是导致"司法行政化"、"司法地方化"与"权大于法"的法治诟病,并引发"执行难"、"乱管辖"、"告状难"以及冤假错案等一系列司法不公的连锁效应。

"依法从重从快"。同年9月2日,全国人大常委会通过了《关于严惩严重危害社会治安的犯罪分子的决定》,并针对几类案件做出了特别规定。①《全国人民代表大会常务委员会关于迅速审判严重危害社会治安的犯罪分子的程序的决定》紧随其后,缩短了死刑案件的上诉、抗诉等期限,这一时期刑事司法政策可被归纳为"从重从严从快"。为尽快促进社会治安好转,保障改革开放,在1981年《全国人民代表大会常务委员会关于死刑案件核准问题的决定》和1983年《人民法院组织法》修订的基础之上,最高人民法院颁布《关于授权高级人民法院核准部分死刑案件的通知》,将杀人、强奸、抢劫、爆炸等严重危害公共安全和社会治安案件的死刑核准权授权高级人民法院。从重从严从快的刑事司法政策在1996年、2001年两次"严打"运动中,以及区域性综合治理中作为基本原则被贯彻坚持。随着建设和谐社会理念的提出,宽严相济与从重从严两项刑事司法政策成为刑事司法的根本纲领,凸显刑事追诉结果与司法政策目的的一致性。

尽管民事司法程序注重当事人契约自治,然而,发端于追赶西方现代化为目标的经济体制改革,暗含着当事人契约自治应让位于国家总体发展的秩序管治。改革开放初期,中央出台的一系列关于经济发展的法律法规,无一不是经济政策的国家意志转化。宪法关于私人财产的模糊表述,与实体法上关于"国家、集体和个人合法权益"保护顺序的规定,在民事司法程序过程中体现民事判决要维护国家、集体利益的偏向性。即便是个体之间纯粹的契约性纠纷,倘若争议标的额度较大,属于地方政府招商引资项目或者一方当事人是纳税大户,诉讼进程中政策性解读将为司法判决的输出指明方向②,民事程序中的职权主义显而易见。《民法通则》第六条规定:民事活动必须遵守法律,法律没有规定的,应当遵守国家政策。同时,第七条规定:民事活动应当尊重社会公德,不得损害社会公共利益,扰乱社会经济秩序。崇尚和建设社会公德又是政策的内容之

---

① 对流氓罪、故意伤害罪、拐卖人口罪等7种犯罪具有特定情节的,可以在刑法规定的最高刑以上处罚;《决定》被赋予法律效力,采取"从新"原则,在决定公布之后审判上述犯罪案件,适用《决定》的规定同时,对程序规定也将上诉与抗诉期限由10日改为3日。李天裕、李继华:《我经历了三次严打》,《检察日报》2008年5月15日。

② 1996年《最高人民法院工作报告》提道:"有的法院在处理一些经济纠纷案件时搞地方保护主义,偏袒本地当事人,裁判不公。"2002年《最高人民法院工作报告》中提出:"在民商事审判中,平等保护不同诉讼主体、不同地域当事人的合法权益,中立公正,不偏不倚。"

一,民事立法中的合政策性承载着判决理由的依据,合政策性驱动司法判决转变为保障经济政策实现的宣言书。① 随着民商事法律法规体系的不断完备,特别是市场经济的民主意识与法治意识的结合越来越紧密,民事司法程序的合政策性必将逐渐弱化,直至民事司法程序完全回归当事人主义控制。然而,改革开放四十年民事司法程序目的的合政策性,是这一阶段的一般性规律,毋庸置疑。

（三）职权主义:刑事民事程序的控制倾向

从法理上讲,刑事司法程序与民事司法程序由于纠纷性质的不同,应当采取不同的诉讼程序控制机理。比如.科层式结构采取职权主义,协作式结构采取当事人主义。就案件性质而言,无论司法权力采取何种组织形式,刑事司法程序一般地采用职权主义,民事司法程序一般地采用当事人主义。正如前文所论,国家基本政治制度与社会转型发展的现实理想,决定了我国当下刑事程序与民事程序采用相同的程序控制模式,即职权主义下的司法能动型为主,兼顾当事人主义下的司法回应型为辅。少数刑事案件采用当事人主义下的回应型模式,比如自诉案件;部分民事案件采用职权主义下的司法能动型模式,比如法院提出法律建议和主动上门宣传法制的同时,鼓励当事人提请司法诉讼。总体上讲,刑事司法程序与民事司法程序均表现为职权主义下司法能动模式,主导司法程序的行进。

刑事追诉是国家作为公共管理部门建构公共秩序的契约性义务,通过公权力的主动介入,以守护人的身份,为让渡权利的社会公众提供安全秩序。世界上刑事追诉发动一般分为刑事自诉与刑事公诉,检察官为国家公诉人,我国亦不例外。就刑事案件线索的发现来讲,我国采取群众举报线索、侦查机关发现案件与法院接受自诉案件等三种途径,以保证国家机关介入刑事案件的及时性。司法机关不仅有权决定刑事程序的动议,而且垄断性掌控刑事程序的行程。根据我国刑事诉讼法的规定,侦查机关可以根据证据收集情况,自我决定案件是否移送公诉机关,公诉机关享有不起诉的自由裁量权。与国外辩诉交易不同,我国不起诉制度不是关于公诉人与私人之间针对罪行与效率之间

---

① 2006 年《最高人民法院工作报告》中提出:"加大对知识产权的司法保护力度,促进自主创新能力和国家创新体系建设。"2014 年《最高人民法院工作报告》中提出:"清理一些地方限制立案的'土政策',坚持依法受理案件。"

如何交易的规定。比如,当下推行的认罪从宽制度,有利于提高刑事追诉效率。然而,犯罪嫌疑人所认罪名与量刑从宽幅度,不是嫌疑人与公诉机关之间的协商结果,而是公诉机关依据罪刑责法定原则作出的单方确认。又如,庭审实质化改革强化了审判者的司法责任,但是却强化了公诉机关起诉前的职权主义,同时催化侦查机关调取、收集有罪证据的倾向性。司法权力在刑事司法程序中对每一个环节的过分参与,其目的在于控制整个程序,而后果则为职权主义的扩张提供了合法性空间。

与刑事程序控制机理不同,民事程序控制主要体现当事人契约意志的自治,实行"不告不理"原则。但是,实体法关于国家、集体利益与私人利益保护顺序的规定,使得在民事程序进程中预留了职权主义介入的空间。例如,调解作为我国一项传统的社会纠纷解决范式,其过程鲜明地表现出职权主义的烙印。①《民事诉讼法》第 9 条规定:"人民法院审理民事案件,应当根据自愿和合法的原则进行调解;调解不成的,应当及时判决。"修订后的民事诉讼法虽然取消调解前置的强制性,缩短了从调解到判决之间的诉讼周期,但固化了调解在诉讼程序中的前置性地位。民事诉讼应当坚持当事人主义,司法权应当尊重私人主体间的合意自由。然而,遵照现代民事司法原则,一味强调民事诉讼过程中当事人主义下的举证责任,会导致传统社会中依据情理交往的日常活动,无法应对以证据作为纠纷处理原则的现代法治。民事纠纷的处理不当,往往引起恶性的刑事案件。② 为了防止民事纠纷转化为刑事案件,人民法院

---

①　我国民事诉讼法中关于离婚案件的诉讼程序结构中,把调解作为审判的前置程序,显现出私人主体自治过程中职权主义的主动性与强制性。

②　1983 年《最高人民法院工作报告》中写道:"因人民内部矛盾得不到及时的解决而引起犯罪的,在不少地区占百分之八十左右。"1985 年《最高人民法院工作报告》重申:"因一般民间纠纷而激化为重大刑事犯罪的案件所占的比重也较突出。"1986 年《最高人民法院工作报告》中提出:"当前,一个特别值得注意的情况是:群众中因一般民事纠纷激化而发生凶杀、重伤害的案件十分突出。"1987 年《最高人民法院工作报告》中提出:"当前更值得注意的是:严重伤害、凶杀案件中,有 80%左右是由于民间纠纷没能得到及时发现、教育、疏导和处理,矛盾激化而造成的。这种情况已经不是一年、二年了。"1988 年《最高人民法院工作报告》中提出:"当前更值得注意的是:严重伤害、凶杀案件中,有 80%左右是由于民间纠纷没能得到及时发现、教育、疏导和处理,矛盾激化而造成的。这种情况已经不是一年、二年了。"1990 年《最高人民法院工作报告》中提出:"从去年审结的伤害、杀人等犯罪案件看,由于民事纠纷矛盾激化形成的,约占这两类案件总数的百分之七十。"2000 年《最高人民法院工作报告》中提出:"依法妥善处理属于人民内部矛盾的各类纠纷案件,对于化解社会矛盾,预防犯罪,搞好社会治安综合治理,维护社会稳定起到了重要作用。"

往往主动收集证据。《民事诉讼法》第 64 条第 2 款规定:人民法院认为审理案件需要的证据,人民法院应当调查收集。在"案结事了"的过程中输入职权主义的能动性,保障经济政策的目的得到贯彻,从而为经济体制改革保驾护航。随着律师制度体系的逐步发达,特别是民事诉讼理念的改变,民事诉讼中当事人主义的特征越来越鲜明,司法责任制、员额制与立案登记制等三项制度的合力,进一步强化了民事程序动议中当事人主义的主导作用,民事司法程序的职权控制将逐步让位于当事人自控。

　　司法改革是司法事业向前发展的必然环节,改革只有与当时的社会条件相适应,才能促进社会发展。肇端于 1978 年的司法改革,是社会主义司法事业不断完善的环节,这一时期国家政治、经济和文化等社会条件的快速变迁,决定了我国司法权力组织形式体现为双轨科层体制,诉讼目的落脚于政策实施兼顾纠纷解决,司法程序的控制凸显职权主义,部分类型的刑事诉讼与民事诉讼又表现为较强的当事人主义。一言以蔽之,社会主义现阶段的司法规律可以概括为"双轨科层体制下合政策性职权主义"。

二、建构国家司法与社会
司法的对接体制机制

　　尽管国家法律可以通过类型化的方法,实现社会纠纷类型化的司法终结,然而,国家司法依据的法律不能完全替代道德统领的范围,这就为社会司法留下了活跃的领地。无论是以解决纠纷为目的,还是以实施国政为目的的国家司法,解决纠纷的过程中实现社会秩序的正义共识是司法的终极追求。追求绝对的证据原则和平等的两造对抗,难以适应社会纠纷背后的文化纠结。在国家认同的前提下,国家司法仅仅是体现国家权威的手段之一。一味追求国家权威的建立,极有可能导致权威专制主义的形成。作为公共权力的政治承诺,国家司法仅适用于维护国家安全的纠纷领域,至于契约性质的社会纠纷应当交由社会司法。实际上,古代的宗族调解、邻里调解、长者调解与现代的人民调解、行政调解等均是社会司法的存在形态。"最初立法和司法都超出了国家的范围和领域。司法并不起源于国家,它在国家存在之前就

已产生。"①只有当社会司法不能解决或者解决过程中出现暴力救济,从而影响社会秩序的情势下,国家司法才能依法介入。

(一) 建构社会司法与国家司法对接机制的必要

一般而言,社会纠纷可以分为三类:一类是法律规定之外但违反道德评价的,如通奸行为;一类是违反一般法律但未触及刑法的,如民商事案件;一类是违背刑法的,如故意杀人。第一类纠纷属于法律调控之外的社会行为,法律没有理由主动介入,除非这类行为引发了新的并触犯法律规定的后续行为;第二类纠纷属于法律调控范围的社会行为,国家司法可以主动介入,比如法院既可以主动上门提供纠纷解决支持,也可以遵循"不告不理原则";第三类属于国家司法必须介入的案件,公检法三机关按照宪法分工,依法履行责任。

不同性质的社会纠纷,应当采取与之对应的解决途径,使之符合纠纷产生的内在规律。并非所有的社会纠纷都是违法犯罪行为,比如家庭成员之间为析产而发生的扭打行为;也并非所有的违法犯罪行为,都需要通过国家司法才能得以解决,比如我国刑法规定的遗弃罪以及其他类型的家事案件,通过行政调解或者人民调解委员会即可以得到解决;也并非所有的犯罪行为,必须经过完整的国家司法程序,才可以依法作出一份公正的司法判决,比如事实清楚、证据确凿的交通肇事案,可以通过速裁程序作出判决。从学理的意义上讲,纠纷性质的多样性暗含社会纠纷解决机制的完成,需要国家司法和社会司法的共同作为。

"作为国家权力的司法权逐渐向社会化发展,部分司法权成为社会权力。民间的调解与仲裁,就是由社会组织行使的一种准司法权力……这些都是社会化的准司法制度……从长远看,这类依托社会力量的司法社会化,是现代法治国家向法治社会演进的一种历史发展趋势。"②除国家安全需要而必须依法惩治的重大犯罪之外,其他不同性质的社会纠纷,在当事人与国家权力的双向理性选择下,社会司法与国家司法可以在社会纠纷阶级集中运行的过程中,作为待选方案交由当事人选择,促成社会秩序的多元建构。

---

① [奥]埃利希:《法律社会学基本原理》,叶名怡、袁震译,九州出版社 2007 年版,第 295 页。

② 郭道晖:《法理学精义》,湖南人民出版社 2005 年版,第 325—326 页。

在通往纠纷解决正义的道路上,国家司法不仅通过国家强制解决社会纠纷,建立公权力公信,而且在解决纠纷的过程中,往往贯彻国家政策的实施,从而达到国家安全保障与社会秩序稳定的政治意志。与国家司法相反,社会司法的基础不是国家强制力,而是被生活圈子中的成员认可并接受的契约共识,即某一纠纷对应的"历来的规矩"。因此,社会司法的目的具有唯一性,即解决社会纠纷。在纠纷解决的过程中,当事人选择的解决方案实现了双方利益的最大化,体现出各自的意志自由和利益共识,并为后来的类似纠纷解决提供了传统的先例。从社会族群秩序的稳定性来说,国家司法虽然解决了社会纠纷,但可能是"道之以政,齐之以刑,民免而无耻",社会司法不仅解决了社会纠纷,而且为建构"道之以德,齐之以礼,有耻且格"的基层社会秩序输入了自我的道德约束。

国家司法以维护公共秩序的规范正义为主旨,其目的在于实现多数人在安全的自由环境中享有充分的发展权,与其说解决纠纷是国家司法的任务,毋宁说解决纠纷是国家司法贯彻国家政策的载体。社会司法是以合理扯平当事人之间的利益需求为纠纷解决范式,往往排斥绝对的权利义务划分,多数情况下,主持公道的人更多地采用"退一步海阔天空"的传统文化劝说当事人,从而赢得"和合"秩序的生成,实现个人在熟人社会里"面子与地位"的统一。因此,选择社会司法的当事人并非不相信国家司法的公正判决,而是出于对"法律是一种地方性知识"的依赖与自觉。就社会纠纷解决的目的而论,国家司法与社会司法具有一致性,因此,二者在解决社会纠纷机制的运行过程中可以联袂,合力建构国家安全与人的发展共同需要的社会秩序。

国家司法的介入意味着当事人权利自救手段的穷尽,但是,如果国家司法主动介入社会纠纷解决,就会带来高昂的社会治理成本,同时违背国家作为公共管理机构应当自觉维护私权自治空间的政治承诺。国家司法的限度即为社会司法的边界,二者有效的衔接是社会纠纷解决机制运行顺畅的晴雨表,也是社会治理进程中主体意识自我法治化的培育结果。然而,社会纠纷性质和类型存在着一定程度上的差异,很难界定一个稳定的标准作为国家司法与社会司法分担社会纠纷解决的衡量器。国家司法是社会司法失灵的补救,虽然为纠纷当事人提供了两种可供选择的纠纷解决方案,然而,社会司法与国家司法之间的线性关系,不仅未能树立社会司法的权威,国家司法的出现反而降低了社会司法的效能,不仅徒增了为之付出的社会成本,而且化解了纠纷解决的"个人知识",无形中弱化了维系基层社会秩序的传统力量。同时,国家司法也未因为自身仰仗强制力作出的司法判决而获得绝对的司法公信,"合法不合理"往往导致涉诉上访。国家司法与社会司法的线性衔接模式,既不利于社会司法的发达,也不利于国家司法权威的尊严建立,同时,也会因为社会司法与国家司法的双向参与,增加社会治理成本。

(二) 建构社会司法与国家司法对接的模式分析

人类社会纠纷解决的历史并非始于国家司法,国家作为主权概念出现伴随着国家司法的分娩。无论是"强政府,弱社会"的工业革命时期,还是"弱政府,强社会"的现代社会阶段,国家司法从未完全将社会司法从社会纠纷解决领域中驱逐出去,反之,社会司法也未能因为基层社会秩序的稳定,具备与国家司法构成对立之势的能力。历史地看,国家作为主权主体出现以后,国家司法与社会司法在不同的社会阶层发挥着各自的作用,由此型构了三种国家司法与社会司法并存的对接模式。无论国家司法与社会司法采取哪一种对接模式,解决社会纠纷是二者追求的共同目的。一般而言,由于国家主权意志的发展目标不同,在不同的发展阶段,国家司法与社会司法分别被赋予不同的功能地位,并从制度设计上,调整二者之间的强弱松紧关系,从而在社会纠纷解决过程中,实现国家意志与私人意志之间的和谐。

纵观法治发达的现代国家,比如美国、法国等具有代表性的英美法系国家和欧陆法系国家,其国家司法与社会司法的对接模式在总体上可以概括为三种模式:一元结构模式、二元结构模式与双向转换模式。一元结构模式也可以被称为线性模式,即鼓励纠纷当事人首先选择社会司法,当一方当事人有证据证明其调裁人员存有不公正的事实,然后选择国家司法,通过诉讼解决纠纷的对接模式,如英国;二元结构模式,即国家司法与社会司法在社会纠纷解决机制运行过程中,针对不同性质的社会纠纷,各自分担责任的纠纷解决机制,如法国;还可以采取双向转换模式,即在解决纠纷的不同阶段,根据当事人的诉求以及证据开示情况,允许当事人选择社会司法还是国家司法的纠纷解决机制,如美国。三种对接模式各有利弊,随着现代法治理念的全球化认可,美国目前实行的双向转化模式越来越受到各国的重视。其优点在于纠纷解决过程交由当事人、司法人员共同控制，司法人员依据当事人的契约转变自己的角色。比如，美国辩诉交易过程中，检察官主导辩诉交易时并不代表国家公诉人员，而是普通的法律工作者，通过采取更改罪名和降低刑罚的条件，从而提高刑事案件调处效率。一旦被指控人反悔辩诉交易的结论，那么，检察官此时由法律工作者转变为国家公诉人，按照公诉程序依法向法院提起刑事诉讼。即便在刑事诉讼过程中，倘若被指控人提出愿意接受辩诉交易，诉讼程序可以中止，开通辩诉交易程序。同样，ADR 制度亦是如此。然而，其弊端同样凸显，即用当事人失去程序正义的代价，换来刑事司法的高效率。

一元结构模式建立在社会与国家统一的基础之上，是以私权不完全自治与公权力适度干涉相结合的现代国家的司法机制，倾向于"大政府，小社会"的运行，如当下中国的相关制度中关于调解、仲裁与司法的衔接规定。一元结构模式虽然给予社会司法一定的自治空间，在社会纠纷解决过程中，社会司法亦能叙述"握手言和，一笑泯恩仇"的调裁效能。但是，绝大部分经由社会司法调裁的纠纷，最终还是选择了国家司法作为正义保险的终裁。自 1978 年以来，最高人民法院独自或者联合其他部门推行的系列调解制度，饱受诟病。历史上"马锡五审判方式"留给后人的数据也证明了一元结构模式下，社会司法的适用有其限度。

二元结构模式的实质是把民商事案件与刑事案件绝对地分离，即凡属于以私人契约为基础的民商事纠纷，应交由社会司法居中调裁；凡属于以国家机关作为公共秩序建立者应当维护的人身财产权利的刑事犯罪，应交由国家司法依法判决，如法国司法程予设计中的社团法院制度；二元结构模式建立在社会与国家分立的基础之上，是以私权完全自治为前提下"大社会，小政府"古典主义法治思想的体现。虽然二元结构模式从理论上讲，能够降低社会治理的总成本，满足社会成员最大的权利自治诉求，但是，二元结构模式运行不能离开社会发达的法治意识和社会成员的高度自治意识。否则，强制性的社会司法极有可能导致暴力型"私力救济"的泛滥。在社会正义建构的场域中，国家主体的缺失，必然带来国家主权的失管。

当下中国族群的权利认知状态，尚未形成高度自治的法律意识，"人们是自己的观念、思想等等的生产者，……他们受自己的生产力和与之相适应的交往的一定发展所制约"。选择二元结构模式可能满足个人权利意志自由的向往,但由于传统的社会结构易遭受现代化的解构,国家司法与社会司法的二元运行机制,必然引发权利秩序的"失稳"。国家司法的缺位,最终导致"民怨"。诚如前文所言,当下中国的司法环境有着"走向权利时代"的觉醒特征,但同时伴随着权利认知呈现"无理"的一面。国家司法既有的症结尚未根治,传统熟人社会中的自治契约又被现代的公民权利所瓦解。如果采用二元结构模式,不成熟且不体系化的社会司法,难以与正在深入推进的司法改革融为有机体,比如以调解为特征的民间调解、家事案件审理与庭审实质化改革之间的机制匹配。审级制度与司法责任制之间内部运行机制的协调等尚未彻底走出"脚痛医脚,头痛医头"的改革图景,司法改革衍生的次改革层出不穷。由此可以推断,二元结构模式不仅不能促进社会纠纷的顺畅解决,而且会消解现代司法体制机制改革的成效。反之,若是采用一元结构模式,即现行诉讼制度下社会司法与国家司法的对接,除却增加国家司法的运行成本与司法负担之外,既不能树立社会司法的权威,也不利于国家司法的公信力建设,经由社会司法的纠纷最终涌向法院,有可能导致积案,发酵"案多人少",不利于法官员额制与司法责任制的改革。

(三) 建构社会司法与国家司法对接机制的进路

与他国的对接模式比较,我国国家司法与社会司法采取的对接模式既非一元结构模式,也非二元结构模式,更不是双向转换模式。现行的法律规定中,从形式上看,我国采用一元结构模式,从过程上看,社会司法与国家司法之间缺少过滤程序,使得当事人可以直接通过提起诉讼否定社会司法的调裁,或者是把调裁协议视为合同,一方当事人不履行合同应当按照违约处理。虽然维持了调裁程序的权威,但是实际上损伤了调裁公信,因为实体正义并未因为人民法院的刚性判决而得到实现。推进现代治理能力建设的中国社会需要符合经济、政治、文化发展的现代国家司法体制机制,更需要系统的、完善的、民间的社会司法组织及其运行体制机制,它们共同建构了社会纠纷解决机制的全部内容。国家司法与社会司法的科学对接,是建成现代社会纠纷解决机制系统的关键所在。

在国家司法与社会司法并存的视野下,国家要以立法形式建立完备的社会司法组织,规范严格程序,采取公推与自荐的民选方式,科学配置社会司法组织的人力资源,借助大数据下的征信系统,从社会信用和个人诚信的角度,强化社会司法的权威。社会纠纷复杂多样,其产生的机理亦表现多元状态,因此,国家要从立法角度界定社会纠纷的性质与类型,以列举法限定适用社会司法的纠纷类型。对于情节简单、事实清楚、争议不大、涉及人身权利能够以调裁方式被接受,或者一定额度内的财产纠纷,应规定法律工作者引导当事人选择社会司法,若有向人民法院提起诉讼请求的,人民法院应充分行使释明权,按照法定程序,根据当事人的证据开示与诉讼请求,将不同性质和类型的纠纷分别发往对应的社会司法组织,适用社会司法。

对于那些严重危害国家安全、侵犯公民人身和财产权利的违法犯罪行为,应当限定当事人选择社会司法的权利。与此同时,要建立社会司法与国家司法之间的转换机制。经由社会司法调裁的纠纷,双方当事人签订的调裁协议属于契约,如有一方当事人违背协议,另一方当事人若是起诉至人民法院,人民法院可以根据纠纷事实,就违背协议的纠纷适用社会司法,也可以根据纠纷性质的严重程度,进入立案审判阶段,以国家司法形式输出"矫正的公正"。同一个案件,在接受社会司法调裁的过程中,若是一方当事人提出的证据能够证明该纠纷属于国家司法的管辖范围,社会司法组织应当立即终止调裁,指导当事人完结起诉文书,依法向人民法院提起诉讼,接受国家司法的审判。同理,人民法院在审理案件的过程中,发现该纠纷可以适用社会司法,应当及时行使法官释明权,将纠纷送达对应的社会司法组织。

就刑事案件而言,在报案、侦查、起诉、审理、判决、执行的每一个阶段,只要不是涉及严重刑事犯罪和重大社会影响的案件,当事人之间有充分证据证明,双方基于自愿原则达成刑事和解的,人民法院应当及时将该案发至社会司法组织,接受社会司法的调裁。对于满足社会司法与国家司法二者均有管辖权的纠纷,应当完善社会纠纷解决机制立法,以国家法律的形式,引导纠纷当事人在社会司法与国家司法之间做出利益衡量,从而确定纠纷解决方案。

社会司法是国家司法的重要补充,在社会纠纷解决过程中发挥出维系传统、继承情理的社会文化功能,并对缓解法理与情理之间的张力,发挥出国家司法无法实现的作用。但是,社会司法的调裁仅有道德约束力,受制于社会成员的法律意识发育程度。一旦失去国家司法作为社会正义的最后一道防线的保障,社会司法内涵的自律与自治,难以实现社会秩序的建构。因此,社会司法的培育、建设与发展可以分为三个阶段进行:第一个阶段依据现行诉讼制度关于社会司法的规定,建构完善的社会司法组织和完备的社会司法程序。第二个阶段建构社会司法与国家司法双向转换制,建立系统的多重纠纷解决程序,在法律工作者的引导下,交由当事人选择纠纷解决方案。同时,司法系统应当为社会司法参与社会纠纷解决过程提供可操作性的过滤转换程序,既要避免当事人随意消费社会司法成本,又要充分实现当事人自由选择解决纠纷的方案共识。第三个阶段即社会成员的法律意识达到了高度自治的阶段,实行二元结构模式,建立社会纠纷回归社会司法,公共秩序领域内纠纷交由国家司法的双系统并立体制机制。

三、司法体制改革应注重传统治理文化的融贯

法治不只是一种社会治理理念或者社会治理方式,也是在社会秩序建构中彰显的族群文化。"在社会发展某个很早的阶段,产生了这样的一种需要:把每天重复着生产、分配和交换产品的行为用一个共同规则概括起来,设法使个人服从生产和交换的一般条件。这个规则首先表现为习惯,后来便成了法律",①世代相传的习惯演变为公共的规范。然而,公共规范并不排斥也无法排斥社会生活中的"活法"。现代法治建设必须忠实法律体系的完备性、系统性建设,否则,离开了法律体系的建设,现代法治建设如同失去地基的大厦。法律是传统治理文化基因与国家现代治理意志的结晶,法律中蕴含的传统治理文化必然进入现代法治建设的进程之中,并由此引起传统治理文化与司法体制改革的张力。

(一) 社会纠纷多元调解:古代民事解决范式与现代调解体系的共识

我国古代在法律体系建构上,有刑民不分的特性;在诉讼制度上,则有实体法与程序法不分的特质;在刑事案件与民事纠纷的官方司法体系中,地方官员针对纠纷性质与内容采取区别对待原则。对于地方刑事案件,体现职权主

---

① 《马克思恩格斯选集》第2卷,人民出版社1972年版,第538—539页。

义的能动司法。不仅地方官员主动派人打探管辖地域有无刑事案件发生,而且发现刑事案件之后必须立即主动注入侦查、缉捕、追拿与审判。对于重大刑事案件或者案情复杂以及影响恶劣的刑事案件,地方官员一般要提请上级官员,由上级官员负责审理,类似于现代诉讼制度的管辖界定。如我国刑事诉讼法与民事诉讼法,均对各级人民法院行使的案件管辖权作出了具体的规定。对于特别复杂的案件,甚至要层层奏请皇帝,再由皇帝指派三司、九卿、大理寺等最高级别的司法机构审理案件。

对于地方百姓民事纠纷,我国古代自西周至 1949 年这一长达数千年的历史时期里,民事纠纷解决在官方司法体制中体现为"不告不理"主义的被动司法,同时充分发挥在家族、族群中享有公道声望的长者、乡绅与告老还乡官员的影响力,秉承传统道德、风俗习惯、家族法的自治,实现基层社会秩序民事纠纷的自我解决功能。一般情况下,民事纠纷多数交由地方里长、乡绅与长者或者告老还乡官员裁断,依靠历来的规矩以及裁断者的"个人知识",从维护地方秩序的圈层文化出发,通过道德说教、众人评理,乃至放逐恐吓等,达到民事纠纷解决的地方化处理。古代历代王朝不仅鼓励地方声望人物维护乡间秩序,模范遵守伦理规范的道德义务,而且通过官方与民间的隐性分工,特别强调邻里纠纷、家事纠纷的非官方化解决,无形中建构了民事纠纷分层解决机制。但是,对于田地、契税以及土地执照等民事纠纷,官方不仅接受当事人不服民间调裁的起诉,而且遇到重大典型案件还会主动揽案,从而树立国家律例的权威和地方官府的公正形象。

社会纠纷的多样性与多元化,决定了社会纠纷分层解决体系建构的必要性与可行性。改革开放以来,民事纠纷与刑事案件的发生率不仅在数量上呈递增特征,而且在类型上也是层出不穷。因此,构建多层次纠纷解决体系,成为司法改革回应社会对司法正义呼声的主要进路之一。调解作为一项传统的解决纠纷方式,在承袭传统治理范式的同时,也经历着现代法治社会的洗礼。最高人民法院联合其他司法机关、行政机关与基层自治组织,建立了人民调解、行政调解、司法调解以及诸多部门联动的大调解网络体系,大力推行"马锡五审判方式"、"陈燕萍工作法",在总结多年调解经验的基础上,全国人民代表大会常务委员会审议、通过并决定于 2011 年 1 月 1 日起实施《中华人民共和国人民调解法》。从国家法律的角度,规范调解并为之提供制度保障。

同时,各地人民法院加强基层法庭建设,改善法庭装备,配置足额司法人员,结合当地基层社会情况,创新巡回法庭、田间法庭、社区法庭的"送法"形式,为人民调解注入了国家法律意图,促进人民调解功能的发挥,民事纠纷多层次解决体系框架基本形成。

(二) 刑事案件分层体系:传统刑事司法分案与刑事司法改革的耦合

自夏商周以来,历代王朝一般遵循着刑事案件分层审判的制度,并因此传统而形成了治理文化的传承。但是,自元朝以降,在边疆地区以及少数民族地区,比如广西、云南、四川、贵州、西藏、青海、甘肃等边疆,因推行土司制度、羁縻制度与卫所制度,边疆地区的刑事案件一般交由地方土官处理,中央王朝不干涉地方土官的刑事审判权。直至清雍正时期,改土归流政策的实施让清王朝对于边疆地区的刑事案件进行了有限的干涉。其目的不是输出中央王朝的司法正义,而是解决律例统一实现中央王朝对地方土官权力的监控,从而更好地实现国家认同的政治方略。尽管如此,边疆地区亦呈现刑事案件的分层审判,地方审判权与中央审判权之间,基本上以案件性质作为标准划分了二者介入刑事案件的界线。直至新中国成立之前,民国政府对于边疆地区土官管辖地区的刑事案件依然沿袭旧法。

刑事犯罪的类型与性质在具体案件上存在鲜明的差异性,所以,针对不同形态的刑事案件,应当为之提供不同形态的诉讼程序。根据犯罪主体,我国结合成年人与未成年人的犯罪心理,制定了关于未成年人刑事审判的程序,并在各级人民法院建立未成年人法庭;根据案件情节与事实和证据的开示程度,我国就简易程序的适用作出了具体规定。大量的司法实践证明,调解不仅可用于民事纠纷,而且对于案情简单、危害不大、事实清楚、双方当事人争议不大的刑事案件,比如家事案件、交通肇事案以及轻微伤害案件中民事赔偿、量刑轻重等,也同样适用。刑事和解不仅有利于国家迅速实现打击犯罪,实现公众安全的立法目的,而且有利于教育犯罪分子,促进其悔过自新、走向新生,实现法律教育功能与惩戒功能的统一。就此而言,多层次刑事诉讼程序体系建构呈现迹象。

2014 年 8 月,全国人大授权在 14 个省的 18 个地区开展刑事速裁程序改革试点,最高检会同最高法、公安部、司法部发布了《关于在部分地区开展刑事案件速裁程序试点工作的办法》,在认罪认罚从宽制度试点工作取得积极进展的基础上,2016 年 6 月、7 月,中央全面深化改革领导小组先后审议通过《关于推进以审判为中心的刑事诉讼制度改革的意见》和《关于认罪认罚从宽制度改革试点方案》。2016 年 9 月,全国人大常委会第 22 次会议审议通过了《关于授权最高人民法院、最高人民检察院在部分地区开展刑事案件认罪认罚从宽制度试点工作的决定》。2017 年 7 月 11 日,最高人民法院在全国高级法院院长座谈会上提出:将在全面推进以审判为中心的刑事诉讼制度改革,全面规范刑事审判程序,特别是庭审程序的基础之上,推动构建具有中国特色的多层次刑事诉讼程序体系。2017 年 7 月 20 日,最高人民法院等 15 部门关于《建立家事审判方式和工作机制改革联席会议制度的意见》颁布实施,进一步推动多层次刑事诉讼程序体系走向完善,中国特色社会主义多层次刑事诉讼程序体系的司法规律不言而喻。

（三）传统治理策略转化:明德慎罚与司法为民的融合

全面推进司法改革隐含着传统经验与现代改革的张力,司法改革不只是现代法制体系与现代法治理念的结合与实施,还是传统治理文化与现代治理方式的融贯。司法改革取得的成效证明:司法改革不能抛弃传统治理文化型塑的族群基因,反之,更应当充分挖掘、吸收并与当下社会意识通过法治得以固化、传承,使之转化为现代治理范式下建构社会秩序的有机要素。明德慎罚的传统经验与司法为民的现代理念的融合,"要遵循司法规律,把深化司法体制改革和现代科技应用结合起来,不断完善和发展中国特色社会主义司法制度"①。

自夏朝《禹刑》以降,中国古代历时近三千年的司法政策集中表现为"明德慎罚",即社会纠纷解决不止步于利益的二次分配正义,而要在社会纠纷解决的过程中,教育当事人认知良知,并通过体恤性的惩罚达到道德教化的价值追求。"明德慎罚"这一传统治理理念在我国民事司法制度和刑事司法制度中亦有体现,如调解制度与"少杀、慎杀、慎捕"的刑事司法政策。然而,现代司法改革强调诉讼程序的证据责任、法官的审判责任以及当事人法律意识的塑造,一味地强调权利义务的对等性与诉讼程序中的对立性,忽略了传统伦理

---

① 《法治中国》,人民出版社、学习出版社 2017 年版,第 102 页。

道德对于基层社会生活的心理浸淫和深度内化。法官释明权被局限于法律适用的解释,调解则以法律规定为限制性大幕,一切社会纠纷的解决被严格地套在西方权利义务的话语体系之中。一方面,传统的社会纠纷解决机制逐渐式微;另一方面,现代的司法体制改革也未生成符合社会样态的法治信用。

"现代性孕育着稳定,而现代化过程却滋生着动乱。"①失去传统作为基础的现代化过程,决定了其不稳定的必然,社会纠纷解决机制的现代化建设亦是如此,记忆着传统才能走在现代化的路上。因此,在司法体制改革中充分融入"明德慎罚"的传统治理理念,深度融合权利义务意识与"明德慎罚"教化。一是从司法制度体系的建设上充分吸收"明德慎罚"的司法理念,二是从司法程序体系的设计上最大限度地彰显传统道德的力量,三是从司法判决执行的程序建构上要体现传统道德义务的自治特质。同时,要维护传统自治力量——社会组织——在社会纠纷解决体系中的独立作用,充分为社会司法的功能发挥从供给侧提供国家保障。

传统诉讼观念的现代继承与转化需要发达的社会组织。社会组织在基层社会纠纷解决中的权威地位和公信程度,是传统治理文化与司法体制改革融合,建构社会纠纷分层解决体系的基石。重视社会组织建设,努力提升基层社会组织的自治地位和权威,是我国法制体系建设中的重要组成部分。早在1954年,我国就颁布实施了《城市街道办事处组织条例》,该条例一方面加强城市的居民工作,密切政府和居民的联系;另一方面,赋予街道办事处承担社会纠纷解决的地方性自治义务。1990年1月1日起,《中华人民共和国城市居民委员会组织法》施行;《中华人民共和国村民委员会组织法》于1998年11月4日颁布实施,并于2010年10月28日修订。但是,两部关于基层社会组织自治的法律,由于缺失系统的规范其参与、主导或者调裁社会纠纷解决的相关程序与权限,居民委员会和村民委员会往往成为基层政权组织,其现实的行政职能与自治的调裁功能之间存在内在的紧张。

自治的调裁功能由于国家司法的强硬,使得这一在秩序维系上高度自治的自我修复性权威,因为国家司法判决的安抚、稳定与善后处理的补救,于无

---

① [美]亨廷顿:《变化社会中的政治秩序》,王冠华等译,沈宗美校,生活·读书·新知三联书店1989年版,第38页。

形中受到损伤。基层政权的下沉和基层社会秩序的权力建构,同样导致基层自治组织的调裁药方失去"疗效"。因此,在着力推进现代司法体制建设的同时,要完善基层社会组织主导社会纠纷调裁的自治功能与权威保障。所以,应当及时修改上述两个组织法。一是要转变基层治理理念,把政治领导与秩序自治有机地统一起来,通过国家立法确保基层社会自治与法治;二是要充分发育基层社会的人权教育,把权利诉求与义务履行映射于法律道德规范之内,通过传统文明的继承实现基层社会秩序的自我修复。

四、结　语

司法规律是人的主观能动性解放与社会实践理性解放促成的社会关系,在社会纠纷解决过程中的稳定性频率,司法制度与案件解决,正义探寻过程中的合意,在某一阶段反复出现的脉搏,闪现着这一阶段司法规律的特征。社会主义初级阶段物质条件发展的阶段性,决定了司法规律的阶段性,随着传统不断被现代刷新,新的现代成为更新的现代的传统基础,先前的司法规律,成为后一阶段司法规律的形成基础,并表现出新的阶段性。"明德慎罚"的司法理念与治理主张,作为我国传统社会治理的基因,应当被坚定地继承,这是中华法系的根本特征,更是中国现代法治建设的不二选择。司法改革应围绕"明德慎罚"的司法正义观,建构符合我国社会生活情理、事理、法理的司法制度体系,把政策实施与纠纷解决、道德教化三者有机地融为现代社会治理技术,实现社会现代化与治理现代化同步,依法治国与以德教化协调发展的治国方略。

第二十章　恢复性司法与中国司法传统

一、恢复性司法的基本理念

恢复性司法(Restorative Justice)是西方近些年来兴起的一个刑事司法改革运动。一位英国犯罪学家说:"恢复性司法是一种过程,在这一过程中,所有与特定犯罪有关部门的当事人走到一起,共同商讨如何处理犯罪所造成的后果及其对未来的影响。"[1]"恢复性司法追求被害人与犯罪人的和解,以及被害人与犯罪人双方共同地融入社区。"[2]"恢复性司法认为,现代刑事司法制度主要还是报应刑传统,只是一味地惩罚和打击犯罪人,没有关注被害人和社区的利益。除了惩罚犯罪人之外,他们什么也没有得到。如果说这也是一种公平、正义的话,那也是一种有害的公平、正义。因为通过刑事司法活动,犯罪人、被害人和社区都受到了损失。"[3]"恢复性司法是善良的,它强调理解、宽恕、羞耻、仁爱;是温馨的,强调心灵的沟通,有浓浓的人文关怀。"[4]"现行刑事司法关注的仅仅是抽象的刑罚,而恢复性司法却强调愈合被害人因犯罪所受到的物质损失和精神损失,使他们恢复心理的平衡和安全感。对犯罪人一方面提供了使他们挽回自己的行为后果的机会,减轻其内疚感;同时,通过鼓励犯罪人讲明犯罪的动机和过程,找到犯罪人内心冲突的原因,并通过其家庭成

---

[1]　转引自王平主编:《恢复性司法论坛》,群众出版社 2005 年版,第 2 页。
[2]　转引自王平主编:《恢复性司法论坛》,群众出版社 2005 年版,第 2 页。
[3]　转引自王平主编:《恢复性司法论坛》,群众出版社 2005 年版,第 4 页。
[4]　转引自王平主编:《恢复性司法论坛》,群众出版社 2005 年版,第 7 页。

员和社区志愿者帮助,使犯罪人的心理恢复平衡。……恢复性司法通过增强社区解决其成员间的纠纷的能力,促进社区的和平与安宁起到预防未来犯罪的作用,从长远看,恢复性司法远比报应性司法有利于降低犯罪率。"①

二、和谐理念与中国司法传统

基于上述,笔者认为,恢复性司法体现了如下的价值取向:一是和解与和谐;二是宽恕与仁爱。应该说,这样的价值取向将有助于社会的和谐稳定。值得注意的是,上述理念与注重和谐的儒家法律传统颇有相通之处。我们知道,和谐是儒家法律思想的基本价值取向,儒家重"和"的言论可谓俯拾即是。如"和为贵"②,"君子和而不同"③,"保和太和"④,"致中和,天地位焉,万物育焉"⑤,等等。笔者认为,和谐是儒家立法与司法思想中所肯定的最高价值,而实现这一价值需要贯彻中庸之道。所谓"中和"的实际意义是指贯彻中庸之道就能实现和谐。

"中庸"一词最早出自《论语·雍也》,孔子曰:"中庸之为德也,其至矣乎,民鲜久矣"。根据汉代儒家的解释,"中"是适中、适当的意思,"庸"是"用"的意思,中庸是用中,即按中的标准去做。在儒家那里,中庸不但是一种道德,也是一种方法,是一种实现平衡与和谐的方法。

从法律的视角看,中庸之道是一种寻求利益平衡的智慧,也是一种追求社会和谐的方法。中庸之道可适月于各个领域,若将其适用于立法与司法领域,则是一种寻求立法与司法平衡并进而实现社会和谐的方法。孔子言"刑罚不中,则民无所措手足",是说刑罚适中是平衡当事人双方利益关系的前提,否则百姓则会手足无措,社会秩序由此混乱,从而不利于社会和谐。

基于"和为贵"的理念,孔子在司法层面追求"无讼"理想,即通过平衡当

---

① 转引自王平主编:《恢复性司法论坛》,群众出版社2005年版,第275页。
② 《论语·学而》。
③ 《论语·子路》。
④ 《易传·乾·象》。
⑤ 《中庸》。

事人双方的利益而达到和解。此一观念后来被转化为调解制度,成为"中华法系"中的一大亮点。有学者指出:"在儒家'和为贵'、'中庸'的思想影响下,历代封建王朝都非常重视民间调解。其形式主要有二:第一,历代有关地方诉讼,除各级地方政权外,乡老、里正作为最基层的小吏,专门掌管调解一乡一里的民事纠纷和轻微刑事案件。如明代每县以下均设'申明亭',调处有关民间词讼,除十恶、强盗及杀人重大刑事案件外,将不孝不悌、一应为恶之人的姓名事迹,俱书写于板榜,'以示惩戒,而发其羞恶之心,能改过自新则去之'。有关户婚、田土、斗讼等事,先由'耆老里长,准受于本亭剖理',如'迳讼县官,谓之越诉'。申明以调解、教诫为主,与今日人民调解委员会的作用十分相似。第二,封建社会的各个家族、宗族均负有调解民事纠纷和轻微刑事案件的职责。清朝诉讼制度规定,凡民事纠纷或轻微刑案,州县长官可以批回由族长'调处'。交族长调处的主要是涉及亲友间的财产关系的案件,时人认为一族之内以和为贵,以讼为耻,因而亲友均积极消弥诉讼而'排难解纷'。"①也有学者说:"调解本身所具有的恢复性(即恢复被破坏的和谐秩序)和灵活性特征,完全适合我国古代面似温情的宗法制土壤,也符合统治阶级理想的价值观……此外,传统文化'和息'、'和对'的纠纷解决机制,主要是指官府调解和民间调解,以及两者互为补充和制约,形成国家与民间的互动,共同实现对社会的控制。"②可见,调解制度旨在恢复被破坏的和谐秩序,以利益的平衡和道德的宽容等手段使当事人双方达成和解,这与西方"恢复性司法"的理念是相当接近的。

在中国古代社会,调解主要分为两大类型,一类是官府调解,另一类是民间调解。调解的目的是为了"息讼",实际上也就是为了和谐。官府调解是由州、县官员主持或参与的调解。《名公书判清明集》所载的许多案例都要求当事人双方应当"邻里之间贵乎和睦","不宜再有纷争,以伤风教"③等。在当时,考察官员政绩的重要标准之一是讼清狱结,因此官员莫不希望息讼于审判之前,在司法实践中不经调解而判决的案子是很少的。清代汪辉祖说:"勤于听断,善已,然有不必过分皂白,可归和睦者,则莫如亲友之调处。盖听断以

---

① 郝铁川:《中华法系研究》,复旦大学出版社1997年版,第248—249页。

② 潘丽萍:《中华法系的和谐理念》,法律出版社2006年版,第46页。

③ 《名公书判清明集》,中华书局1987年版,第199页。

法,而调处以情,法则泾渭不可不分,情则是非不妨稍措。"①无论据法判处还是据情调解,都以"和睦"为最高目标(清末一些地方官调处民间纠纷的方针是"平此两造",即平衡当事人双方的利益),体现了追求和谐的价值取向。

民间调解又称"私和",指由亲邻、族长等加以调解,调解的对象主要是户婚田土等方面的"细故"。《名公书判清明集》指出:"遇亲戚骨肉之讼,多是面加开谕,往往幡然而改,各从和会而去","如卑幼诉分产不平,固当以法断,亦须先谕尊长,自行从公均分","竟从族人和义"。②明代还在各州县设"申明亭","凡民间应有词状,许着老里长准受于本亭剖理"。③它的主要职能是调解民事案件和轻微刑事案件。明清时期的民间调解主要是宗族调解,所依据的是宗族法规和乡规民约。"凡劝道风化,以及户婚田土争竞之事,其长(族长)与副先听之,而事之大者,方许之官。"④"和乡里以息争讼。"⑤这均说明民间调解是以乡里和谐为目标的。

美国学者柯恩在《现代化前夕的□国调解》一文中认为,根据儒家的观点,法律制度并不代表中国文明的最高成就,而只是令人遗憾的必需品,人们与法庭打交道是不体面的,即使一方当事人确有冤情。诉讼破坏了自然和谐的秩序,它使人好讼而无耻,只关注个人利益而忽视社会利益。法律由强权支撑,因而它是不洁的。大多数纠纷的最优解决办法应当经由道德上的说服。儒家对调解有独特的偏好,"儒家价值观强调的不是个人的权利而是社会秩序的调节、群体的存续。'秩序、责任、等级与和谐的观念'是主流社会规范'礼'的核心。礼是根据个人的地位和具体社会情境而规定的行为模式。在这些观念中,和谐是最重要的。一旦和谐遭到破坏,那么最好通过调和来予以修复。如果一个人觉得他被冤枉了,儒家道德教导他最好'吃点亏',让事情过去,而不是制造混乱,造成更大的冲突。如果一个人在争议中显而易见地居于正确的一方,他最好仁慈地对待触犯自己的人,从而树立有利于社会团结的

---

① (清)汪辉祖:《学治臆说》,中华书局 1985 年版,第 16 页。
② 《名公书判清明集》,中华书局 1987 年版,第 10、213 页。
③ 《大明律集解附例》卷二六。
④ 《皇朝经世文编》卷五八。
⑤ 《朱氏宗谱》卷十一。

合作的典范"①。上述分析确有道理,儒家调解制度追求的是和谐,而和谐需要一种宽容的精神,缺乏互谅互让的宽容精神,也就不可能有人际关系的和谐。这与"恢复性司法"所倡导的"宽容"和"温情"可以相通。

接着,柯恩进一步分析了调解制度的优缺点,如"有利于社会凝聚力,便利争端当事人,以及允许当地人解决相对不重要的当地问题。并且调解制度解除了长官及其上司的大量的诉讼方面的负担,从而使他们集中关注更重要的任务并高度节省了政府的开支。……当然,中国对调解的倚重严重阻碍了法律在立法及司法过程中的发展"②。他还强调说:"本文使用的'调解'等同于'和解',是通过第三者解决纠纷,不给出有约束力的判决的方法。中国的调解者发挥了这样的作用:他把互不理睬的当事人联系到一起,从另一角度来看,他不仅仅建立了当事人的联系,而且找到了争议点,确定了事实上的问题,尤其是提出了合理的解决方案——甚至是提出可能的和建议性的决定——动用了强有力的政治、经济、社会和道德上的压力,并施加于一方或双方当事人身上,使他们最终保留小的争议但达成'自愿的'一致意见。"③

将上述说法与恢复性司法的理论做一比较,自可发现其间的诸多相似点。"恢复性司法更加强调被害人的作用,强调被害人与犯罪人之间的和解,重视犯罪人对被害人的赔偿和社区的积极参与,重视对社会长远利益的考虑。当然,其中也渗透着很多宗教的思想,在运行恢复性司法模式的过程中,把犯罪人的悔恨、忏悔和被害人的宽恕作为重要的因素。"④"恢复性司法的目标便是保证被告人、被害人和社区之间在刑事司法中地位的平衡,并以降低监禁率和用当事人合意式纠纷解决方式代替权威决定式的解决方式为努力方向。恢复性司法追求的不是在犯罪发生后简单地决定对犯罪人触犯了哪条法律,应该判处何种刑罚,而是将因犯罪而发生变化的种种关系恢复到原来的状态,并使被害人受到的物质精神损失得到最大可能的弥补,使犯罪人重新融入社区,做一个建设性的社区成员。"⑤"……恢复性司法为重新建立社会和谐关系提

---

① 强世功编:《调解、法制与现代性》,中国法制出版社 2001 年版,第 95 页。
② 强世功编:《调解、法制与现代性》,中国法制出版社 2001 年版,第 115 页。
③ 强世功编:《调解、法制与现代性》,中国法制出版社 2001 年版,第 88—89 页。
④ 转引自王平主编:《恢复性司法论坛》,群众出版社 2005 年版,第 14 页。
⑤ 转引自王平主编:《恢复性司法论坛》,群众出版社 2005 年版,第 262 页。

供了一种框架,通过刑事司法系统范围内以及范围之外的补偿和调解,实现犯罪者与被害人之间的和解。这种方法强调的是被害人、犯罪者与社区之间冲突的解决,侧重于满足需要和恢复正常,而不是由国家采取惩罚性行动。"①笔者认为,尽管恢复性司法与中国传统调解理论有一些不同——如前者强调物质上的补偿而后者强调道德上的谦让,前者关注当事人地位的平等而后者关注当事人地位的差异等——但它们均把和谐当成最高价值,均把宽容、补偿、和解并使犯法者复归社会等当成实现和谐的途径,因而也就都体现了一种浓浓的人道情怀。

西方学者虽然注意到了新中国的调解制度与传统调解制度的不同,但依然强调了它们之间的一种文化上的连续性。现代中国的调解制度主要分为法院调解、人民调解和行政调解,它是一个很有特色的司法制度,并引起了国际司法界的广泛关注。关于法院调解,《民事诉讼法》规定,人民法院审理民事案件,应当根据自愿与合法的原则进行调解,基层法院、上诉法院无论在开庭前还是在辩论终结后宣判前,均可进行调解。关于人民调解,是指由人民调解委员会对一般民事案件和轻微刑事案件进行调解。调解的工作原则:按照法律规定,根据当事人自愿原则,用说服教育的方法进行调解,当事人不愿调解或调解不成,可以向人民法院起诉。关于行政调解,是指行政机关根据合法、自愿原则对当事人进行的调解。从这一制度实施的效果看,确实对民间社会的和谐起了重要作用,大大缓解了社会矛盾。因此,它也受到了国际上的好评。澳大利亚大法官哈里·布吉斯在访问中国时说:"中国司法制度中最有特色的是人民调解制度。"日本著名律师天野宪治称赞说:"完全没有想到中国的调解委员会是这样好的一个组织,为民排难解纷,既能增加人民之间的团结,又能安定社会治安,非常公正,又不收任何报酬,这在世界上任何其他国家是完全不能想象的。"②另据称"中国独创的人民调解方式已被联合国法律组织接受为综合治理的指导原则之一"③。

有的学者从维护社会和谐稳定的角度探讨了完善司法调解制度的问题。他说:"人民法院作为国家审判机关,贯彻党中央关于构建社会主义和谐社会

①　转引自王平主编:《恢复性司法论云》,群众出版社2005年版,第263页。
②　《当代中国的司法行政工作》,当代中国出版社1995年版,第453页。
③　《当代中国的司法行政工作》,当代中国出版社1995年版,第207页。

的重大部署,加强民事案件司法调解的力度,有效化解各种社会矛盾,不仅是职责所在,也是应当承担的重大政治责任。司法调解是我国民事诉讼法规定的一项重要的诉讼制度,也是我国各级人民法院依法行使审判权的重要方式。司法调解是当事人双方在人民法官的主持下,通过处分自己的权益来解决纠纷的一种重要方式。它以当事人之间私权冲突为基础,以当事人一方的诉讼请求为依据,以司法审判权的介入和审查为特征,以当事人之间处分自己的权益为内容,实际上是公权力主导下对私权力的一种处分和让与。司法调解通过把讲理与讲法结合起来的方式,让当事人能够调解结案,自动履行程度高,对于化解社会矛盾、解决纠纷、促进和谐社会构建,具有其它方式所无法替代的作用。最高人民法院最近提出了指导新时期司法调解工作的十六字方针:能调则调,当判则判,调判结合,案结事了。"①今天,在高扬和谐主旋律的法律文化建设中,调解制度被赋予了维护社会和谐稳定的重大历史使命,这说明,传统调解制度在进行了现代转换后又焕发出了新的生命力。

又有学者认为,中国法官"是以恢复或者建立一种稳定的、和谐的人际关系和社会关系为着眼点来看待和解决现实纠纷(特别是民事纠纷)的。这样,自然而然地,司法关注的就并非只是程序,只是一个忠实、刻板地适用法律于具体案件的过程,更重要的却是裁判的结果,这个结果必须是最大限度地符合法律以及当地社区的民俗,并合乎情理习惯的,必须是有利于解决利益冲突、协调利益关系进而恢复或维系一种和谐的社会秩序和人际关系的,必须是'衡平'了伦理道德与法律的。……一个好的司法判决不仅要公道、合法,更重要的是实际执行,要尽快给受损一方当事人'补偿',进而遏制和消除纠纷的消极影响,协调同时也规范社会生活,起到恢复社会秩序和社会制度的常态的作用,维护和保障纠纷所侵害的权益,稳定社会效果的作用"②。该学者还强调指出中国法官从事审判时是"以整体的衡平思维以及关注人与人的相互关系为出发点"的,这种看法是有道理的。对比西方恢复性司法所宣扬的公平、补偿、和解及和谐的理念,可说我国现行司法调解制度确有与之相通相似之处。

---

① 郭晓光:《从构建和谐社会看完善民事纠纷解决机制》,《中国政法大学校报》2006 年 12 月 12 日。

② 李浩等:《论农村纠纷的多元解决机制》,《清华法学》2007 年第 3 期。

从刑法学的角度看，现在被学界热议的"刑事和解"也是调解制度的一个变种，而且与西方恢复性司法的理念也相当接近。有的学者指出："所谓刑事和解，是指在刑事诉讼程序运行过程中，被害人和加害人以认罪、赔偿、道歉等方式达成谅解以后，国家专门机关不再对加害人追究刑事责任或者是从轻处罚的一种案件处理方式。这种诉讼制度是对调解制度的发展和创新。"①该学者认为，刑事和解有助于化解社会矛盾、促进社会和谐，目前我国具有在更大范围内推行刑事和解的法治条件与历史文化条件。所谓"历史文化条件"，根据笔者的理解，应当是指重视和谐与调解的法律传统。该学者还说："刑事和解中，加害人与被害人通过契约形式相互谅解、同情和经济赔偿，最大限度地实现了被害人受损利益恢复和公共秩序的保护，应当认为加害人的主观恶性或社会危险性已经大幅度减轻，社会关系得到了良好的修复。"②这与恢复性司法的理念近似。

基于上述，笔者认为，目前在西方兴起的"恢复性司法"运动，在价值理念上与儒家的和谐思想与调解制度有诸多近似之处，而这也正是中西法律文化可以汇通的地方。它们对我们今天维护社会和谐稳定均有借鉴意义。

在古老的中华大地上，一个带有浓郁东方特色的"恢复性司法"运动正方兴未艾，它将与社会和谐发展携手共进！

三、结　语

恢复性司法是西方近些年来兴起的一个刑事司法改革运动。恢复性司法体现了如下的价值取向：一是和解与和谐；二是宽恕与仁爱。应该说，这样的价值取向将有助于社会的和谐稳定。值得注意的是，上述理念与注重和谐的儒家法律传统颇有相通之处。

---

① 彭卫东：《关于"刑事和解"的一点思考》，《光明日报》2007 年 9 月 8 日。
② 彭卫东：《关于"刑事和解"的一点思考》，《光明日报》2007 年 9 月 8 日。

第二十一章　论中西司法道德

所谓司法道德,是指法官、检察官、警官等司法人员在司法实践中必须遵守的道德规范的总称。司法道德是"法律运行大厦"的重要支柱,司法人员的职业道德素养直接关系到法律实施、司法公正及法治国家的建立这样的大问题。因此,对司法道德进行研究具有重要的现实意义。其实,司法道德并不是一种纯粹的道德规范,而是一种带有相当强制性的"准法律",它介于法律与道德之间,体现了"软性约束"与"刚性约束"相结合的特点。"准法律"往往表现为行业纪律或部门规章等,似乎其作用比不上法律那么"显眼",但它确实是现代法治大厦的重要支柱。

一、卡多佐论法律与道德的关系及司法道德

本杰明·内森·卡多佐(Benjamin N.Cardozo,1870—1938),美国著名法学家。毕业于哥伦比亚大学,专业是文学与哲学。后进入耶鲁大学法学院学习。曾做过律师和联邦最高法院大法官。

卡多佐的代表作是《司法过程的性质》(*The Nature of Judicial Process*)。该书的中文译者称其"是对美国自霍姆斯以来形成的实用主义司法哲学的一个系统的理论化阐述"。在这部书中,卡多佐强调要反省自己的思想,要追寻影响或引导他得出结论的那种种影响力,要据量各种可能冲突的考虑因素——逻辑的、历史的、习惯的、道德的、法律的确定性和灵活性、法律的形式

和实质等。①

　　"普通法"又称"判例法",强调"遵循先例",即要求法官根据以往的类似判例来判决当前的案例。卡多佐认为,在普通法国家,先例为法律武器库提供了唯一的装备,成为所谓"法律车间"唯一的工具。他说:"先例的背后是一些基本的司法审判概念,它们是司法推理的一些先决条件,而更后面的是生活习惯、社会制度,那些概念正是在他们之中才得以生成。"②

　　卡多佐说:"法律的终极原因是社会的福利。"③又说:"社会福利的要求就是宗教的要求、伦理的要求或社会正义感的要求,而不论它们是表述为信条或是体系,或是一般人的心灵中所固有的观念。"④由上所述可知,所谓"社会的福利"与"伦理的要求"和"正义感的要求"是等同的,换言之,法律与道德是有内在联系的。

　　他赞同一位学者的如下观点:"我们应追问理性和良心,从我们最内在的天性中发现正义的根本基础。而另一方面,我们应当关注社会现象,确定它们保持和谐的法律以及它们急需的一些秩序原则。"⑤把理性、良心与正义等同起来,这与西方传统的自然法观念是一致的。根据自然法理论,正义是法律的指导原则,卡多佐是认同这种观点的。

　　根据自然法的理论,自由也是一个重要的自然法原则,它具有神圣的价值。卡多佐说:"自由首先被理解为一种固定的和绝对的东西。独立宣言将它奉为神明。大革命的鲜血将它神圣化。……自由……成了政治家以及法官们必须服从的一个绝对命令。"⑥

　　自然法理论的实质是肯定法律与道德之间有着密切的联系,即好的法律是合乎人类普遍道德原则的法律。卡多佐受这种理论的影响,就道德与法律的关系提出了自己的看法。他说:"法律确实是一种历史的衍生物,因为它是习惯性道德的表现,而习惯性道德从一个时代到另一时代的发展是悄无声息

---

① 参见[美]卡多佐:《司法过程的性质》译者前言,苏力译,商务印书馆 1997 年版,第 4 页。
② [美]卡多佐:《司法过程的性质》,苏力译,商务印书馆 1997 年版,第 8 页。
③ [美]卡多佐:《司法过程的性质》,苏力译,商务印书馆 1997 年版,第 39 页。
④ [美]卡多佐:《司法过程的性质》,苏力译,商务印书馆 1997 年版,第 44 页。
⑤ [美]卡多佐:《司法过程的性质》,苏力译,商务印书馆 1997 年版,第 45 页。
⑥ [美]卡多佐:《司法过程的性质》,苏力译,商务印书馆 1997 年版,第 47 页。

的,且无人意识到的。"①从历史上看,法律由习惯性道德演化而来,因此,法律与道德的内在统一性也就不可避免了。

卡多佐还对自然法学说的历史与现实进行了考察。他说:"陈旧的布莱克斯东的理论认为,法官是在发现先前即已存在的法律规则,而不是在制定规则。这种理论是与一种更为古老的理论——自然法的理论——相吻合的。在法学和政治科学的历史上,这种理论的发展构成了漫长且有意思的一章。斯多葛学派使这种学说发展到了其最高点,多少世纪来,它在不同的历史阶段中一直持续。它将自身深深埋藏在通常的言语和思想形式中,并对人们关于治国术和法律的思考和理想有深厚的影响。由于分析法学派的兴起并占据了支配地位,它曾经一度似乎声名不佳,并为人们所抛弃。但是,新近的法学家的思考已经使它重新流行起来了,尽管他的形式已经有了重大的改变,以致这种旧理论不过是在名义上仍然继续存活着。自然的法律不再被理解为某种固定不变且永恒存在的东西了。它并不超出人的或实在的法律。当其他的法律渊源都枯竭之际,它就是制定人法或实在法的材料。"②

在现代西方世界,自然法学确实有某种程度的"复兴",但与以往的自然法学却有一定的不同,例如,传统自然法强调在实在法之外寻找一个正义的、自然的法律,而新自然法学则强调在实在法中演绎出正义的因素并把它固定下来。按卡多佐的观点,自然法也可以成为制定实在法的一种材料,并且对司法审判产生一定的影响。他说:"法官有义务在他的创新权的限度内、在法律与道德之间、在法律的戒律与那些理性与良知的戒律之间保持一种关系。……不断坚持说道德和正义不是法律,这趋于使人们滋生对法律的不信任和蔑视,把法律视为一种不仅与道德和正义相异而且是敌对的东西……细致地讨论法律与正义的差别而忘记了它们之间更深层面上的和谐。"③相信法律与道德之间的密切关联,把道德作为法律合法性的根据,这是自然法学的一贯立场。

他列举了一个著名的案例来说明道德原则对司法实践的影响,这一案例

① [美]卡多佐:《司法过程的性质》,苏力译,商务印书馆 1997 年版,第 64 页。
② [美]卡多佐:《司法过程的性质》,苏力译,商务印书馆 1997 年版,第 82 页。
③ [美]卡多佐:《司法过程的性质》,苏力译,商务印书馆 1997 年版,第 83—84 页。

就是著名的里格斯诉帕尔默案件。其中的一方作为遗嘱遗产继承人而杀害了被继承人，衡平法院决定不允许一个谋杀者享有遗嘱收益。卡多佐认为，衡平法院的这种判决是基于一个根本的原则，"它深深扎根于普遍的正义情感中，这就是，无人应当从他自己的不公中获利或从他自己的错误中占便宜"①。"衡平"的意思是公平，衡平法院追求的基本价值就是公正，而公正是植根于人的内在情感之中的。上述判决说明，道德原则确实潜移默化地影响着法官的司法实践行为。因此可以说，一种优良的司法就是一种合乎正义的道德价值的司法。

二、西方的司法道德

在西方思想史上，存在着关于司法道德的许多论述，这些论述特别强调公平正义问题。早在古希腊罗马时期，许多思想家就已经将"持平"（公平）当成了对法官进行道德评价的标准。亚里士多德就说："裁判官者，则公平人之化身耳。裁判官即在持平。"②而英国法学家霍布斯指出，一个好的法官应当具备的条件是："第一，须对自然律之公道原则有正确之了解，此不在乎多读律书，而在乎头脑清醒，深思明辨。第二，须有富贵不能移之精神。第三，须能超然于一切爱恶惧感情之影响。第四，听诉须有耐心，有注意力，有良好之记忆，且能分析处理其所闻焉。"③这里面有两条是对法官的道德要求，第一条要求法官有一种公道的精神，第三条是要求法官必须秉公办事，不要受私情私欲的影响。

英国法官丹宁曾说："当你走上这条路时，你必须记住，有两个伟大的目标要达到：一是要看清法律是正义的，另一是它们被公平地执行。二者都是重要的，但其中法律被公平地执行更为重要。如果因为不道德的法官或道德败坏的律师们而得不到公平的执行，就是拥有正义的法律也是没有用的。一个国家不可能长期容忍不提供公平审判的法律制度。"④上述言论使我们联想到

---

① ［美］卡多佐：《司法过程的性质》，苏力译，商务印书馆1997年版，第23页。
② 《西方法律思想史资料选编》，北京大学出版社1980年版，第32页。
③ 转引自沈忠俊等：《司法道德新论》，法律出版社1999年版，第40页。
④ Lord Denning, *The Road to Justice*, London, 1955, pp.6-7.

中国古代儒家的格言——"徒法不能以自行"、"有治人,无治法",光有好的法律而无好人来执法,那么好的法律也形同虚设。丹宁强调了对法官的道德要求,那就是必须公平执法,如此才能使法律的正义价值得以实现。

为了实现法律的正义价值,英国司法制度也重视正当程序问题,正当程序原则体现的是一种"自然公正"(natural justice)。有的学者指出:"自然公正是正当程序原则在英国的独特表现形式,是英国司法制度中的一条最基本的法则。它意味着平等地对待争议的双方当事人或各方当事人,不偏袒任何人,对所有的人平等和公正地适用法律,必须给予被告以充分的辩护、申诉的权利等。在法律上,自然公正适合于对一切案件的审理,裁判者的偏袒将构成撤销其裁判的正当理由。起初,自然公正原则仅适用于司法机构和准司法机构,直至 20 世纪 60 年代以后才逐步适用于行政机关,后来进而发展到一切其他行使权力的人和团体,包括行政裁判所和某些社会团体(如工会),在行使权力的时候都不得违背该项原则。由于这是一个最低限制的公正原则,它的适用范围很广,所以称为自然公正原则。"①可以说,自然公正原则对司法人员提出了更高的道德要求,只有通过公平正直的司法人员执法,才能使司法程序的正当性得到保障和贯彻。

从西方近代以来的立法实践看,他们都很重视对法官、检察官及警察等"法律人"的法律约束,这种法律约束实际上是把司法道德法律化了。如 1793 年《法国宪法》第 3 条规定:"自由就是属于个人行为不侵害他人权利的行为的权利,它以自然为原则,以公正为准则,以法律为保障。其道德上的限制表现于下列格言:己所不欲,勿施于人。"这也是对司法官员的道德要求。司法官员的品德还表现在不侵害人民的权利上,1776 年美国的《弗吉尼亚权利法案》规定:"未经人民之代表同意,任何机构执行法律或停止执行法律之一切权力均有损人民的权力不应行使。"1810 年《法国刑法典》第 119 条规定:"行政警察官或司法警察官,拒绝转送或怠于转送被拘留于正式拘留所或其他场所之人提出旨在证明其拘留为非法或系出于专横行为之控诉,且不能证明其已将控诉转报上级者,处剥夺公权,并依第 117 条之规定负损害赔偿之责。"这是对司法专横行为的法律否定。该法第 177 条规定:"凡行政官吏、司法官

① 杨一平:《司法正义论》,法律出版社 1999 年版,第 147 页。

吏、行政机关之代理人员或其他工作人员,因从事其职务应为但不许收受报酬之行为,收受贿赂、约许或馈赠者,处枷项之刑;并科处二倍于所收贿赂或约许价值之罚金,但此等罚金数额无论如何不得低于二百法郎。"这是对司法人员收受贿赂行为的法律禁止。1871 年《德国刑法典》第 332 条规定:"官吏因为违背其职务或义务之行为,而收受赃物其他之利益,与为要求或使为约诺者,依贿赂罪,处五年以下之惩役。"该法第 334 条规定:"裁判官、仲裁判断者、陪审者、参审官,就有其指挥与裁判之义务之法律事件,以可为关系人之利益或损失之指挥与裁判,而收受赠物其他之利益,及为要求与使为约诺者,处惩役。"上述对司法官员收受贿赂行为的惩治规定,实际上是从另外一个角度表达了立法机关对司法官员公正品德的要求,因为一个收受贿赂的司法官员是不可能公正执法的。

另外,国际社会还注重通过"准立法"(职业纪律或行为守则)的方式对司法官员提出道德要求。1979 年第 34 届联合国大会通过的《执法人员行为守则》第 1 条规定:"执法人员无论何时均应执行法律赋予他们的任务,本着其专业所要求的高度责任感,为社会全体服务,保护人人不受非法行为的侵害。"第 2 条规定:"执法人员在执行任务时,应尊重并保护人的尊严,并且维护每个人的人权。"第 5 条规定:"执法人员不得施加、唆使或容许任何酷刑行为或其他残忍、不人道或有侮人格的待遇或处罚,也不得以上级命令或特殊情况,例如战争状态、战争威胁、国家安全的威胁、国内政局不稳定或任何其他公共紧急情况,作为施行酷刑或其他残忍、不人道或有侮人格的待遇或处罚的理由。"第 7 条规定:"执法人员不得有贪污行为,并应极力抗拒和反对一切贪污行为。"上述规定反映了对执法人员贪污及不人道行为的法律阻却,从另一面看也表达了对善良与公正的司法品德的要求。

1975 年第五届联合国预防犯罪和罪犯待遇大会通过的《警察及其他执法机构正在兴起的作用,特别提及变化中的期望与履行职责的最低标准》第 197 条规定:"警察根据法治原则行事,同时又各自对法律负责。这就要求每位警官做到完全正直与公正。"第 198 条规定:"如果该行业的高级官员要做到彼此以诚相见,那么他们本人就应该诚实。"第 205 条规定:"改进控制犯罪工作需要有灵活而敏感的警察机构,它需要最正直的、客观的、熟悉社会的以及有正确判断力的人。"第 259 条规定"……(2)正直是警察及其执法官必须具备的第一品质。（3）警察的训练应包括道德、人权和社会科学等科目。"可见，正直、公正、诚实等优秀品质成了警察的职业道德，而这种职业道德是保证警察公正执法的前提。特别值得一提的是，该标准还提出了"应制定国际警察道德法典"的呼吁，反映了其欲把警察职业道德法律化的努力。①

三、中国传统司法道德建设及现代对策

在我国历史上，历代统治者和思想家对从事司法活动的官员都提出了一些道德要求。例如，早在西周时期，统治者就对司法官员提出了"明德慎罚"的要求，"明德"是指司法官员必须具备高尚的道德，如仁慈、宽厚、中正、不贪等；"慎罚"是指谨慎判处刑罚。对一个法官来说，只有具备了高尚的道德，才会谨慎而公正地从事司法审判活动。据《尚书·吕刑》记载："五过之疵：惟官，惟反，惟内，惟货，惟来。其罪惟均，其审克之。"这里点明了法官的五种罪过：畏惧权势、反报恩怨、徇私舞弊、索贿受贿、受人请托。法官若犯以上诸罪，将严加惩处。应该说，这是将法官道德准则刑法化了。另外，《吕刑》还对法官提出了"惟敬五刑，以成三德"的要求，"三德"按《孔传》的解释为刚毅、宽厚、正直。意思是说只有谨慎动用五刑，才会养成"三德"。《吕刑》还要求法官应当做到"哀敬折狱"（以怜悯谨慎的心情从事审判）、"咸庶中正"（审判公正）、"有德惟刑"（以高尚的品德来指导审判），等等，否则将受到法律追究。

从《唐律·断狱律》来看，唐代统治者也将他们认可的如廉洁、公正、仁厚等司法道德刑法化了。如第472条规定："诸主守受囚财物，导令翻异及与通传言语，有所增减者，以枉法论，十五匹加役流，三十匹绞。"意思是说凡主管狱政的官员接受囚犯的财物，引导翻供，或者传递审判官员与证人的话，从而导致罪名与刑罚有所增减的，以受财枉法罪论处，赃值十五匹的处加役流，赃值三十匹的处绞刑。看来，司法官员违反廉洁道德，收受贿赂，将按受财枉法罪论处。该律第483条规定："诸监临之官因公事，自以杖捶人致死及恐迫人致死者，各从过失杀人法；若以大杖及手足殴击，折伤以上，减斗杀伤罪二

---

① 参见史焕章主编：《司法伦理学》，上海人民出版社1988年版，第304—305页。

等。"司法官员因公事亲自用棍棒打死人或胁迫致人死亡,则按过失杀人罪处罚;如果用棍棒或手脚殴打犯人受伤,则按斗杀伤罪减二等处罚。司法官员打伤或打死犯人,有违仁厚之德,理应受到刑事制裁。

该律第487条规定:"诸官司入人罪者,若入全罪,以全罪论;从轻入重,以所剩论;……其出罪者各如之。"凡审判官从事审判而入人之罪,如果入人全罪,则按所入全罪的刑罚判处审判官;如果是将轻罪重判,则按所加重的刑罚幅度论处。属于出人罪的,也按上述办法处置。这就是著名的"出入人罪"问题,所谓"入人罪"是将无罪的人判为有罪或将罪轻的人判为罪重;所谓"出人罪"是将有罪的人判为无罪,或将罪重的人判为罪轻。即使用今天的标准看,出入人罪也是严重违反司法道德的行为,它带来的后果是司法不公与司法冤滥,因此对其施加严厉的刑事惩罚是必要的。

应该指出,中国司法传统中重视司法道德的思想与制度为中国当代的司法道德建设提供了一种文化背景,也提供了一种精神资源与制度资源。改革开放以来,伴随中国法治现代化的进程,我们先后制定了关于司法人员职业道德的规范性文件,并且公开出台了《法官法》《检察官法》《警察法》等,使司法道德逐步被法律化了。

一些学者对社会主义司法道德也进行了研究,认为当代中国的司法道德具有如下功能:调节功能、教育功能、认识功能、沟通功能、激励功能、评价功能、指导功能和预测功能。并认为当前司法道德的基本原则是:司法公正,捍卫人民民主专政,服务于民,实事求是,人道主义等。而司法道德规范的具体内容是:(1)立场坚定,爱憎分明;(2)忠于职守,公正执法;(3)实事求是,调查取证;(4)清正廉明,严守纪律;(5)谦虚谨慎,团结协作;(6)革新进取,无私奉献。①

司法不公现象的存在,其原因很多,但司法腐败、司法人员违背职业道德是其重要原因之一。据分析,司法腐败主要表现在:(1)以权代法;(2)办"关系案"、"人情案"和"金钱案",甚至索贿受贿;(3)以罚代法;(4)以权卖法;(5)违法办案,违法执行;(6)搞地方保护主义;(7)吃拿卡要;(8)任人唯亲;(9)乱收费,乱拉赞助,诉讼费管理混乱;(10)泄露审判机密;(11)对当事人

---

① 沈忠俊等:《司法道德新论》,法律出版社1999年版,第50—102页。

态度生硬,耍威风。①

为此,有的学者主张要从全面提高司法人员素质、完善错案追究制度等入手,健全司法廉洁、监督机制,"为了遏止司法腐败,实现司法公正,必须从制度上健全对司法腐败的监督制约机制。应当参照《国家公务员暂行条例》关于公务员地区回避制度,规定法官、检察官的地区回避和定期交流任期制度。建立法官、检察官财产申报制度,制定法官、检察官道德法等等。特别是要加强人大、新闻和公众对司法的监督,制定相关的法律法规,保障监督权有效行使。同时,要加大对司法人员违法犯罪行为的打击力度,维护司法机关的形象和法律的权威"。② 该学者提出"制定法官、检察官道德法"的主张,值得人们关注。

应当指出,在中国现代立法实践中,已经开始注意将一些司法道德规范纳入立法中了。如《检察官法》第 8 条将"秉公执法,不得徇私枉法"、"清正廉明,忠于职守"等作为检察官应当履行的义务。第 33 条将"贪污受贿"、"徇私枉法"、"刑讯逼供"、"隐瞒证据或者伪造证据"、"滥用职权,侵犯公民、法人或者其他组织的合法权益"、"玩忽职守,造成错案或者给当事人造成严重损失"、"利用职权为自己或者其他人谋取私利"等作为应当受到惩戒的行为。另外,我国《法官法》在纳入司法道德方面也有与《检察官法》大致相似的规定,反映了两部法律的立法者将新时代的一些司法道德予以法律化的努力。

我国的《警察法》第 20 条规定:"人民警察必须做到:(一)秉公执法,办事公道;(二)模范遵守社会公德;(三)礼貌待人,文明执勤;(四)尊重人民群众的风俗习惯。"这是从正面维护了警察的职业道德。第 22 条禁止警察从事如下行为:"弄虚作假,隐瞒案情,包庇、纵容违法犯罪活动","刑讯逼供或者体罚、虐待人犯","敲诈勒索或者索取收受贿赂","殴打他人或者唆使他人打人","接受当事人及其代理人的请客送礼",等等。上述禁止性规范实际上从另一方面维护了公正、廉洁、宽厚、人道、诚信等职业道德。

需要指出的是,在现代中国的法治实践中,除了有国家权力机关制定的法律以外,还有大量的"准法律"。何谓"准法律",有学者指出:"这是一种道德

---

① 陈兴业等:《中外司法制度比较》,商务印书馆 2000 年版,第 426—427 页。

② 陈兴业等:《中外司法制度比较》,商务印书馆 2000 年版,第 443 页。

规范在法制生活中转化而成的更具有规范性、明确性与可操作性的行为规则，是介于法律规范与道德规范之间的一种行为规范，是类似于法律又区别于法律的东西，就是我们经常说的'墙上的法律'，具体表现为我们日常生活中的行为规范，比如，小学生行为规范，公务员行为准则、律师职业道德与职业纪律、法官工作守则和公民道德实施纲要等。这些都是道德规范在法制社会中具体行业、领域的具体化，我们认为准法律是法律能够运行的'软件设施'，离开了准法律的支持与维护，法律运行的质量将大打折扣。"①按照上述标准看，我们在"法律人"职业道德（或称司法道德）建设中，也有一定数量的"准法律"，如《律师职业道德和执业纪律规范》《人民法院审判人员违法审判责任追究办法》《人民检察院"检务十公开"》《公安人员八大纪律十项注意》等。

例如，在《人民检察院"检务一公开"》中第五项关于检察人员办案纪律方面，规定："绝对禁止政法干警接受案件当事人请吃喝、送钱物"，"绝对禁止对告诉求助群众采取冷漠、生硬、蛮横、推诿等官老爷态度"，"绝对禁止政法干警打人、骂人、刑讯逼供等违法乱纪行为"，"绝对禁止政法干警参与经营娱乐场所或为非法经营活动提供保护"，"严禁对证人采取任何强制措施"，"严禁截留、挪用、私分扣押款物"，等等。上述规定也是对公正、廉洁、宽和、平等、人道等职业道德的维护。

又如，《人民法院审判人员违法审判责任追究办法》规定对审判人员的下列违法行为进行追究："涂改、隐匿、伪造、偷换或者故意损毁证据材料，或者指使、支持、授意他人作伪证，或者以威胁利诱方式收集证据的"，"向合议庭、审判委员会报告案情故意隐瞒主要证据、重要情节，或者提供虚假材料的"，"故意违背事实和法律，作出错误裁判的"，"故意违反法律规定，对不符合减刑、假释条件的罪犯裁定减刑、假释的"，等等。《最高人民法院关于印发〈人民法院审判纪律处分办法〉的通知》又规定对下列行为予以纪律处分："除法律规定的情形外，为所承办案件的当事人推荐、介绍律师、代理人，或者为律师或其他人员介绍代理案件，造成不良影响的，给予警告至记大过处分。从中谋取利益的，给予记过至开除处分"，"明知具有法定回避情形，故意不依法自行回避，或者对符合法定回避条件的申请，故意不作出回避决定，影响案件公正

---

① 石文龙：《21 世纪中国法制变革论纲》，机械工业出版社 2005 年版，第 80 页。

审理的,给予警告至记大过处分","接受当事人及其委托的人财物,或者要当事人及其委托的人报销应当由自己支付的费用的,给予警告至记大过处分。情节严重的,给予降级至开除处分",等等。上述规定是对违反职业道德行为的处分,从反面强化了对公正、廉洁、无私、正直、人道、诚实等道德价值的肯定与维护。

《公安人员八大纪律十项注意》将"不准侵犯群众利益"、"不准贪污受贿"、"不准刑讯逼供"、"不准包庇坏人"、"不准陷害好人"等作为纪律要求,而将"多办好事服务人民"、"说话和气办事公平"、"敬老爱幼尊重妇女"、"注意礼貌讲究风纪"、"尊重群众风俗习惯"等作为公安人员应当"注意"的内容。通过这种"准法律"的形式将社会认可的一些职业道德赋予了一定的强制性,从而有助于改善公安队伍的道德风尚。

关于中国现代的司法道德建设,在目前的法学界也引起了相当关注。有学者指出:"法官的职业道德,因地区间情况不同,可能会有些差异,但我认为其共通的精神有:一是法官应具备中立性、公正性和客观性。一定要避免法官有意偏袒一方当事人或者无意间站到一方当事人一边,否则,即使判决公正,当事人也不会认为是公正的,也不会满意。我们的法官应追求这样一种境界,判决的一方甚至双方都不满意是客观存在的,但让双方都服气。二是法官要有强烈的社会良知和社会责任感……三是法官应具备超然性,一定要处于双方冲突利益之上,超然于双方当事人。法官也不能在公开场合随意议论案件和当事人,不能出入歌舞厅等娱乐场所。四是法官应当刚正不阿,不畏权势,具有法律至上的理念和崇高的人格魅力。五是法官应具有高度的自律性,经得住诱惑,洁身自好。法官职业道德的培养,是一项长期的、艰巨的任务,要从教育上入手,从制度上抓紧,慢慢形成风气。我建议法院要建立'法官职业道德考评委员会',一是对法官是否遵守职业道德进行考评,二是对违反职业道德的法官进行处理。"

另有学者指出:"法官职业道德,称之为'法官职业伦理'似乎更为科学。法官的职业伦理应包含以下八点:一是法官必须体现公正和正义的风范。不仅实体要公正,而且要保证程序公正。实体公正是相对的,但程序公正是绝对的。二是不允许以偏见影响司法的过程和结果。法官不能有偏见,带有偏见的审判其公正性很难保证。三是禁止单方面接触当事人。法官中立性的立场不能动摇,现在有些法官非常不注意,在公开场合谈论具体案件和当事人,与当事人在娱乐场所吃喝玩乐等,这都是违背法官职业伦理的。四是要避免司法拖延。肖扬院长强调公正与效率是人民法院永恒的主题,无效率乃司法公正之大敌。五是法官应维护司法的独立性。独立性是公正的前提,法官应独立于上级与同事。六是法官应不断提高自己的学理修养和人格魅力。'浩然正气'的养成就是要靠知识的培养。七是法官要与商业生活保持应有的距离。法官不能利用自己的职业、地位某取私利,应与社会隔离,让法官成为远离尘嚣、离群索居的群体。八是法官有义务推进法律教育的发展。提高法官的职业伦理,要靠法律教育。应当在高等院校法律专业中开设职业伦理课程,从学生时期就培养其职业伦理意识,使之深入灵魂,成为'肉体的语言',增强自我约束意识。要高标准选任法官,提高法官的门槛,这样才能提高法官的待遇。另外,垫高法官门槛,能够强化法官群体中法官之间的监督,有助于形成一种共同遵循的行为准则、伦理规则。要建立合理而有效的参劾机制。现在法官的独立性没有充分的保障,行为稍有不慎就会失去法官资格,这与法官的独立性和职业安全性是相违背的。美国加州的'司法风纪委员会'由法官代表、议员代表和律师代表组成,德国法院内部设有'纪律法庭',全部由法官组成。我们也应参照国外的经验,结合我们的国情,建立法官职业伦理考评机制。"

也有学者说:"从我国的司法现状及现实需要出发,我认为应当首先确立以下几个方面的道德规范与行为规则:(1)公正。法官所应当遵循的全部道德规范和行为规则都是围绕公正这一基本要求展开的。法官在双方当事人面前必须公正无偏,否则,司法作为公民权利守护神的地位便不存在了。(2)独立。法官的裁判活动必须严守中立,偏向任何一方的行为都会损伤司法在公民心目中的形象,保持法官中立的最好办法是维持法官的独立。法官裁判案件,必须不受外界干扰,尤其是要不畏权势、不趋炎附势,同时要不受公众情绪的影响。但法官必须严格遵守法律及法官职业道德和行为规则,这样才能保证其独立地位得到整个社会尊重。(3)廉洁。法官扮演着正义守护神的角色,其廉洁与否直接关系到公众对法官裁判能力的信任与否,进而影响到公众对司法制度的信任,因此法官必须具备廉洁的品行。包括不收贿纳礼,不要求当事人提供和不接受当事人提供的各种请吃享乐活动,不允许其亲属朋友或其他社会关系对其裁判行为产生影响等。(4)行为正当。因为法官职业的特殊性,法官的个人行为必须保证不能使社会公众对其裁判案件的公正性产生怀疑和有损于法院的形象,因此,法官的个人行为必须正当。包括不利用法官的地位谋取个人私利;在社会活动中,不利用法官的地位获得与众不同的优待;不在商业机构中担任职务等。(5)勤勉尽责、忠于职守。要求法官在裁判活动中信守法律,不受权力和公众议论的影响,不惧怕批评与指责,在审理活动中要耐心细致,不通过言语和行为表现出不公正和偏见的情绪,避免拖延审判和不必要的花费,保守职业秘密以及不应对尚未终结的案件公开发表评论等。关于法官职业道德的培养问题,我认为这是一个系统的工程,需要教育部门、立法部门、司法部门以及全社会齐心协力的工作。教育部门应当承担起对有可能步入司法职业的学生的职业道德培养工作,在法学院开设职业道德必修课。对立法部门来说,应当进行立法调研,制定统一的法官职业道德与操守规则,建立专门的法官道德考评和惩戒组织以及可行的操作规则,使得法官自觉主动地加强自身的职业道德修养、检查个人的行为操守是否适当。对法院来讲,在立法部门尚未建立起完备科学的法官职业道德体系和考评惩戒机制的情况下,要自觉加强对法官的职业道德和行为操守的培养、教育和管理。应从三个方面对法官个人提出要求:德化于自身,保持良好的道德操守,作风廉洁;德化于本职,在司法活动中,要不畏权势,不为金钱美色之诱惑,不因各种关系之困扰,不受人情之左右,坚持法律至上;德化于社会,以法官群体良好的道德风貌,影响、净化社会风气。"①

上述言论值得我们深思。司法道德建设是摆在我们面前的一个紧迫任务,司法道德不仅是法官道德,也包括警察、检察官等的职业道德。除了建构一个系统而周密的司法道德体系外,一些学者提出的要建立法官道德考评和惩戒组织或"司法风纪委员会"或"纪律法庭"等也是值得我们关注的。司法道德属于"准法律",但准法律也不是没有一定的强制力,不过这种强制力不是来源于国家,而是来源于单位或行业,这就决定了其强制力远远低于法律。另外,准法律在规则的严谨性与严肃性方面与法律不同,在结构上具有一定的弹性和松散性,而且在实际处理上具有更大的弹性,如往往根据当事人的态度

---

① 陈卫东、贺卫方等:《法官应有什么样的职业道德——司法职业道德与司法公正研讨会纪要》,中国律师网,2002 年 8 月 16 日。

作出不同的处理,从而导致此案与彼案的处理结果存在着很大的差距。有的学者对"准法律"的作用进行了精辟的分析:"没有准法律支撑,法治几乎是一句空话,所谓'道德是法治的基础',法治的运行须臾离不开具有道德内涵的人。准法律的意义与价值在于,人的道德规范与塑造不会自动完成,必须由准法律来完成对人的调整,以正确发挥人自身的主观能动性。准法律的理论价值在于让法律与道德能够产生积极的融合作用与互动效应,以提高法律的运行质量与实效。"

下面笔者就司法道德建设问题提出自己的一些看法:

(1)应当构建包括法官、检察官、警察等职业道德在内的司法道德体系,使其具有系统性、完整性、细密性及可操作性。在此基础上将其中一部分内容转化为法律,并整合现有的《法官法》《检察官法》《警察法》,形成一部完善的、综合性的《司法道德法》。(2)增强司法道德规范的强制性,发挥其约束功能,从而使其在落实上更有力度。美国的司法道德规范实际上是一种准法律,并不是一种缺乏强力约束的纯粹道德。① 有学者指出:"司法人员遵守司法道德规范,要比其他各行各业遵守其职业道德规范具有更大的强制约束力。对司法人员来说,虽然有些司法道德行为不属于法律范围内的行为,但是,由于司法人员执掌司法权,如果司法人员违反职业道德规范,不仅要受到道德上的谴责、党纪政纪的处分,触犯法律的还要受到严厉的法律制裁。"②针对目前司法道德"偏软"的情况,应当在今后建设法律人职业道德体系的过程中增强其"刚性"内容,要加大处罚力度,甚至要上升到刑事制裁的高度。(3)建立法律人道德考评和惩戒组织,注重对法律人的考评和惩处。美国加州的司法风纪委员会由法官代表、议员代表和律师代表组成,德国法院内部也设有纪律法庭,全部由法官组成。我国可以参照国外的经验,并与我国国情相结合,建立一种新型的和完善的司法人员道德考评机制。

---

① Posner, *The Problems of Jurisprudence*, Harvard University Press, 1990; Posner, *The Federal Courts, Challenge and Reform*, Harvard University Press, 1996, p.16.

② 沈忠俊等:《司法道德新论》,法律出版社 1999 年版,第 76 页。